You forever

"तुम शाश्वत हो"

टी.लोबसांग राम्पा

अनुवादिका- नीता भोजवानी

कॉपीराइट पृष्ठ

भारत में वर्ष 2019 को सबसे पहली बार प्रकाशित

ISBN: 978-93-89600-23-0

इनविन्सेबल पब्लिशर्स

201A, SAS Tower, Sector 38, Gurgaon-122003

प्रिय गुरु बह्मर्षि पितामह सुभाष पत्री जी
के चरण कमलों में सादर समर्पित

पिरामिड स्पीरिचुअल सोसायटीज़ मूवमेण्ट के संस्थापक

लेखक टी. लोबसांग राम्पा का परिचय

तिब्बत में जन्मे ट्यूज़डे लोबसांग राम्पा तिब्बत की राज्य व्यवस्था के पदाधिकारी के पुत्र थे। चूँकि तिब्बत में बच्चे का प्रथम नाम जन्म लिये सप्ताह के वार पर दिया जाता है, इसलिए मंगलवार को जन्म लेने पर उनका नाम ट्यूज़डे (मंगलवार) लोबसांग राम्पा पड़ा। मात्र सात वर्ष की उम्र में उन्हें चाकपोरी लामामठ में भेज दिया गया जहाँ वे कठिन परिश्रम के साथ मेटाफिजिक्स, गूढ़ विधाओं और चिकित्सा संबंधी अध्ययन में दक्ष हुए। सत्रह वर्ष की उम्र में उन्हे लामा की उपाधि दी गई। उन्होंने चीन और जापान की यात्रा करके बंदी शिविरों में अपनी सेवाएँ दीं।

8 अप्रैल 1910 ब्रिटेन में जन्मे सिरिल हेनरी होस्किन पेशे से प्लम्बर और फ़ोटोग्राफ़र थे। होस्किन कभी तिब्बत नहीं गये और न ही कभी तिब्बती भाषा बोली। एक दिन होस्किन के पेड़ से गिरने से मस्तिष्काघात हुआ तब होश में आने पर भगवा वस्त्रों में एक बौद्ध भिक्षु को अपनी ओर आते देखा। भिक्षु ने उससे बात की कि राम्पा की आत्मा उसके शरीर में प्रवेश करने की अनुमति माँग रही है। होस्किन ने भी यह कहकर अनुमति दे दी कि वह स्वयं अपने जीवन से असंतुष्ट है, फिर जब राम्पा का मूल शरीर जीवन जारी रखने के लिए नष्ट हो गया, तो उसने आत्मा की देहांतरण प्रक्रिया में होस्किन के शरीर पर अधिकार कर लिया।(राम्पा की तीसरी बुक "द राम्पा स्टोरी" में ऐसा उल्लेख किया गया हैं।) होस्किन ने अपना नाम राम्पा के रुप में बदल लिया और 1956 में अपनी पहली पुस्तक "थर्ड आई "की रचना की। इसके प्रकाशन होते ही विवादों के तूफ़ान खड़े हो गये। रिकार्ड बिक्री के साथ ही विवादों ने राम्पा को आयरलैंड और फिर केनेडा जाने को मजबूर कर दिया। विवाद यह था, कि पश्चिम के लोग उसे सामान्य व्यक्ति होस्किन के रुप में ही जानते थे। वे लोग आत्मा के देहातरंण (ट्रांसमाइग्रेशन) प्रक्रिया को मानने को तैयार नही थे और राम्पा और पुस्तक को झूठा ठहराने लगे। राम्पा जी ने अपने को सही साबित करने में रुचि नहीं दिखाई

इसलिए उन्होंने अंतिम वर्षों में केनेडा में जीवन व्यतीत किया और ज्ञान साझा करने हेतु पुस्तक लिखते रहे; जिस कार्य के लिए वे आये थे।

राम्पा जी ने लगभग 19 बुक में अलौकिक शक्तियों, गूढ़ विधा और तंत्र संबंधी ज्ञान दिया। 1965 में "यू फोरएवर" की रचना की जिसमें मानव शरीर के संघटन से लेकर मृत्यु तक का सत्य बताया है। हम शाश्वत हैं....सदा बने रहनेवाले। यह उनकी सर्वाधिक सराही गयी पुस्तक है। इसमें 30 अध्यायों में मेटाफिजिक्स ज्ञान की वैज्ञानिक व्याख्या की गई है जिससे मनुष्य स्वयं को पहचानकर आध्यात्मिकता में प्रगति कर सके। क्योंकि जब स्वयं को जान लिया जाता हैं, तो जानने के लिए कुछ भी शेष नहीं रहता।

25 जनवरी 1981 में केनेडा में उनका देहांत हुआ।

डॉक्टर लोबसांग राम्पा जी को शत् शत् नमन, जिन्होंने मृत्योपरांत भी जीवन की महायात्रा को जारी रखकर ज्ञान की अपार संपदा को मानव जाति को समर्पित किया।

अनुवादिका की आध्यात्मिक यात्रा

सामान्य गृहिणी की तरह मैं भी परिवार और बच्चों के भविष्य की चिंता करते स्वयं को भूल गई थी। तनाव और जीवन की भागदौड़ से मुझे एक्ज़िमा हो गया था जिसके लिए 22 वर्षों तक होम्योपैथी,आयुर्वेदिक और एलोपैथी सभी उपचार किये और थक हार कर मैंने यह स्वीकार कर लिया कि जीवन पर्यंत मुझे इस बीमारी के साथ रहना होगा। एक्ज़िमा को सहते हुए 2014 जनवरी को मुझे डायबीटीज़ भी हो गई, जिसने मुझे पूरी तरह से तोड़ दिया।एक विडियो "स्पीरिचुअल रियलिटी" के माध्यम से मेडिटेशन यानी "आनापानसति ध्यान" की जानकारी हुई। पूरा मन लगाकार मैं नित्य दो घंटे ध्यान करती और मात्र तीन महीनों के अंदर मैं दोनो बीमारियों से मुक्त हो गई। मैंने ध्यान नियमित जारी रखा, इससे मुझे शारीरिक स्वास्थ्य के साथ मानसिक शांति और भावनात्मक बल भी मिला। क्योंकि ध्यान ही वह कुंजी हैं, जिससे संपूर्ण स्वास्थ्य प्राप्त होता है।

फरवरी 2017 को पिरामिड स्पीरिचुअल सोसायटीज़ मूवमेण्ट के संस्थापक बह्मर्षि पितामह सुभाष पत्री जी से मिली जिनके मार्गदर्शन में आत्मज्ञान प्राप्त करने हेतु आध्यात्मिक पुस्तकें पढ़ने लगी क्योंकि वे ज़्यादा से ज़्यादा आध्यात्मिक पुस्तकें पढ़ने को प्रेरित करते हैं। PSSM के चार स्तंभ यानी ध्यान,आत्मिक ज्ञान, पिरामिड एनर्जी और शाकाहारी जीवन पर ज़ोर दिया जाता हैं। स्वाध्याय के साथ-साथ मैंने लोगों को ध्यान भी सिखाना प्रारंभ किया। लोग ध्यान तो करते पर पुस्तक का अध्ययन करने से बचते जबकि ज्ञान से ही मुक्ति संभव हैं। अधिकांश आध्यात्मिक पुस्तकें अंग्रेज़ी में होने के कारण मुझे हिंदी भाषियों की दुविधा कचोटती। मैं समय निकालकर कुछ पुस्तकें या उनके कुछ विशेष अध्यायों का सारांश हिन्दी में लिखने लगी। लोग इससे प्रेरित होकर ध्यान में रुचि लेने लगे। उनकी कृतज्ञता और प्रेम मुझे और लिखने को प्रेरित करता गया।

प्रिय गुरु बह्मर्षि पितामह पत्री जी की प्रिय पुस्तक "यू फोरएवर" के बारे में सुना। इस पुस्तक से उन्हें आत्म ज्ञान प्राप्त हुआ था। वे कई लेखकों की आध्यात्मिक पुस्तकों के साथ ही राम्पा जी की भी पुस्तकों को पढ़ने की सलाह देते हैं। मैंने

भी उत्सुकतावश "यू फोरएवर" पढ़नी शुरु की, तब सीनियर पिरामिड मास्टर रागिनी जी का मेरे घर आगमन हुआ। मेरा लेखन कार्य देखकर उन्होंने इसका अनुवाद हिन्दी में करने का आग्रह किया और उनके मार्गदर्शन और प्रेरणा से ही यह बुक आपके हाथों में हैं।

किसी भी भाषा की मूल पुस्तक का किसी अन्य भाषा में रुपांतरण करना मुश्किल होता हैं क्योंकि प्रत्येक भाषा की अपनी आत्मा और अभिव्यक्ति होती हैं। इसलिए मूल बुक का सही भावानुवाद किसी भी दूसरी भाषा में नही किया जा सकता। राम्पा जी की पुस्तक की विशेष बात यह है कि उनके वाक्य बहुत लंबे होते हैं, और विषयांतर कर पाठकों को पूरी तरह से समझाने का प्रयत्न किया है। इसलिए उन्हें समझकर हिन्दी में भावानुवाद करना चुनौतीपूर्ण है। 54 वर्ष पूर्व लिखी गई पुस्तक की भाषा, तकनीक और लोगों की चेतना में बहुत परिवर्तन आया हैं। फिर भी मैने यथासंभव सरल बनाने की कोशिश करी है, ताकि हिन्दी भाषी पाठकों को लाभ मिल सके।

शिव जी महायोगी होने के साथ-साथ मंत्र शास्त्र के आदि प्रणेता माने जाते हैं। हम कहते हैं शिवोहम...अर्थात मैं शिव हूँ, परंबह्म, शाश्वत - जिसकी कभी मृत्यु नहीं होती...परन्तु हम सभी शरीर से तादाम्य में जकड़ गए हैं और मृत्यु के भय से भौतिक संसार में ज्यादा आसक्त हो गये हैं। हम सभी में अनंत शक्तियाँ हैं जो सभ्यता के विकास के नाम पर विस्मृत हो गयी हैं। इस पुस्तक के अध्ययन और अभ्यास से हम आध्यात्मिक जीवन में प्रगति कर सकते हैं।

गुरु बह्मर्षि पत्री सर जी और मास्टर लोबसांग राम्पा जी का बहुत-बहुत आभार जिन्होंने इस कार्य के लिए मुझे चुना और उनके दिव्य आशीषों के साथ मैने यह कार्य पूरा किया। मास्टर रागिनी सेल्वराज की मैं ऋणी हूँ जिन्होंने मेरे लेखन कार्य को इतने व्यापक लोगों तक पहुँचाने के लिए मुझे प्रेरित किया और भावपूर्ण सहयोग दिया। मैं उन सभी एस्ट्रल मास्टर्स का आभार व्यक्त करना चाहती हूँ जिन्होंने परोक्ष रुप से मेरी सहायता की। और अंत में मेरे पति श्रीचंद भोजवानी का आभार जिन्होंने परिवार समय को इस कार्य में लगाने का प्रेमपूर्ण सहयोग दिया और उनके द्वारा ही पुस्तक का प्रस्तुतीकरण संभव हो पाया है।

पुस्तक के हिंदी रूपांतरण में कुछ त्रुटियाँ रह गई होंगीं। आशा करती हूँ कि पाठकगण उसे नज़रअंदाज करके ज्ञान से लाभ उठायेंगे। शुभकामनाओं सहित,

"अंधकार से प्रकाश की ओर"

नीता भोजवानी
C-502, रोमेनस्क विला
लाभांडी, रायपुर(छ.ग.)
492001 भारत।
मोबाइल नं.-8085283164
Email – neeta.bhojwani@yahoo.com

टी. लोबसांग राम्पा

तुम शाश्वत हो

अंधकार को शाप देने से बेहतर हैं, कि अपना दीप जलाएँ

विषय सूची

'लेखक की क़लम से'

मैं ट्यूस्डे लोबसांग राम्पा हूँ। यह मेरा एकमात्र नाम है, अब यह मेरा कानूनी नाम है, और मैं किसी अन्य नाम के लिए जवाब नहीं देता हूँ। मेरे पास कई पत्र अलग-अलग नामों के एक अजीब समूह के रुप में आते हैं; वे सीधे रद्दी कागज की टोकरी में जाते हैं, क्योंकि मैं कहता हूं, मेरा एकमात्र नाम ट्यूस्डे लोबसांग राम्पा है।

मेरी सभी पुस्तकें और सभी दावे बिल्कुल सत्य हैं। वर्षों पहले इंग्लैंड और जर्मनी के समाचार पत्रों ने मेरे खिलाफ एक अभियान शुरू किया था जब मैं अपना बचाव करने में सक्षम नहीं था क्योंकि मैं कोरोनरी थम्ब्रोसिस नामक बीमारी से लगभग मर रहा था। मुझपर दया किए बिना सताया गया।

वास्तव में कुछ लोग मुझसे ईर्ष्या करते थे और इसलिए उन्होंने "सबूत" एकत्र किए, लेकिन यह महत्वपूर्ण है कि "सबूत के कलेक्टर" ने कभी भी मुझे देखने की कोशिश नहीं की। यह "एक अभियुक्त व्यक्ति" को अपनी कहानी बताने का मौका नहीं देना असामान्य बात है। दोषी साबित होने तक एक व्यक्ति निर्दोष है; मैं कभी "दोषी साबित नहीं हुआ," और मुझे कभी भी खुद को सही साबित करने का मौका नहीं दिया गया।

इंग्लैंड और जर्मनी के समाचार पत्रों ने मुझे उनके स्तंभों में कोई स्थान नहीं दिया, इसलिए मैं दुर्भाग्यपूर्ण स्थिति में हूँ कि मैं जानता हूँ, कि मैं निर्दोष और सच्चा हूँ लेकिन अपनी कहानी के बारे में किसी को भी बताने में असमर्थ था। एक महान टेलीविजन श्रृंखला ने मुझसे एक इंटरव्यू की पेशकश की, लेकिन उन्होंने दबाव डाला कि जो उन्होंने सोचा था वही मुझे कहना चाहिए, दूसरे शब्दों में, बहुत सारे झूठ। पर क्योंकि मैं सच्चाई बताना चाहता था, इसलिए उन्होंने मुझे मौका नहीं दिया।

मुझे फिर से बताने दें, कि मैंने जो कुछ भी लिखा है वह सच है। मेरे सभी दावे सही हैं। इस बात पर ज़ोर देने का मेरा विशेष कारण यह है कि यह सब सच है।

निकट भविष्य में मेरे जैसे अन्य लोग दिखाई देंगे और मैं नहीं चाहता कि उन्हें वही कष्ट हो जैसा मुझे चुभता है, सताता है और जो घृणास्पद है।

बड़ी संख्या में लोगों ने मेरे प्रामाणिक पत्रों को देखा है जो साबित करते हैं कि मैं ल्हासा, तिब्बत में पोटाला का एक उच्च लामा रहा हूँ और मैं चीन में प्रशिक्षित डॉक्टर ऑफ मेडिसिन रहा हूँ। हालाँकि लोग उन कागजों को देख चुके हैं पर वे भूल गए थे जब प्रेस उनसे खोद खोद कर पूछ रहा था।

क्या आप मेरी सकारात्मक आश्वासन को दिमाग में रखते हुए मेरी पुस्तकों को पढ़ेंगे, जो कि सच है? मैं वही हूँ जो मैं होने का दावा करता हूँ। मैं क्या हूँ! मेरी किताबें पढ़ें और आप सच्चाई देखेंगे!

टी.लोबसांग

प्रस्तावना

यह उन लोगों के लिए निर्देश का एक बहुत ही विशेष पाठ्यक्रम है जो उन चीजों को जानने में ईमानदारी से रुचि रखते हैं जिन्हें जानना चाहिए।

पहले यह इरादा था कि यह एक पत्राचार पाठ्यक्रम के रूप में होना चाहिए, लेकिन फिर यह महसूस किया गया कि सभी संगठन में प्रत्येक छात्र को पाठ्यक्रम के लिए लगभग पैंतीस पाउंड का शुल्क देना होगा। इसलिए, मेरे प्रकाशकों के सहयोग से, इसे पुस्तक रूप में तैयार करने का निर्णय लिया गया।

आप इस बात की सराहना करेंगे कि आम तौर पर एक पत्राचार पाठ्यक्रम में कुछ प्रश्न होंगे जो एक छात्र पूछना चाहता है, लेकिन मैं इस पुस्तक से उठने वाले प्रश्नों का उत्तर देने का प्रयास नहीं कर सकता क्योंकि -

"एक गरीब दुखी लेखक किताबों से बहुत सारा पैसा नहीं बनाता है, आप जानते हैं, वह वास्तव में बहुत कम बनाता है। और अक्सर एक लेखक को दुनिया के सभी हिस्सों से पत्र प्राप्त होंगे, और लेखक पत्रों का जवाब करना "भूल" जायेगा। लेखक को स्वयं का गुजारा करने या पत्र की अनदेखी करने के विकल्प का सामना करना पड़ता है।"

मेरे मामले में, बहुत ही मूर्खतापूर्ण तरीके से, मैंने मुद्रित कागज की कीमत चुकाई है, सामान टाइप किया है, डाक का भुगतान किया है, आदि। लेकिन यह सब बहुत महंगा पड़ता है, और इसलिए मैं किसी भी प्रश्न या पत्र का जवाब देने के लिए बिल्कुल तैयार नहीं हूँ, जब तक लोग उस बात को ध्यान में रखते हैं।

इसे सुनने के लिए आपको एक पाठक के रूप में रुचि हो सकती है; मेरे पास पत्र हैं जो मुझे बता रहे हैं कि मेरी किताबें बहुत महंगी हैं और क्या मैं मुफ्त प्रतियां भेजूंगा। मेरे पास एक व्यक्ति का एक पत्र था, जिसने कहा था कि मेरी किताबें बहुत महंगी हैं और उसने मुझे अपनी प्रत्येक पुस्तक की एक ऑटोग्राफ की हुई प्रति भेजने के लिए कहा और बाद में उसने दो अन्य लेखकों द्वारा दो अन्य पुस्तकों को जोड़ने के लिए कहा और उन्होंने मुझसे पूछा उसे भी दे दो। हां, मैंने उसके पत्र का जवाब दिया।

मैं आपको स्पष्ट रूप से बताता हूँ कि यदि आप इस पुस्तक को केवल पढ़ते हैं तो आप इससे कुछ लाभ प्राप्त करेंगे। यदि आप इस पुस्तक का अध्ययन भी करते हैं तो आप इससे बहुत अधिक लाभ प्राप्त करेंगे। आपकी मदद के लिए निर्देश शामिल होंगे जो पत्राचार पाठ्यक्रम के साथ बाहर हो गए होते।

इस पुस्तक के बाद तंत्र संबंधी और रोजमर्रा की रुचि के विभिन्न विषयों पर मोनोग्राफ युक्त एक और पुस्तक होगी, मैं खुद लिखूंगा और इसमें एक विशेष रूप का शब्दकोश, एक व्याख्यात्मक शब्दकोश भी शामिल होगा, और दुनिया भर के विभिन्न देशों द्वारा तरह को पुस्तक प्राप्त करने का प्रयास किया जाएगा। मैं इस दूसरी पुस्तक को पूर्ण समझ के लिए आवश्यक मानता हूँ और सबसे अधिक लाभकारी समझ के लिए दोनों में से पहली।

टी.लोबसांग राम्पा

निर्देश

हम - आप और हम सहमत हैं कि साथ मिलकर काम करना है ताकि आपका मानसिक विकास हो। इनमें से कुछ सबक दूसरों की तुलना में लंबे और संभवतः अधिक कठिन होंगे, लेकिन ये सबक अनावश्यक रुप से केवल विस्तार के लिए नहीं हैं; वे होते हैं, क्योंकि हम कल्पना सजावट के बिना असली " हाड माँस " केसक्षम हैं।

प्रत्येक सप्ताह एक निश्चित रात का चयन करें जिस पर इस पाठ-कार्य का अध्ययन करना है। एक निश्चित दिन, एक निश्चित जगह पर, एक निश्चित समय पर अध्ययन करने की आदत डालें। केवल शब्दों को पढ़ने के तुलना में यह अधिक हैं, क्योंकि आपको उन विचारों को अवशोषित करना होगा जो आपके लिए बहुत अजीब हो सकते हैं, और नियमित आदतों का मानसिक अनुशासन आपको बहुत मदद करेगा।

कुछ जगह है - कुछ कमरे नियत करें - जहाँ आप आरामदेह रह सकें। यदि आप सहज हैं तो आप अधिक आसानी से सीखेंगे। यदि आप चाहें तो लेट जाएं, लेकिन ऐसा रवैया अपनाएं जहाँ मांसपेशियों पर कोई दबाव न हो, जहाँ आप आराम कर सकें ताकि आपका पूरा ध्यान मुद्रित (प्रिंटेंड) शब्दों और उनके पीछे के विचारों पर दिया जा सके। यदि आप अपनी जागरूकता से बहुत अधिक थक चुके हैं, तो आप तनाव की भावना को महसूस करने के लिए समर्पित हैं। आप यह सुनिश्चित करना चाहते हैं कि एक घंटे, या दो घंटे, या हालांकि लंबे समय तक आपको पठन कार्य करने में समय लगता है, तो कोई भी आपको दखल नहीं देगा और आपके विचारों की प्रवाह को नहीं तोड़ेगा।

अपने कमरे में - अपने अध्ययन के लिए दरवाजा बंद करें। इसे लॉक करें, एकाग्रता के लिए परदे बंद करें ताकि दिन के उजाले का उतार-चढ़ाव आपके ध्यान को विचलित न करे। कमरे में सिर्फ एक प्रकाश हो और वह आपके पीछे छोटा सा पढ़ने वाला लैम्प होना चाहिए। यह बाकी कमरे को उपयुक्त छाया में छोड़ते हुए पर्याप्त रोशनी प्रदान करेगा।

किसी भी स्थिति में लेट जाएं या वो अपनाएं जो काफी आरामदायक और विश्रामपूर्ण है। कुछ क्षणों के लिए आराम करें, अपने आप को गहरी सांस लेने दें, अर्थात, एक के बाद एक तीन गहरी सांसें लें। तीन या चार सेकंड के लिए सांस को रोककर रखें, फिर इसे तीन या चार सेकंड के बाद बाहर आने दें। कुछ और सेकंड्स के लिए शांत रहें और फिरपाठ को उठाकर पढ़ें। पहले इसे आसानी से पढ़ें - बस ऐसे माध्यम से काम करें जैसे कि आप एक अखबार पढ़ रहे हैं। जब आपने ऐसा कर लिया है, तो कुछ क्षणों के लिए रुकें कि आपने बिना सोचे क्या पढ़ा, अपने अवचेतन में उतर जाने दें। पुनः फिर से सब शुरू करें। पाठ को सावधानीपूर्वक, पैराग्राफ द्वारा पैराग्राफ पर जाएं। अगर आपको कुछ भी पहेलियों जैसा लगें, तो इसे आसानी से रखी गई नोट बुक पर लिखें। कुछ भी याद रखने की कोशिश न करें, छपे हुए शब्द के दास होने का कोई मतलब नहीं है, पठन का पूरा उद्देश्य है, कि यह आपके अवचेतन में उतर जायें। याद करने का एक सचेत प्रयास अक्सर शब्दों के पूर्ण अर्थ को अंधा कर देता है। आप एक परीक्षा में प्रवेश नहीं कर रहे हैं जहाँ कुछ वाक्यांशों की तोते जैसी पुनरावृत्ति आवश्यक हो। आप इसके बजाय, ज्ञान का भंडारण कर रहे हैं जो आपको मांस शरीर के बंधनों से मुक्त कर सकता है और आपको यह देखने में सक्षम कर सकता है कि किस तरह का यह मानव शरीर है, जो पृथ्वी पर जीवन का उद्देश्य निर्धारित करता है।

जब आप फिर से पाठ-कार्य से गुज़र रहे हैं, तो अपने नोद्ध और विचार से उन तथ्यों पर विमर्श करें, जो आपकी पहेली बनते हैं, वे तथ्य जो आपके लिए स्पष्ट नहीं हैं। सिर्फ लिखकर हमसे एक प्रश्न का उत्तर ले लेना बहुत आसान है; पर यह आपके अवचेतन में उतरने का कारण नहीं बनेगा। यह आपके लिए ज़्यादा हितकर और बेहतर होगा, कि आप खुद ही जवाब सोचें।

आपको अपना काम करना चाहिए। जो कुछ महत्व का है वह काम करने लायक है। जो चीज़ेंमुफ्त में दी जाती हैं, वे आमतौर पर इसलिए दी जाती हैं क्योंकि वे मूल्य लेने के लायक नहीं होती हैं। आपको अपना दिमाग खोलना होगा; आपको नए ज्ञान को अवशोषित करने के लिए तैयार होना चाहिए। आपको "कल्पना"

करनी चाहिए कि ज्ञान आप में प्रवाहित हो रहा है। याद रखें, "जैसा आदमी सोचता है, वैसा ही वह होता है।"

अध्याय

एक

इससे पहले कि हम उच्चतम स्व (ओवरसेल्फ) की प्रकृति को समझने का प्रयास करें या किसी भी "तंत्र संबंधी " मामले से निपटें, उसके पहले हमें मनुष्य की प्रकृति को समझने को सुनिश्चित करना चाहिए ।इस कोर्स में हम पुरुष और महिला को इंगित करने के लिए "आदमी" शब्द का उपयोग करेंगे। हम इस बात से प्रारंभ करें, कि स्त्री कम से कम *तंत्र मंत्र और अतिरिक्त-संवेदी धारणाओं से संबंधित सभी मामलों में पुरुष के बराबर है। वास्तव में, अक्सर महिलाओं में एक उज्ज्वल औरा होती है और उनमें *मेटाफ़िज़िक्स के विभिन्न पहलुओं को मूल्यांकन करने की क्षमता अधिक होती है।

जीवन क्या है?

दरअसल, जो कुछ भी मौजूद है वह "जीवन" है। यहाँतक की एक प्राणी जिसे हम सामान्य रूप से "मृत" कहते हैं, वह जीवित है। इसके जीवन का सामान्य रूप भले ही समाप्त हो गया हो - जैसे कि इसे हमारे लिए मृत करार कर दिया है - लेकिन उसने "जीवन" की समाप्ति के साथ ही जीवन का एक नया रूप ले लिया है। विघटन की प्रक्रिया स्वयं का जीवन बनाती है।

सभी कुछ जो भी हैं, वाइब्रेशन (कंपन) है। सभी कुछ अणुओं की निरंतर गति से बनता है। हम परमाणुओं, न्यूट्रॉन, प्रोटॉन आदि के बजाय "अणुओं" का उपयोग करेंगे, क्योंकि यह रसायन विज्ञान या भौतिकी का एक कोर्स नहीं हैं, अपितु यह मेटाफिजिक्स का एक हिस्सा है। हम अप्रासंगिक मामलों पर सूक्ष्म विस्तार में जाने के बजाय "एक सामान्य चित्र" को पेंट करने की कोशिश कर रहे हैं।

हमें पहले शायद यथार्थवादियों को खुश करने के लिए अणुओं और परमाणुओं के बारे में कुछ शब्द कहना चाहिए, जो अन्यथा लिखेंगे और हमें वह ज्ञान देंगे जो हमारे पास पहले से हैं। अणु छोटे, बहुत छोटे होते हैं, लेकिन उन्हें इलेक्ट्रॉन

माइक्रोस्कोप के उपयोग से और उन लोगों द्वारा भी देखा जा सकता है जोमेटाफिजिकल कला में पारंगत हैं। शब्दकोश के अनुसार, एक अणु पदार्थ का सबसे छोटा हिस्सा है, जो स्वतंत्र अस्तित्व के रुप में उस पदार्थ के गुणों को बनाए रखने में सक्षम हैं। अणु छोटे होते हैं, वे "परमाणु" के रूप में जाने वाले छोटे कणों से भी बने होते हैं।

एक परमाणु एक छोटे सौर प्रणाली की तरह है। परमाणु का नाभिक हमारे अपने सौर मंडल में सूर्य का प्रतिनिधित्व करता है। इस "सूर्य" अर्थात नाभिक के चारों ओर इलेक्ट्रॉन उसी तरह से घुमते हैं, जैसे हमारे सौर-मंडल के ग्रह हमारे सूर्य के चारों ओर घूमते हैं। सौर-प्रणाली जैसे ही परमाणु इकाई में ज्यादातर खाली जगह होती है। यहाँ, चित्र एक में, कार्बन परमाणु - हमारे अपने ब्रह्मांड की "ईंट" जैसी है - ऐसा जब आकार बहुत बढ़ाकर देखा जाए तब दिखता है। चित्र दो हमारे सौर-मंडल को दर्शाता है। हर पदार्थ के नाभिक "सूर्य" के चारों ओर इलेक्ट्रॉनों की संख्या अलग होती है, उदाहरण के लिए, यूरेनियम में निन्यानबे इलेक्ट्रॉन होते हैं। कार्बन के केवल छह हैं। नाभिक के करीब दो और अधिक दूरी पर चार इलेक्ट्रॉन परिक्रमा कर रहे हैं। लेकिन हम परमाणुओं के बारे में भूल जाते हैं और केवल अणुओं को संदर्भित करते हैं।

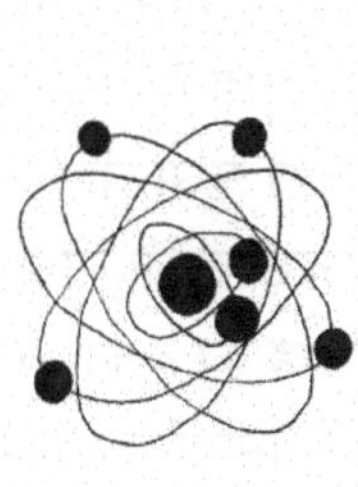

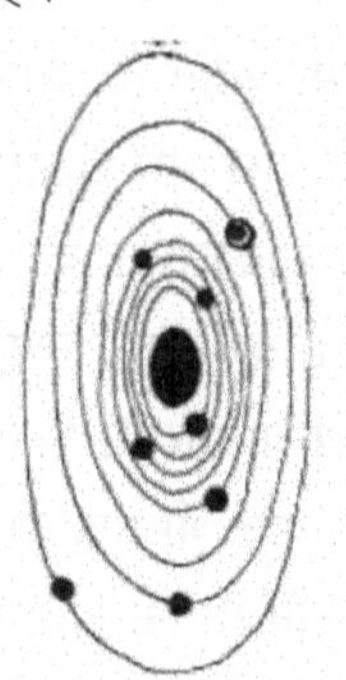

Fig. 1: Carbon Atom

Fig. 2: The Solar System

चित्र 1 और 2

---

* Occult - जादूटोना, तंत्र मंत्र, जादूई, extra-sensory perceptions - अतिरिक्त संवेदी धारणा, Metaphysics - मेटाफ़िज़िक्स, तत्वमीमांसा- यह दर्शनशास्त्र की वह शाखा है, जो ब्रह्मांड के परम तत्व / ईश्वर की खोज करते हुए उसके परम स्वरूप का विवेचन करती है।

मनुष्य तेजी से घूमते हुए अणुओं का एक समूह है। मनुष्य ठोस प्रतीत होता है; मांस और हड्डी में एक उंगली से धक्का देना आसान नहीं है। फिर भी यह ठोसपन हम पर थोपा गया एक भ्रम है क्योंकि हम मनुष्य जाति हैं। अनंत लघु प्राणी पर विचार करें जो मानव शरीर से दूर खड़ा हो और उसे देख रहा हो। लघु प्राणी को मानव में भयंकर सूर्य, सर्पिल निहारिका और मिल्की वे की धाराएँ दिखेंगी। शरीर के नरम हिस्सों में - मांस - में अणु व्यापक रूप से फैला देखेगा। कठोर पदार्थों हड्डियों में अणुओं को घने, एक गुच्छे के रुप में देखेगा, जो तारों के एक शानदार समूह के जैसा प्रतीत होगा।

एक साफ़ रात्रि में अपने आप को किसी एक पहाड़ की चोटी पर खड़े होने की कल्पना करें। आप अकेले हैं, किसी भी शहर की रोशनी से दूर, जो रात के आकाश में लटकते हुए नमी-बूंदों से अपवर्तन के कारण प्रतिबिंबित होती है और आकाश को धुंधला कर देती है। (यही कारण है कि वेधशालाएँ हमेशा सुदूर क्षेत्रों में निर्मित होती हैं) आप अपने पहाड़ की चोटी पर हैं। आप के ऊपर सितारे स्पष्ट और शानदार चमकते हैं। आप उन पर टकटकी लगाइए वे आपकी हैरान करने वाली आँखों के सामने अंतहीन व्यूह रचना के जैसे चक्कर लगा रहे हैं। शानदार आकाशगंगा आपके सामने फैलती हैं। तारों के समूह रात के आकाश के कालेपन की शोभा बढ़ाते हैं। मिल्की वे के नाम से पहचाने जाने वाले बैंड के चारों ओर एक विशाल और धुँआधार पथ दिखाई देता है। सितारे, संसार, ग्रह, अणु। जैसा आप आकाशगंगा को देखते हैं, वैसा ही सूक्ष्म जीव आपको देखेगा। ऊपर आकाश में सितारे खाली स्थानों के बीच प्रकाश के बिंदुओं के रूप में दिखाई देते हैं। अरबों, खरबों तारे हैं, फिर भी खाली जगह की तुलना में वे तारे वास्तव में कम लगते हैं। कोई भी एक अंतरिक्ष जहाज से सितारों के बीच बिना छूए जा सकता है। मान लीजिए कि आप सितारों, अणुओं को और करीब ला सकते हैं, तो आपको क्या दिखेगा? वह लघु जीव जो आपको दूर से देख रहा है, क्या वह भी ऐसे ही आश्चर्य कर रहा है? हम जानते हैं कि लघु जीव जो उन सभी अणुओं को देखता है, वे हम हैं। फिर, आकाश में तारा संरचनाओं का अंतिम आकार क्या है? प्रत्येक मनुष्य एक ब्रह्मांड है, जिसमें ग्रह - अणु - एक केंद्रीय सूर्य के

चारों ओर घूमते हैं। प्रत्येक चट्टान, टहनी या पानी की बूंद अणुओं से बनी होती है जो निरंतर, अनन्त गति करती है।

मनुष्य अणुओं में गति से बना है। यह गति बिजली का एक रूप उत्पन्न करती है, जो उच्चतम स्व (ओवरसेल्फ) द्वारा वितरित "बिजली" के साथ एकजुट होकर, सचेतन जीवन देती है। पृथ्वी के ध्रुवों के चारों ओर चुंबकीय तूफान भड़कते हैं और चमकते हैं, जो अपने सभी रंगीन रोशनी के साथ ऑरोरा बोरेलिस (उत्तर ध्रुवीय प्रकाश) को जन्म देते हैं। सभी ग्रहों और अणुओं के आसपास चुंबकीय विकिरण और आस-पास की दुनिया और अणुओं से निकलने वाले अन्य विकिरणों के साथ अंतः क्रिया कर परस्पर प्रभावित करते हैं। "कोई भी मनुष्य स्वयं तक एक दुनिया नहीं है।" कोई भी दुनिया या अणु अन्य दुनिया या अणुओं के बिना मौजूद नहीं हो सकते। प्रत्येक प्राणी, दुनिया या अणु दूसरे प्राणियों, दुनिया या अणुओं के अस्तित्व पर निर्भर रहते हैं ताकि उनका अपना अस्तित्व जारी रह सके। इसकी भी सराहना की जानी चाहिए कि अणु समूह अलग-अलग घनत्व के होते हैं, वे वास्तव में, अंतरिक्ष में घूमते तारों के समूह की तरह होते हैं। ब्रह्मांड के कुछ हिस्सों में सितारों या ग्रहों या दुनिया बहुत कम आबादी वाले क्षेत्र हैं - जो भी आप उन्हें बुलाना पसंद करते हैं - लेकिन अन्य जगहों पर ग्रहों का काफी घनत्व है, उदाहरण के लिए, मिल्की वे में। ठीक उसी तरह जैसे चट्टान बहुत घने नक्षत्र या आकाशगंगा का प्रतिनिधित्व कर सकती है। अणुओं का बहुत कम आबादी वाला क्षेत्र वायु है। हवा, हमारे माध्यम से जाती है और वास्तव में हमारे फेफड़ों की कोशिकाओं और हमारे रक्त प्रवाह में गुजरती है (रक्त में प्रवाहित होती है)। हवा के अलावा अंतरिक्ष है जहाँ दूर-दूर बिखरे हुए हाइड्रोजन अणुओं के समूह होते हैं। अंतरिक्ष शून्य नहीं है जैसा कि लोग कल्पना करते हैं लेकिन यह अंतरिक्ष हाइड्रोजन अणुओं के घने दोलन का एक संग्रह है और निश्चित रूप से, सितारे, ग्रह और दुनिया हाइड्रोजन अणुओं से ही बने हैं।

यह स्पष्ट है कि यदि किसी के पास आणविक समूहों का बहुत अधिक घनत्व है, तो उसे किसी भी अन्य प्राणी के समूहों से गुजरना काफी कठिन होता है, लेकिन एक तथाकथित "भूत", जिसमें अणुओं के बीच काफी खाली स्थान है, ईंटो की दीवार से आसानी से गुजर सकता है। ईंट की दीवार के रूप को सोचें; जो हवा

में लटकते हुए धूल के बादल की तरह अणुओं के एक समूह की भाँति हैं। हालांकि यह असंभव लग सकता है, हर अणु के बीच जगह होती है जैसे कि विभिन्न सितारों के बीच खाली जगह होती है और यदि कुछ अन्य जीव पर्याप्त रूप से छोटे हैं या यदि उनके अणु पर्याप्त रूप से बिखरे हुए हैं, तो वे अणुओं के बीच से गुजर सकते हैं, कह सकते हैं, ईंट की दीवार को, बिना किसी को छुए गुज़र सकते हैं। यह हमें इस बात को समझने में सक्षम बनाता है कि एक बंद कमरे के भीतर "भूत" कैसे दिखाई दे सकता है, और यह ठोस दीवार के माध्यम से कैसे पार निकल सकता है। सब कुछ सापेक्ष है, एक दीवार जो आपके लिए ठोस है वह भूत के लिए या सूक्ष्म से प्राणी के लिए ठोस नहीं हो सकती है। लेकिन हम बाद में ऐसी चीजों पर चर्चा ज़रूर करेंगे।

अध्याय

दो

जैसा कि हमने अभी देखा है, निश्चित रूप से, मानव शरीर अणुओं का एक समूह है और एक बहुत ही लघु जीव जैसे कि वायरस भी हमें अणुओं के समूह के रूप में देखेगा। अब हमें मानव को रसायनों के समूह के रूप में देखना होगा।

एक इंसान में कई रसायन होते हैं। मानव शरीर में भी मुख्य रूप से जलतत्व होता है। यदि आप सोचते हैं, कि पिछले पाठ में कोई भी विरोधाभास है, तो याद रखें कि जल में भी अणु होते हैं और यह एक सच्चाई है, कि यदि आप वायरस को बोलना सिखा सकते हैं तो वह निस्संदेह आपको देखकर यह बताएगा कि उसने समुद्र तट पर पड़े कंकड़ों के जैसे ही जल के अणुओं को आपस में टकराते हुए देखा है। यहाँतक कि एक लघु जीव कहेगा कि हवा के अणु समुद्र के किनारे रेत की याद दिलाते हैं। लेकिन अब हम शरीर के रसायन विज्ञान के लिए अधिक संबद्ध हैं।

यदि आप किसी दुकान में अपने फ्लैशलैम्प के लिए बैटरी खरीदने जाते हैं और तब आपको एक जिंक खोल के साथ एक कंटेनर और उसके बीच में एक कार्बन इलेक्ट्रोड मिलता है - कार्बन पेंसिल के समान मोटा होता है - बाहरी जिंक खोल और कार्बन रॉड के बीच रसायन भरा होता हैं। ज़ाहिर है पूरी वस्तु अंदर से काफी नम है और बाहर से यह सूखी है। आप इस बैटरी को अपने फ्लैशलैम्प में रखते हैं और स्विच ऑन करते हैं तो आपको एक लाइट मिलती है। तुम जानते हो क्यों? कुछ शर्तों के तहत धातु, कार्बन और रसायन मिलकर रासायनिक प्रतिक्रिया करते हैं, ताकि हम बिजली का उत्पादन कर सकें। अपने रसायनों और कार्बन रॉड के साथ यह जिंक कंटेनर बिजली उत्पन्न करता है, लेकिन फ्लैशलैम्प बैटरी के भीतर कोई बिजली नहीं है, इसके बजाय यह कुछ परिस्थितियों में बिजली पैदा करने वाले रसायनों का एक संग्रह मात्र हैं।

बहुत से लोगों ने सुना है कि सभी प्रकार की नावें और जहाज खारे पानी में सिर्फ होने से ही बिजली पैदा करते हैं। उदाहरण के लिए, कुछ विशेष परिस्थितियों में एक नाव या एक जहाज जो समुद्र में व्यर्थ रुप से खड़ी हैं, उसमें लगे हुए भिन्न धातु प्लेट अगर सट गये हो, तो एक विद्युत प्रवाह उत्पन्न हो सकता है। उदाहरण के लिए, दुर्भाग्य से यदि कोई जहाज में एक तांबे का तल है, जो ऊपरी कामों के लिए लगे लोहे से जुड़ा हो तो यदिविशेष व्यवस्था "इलेक्ट्रोलिसिस" (विद्युत प्रवाह की उत्पत्ति) नहीं की जाती थी, तब दोनों धातुओं अर्थात् लोहा और तांबा के बीच का जोड़ नष्ट हो जाता था। निश्चित रूप से यह आजकल कभी नहीं होता है, क्योंकि इसे "बलिदान एनोड" के उपयोग से रोका जा सकता है। जिंक, एल्यूमीनियम, या मैग्नीशियम अन्य धातुओं के टुकड़े तांबा या कांसे की तुलना में अधिक धनात्मक है। जैसा कि आप जानते हैं, अक्सर जहाजों के प्रोपेलर बनाने के लिए कांसे (ब्रोन्ज) का उपयोग किया जाता है। अब, यदि जहाज या नाव पर "बलिदान एनोड" कड़ी को पानी के नीचे लगाते हैं और यह अन्य जलमग्न धातु भागों से जुड़ा होता है, तो इस बलिदान एनोड का क्षय होगा और कमजोर होता जाएगा। पर यह जहाज के पतवार को और प्रोपेल्ड के अपव्यय होने से रोक देगा। जैसे ही इस धातु के टुकड़े का क्षय होता हैं, इसे हम बदल सकते हैं। यह जहाज के रखरखाव का सिर्फ एक सामान्य हिस्सा है और यह सब आपको सिर्फ यह अंदाजा देने के लिए बताया गया है कि बिजली कैसे उत्पन्न हो सकती है, और यह सबसे असामान्य तरीकों से उत्पन्न होती है।

मस्तिष्क अपनी खुद की बिजली उत्पन्न करता है! मानव शरीर के भीतर धातुओं के अवशेषहैं, यहाँतक कि जिंक जैसे धातुएं, और निश्चित ही हमें यह याद रखना चाहिए कि मानव शरीर का आधार कार्बन अणु है। एक शरीर में बहुत सारा जल और रसायनों के अवशेष मैग्नीशियम, पोटेशियम, आदि भी होते है। ये संगठित होकर एक क्षण में विद्युत प्रवाह बनाते हैं, लेकिन इस क्षण का पता लगाया जा सकता है, मापा जा सकता है और अंकित किया जा सकता है।

एक निश्चित साधन के उपयोग से, मानसिक रूप से बीमार व्यक्ति के मस्तिष्क की तरंगें रेखांकित हो सकती हैं। विभिन्न इलेक्ट्रोड उसके सिर पर रखे जाते हैं और छोटी कलमें कागज़ के एक पन्ने पर काम करती हैं। जैसे ही रोगी कुछ चीज़ों

के बारे में सोचता है, कलम कुछ टेढ़ी-मेढ़ी रेखाएं खींचती हैं, जो कि उस बीमारी के प्रकार को समझने के लिए सूचित की जा सकती हैं जिससे रोगी पीड़ित है। इस तरह के उपकरण सभी मानसिक अस्पतालों में आम उपयोग में हैं।

बेशक, मस्तिष्क उन संदेशों को ग्रहण करने के राडार स्टेशन जैसा है, जो ओवरसेल्फ द्वारा मस्तिष्क को भेजी जाती हैं। और मानव मस्तिष्क वापस ओवरसेल्फ को संदेश भेजता है, जैसे कि क्या सबक़ सीखा, क्या अनुभव प्राप्त हुए आदि। ये संदेश "सिल्वर कॉर्ड" के माध्यम से भेजे जाते हैं। सिल्वर कॉर्ड उच्च गति से घुमते हुए अणुओं के पुंज हैं, जो आवृत्तियों की एक अत्यंत विभिन्न श्रेणी में कंपायमान हैं। मानव का शरीर और मानव का ओवरसेल्फ सिल्वर कॉर्ड से जुड़े होते हैं।

यहाँ पृथ्वी पर मानव शरीर रिमोट कंट्रोल से चलने वाले वाहन के जैसा है। जिसका ड्राइवर ओवरसेल्फ है। आपने एक बच्चे की खिलौना कार देखी होगी जो एक लंबे लचीले केबल द्वारा बच्चे के हाथ में होती है। बच्चा एक बटन दबाकर कार को आगे बढ़ा सकता है या इसे रोक सकता है या पीछे चला सकता है और इस लचीली केबल से कार को मोड़कर चलाया जा सकता है। इसके बहुत क़रीब मानव शरीर की तुलना की जा सकती है, क्योंकि ओवरसेल्फ अनुभव प्राप्त करने के लिए पृथ्वी पर स्वयं नहीं आ सकता है वह इस शरीर को भेजता है जो पृथ्वी पर हम सभी हैं। हम जो कुछ भी अनुभव करते हैं, वह सब कुछ जो हम करते हैं या सोचते हैं या सुनते हैं, ओवरसेल्फ की स्मृति में संग्रहीत होने के लिए ऊपर की ओर यात्रा करता है।

बहुत उच्च बुद्धिमान पुरुष जो "प्रेरणा" प्राप्त करते हैं, अक्सर उनका चेतन मन ओवरसेल्फ से सिल्वर कॉर्ड के द्वारा भेजे गए संदेश प्राप्त करता है। लियोनार्डो दा विंची उन लोगों में से एक थे, जो लगातार अपने ओवरसेल्फ के साथ संपर्क में थे और इसलिए प्रायः उनकी बनाई हर चीज़ के लिए उन्हें प्रतिभावान मानते हैं। महान कलाकार या महान संगीतकार वे हैं जो शायद एक या दो विशेष "सलाहों" के लिए अपने ओवरसेल्फ के साथ संपर्क में होते हैं और वे वापस आकर इस "प्रेरणा" से संगीत या चित्रों की रचना करते हैं। उनकी प्रेरणा उन महानशक्तियों द्वारा लगभग निर्धारित होती है, जो हमें भी नियंत्रित करती हैं।

यह सिल्वर कॉर्ड हमें अपने ओवरसेल्फ से उसी तरह जोड़ता है जैसे गर्भनाल शिशु को उसकी माँ से जोड़ता है। गर्भनाल एक बहुत उलझा हुआ साधन है, जो वास्तव में बहुत ही जटिल है, लेकिन इस सिल्वर कॉर्ड की जटिलता की तुलना तार के एक टुकड़े से कर सकते है। यह कॉर्ड अणुओं का एक पुंज है, जो आवृत्तियों (फ्रीक्वेंसी) की बहुत विभिन्न रेजों पर घूमता है। लेकिन ये कॉर्ड यहाँपृथ्वी पर मानव शरीर द्वारा देखा नहीं जा सकता है औसत मानव दृष्टि इसे देखने में असमर्थ होती है क्योंकि अणु बहुत बिखरे हुए होते हैं। कई जानवर इसे देख सकते हैं क्योंकि जानवर विभिन्न आवृत्तियों पर देखते हैं और मनुष्यों की तुलना में आवृत्तियों की एक अलग श्रेणी पर सुनते हैं। जैसा कि आप जानते हैं, एक "मूक" कुत्ते की सीटी द्वारा कुत्तों को बुलाया जा सकता है, उसे मूक सीटी इसलिए कहते हैं, क्योंकि एक मानव इसे सुन नहीं सकता है लेकिन एक कुत्ता आसानी से सुन सकता है। उसी तरह, जानवर सिल्वर कॉर्ड और औरा देख सकते हैं क्योंकि ये दोनों एक ही आवृत्ति पर कंपन करते हैं जो कि जानवर की दृष्टि के ग्रहणशीलता के भीतर है। मानव के लिए बहुत आसानी से अपनी दृष्टि की ग्रहणशीलता के दायरे को अभ्यास के द्वारा बढ़ाया जा सकता हैं, उसी तरह जिस तरह एक कमज़ोर आदमी कसरत और अभ्यास से, शारीरिक क्षमताओं से बहुत अधिक वजन उठा सकता है, जो सामान्य रूप से नहीं उठा पाता।

सिल्वर कॉर्ड कंपायमान अणुओं का एक पुंज है। इसकी रेडियो तरंगों के घने किरण पुंज से तुलना कर सकते हैं जैसे वैज्ञानिक चंद्रमा पर भेजते हैं। वैज्ञानिकों ने चंद्रमा की दूरी को मापने की कोशिश में एक बहुत ही संकीर्ण किरण, तरंग के रूप में चंद्रमा की सतह पर प्रसारित किया। ठीक वैसे ही मानव शरीर और मानव ओवरसेल्फ के बीच सिल्वर कॉर्ड है; यह वह विधि है जिसके माध्यम से ओवरसेल्फ पृथ्वी पर शरीर के साथ सूचना लेता और देता है।

हम जो कुछ भी करते हैं वह ओवरसेल्फ जानता है। लोग आध्यात्मिक होने का प्रयास करते हैं यदि वे " नैतिक" हैं। आध्यात्मिकता में आगे बढ़ते लोग पृथ्वी पर मूल रूप से स्वयं के कंपन की अपनी दर को बढ़ाने और सिल्वर कॉर्ड के माध्यम से ओवरसेल्फ के कंपन की दर को भी बढ़ाने का प्रयास करते हैं। ओवरसेल्फ स्वयं के एक हिस्से को मानव शरीर में भेजता है ताकि पाठ सीखा

जा सके और अनुभव प्राप्त किया जा सके। प्रत्येक अच्छा काम करके हम पृथ्वी पर अपनी सूक्ष्म (एस्ट्रल) कंपन की दर को बढ़ाते हैं, लेकिन अगर हम किसी व्यक्ति के प्रति बुरा काम करते हैं तो हमारा आध्यात्मिक कंपन का दर घटता जाता है। इस प्रकार, जब हम दूसरे के लिए एक बुरा काम करते हैं तो हम स्वयं को विकास की सीढ़ी पर कम से कम एक कदम नीचे रख देते हैं और जब अच्छा काम करते हैं तब हम अपनी व्यक्तिगत कंपन को उसी मात्रा में बढ़ाते हैं। इस प्रकार यह है कि पुराने बौद्ध सूत्रों का पालन करना बहुत आवश्यक है जो शिक्षा देता हैं, कि "बुराई के लिए भलाई लौटाओ और किसी भी आदमी या उसके काम से डरना नहीं क्योंकि बुराई के बदले वापस अच्छा करने से हम ऊपर की ओर बढ़ते हैं और कभी नीचे की तरफ नहीं जाते।"

हर कोई एक ऐसे व्यक्ति के बारे में जानता है, जो "एक निम्न प्रकार का व्यक्ति है।" हमारे कुछ मेटाफिजिकल (गूढ़) ज्ञान का दुरुपयोग सामान्य बातचीत में करते हैं, जैसे हम कहते हैं कि कोई व्यक्ति "दुष्ट" (ब्लैक मूड) या "दुखी" (ब्लू मूड) है। यह सब कंपन के कारण है, कि शरीर सिल्वर कॉर्ड के माध्यम से ओवरसेल्फ को क्या पहुंचाता है और ओवरसेल्फ फिर से सिल्वर कॉर्ड के माध्यम से बॉडी को क्या वापस भेज देता है।

बहुत से लोग अपने ओवरसेल्फ से संपर्क करने में असमर्थता को नहीं समझ सकते। बिना लंबी ट्रेनिंग के यह काफी मुश्किल काम है। मान लें कि आप दक्षिण अमेरिका में हैं और आप किसी को साइबेरिया, रूस में टेलीफोन करना चाहते हैं। सबसे पहले आपको यह सुनिश्चित करना होगा कि एक टेलीफोन लाइन उपलब्ध है, फिर आपको दोनों देशों के बीच के समय में अंतर पर ध्यान देना होगा। आगे आपको यह सुनिश्चित करना है कि जिस व्यक्ति को आप टेलीफोन करना चाहते हैं वह उस समय उपलब्ध हो और आपकी भाषा बोल सकता हो और आखिर में आपको यह देखना होगा कि क्या अधिकारी ऐसे टेलीफोन संदेश देने की अनुमति देंगे। विकास के इस दौर में बेहतर है कि आप किसी व्यक्ति को जानबूझकर ओवरसेल्फ से संपर्क करने के झंझटों में न डाले क्योंकि आपको कुछ लिखित पृष्ठों में, कोई भी पाठ्यक्रम, ऐसी कोई भी जानकारी नहीं देगा जिसे पूरा करने में दस साल लग सकते हैं। अधिकांश लोग बहुत

अधिक उम्मीद करते हैं कि वे एक कोर्स कर सकते हैं और तुरंत वह सब कुछ कर सकते हैं जो एक मास्टर कर सकता है। परन्तुमास्टर ने ऐसी क़ाबिलियत पाने के लिए जीवन भर अध्ययन किया होगा और शायद इससे पहले अपने कई जीवनकाल में भी किया हो। इस पाठ्यक्रम को पढ़ें, इसका अध्ययन करें, उस पर विचार करें और यदि आप अपना दिमाग खोलेंगे तो आपको ज्ञान प्राप्त हो सकता है। हमने ऐसे कई मामलों को जाना है जहाँलोग (ज्यादातर अक्सर महिलाएँ) वास्तव में ईथरिकया औरा या सिल्वर कॉर्ड देख सकने में समर्थ हुए हैं। हमारे पास अपने बात को साबित करने के लिए ऐसे कई अनुभव हैं और आप भी ऐसा कर सकते हैं - अगर आप खुद को अपने ऊपर विश्वास करने की अनुमति देंगे।

अध्याय

तीन

हम पिछले अध्यायों में समझ चुके हैं, कि किस तरह से मानव मस्तिष्क उसमें उपस्थित रसायनों, पानी और धातु अयस्कों के क्रिया से विद्युत उत्पन्न करता है। जैसे मानव मस्तिष्क विद्युत उत्पन्न करता है, वैसे ही शरीर भी विद्युत पैदा करता है, क्योंकि शरीर की शिराओं और धमनियों में दौड़ रहे रक्त में वैसे ही रसायन, वही धातु के अवशेष और जल होते है। जैसा कि आप जानते हैं, रक्त में मुख्य रूप से जलतत्व होता हैं अतः पूरा शरीर विद्युत से भरा हुआ है। यह बिजली का वह प्रकार नहीं है जो आपके घरों को रोशन करता है या जिस स्टोव से आप खाना बनाते हैं या उसे गर्म करते हैं। इस विद्युत को चुंबकीय मूल के रूप में देखें।

यदि कोई एक चुंबक लेता है और उसे एक मेज पर एक सादे कागज की एक शीट पर रख देता है और फिर उसी सादे कागज पर, चुंबक के ऊपर, लोहे के बुरादे को बेपरवाही से छिड़कता है, तो हम पाएंगे कि बुरादा खुद को विशेष पैटर्न में व्यवस्थित कर लेता है। यह प्रयोग अनुभव करने के लायक है। हार्डवेयर स्टोर या वैज्ञानिक सामान बेचने वाले से एक साधारण सस्ता चुंबक प्राप्त करें, वे बहुत सस्ते हैं (या आप एक प्रयोग के लिए उधार भी ले सकते हैं)। ऊपरी भाग पर कागज का एक टुकड़ा रखें ताकि कागज के नीचे चुंबक हो। अपने केमिस्ट या वैज्ञानिक सामग्री स्टोर से आप लोहे का बुरादा प्राप्त कर सकते हैं, मैं फिर से कहूँगा, कि वे बहुत सस्ते हैं। नमक या काली मिर्च छिड़कने जैसे ही उन्हें कागज पर छिड़क दें।

उन्हें कागज पर लगभग बारह इंच की ऊंचाई से गिरने दें और आप पाएंगे कि ये लोहे का बुरादा एक अजीब पैटर्न में खुद को व्यवस्थित करता है जो कि चुंबक के बल की चुंबकीय लाइनों का सटीक रूप से अनुसरण करता है। आप पाएंगे कि चुंबक का केंद्रीय बार रेखांकित हैं और चुंबक के प्रत्येक छोर पर घुमावदार

रेखाएं हैं। सबसे अच्छा और लाभदायक तरीका है, इसे आज़माना, इसके लिए आपको अपने बाद के अध्ययनों में मदद मिलेगी। चुंबकीय बल मानव शरीर के ईथरिकके और औरा के समान है।

शायद सभी जानते हैं कि एक तार जिसमें विद्युत प्रवाह होता है उसके चारों ओर एक चुंबकीय क्षेत्र होता है। यदि विद्युत प्रवाह "एकदिश" के बजाय "प्रत्यावर्ती" धारा में बदलता है, तो इसका चुम्बकीय क्षेत्र स्पंदन करता है और विपरीतता में परिवर्तन के अनुसार घटता- बढ़ता है, अर्थात, यह प्रत्यावर्ती धारा के साथ स्पन्दन करता प्रतीत होता है।

मानव शरीर जो बिजली का एक स्रोत है, उसके बाहर एक चुंबकीय क्षेत्र है। यह अत्यधिक घटने और बढ़ने वाला क्षेत्र होता है। हम जिसे ईथरिक कहते हैं, वह (शरीर के विघुत द्वारा) इतनी तेजी से घटता, बढ़ता और कंपन करता हैं, कि इसकी गतिविधि को पहचानना कठिन होता है। यह ठीक उसी तरह है, कि किसी के घर में एक बिजली का लैम्प होता हैं और जब विघुत प्रवाह में एक सेंकेंड में पचास या साठ बार उतार-चढ़ाव आते हैं, तो कोई इसे देख नहीं सकता है। फिर भी कुछ देश के जिलों में, या शायद जहाज पर, उतार-चढ़ाव इतना धीमा होता हैं कि आँख झिलमिलाहट का पता लगा सकती है।

यदि कोई व्यक्ति किसी दूसरे के बहुत करीब जाता है, तो अक्सर रोंगटे खड़े होने जैसी सनसनी होती है। बहुत से लोग - अधिकांश लोग - किसी अन्य व्यक्ति के निकटता से पूरी तरह परिचित हैं। इसे एक दोस्त पर आज़माएं, अपने दोस्त के पीछे खड़े हों और उसकी गर्दन के पीछे पास में एक उंगली रखें और फिर उसे हल्के से स्पर्श करें। अक्सर वह एक निकटता और एक स्पर्श के बीच अंतर करने में सक्षम नहीं होगा। ऐसा इसलिए है क्योंकि ईथरिक भी स्पर्श करने के लिए अतिसंवेदनशील है।

यह ईथरिक चुंबकीय क्षेत्र है जो मानव शरीर (चित्र 3) को घेरता है। यह औरा का वाहक है, जिसे "नाभिक" भी कह सकते हैं। कुछ लोगों में ईथरिककवर शरीर के हर हिस्से के चारों ओर एक इंच के लगभग आठवें हिस्से के बराबर तक फैला होता है, यहाँ तक कि प्रत्येक बाल के चारों ओर भी होता हैं। अन्य लोगों में यह क्षेत्र कुछ और इंच तक बढ़ सकता है, लेकिन अक्सर छह इंच से ज्यादा

नहीं होता। ईथरिक का उपयोग किसी व्यक्ति की जीवन शक्ति को मापने के लिए किया जा सकता है। यह विशेष रुप से स्वास्थ्य के साथ तेजी से बदलता है। यदि किसी व्यक्ति ने एक दिन कठिन काम किया हो, तो ईथरिक त्वचा के बहुत करीब होगा, लेकिन एक अच्छे आराम के बाद यह संभवतः कुछ इंच तक बढ़ जाएगा। यह शरीर के सटीक आकृति का अनुसरण करता है, यह एक तिल या फुंसी के आकृति के भी साथ जाता है। ईथरिक के संबंध में यह रुचिकर बात हो सकती है कि यदि किसी व्यक्ति को नगण्य एम्परेज में बिजली के बहुत उच्च तनाव के लिए विवश किया जाये, तो ईथरिक को चमकदार, कभी गुलाबी, कभी नीले रंग में देखा जा सकता है। एक मौसम की स्थिति ऐसी भी है जो ईथरिक को देखने की क्षमता को बढ़ाती है। समुद्र पर ईथरिक देखने को मिलता है और यह सेंट एल्मो फायर के नाम से जाना जाता है। कुछ विशेष मौसम की परिस्थितियों में जहाज के खम्भे और रस्सी के हर हिस्से के किनारे ठंडी आग के रुप में देखा जा सकताहै। यह पहली बार देखने वालों के लिए काफी भयावह पर हानिरहित है। कोई इसे जहाज के ईथरिक से तुलना कर सकता है।

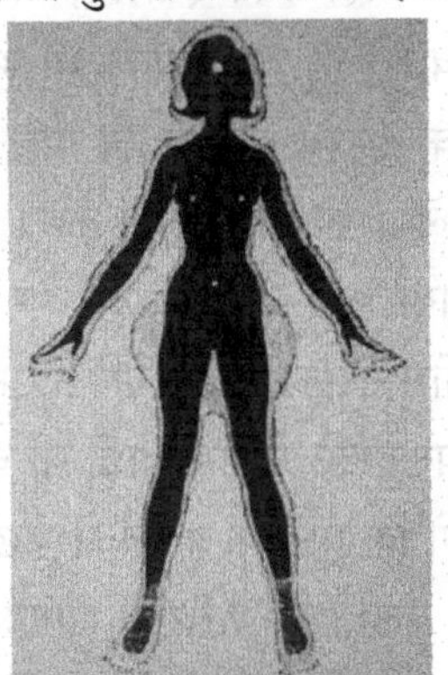

Fig. 3: The Etheric

चित्र 3

देश के बहुत से लोगों को एक अंधेरी या धुंधली रात में ग्रामीण इलाकों में बाहर जाने का अनुभव हुआ है और उन्होंने उच्च तनाव वाले तारों को अपने सर के ऊपर फैले हुए देखा है। उपयुक्त परिस्थितियों में उन्होंने एक धुंधली सफेद-नीली

चमक देखी होगी, जो भयानक लगती है और इसने ऐसे ही कई ग्रामीणों को बहुत डरा दिया है। इलेक्ट्रिकल इंजीनियर इसे उच्च तनाव तारों के कोरोना के रूप में जानते हैं और यह उनके सामने आने वाली एक कठिनाई हैं। क्योंकि कोरोना इन्सुलेटरों के नीचे की हवा को आयनित कर सकता है, यदि शॉर्ट सर्किट हो, तो हो सकता है कि पॉवर स्टेशनों के प्रसारण में गलती हो जाए और पूरे देश में अंधेरा छा जाए। अब अत्याधुनिक समय में इंजीनियरों ने कोरोना को कम करने या खत्म करने के लिए बहुत विशेष और महंगी सावधानियां बरती हैं। निश्चित रूप से, मानव शरीर का कोरोना, ईथरिक है और यह उच्च तनाव तारों से रिसाव के समान ही कुछ दिखता है। अधिकांश लोग शरीर के ईथरिक को देख सकते हैं यदि वे थोड़ा अभ्यास करें और अगर धैर्य रखें। दुर्भाग्य से, लोगों को लगता है कि जो मास्टर्स (एक्सपर्ट) वर्षों में करते हैं, उस ज्ञान और शक्तियों को प्राप्त करने के लिए कुछ त्वरित और सस्ता तरीका भी है। अभ्यास के बिना कुछ भी नहीं किया जा सकता है; महान संगीतकार हर दिन घंटों अभ्यास करते हैं और वे कभी भी अभ्यास बंद नहीं करते इसलिए, यदि आप ईथरिक और औरा को देखने में सक्षम होना चाहते हैं, तो आपको भी अभ्यास करना होगा। एक तरीका यह है कि आप एक इच्छुक व्यक्ति को प्राप्त करें और उस व्यक्ति को उसकी नग्न भुजा और उंगलियों को फैलाने को कहें। तटस्थ या काली पृष्ठभूमि से उसके हाथ और उंगलियां कुछ इंच की दूरी पर होने चाहिए। हाथ और अंगुलियों की तरफ देखें, सीधे उस पर नहीं, बल्कि उनकी तरफ।

सही तरीके से सही जगह पर देखने में बस थोड़ी सी कुशलता चाहिए। जैसे ही आप देखते हैं तो आप पाएंगे कि मांस के करीब से कुछ नीले-ग्रे रंग के धुएं जैसा दिखता है। जैसा कि हमने कहा, यह शरीर से शायद एक इंच के आठवें भाग या शायद छह इंच तक का यह विस्तार हो सकता हैं। अक्सर व्यक्ति हाथ की तरफ न देखकर हाथ को ही सीधा देखता है। ऐसा इसलिए हो सकता है क्योंकि वे बहुत कठिन प्रयास कर रहे हैं, ऐसा इसलिए हो सकता है क्योंकि वे *"पेड़

---

*cannot see the wood for the tree- पेड़ देख रहे हैं पर भविष्य के वन को नहीं देख पा रहे हैं अर्थात विवरणों पर अधिक ध्यान देने के कारण मुख्य मुद्दे को समझने में असफल होना।

देख रहे पर भविष्य के वन को नहीं देख पा रहे हैं"। अपने आप को तनावमुक्त होने दें, बहुत कठिन प्रयास न करें और अभ्यास से आप देखेंगे कि वास्तव में वहाँ कुछ है।

दूसरा तरीका है स्वयं पर अभ्यास करना। आप काफी आरामदायक स्थिति में बैठ जाइए। आपको ऐसे बैठना होगा ताकि आप किसी भी अन्य वस्तु चाहे वह कुर्सी, मेज या दीवार हो, से कम से कम छह फीट दूर पर हों। लगातार, गहरी और धीरे-धीरे सांस लें, अपनी बाहों को पूरी लंबाई तक फैलाएँ, अपनी उंगलियों को अपने अंगूठे के साथ जोड़कर ऊपर की तरफ रखें ताकि आपकी उंगलियों की टिप एक दूसरे के संपर्क में रहे। फिर, इंच के आठवें हिस्से के बराबर में या एक चौथाई इंच से अगर आप अपनी उंगलियों को धीमे-धीमे एक दूसरे से अलग करते हैं, तब इसके अलावा आपको "कुछ" और भी दिखाई देगा। यह भूरे धुंध की तरह लग सकता है, जो लगभग चमकदार होगा। लेकिन जब आप इसे देख लेते हैं, तब बहुत धीरे-धीरे अपनी उंगलियों को खींचकर और फैलाते जायें, एक बार में एक चौथाई इंच तक ही फैलाना हैं, तब आप जल्द ही देखेंगे कि वहाँ "कुछ" है। यह "कुछ" ईथरिकहै। यदि यह धुँधला हो जाए या "कुछ" गायब हो जाये, तो अपनी उंगलियों को एक साथ फिर जोड़ लें और फिर से शुरू करें। यह सिर्फ अभ्यास की बात है। एक बार फिर कहना चाहूँगा कि इस दुनिया के महान संगीतकार अभ्यास करते हैं और लगातार करते रहते हैं; वे अपने अभ्यास के बाद ही अच्छा संगीत तैयार करते हैं। आप आध्यात्मिक विज्ञान में अच्छे परिणाम दे सकते हैं। सिर्फ अपनी उंगलियों पर फिर से देखिए। ध्यान से देखेंगे तो पाएंगे कि फीका धुंध एक से दूसरे में बह रहा है। अभ्यास के साथ आप देखेंगे कि धुंध बाएं हाथ से दाहिने हाथ की ओर या दाहिने हाथ से बाएं हाथ की ओर बहता है। यह न केवल आपके लिंग पर, बल्कि आपके स्वास्थ्य पर और आप उस समय क्या सोच रहे हैं, उस पर निर्भर करता हैं।

आपकी मदद करने के लिए यदि अभ्यास में दिलचस्पी लेने वाला व्यक्ति मिलता हैं, तो आप हाथों की हथेली के साथ अभ्यास कर सकते हैं। यदि संभव हो तो आपको विपरीत लिंग का व्यक्ति चुनना चाहिए, उसे आपके सामने एक कुर्सी पर बैठा दें। आप दोनों को पूरी लंबाई में अपने दोनों हाथों को फैलाना चाहिए। फिर

आप नीचे की तरफ हथेली को करके अपने हाथ को धीरे-धीरे अपने उस दोस्त के हथेली, जो हथेलियों को ऊपर की तरफ करके बैठा हो, के करीब लाएं। जब हथेलियां लगभग दो इंच की दूरी पर होती हैं तो आपकी हथेली के बीच में सनसनी शुरू हो जाती है और एक हाथ से दूसरे हाथ में बहने वाली एक ठंडी हवा या गर्म हवा मिल सकती है। यह ठंडी हवा या गर्म हवा इस पर निर्भर करती है कि आपका हाथ किसके हाथ पर है और आप किस लिंग के हैं। अगर आपको गर्म हवा महसूस होती है, तब अपने हाथ को थोड़ा हिलाओ ताकि आपके हाथ की उँगलियों दूसरे व्यक्ति की उंगलियों पर ठीक ऊपर एक सीध में ना हो, बल्कि कोण बनाये और आप पा सकते हैं कि गर्मी की अनुभूति बढ़ जाती है। जितना अभ्यास करेंगे, गर्मी बढ़ती जाएगी। जब आप इस स्थिति में पहुँच जाते हैं, तब आप स्वयं की और दूसरे व्यक्ति के हथेली के बीच ध्यान से देखेंगे, तो आप बहुत साफ़ तौर से ईथरिकको देखेंगे। यह ईथरिकसिगरेट के धुएँ की तरह है जो बिना कश लगाये निकलता है, मतलब सिगरेट के कश लगे गंदे भूरे धुएँ के बजाय यह एक ताज़ा नीले रंग का होगा।

हमें यह दोहराते रहना होगा कि ईथरिक शरीर के चुंबकीय बलों की बाहरी अभिव्यक्ति मात्र हैं। हम इसे "भूत" कहते हैं क्योंकि जब कोई व्यक्ति अच्छे स्वास्थ्य के साथ मर जाता है तो यह ईथरिक चार्ज कुछ समय के लिए बना रहता है, यह शरीर से अलग हो सकता है और एक नासमझ भूत की तरह घूमता हैं। पर ये एस्ट्रल अस्तित्व से पूरी तरह से अलग चीज़ है। हम बाद की तारीख में उन सब से निपटेंगे। लेकिन आपने देश के पुराने कब्रिस्तानों के बारे में सुना होगा, जहाँ सड़कों पर लैंप आदि नहीं होते हैं, बहुत से लोग कहते हैं कि वे एक कब्र की जमीन से अंधेरी रातों पर एक धुंधली सी नीली रोशनी उठती हुए देखते हैं जो केवल उसी दिन बनी है। वास्तव में यह एक नव मृत शरीर से अलग होने वाले ईथरिक चार्ज का उड़ना है। आप कह सकते हैं कि यह केतली से निकलने वाली गर्मी के समान है जो उबल कर बंद हो गई है। जैसे ही केतली ठंडी होती है, बाहरी तरफ से गर्मी का अहसास कम होता है। उसी तरह, जैसे एक शरीर मर जाता है (मृत्यु के सापेक्ष चरण होते हैं, याद रखें)ईथरिक बल कम और कम होता जाता है। क्लिनिकी जीवन (रोगशय्या संबंधी) समाप्त होने के कई दिनों

बाद तक शरीर के चारों ओर आपको एक ईथरिक लटका हुआ मिल सकता है, लेकिन यह एक अलग अध्याय का विषय बनेगा।

लगातार अभ्यास करें। अपने हाथों को देखें, अपने शरीर को देखें, इन प्रयोगों को एक इच्छुक मित्र के साथ आज़माएं, क्योंकि केवल अभ्यास से ही आप ईथरिक को देख सकते हैं और जब तक आप ईथरिक को नहीं देख सकते, तब तक आप उस औरा को भी नहीं देख सकेंगे जो बहुत बारीक चीज़ है।

अध्याय

चार

पिछले अध्याय में पढ़ा कि शरीर का हर हिस्सा ईथरिकसे घिरा होता हैं और ईथरिकका बाहरी हिस्सा फैलकर औरा बनाता है। ईथरिकऔर औरा में कुछ ही मायनों में समानता हैं जैसे कि इन दोनों की उत्पति का मूल, चुम्बकीय विद्युत है और यहीं समानता का अंत होता हैं।

कोई ये बता सकता हैं कि औरा ओवरसेल्फ का रंग दर्शाता हैं। यह दर्शाता है कि व्यक्ति आध्यात्मिक है या सांसारिक है। औरा यह भी दर्शाता है कि क्या कोई व्यक्ति अच्छे स्वास्थ्य या बुरे स्वास्थ्य का है या वास्तव में रोगग्रस्त है। सब कुछ औरा से प्रकट होता है, ये ओवरसेल्फ की सूचक होती हैं और अगर आप चाहो तो कह सकते हो कि यह आत्मा की सूचक है। निश्चित ही आत्मा और ओवरसेल्फ एक ही चीज़ हैं।

इस औरा में हम बीमारी और स्वास्थ्य, उदासी और सफलता, प्रेम और घृणा देख सकते हैं। शायद यह सौभाग्य है कि वर्तमान समय में बहुत ज़्यादा लोग औरा को नहीं देख सकते हैं। क्योंकि आजकल अपनी स्थिति मजबूत बनाने के लिए किसी का फ़ायदा उठाना सामान्य बात है। औरा ओवरसेल्फ के रंग और कंपन को दर्शाकर व्यक्ति के विचार को प्रकट कर देती है, जैसा की उसे करना चाहिए। औरा व्यक्ति का भांडा फोड़ सकती हैं। यह एक सच है कि जब कोई व्यक्ति सख्त बीमार होता है तो औरा फीकी पड़ने शुरु हो जाती है, और कुछ मामलों में किसी व्यक्ति के मरने से पहले ही औरा वास्तव में मिट जाती है। यदि कोई व्यक्ति को एक लंबे समय से बीमारी हैं,तो मृत्यु से पहले औरा केवल ईथरिकको छोड़कर मिट जाती है। दूसरी ओर, एक व्यक्ति जो अच्छे स्वास्थ्य के दौरान दुर्घटनावश मारा जाता है, उसके पास या क्लिनिकी मृत्यु वाले व्यक्ति की औरा कुछ क्षणों के लिए शरीर के साथ होती है ।

मृत्यु के बारे में कुछ विशेष टिप्पणियों को बताना उचित है, क्योंकि मृत्यु विघुत प्रवाह को बंद करने या बाल्टी को खाली करने जैसा नहीं है। मृत्यु एक लंबी प्रक्रिया है। फर्क नहीं पड़ता कि किसी व्यक्ति कि मृत्यु कैसे हुई है। चाहे किसी व्यक्ति का गला ही काट क्यों न दिया गया हो, मौत कुछ क्षणों में ही नहीं होती है। जैसा कि हमने पढ़ा है, एक मस्तिष्क विद्युत प्रवाह उत्पन्न करने की भंडार कोशिका(स्टोरेज सेल)है। रक्त रसायनों, पानी और धातु अयस्कों की सप्लाई करता है, वे तत्व अनिवार्य रूप से मस्तिष्क के ऊतक में जमा हो जाते हैं। इसी प्रकार से क्लिनिकी मृत्यु के तीन से पांच मिनट बाद तक मस्तिष्क कार्य करना जारी रख सकता है।

कुछ लोग कहते हैं कि मौत की सज़ा के इस रुप या उस रूप में मृत्यु फौरन होती है, परन्तु ये हास्यास्पद है। जैसा कि हमने बताया है, भले ही सिर शरीर से पूरी तरह से अलग हो गया हो, मस्तिष्क तब भी तीन से पांच मिनट तक काम कर सकता है। एक क़िस्सा ऐसा भी है जो हक़ीक़त में लोगों द्वारा देखा गया था और उसका उल्लेख फ्रांसीसी क्रांति के इतिहास में किया गया है। लोग उन दिनों दर्शक दीर्घा में बैठते थे और फाँसी की सज़ा सार्वजनिक तौर पर सार्वजनिक अवकाश के दिन में होती थी। एक बार तथाकथित "देशद्रोही" का सिर काट कर अलग कर दिया गया और तुरंत जल्लाद गिरे हुए सिर के पास नीचे पहुँच गया और सिर के बाल से उसे उठाते हुए कहा, "यह देशद्रोही का सिर है।" जल्लाद के कहते ही जब सिर कटे व्यक्ति के होंठों ने ध्वनिहीन शब्दों को बुदबुदाया, "यह एक झूठ है" तो लोग भौचक्के रह गए। यह वास्तव में फ्रांसीसी सरकार के रिकॉर्ड में देखा जा सकता है। कोई भी डॉक्टर या सर्जन आपको बताएगा कि यदि रक्त की आपूर्ति बाधित हो जाती है तो मस्तिष्क तीन मिनट के बाद समाप्त होता है। इसीलिए अगर किसी काहृदय रुक जाता है तो रक्त के प्रवाह को फिर से सुचारु रुप से शुरू करने के लिए उन्मत्त प्रयास किए जाते हैं, ताकि मस्तिष्क के ख़राब होने से पूर्व रक्त सुचारु दौड़ सके। हम यहाँयह सब बताते हुए विषय से हट गए हैं कि मृत्यु तात्कालिक नहीं है, न ही औरा फ़ौरन लुप्त होती है। यह चिकित्सकीय तथ्य हैं। वैसे भी, मृत्यु समीक्षक और पैथोलॉजिस्ट जानते हैं कि शरीर विभिन्न

क्रम पर मर जाता है; पहले मस्तिष्क मरता है और फिर एक-एक करके अंग मर जाते हैं, सबसे आख़िर में बाल और नाखून मरते हैं।

जैसा कि शरीर तुरन्त नहीं मरता है, औरा के अवशेष शरीर पर मँडराते रहते हैं। इसलिए क्लैरवॉयंट व्यक्ति (अतीन्द्रियदर्शी) मृत व्यक्ति की औरा में देख सकता है कि उस व्यक्ति की मृत्यु क्यों हुई। ईथरिक, औरा से अलग प्रकृति का है। खासकर जब किसी व्यक्ति की अचानक हिंसा में मृत्यु हो गई हो, तब ईथरिक कुछ समय के लिए एक अलग प्रेत के रूप में रह सकता है। अच्छे स्वास्थ्य में एक व्यक्ति, जिसकी हिंसा के कारण मृत्यु होती है, उसकी "बैटरी पूरी तरह से चार्ज होती है," और इसलिए ईथरिक पूरी ताकत पर होता है। शरीर की मृत्यु के साथ ही ईथरिक अलग हो जाता है और तैरने लगता है। चुम्बकीय आकर्षण से यह निस्संदेह अपने भूतपूर्व प्रेतों से मुलाक़ात करेगा और यदि कोई क्लैरवॉयंट व्यक्ति है या वह व्यक्ति जो अत्यधिक उत्तेजित है (अर्थात उसके स्पंदन बढ़ गए हैं), तो वह व्यक्ति ईथरिक को देख पाएगा और चिल्लाकर कहेगा "ओह! यह अमुक आदमी का भूत हैं "।

तुलनात्मक रूप से औरा, अपरिष्कृत ईथरिक की तुलना में बहुत महीन सामग्री होती है। औरा, ईथरिकके लिए उतनी ही महीन है जितना कि ईथरिकभौतिक शरीर के लिए। एक व्यक्ति के शरीर के ढाँचे के अनुरूप ही ईथरिक पूर्ण आवरण की तरह पूरे शरीर पर "तैरता" है, लेकिन औरा शरीर के चारों ओर अंडे के आकार का खोल बनाता है (चित्र 4)। उदाहरण के लिए, औरा की ऊंचाई सात फीट या उससे अधिक हो सकती है और औरा चौड़ाई में अधिकतम चार फीट तक हो सकती है। इसकी चौड़ाई धीरे-धीरे नीचे की ओर कम होती जाती है ताकि "अंडे" का संकरा अंत नीचे हो, मतलब की जहाँ पैर होते हैं। औरा चमकदार रंगो के विकिरण से बनती हैं। ये विकिरण शरीर के विभिन्न केंद्रों से निकलकर शरीर के अन्य केंद्रों तक जाती हैं। पुराने चीनी कहते थे कि "एक तस्वीर एक हजार शब्दों के समान होती है।" इसलिए, कुछ हज़ार शब्दों को सहेजने के लिए, हम इस पाठ में यहाँ एक खड़े व्यक्ति का एक स्केच सम्मिलित करेंगे, जिसमें पूरा चेहरा दिख रहा हैं और इन रेखाचित्रों में हम शरीर के विभिन्न केंद्रों से औरा के बल की रेखाओं का आना जाना और अंडा-आकृति की सामान्य रूपरेखा स्पष्ट करेंगे।

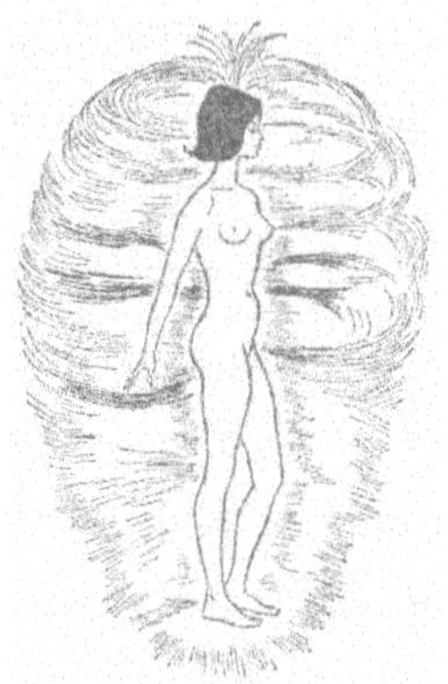

Fig. 4: Main Lines of Aura

चित्र 4

यह भी हमें स्पष्ट करना है कि औरा वास्तव में मौजूद है भले ही आप इसे एक पल के लिए भी नहीं देख सकते। जैसा की जानते हैं कि आप उस हवा को नहीं देख सकते हैं जिसमें सांस लेते हैं और हमें संदेह है कि क्या कोई मछली उस पानी को देख सकती है जिसमें वह तैरती है? औरा एक वास्तविक जीवनाधार बल है। यह मौजूद है, हालांकि अधिकांश अप्रशिक्षित लोग इसे नहीं देख सकते हैं। विभिन्न उपकरणों का उपयोग करके औरा को देखना संभव है। उदाहरण के लिए, विभिन्न प्रकार के काले चश्मे हैं जो आंखों के लिए इस्तेमाल किए जा सकते हैं, लेकिन ये भी जानकारी होनी चाहिए कि ये काले चश्मे दृष्टि के लिए बेहद हानिकारक हैं। वे आंखों से प्रयास करते हैं, वे आंखों को अप्राकृतिक तरीके से काम करने के लिए मजबूर करते हैं और हम औरा को देखने की इच्छा पूरी करने हेतु एक पल के लिए भी चश्मे को उपयोग करने की सलाह नहीं दे सकते और न ही उन विभिन्न स्क्रीनों की सलाह देंगे जिनमें कांच की दो चादरों के बीच जलरोधी जगह होती है जिसमें विशिष्ट और आमतौर पर अत्यधिक महंगी डाई भरी होती है। हम केवल यह सुझाव दे सकते हैं कि आप अभ्यास करें और फिर थोड़ा विश्वास करें और थोड़ी मदद से आप स्वयं औरा को देखने में सक्षम हो जाएंगे। औरा को देखने में सबसे बड़ी कठिनाई यह है कि ज्यादातर लोग विश्वास ही नहीं करते कि वे इसे देख सकते हैं।

जैसा कि हमने कहा है, औरा विभिन्न रंगों की होती है, लेकिन हम यह भी बता दें कि रंगों के रूप में हम जो उल्लेख करते हैं वह स्पेक्ट्रम का केवल एक विशेष हिस्सा है। दूसरे शब्दों में, हालांकि हम "रंग" शब्द का उपयोग करते हैं, उसे हम "लाल " या "नीला " कह कर उस लहर की आवृत्ति का उद्धरण दे सकते हैं। लाल, वैसे देखने के लिए सबसे आसान रंगों में से एक है। नीला रंग देखना इतना आसान नहीं है। कुछ लोग हैं जो नीला रंग नहीं देख सकते हैं, कुछ लोग लाल रंग नहीं देख सकते हैं। यदि आप किसी ऐसे व्यक्ति के साथ हैं, जो औरा देख सकता है, तो सावधान रहें और उनसे ऐसा कुछ न कहें जो झूठ हो, क्योंकि यदि आप एक औरा देखने वाले को झूठ बोलेंगे, तो वह आपको पकड़ लेगा। आम तौर पर एक व्यक्ति के औरा के शीर्ष पर एक "प्रभामंडल" *(हेलो) होता है जो या तो नीला या पीला रंग का होता है। यदि झूठ कहा जाता है तो प्रभामंडल से हरित पीला रंग विकीरित होता है। यह समझाने के लिए एक कठिन रंग है, लेकिन एक बार देखा गया रंग कभी नहीं भुलाया जा सकता है। तो किसी को धोखा देने के लिए झूठ बोलने पर औरा के शीर्ष प्रभामंडल से तुरंत हरित पीली चमक विकीर्ण होती है।

हम कह सकते है कि मूल रुप से औरा आँखों तक विस्तृत होती है और फिर आपको पीले या नीले रंग की एक चमकदार परत मिलती है जो *हेलो या निंबस है। फिर, औरा के सबसे ऊपरी भाग पर, आपको एक प्रकार का प्रकाश का झरना प्राप्त होता है, पूर्व में जिसे खिलता कमल (द फ्लावरिंग लोटस)के रूप में जाना जाता है, क्योंकि सचमुच वो प्रकाश के झरने जैसे दिखता है। यह झरना रंगों की अदला बदली है और कल्पनाशील व्यक्ति को यह सात-पंखुड़ियों वाले कमल के खुलने की लुभावनी याद दिलाता है।

अधिक आध्यात्मिकता वाले व्यक्ति की निंबस या प्रभामंडल अधिक भगवा-पीली होती हैं। यदि किसी व्यक्ति में संदिग्ध विचार हैं, तो औरा का वह विशेष हिस्सा *(हेलो) अप्रिय मैला भूरा हो जाता है, जिसके किनारे पित्त के रंग वाले पीले-हरे होते हैं, जो उसके झूठ को सूचित करते हैं।

हम इस पर विश्वास करते हैं कि प्रत्यक्ष औरा प्रतीत न होने के बावजूद बहुत लोग औरा को देखते हैं। हम मानते हैं कि बहुत से लोग औरा को देखते हैं या पहचान

लेते हैं, पर ये नहीं जानते कि वे क्या देख रहे हैं। किसी व्यक्ति के लिए यह कहना एक सामान्य बात है कि उसके पास ये ये रंग होना चाहिए, वह ऐसा-और-वैसा रंग नहीं पहन सकता, क्योंकि स्वाभाविक बुद्धि से वह सोचता है कि वह रंग उसकी औरा के साथ टकराएगा। आपने किसी ऐसे व्यक्ति पर ध्यान दिया होगा जिसने ऐसे कपड़े पहने हैं जो आपके अपने अनुमान के काफी विपरीत हैं। आप औरा को "देख" नहीं सकते हैं, लेकिन शायद आप अनुपयुक्त कपड़े पहने दोस्त की तुलना में अधिक अनुभवी हैं और जानते हैं, कि ऐसे रंग आपके दोस्त की औरा के साथ पूरी तरह से टकराते हैं। कई लोग महसूस कर, अनुभव से मानव औरा से परिचित होते हैं, परंतु क्योंकि बचपन से ही उन्हें सिखाया जाता है कि यह देखना व्यर्थ की बात है, ऐसी बातें निरर्थक हैं, तो वे लोग स्वयं विश्वास कर लेते हैं कि औरा को वे देख नहीं सकते।

यह भी एक तथ्य है कि व्यक्ति कुछ विशेष रंगों के कपड़े पहनकर अपने स्वास्थ्य को प्रभावित कर सकता है। यदि आप वैसे रंग पहनते हैं जो आपकी औरा के साथ टकराता है, तो आप निस्संदेह आसानी से या आत्म चेतन रूप से बीमार होंगे।

आप तब तक अस्वस्थ रह सकते हैं जब तक आप उस अनुपयुक्त रंग को छोड़ नहीं देते। आप पहचान सकते हैं कि एक कमरे में एक विशेष रंग आपमें अशांति पैदा करता है या आपको शांत करता है। रंग, आखिरकार, कंपन का ही अलग-अलग नाम हैं। लाल एक कंपन है, हरा और काले रंग का अलग कंपन है। जिस कंपन को हम ध्वनि कहते हैं, वह अगर टकराते हैं, तो बेसुरे बन सकते हैं। उसी प्रकार "ध्वनि रहित" कंपन, जिसे हम रंग कहते हैं, उनके टकराव से आध्यात्मिक असामंजस्य हो सकते हैं।

---

* हेलो - प्रभामंडल (halo)

अध्याय

पाँच

"औरा का रंग "

सभी संगीत सुर, लयबद्ध कंपन का एक संयोजन हैं जो अपने पास के सुर के साथ संगत होने पर निर्भर करता है। सुसंगति का अभाव “अप्रिय सुर” पैदा करता है, ऐसा सुर जो सुनने में बिल्कुल भी अच्छा नहीं लगता। संगीतकार केवल वे ही सुर बनाने का प्रयास करते हैं जो सुखद हो।

रंगों में भी कंपन होता है, संगीत में जैसा सामंजस्य होता हैं, ठीक वैसा ही रंगों में भी लागू होता हैं, हालांकि रंग "मानव-संवेदन स्पेक्ट्रम" पर थोड़े अलग होते हैं। किसी के पास वे पवित्र रंग हो सकते हैं, जो उसे सुखी और उन्नत करते हैं। या किसी के पास विरोधी रंग हो सकते हैं, जो तंत्रिकाओं में शोर मचाते हैं। मानव औरा में कई अलग-अलग रंग और रंगो के शेड्स होते हैं। उनमें से कुछ रंग अप्रशिक्षित देखने वाले की दृष्टि सीमा से परे हैं और इसलिए, उन रंगों के लिए कोई सार्वभौमिक रूप से स्वीकृत नाम नहीं है।

जैसा कि आप जानते हैं, एक "मूक" कुत्ते की सीटी होती है। यह कंपन के जिसबैंड पर प्रतिध्वनित होती है उसे मानव के कान सुन नहीं सकते हैं लेकिन एक कुत्ता सुन सकता है। स्केल (अनुपात) के दूसरे छोर पर, एक इंसान एक कुत्ते की तुलना में ज्यादा धीमी आवाज़ सुन सकता है; धीमी आवाज कुत्तों के लिए अश्राव्य है। मान लीजिए कि हम मानव के सुनने की क्षमता को सीमा के ऊपर ले जाते हैं - तो हमें एक कुत्ते की तरह सुनने में कुशल होना चाहिए और कुत्ते की सीटी के उच्च नोद्ध को भी सुन पाना चाहिए। इसलिए, यदि हम अपनी दृष्टि सीमा को बढ़ा सकें या शिफ्ट कर सके, तो हम मानव औरा को देख पाएंगे। जब तक हम इसे ध्यान से नहीं करते हैं, हम काले या गहरे बैंगनी में भेद करने की क्षमता खो देंगे।

अनगिनत रंगों को सूचीबद्ध करना अनुचित होगा। आइए हम केवल सबसे सामान्य, सबसे मजबूत, रंगों के बारे में बात करते हैं। जिस व्यक्ति की औरा देखते हैं, प्रगति के अनुसार उसकी औरा के मूल रंग बदल जाते हैं। जैसे व्यक्ति आध्यात्मिकता में आगे बढ़ता है, वैसे ही रंग भी सुधरता है। यदि कोई व्यक्ति दुर्भाग्यपूर्ण है मतलब जो विकास की सीढ़ी पर वापस फिसल जाता है, तो उसकी औरा का मूल रंग पूरी तरह से या रंगो के शेड्स बदल सकते हैं। मूल रंग (जिनका हम नीचे उल्लेख करेंगे) "सामान्य" व्यक्ति को दिखाते हैं। असंख्य रंगो में उतार-चढ़ाव अर्थात शेड्स व्यक्ति के विचारों और इरादों के साथ-साथ आध्यात्मिकता के स्तर का संकेत करते हैं। औरा घूमती है और विशिष्ट एवं जटिल इंद्रधनुष की तरह बहती है। रंग सर्पिलाकार में बढ़कर शरीर का घेरा बनाते हैं और सिर से पैर तक प्रवाहित होते हैं। लेकिन एक इंद्रधनुष में दिखाई देने वाले रंगो की तुलना में औरा में रंग कई गुना अधिक होते हैं। इंद्रधनुष केवल पानी के क्रिस्टल के अपवर्तन से बनने वाली साधारण चीज़ है, औरा अपने आप में ही जीवन है।

यहाँ बहुत कम रंगों पर कुछ चर्चा की गई है, "बहुत कम" क्योंकि दूसरों रंगो के बारे में बात करने का कोई मतलब नहीं है जब तक आप इन सूचीबद्धों को नहीं देख सकते हैं।

लाल- अपने अच्छे रूप में लाल रंग आवाज प्रधान शक्ति को सूचित करता है। अच्छे जनरलों और लोगों के लीडर्स की औरा में बहुत स्पष्ट लाल रंग होता है। स्पष्ट लाल रंग के साथ जब पीले किनारे भी साथ हों, तो वह एक ऐसे व्यक्ति को सूचित करता है जो "समाज सुधारक" है, अर्थात जो हमेशा दूसरों की मदद करने के लिए प्रयासरत रहता है। सामान्यतः हस्तक्षेप करने वाले व्यक्ति के रंग के साथ इसे भ्रमित न करें; उसका "लाल" रंग "भूरा" रंग जैसा होगा। किसी अंग की जगह से निकलने वाली स्पष्ट लाल बैंड या चमक यह दर्शाती है कि अंग बहुत अच्छे स्वास्थ्य में है। दुनिया के कुछ नेताओं के बनावट में बहुत स्पष्ट लाल रंग होता हैं। दुर्भाग्य से, बहुत सारे उदाहरणों में, यह रंगो के शेड्स से दूषित होकर इसका मूल्य घटाते हैं।

एक बुरा लाल, जो मैला या बहुत गहरा रंग है, बुरी या क्रूरतापूर्ण मनोदशा को दर्शाता है। व्यक्ति अविश्वसनीय, झगड़ालू, विश्वासघाती, दूसरों को फ़ायदा उठाने

वाला जिज्ञासु होता है। फीका लाल हमेशा शीघ्र घबराने वाली उत्तेजना दिखाता है। "बुरा" लाल रंग वाला व्यक्ति शारीरिक रूप से मजबूत हो सकता है, इसलिए दुर्भाग्य से वह गलत काम करने में भी कुशल होगा। हत्या करने वालों ने हमेशा अपनी औरा के लाल रंग को अपमानित किया है। हल्का लाल (हल्का रंग, पर "स्पष्ट " नहीं) व्यक्ति अधिक नर्वस और अस्थिर होता है। ऐसा व्यक्ति बहुत सक्रिय चिड़चिड़ा भी होता हैं और एक समय में कुछ सेकंड से अधिक समय तक स्थिर नहीं रह सकता है। बेशक ऐसा व्यक्ति वास्तव में बहुत आत्म-केंद्रित होता है। अंगों के आसपास के लाल रंग उनकी अवस्था को बताते हैं। जब एक अंग की जगह पर फीका लाल, भूरा लाल रंग धीरे-धीरे स्पंदन करते हुए हो, तो वे कैंसर का संकेत देते है। कोई भी बता सकता है कि क्या उस अंग में कैंसर हो गया है या कैंसर उत्पन्न होने वाला है। औरा यह भी सूचित करती है कि यदि उपचारात्मक कदम नहीं उठाए गए तो बाद में शरीर में कौन सी बीमारियां होने वाली हैं। यह बाद के वर्षों में "औरा थेरेपी" के सबसे बड़े उपयोगों में से एक होने जा रहा है।

जबड़े से एक धब्बेदार, लाल चमकता हुआ रंग, दांत के दर्द को सूचित करता है। उसी समय निंबस या हेलो से एक फीका भूरा रंग का स्पंदन एक दंत चिकित्सक से मिलने के डर को सूचित करता है। औरा का गहरा लाल रंग आमतौर पर उन लोगों द्वारा "धारण" किया जाता है जो स्वयं के बारे में सुनिश्चित होते हैं और यह भी सूचित करता है कि व्यक्ति पूरी तरह से खुद को बहुत ज्यादा स्नेह करता है। यह झूठी शान का रंग है - बिना कारण के घमंड का होना, लेकिन गहरा लाल रंग उन महिलाओं के नितम्बों के आसपास सबसे स्पष्ट रूप से दिखता है जो रुपयों के लिए "प्यार" बेचती हैं। वे वास्तव में "वेश्या " (स्कारलेट वुमन) हैं। ऐसी महिलाएं आमतौर पर सेक्स क्रिया में रुचि नहीं लेती हैं। उनके लिए यह जीविका कमाने का मात्र एक साधन है। अति अभिमानी व्यक्ति और वेश्या, औरा में समान रंग साझा करते हैं। यह विचार करने योग्य है कि ये पुरानी कहावतें, जैसे कि "लाल औरत" (स्कारलेट वुमन),"नीली मनोदशा" (दुखी मनोदशा), "लाल क्रोध," "काला स्वभाव" और "ईर्ष्या से हरा" वास्तव में औरा

से पीड़ित व्यक्ति की मनोदशा का संकेत करती हैं। लोग जो ऐसा कहते थे, उनके द्वारा औरा को प्रत्यक्ष या अनजाने में देखने से ऐसे वाक्यों की उत्पत्ति हुई होगी।

"लाल" समूह के साथ फिर गुलाबी (यह वास्तव में मूंगा जैसा है), अपरिपक्वता को दर्शाता है। किशोर अवस्था में औरा किसी भी अन्य लाल रंग के बजाय गुलाबी रंग दिखाते हैं। एक वयस्क के औरा में, गुलाबी रंग बचपन और असुरक्षा का सूचक है। लाल-भूरा, कच्चे जिगर जैसा रंग, वास्तव में एक बहुत बुरे व्यक्ति को दर्शाता है। किसी को मुसीबत से बचना हैं, तो ऐसे व्यक्ति से दूर रहे। जब किसी अंग के ऊपर ऐसा रंग देखा जाता है, तो यह दर्शाता है कि अंग वास्तव में बहुत ही रोगग्रस्त है और अगर व्यक्ति के शरीर के किसी महत्वपूर्ण अंग पर ऐसा रंग हो, तो वह जल्द ही मर जाएगा।

लोगों के छाती के अंत (उरास्थि के अंत में) में लाल रंग दिखना तंत्रिका संबंधी परेशानी को सूचित करता है। उन्हें अपनी गतिविधियों को नियंत्रित करना सीखना चाहिए और यदि वे लंबे समय तक और खुशी से जीना चाहते हैं तो अधिक संयत से रहना चाहिए।

नारंगी - ऑरेंज वास्तव में लाल रंग की एक शाखा है, लेकिन हम इसका एक अलग वर्गीकरण देकर सम्मान दे रहे हैं क्योंकि सुदूर पूर्व के कुछ धर्म नारंगी को सूर्य के रंग के रूप में मानते थे और इसे आदर देते हैं। यही कारण है कि सुदूर पूर्व में बहुत सारे नारंगी रंग होते हैं। दूसरी तरफ, सिक्के के दोनों पहलू देखें तो अन्य धर्मों का मानना था कि सूर्य का रंग नीला है। इससे कोई फर्क नहीं पड़ता कि आप किस मान्यता को स्वीकार करतेहैं। नारंगी मूल रूप से एक अच्छा रंग है और जिनकी औरा में नारंगी के उपयुक्त शेड्स हैं, वे दूसरे लोगों का बहुत अधिक ध्यान रखते हैं। वे मानवतावादी हैं और दूसरों की मदद करने की पूरी कोशिश करते हैं, पर वे भाग्यवश संपन्न नहीं होते हैं। एक पीले-नारंगी रंग की औरा पाने की इच्छा होना चाहिए क्योंकि यह आत्म-नियंत्रण दिखाता है और इसमें कई गुण होते हैं।

भूरा-ऑरेंज रंग एक दमित आलसी व्यक्ति को दर्शाता करता है जो "बेफिक्र नहीं रह सकता!" एक भूरा-नारंगी रंग भी गुर्दे (किडनी)की परेशानी को सूचित करता

है। यदि यह गुर्दे के ऊपर स्थित है और इसमें स्लेटी रंग के दांतेदार धुँधलापन है, तो यह गुर्दे की पथरी की उपस्थिति को दर्शाता है।

एक नारंगी औरा जिसमें हरे रंग की झलक हो, तो वह एक ऐसे व्यक्ति को सूचित करती है जो केवल झगड़ा पसंद होने के कारण झगड़ा करता है। अगर आप उस स्तर तक प्रगति करते हैं कि आप रंगों के भीतर रंगों के शेड्स (उतार चढ़ावों)में भी शेड्स को देख सकते हैं, तो समझदार बनें और उन लोगों से बचें जिनमें नारंगी के बीच हरा हो क्योंकि वे सिर्फ "काला और सफ़ेद " (अच्छा या बुरा, सही या गलत इन दोनों के बीच कोई और क्रम न देखना) देख सकते हैं, उनके पास कल्पना और अनुभव की कमी है, उनमें ये महसूस करने के लिए उस विवेक की कमी है कि ज्ञान के शेड्स, विचार के शेड्स, रंगों के शेड्स भी होते हैं। हरे-नारंगी रंग से पीड़ित व्यक्ति केवल तर्क के लिए निरंतर बहस करता है और वास्तव में परवाह किए बिना कि क्या उसके तर्क सही हैं या गलत, ऐसे लोगों का तर्क-विकर्त करना ही शौक है।

पीला- एक सुनहरा पीला रंग संकेत करता है कि इसका स्वामी बहुत आध्यात्मिक प्रकृति का है। सभी महान संतों के सिर के चारों ओर सुनहरे रंग के हेलो थे। जितनी अधिक आध्यात्मिकता होगी सुनहरे पीले रंग की चमक उतनी ज्यादा होगी। हमें यह अप्रासंगिक बात बतानी पड़ रही हैं कि बहुत उच्च आध्यात्मिकता वाले लोगों के औरा में गहरा नीला रंग भी होता है, लेकिन हम पीले रंग की बात कर रहे हैं। जिन लोगों की औरा में पीलापन होता है वे हमेशा अच्छे आध्यात्मिक और उचित स्वास्थ्य में होते हैं। वे अच्छी तरह से सही राह पर हैं और शुद्ध पीले रंग से जिनके पास थोड़ा कम है, उससे डरने की बात है। औरा में एक चमकदार पीले रंग के व्यक्ति पर पूरी तरह से भरोसा किया जा सकता है। निम्न कोटि का पीला (खराब चेडर पनीर का रंग) वाला व्यक्ति कायर स्वभाव का होता है और इसीलिए लोग कहते हैं, "अरे, वह पीला पड़ गया है!" यह कभी बहुत सामान्य बात हुआ करती थी कि कोई औरा को देख सकता था और संभवतः इनमें से अधिकांश कहावतें उस समय अलग-अलग भाषाओं में बनी थीं। लेकिन एक बुरे पीले रंग की औरा एक बुरे व्यक्ति को दिखाता है, जो सच में सब से डरता है। एक लाल रंग लिए पीले रंग की औरा बिल्कुल अनुकूल नहीं है क्योंकि यह

मानसिक, नैतिक और शारीरिक कायरता को सूचित करता है और इसके साथ यह आध्यात्मिक दृष्टिकोण और दृढ़ विश्वास की पूर्ण कमजोरी को भी दर्शाता है। यही कुछ लाल-पीले रंग वाले लोग एक धर्म से दूसरे धर्म में बदल जाएंगे, वे हमेशा ऐसी चीज़ की तलाश करेंगे जो पांच मिनट में प्राप्त नहीं हो सकती है। उनके पास सहनशक्ति नहीं है, वे एक चीज़ पर कुछ क्षणों के लिए नहीं टिक सकते। एक व्यक्ति जिसकी औरा में लाल-पीला और भूरा-लाल है, वह हमेशा विपरीत लिंग का पीछा करता है, पर सफल नहीं होता है। यह उल्लेखनीय है कि यदि किसी व्यक्ति के लाल बाल (या अदरक) हैं और औरा में लाल-पीला रंग हैं, तो वह व्यक्ति बहुत ही झगड़ालू, बहुत आक्रामक और गलत अर्थ समझकर किसी भी व्यक्ति के लिए अपमानजनक शब्दों को बोलने के लिए तैयार होगा। यह विशेष रूप से उन लोगों को सूचित करता है जिनके पास लाल बाल और शायद लाल झाइयां पड़ी त्वचा होती हैं। पीला रंग के औरा में थोड़ा और लाल रंग संकेत करते हैं कि वह व्यक्ति में बड़ी हीन भावना है। पीले रंग की औरा में जितनी लाल रंग की अधिकता होगी उस व्यक्ति में हीनता की डिग्री और अधिक होती जाती है। एक भूरा-पीला वास्तव में बहुत ही अशुद्ध विचार और कमजोर आध्यात्मिक विकास दिखाता है। संभवतः ज्यादातर लोग स्किड रो के बारे में जानते हैं, अर्थात पृथ्वी पर जहाँ शराब पीने पिलाने वाली गंदी बस्ती हैं, में सभी शराबी, उबाऊ और आवारा लोग इकट्ठे होते हैं। ऐसे वर्ग के या ऐसी परिस्थिति में रहने वाले कई लोगों के पास लाल-भूरा पीला औरा होता है और यदि उन लोगों में से विशेष रूप से जो बुरे हैं, तो उनके पास लाल-भूरा पीला औरा के साथ सफेदी के हरे रंग के धब्बे का अप्रिय रूप भी होता है। ऐसे लोगों को शायद ही कभी अपनी मूर्खता से बचाया जा सकता है।

एक भूरा-पीला औरा अशुद्ध विचारों को सूचित करता है और इससे संबंधित व्यक्ति हमेशा सीधेपन को नहीं रख पाता हैं। स्वास्थ्य श्रेणी में एक हरा-पीला रंग जिगर (लीवर)की शिकायतों को दर्शाता है। जैसे ही ये हरित-पीला रंग जब भूरा-लाल-पीले रंग में बदलता है, तो यह दिखाता है कि सामाजिक रोगों के प्रकार में कष्ट अधिक हैं। सामाजिक बीमारी वाले व्यक्ति के पास नितम्बों के चारों ओर गहरे भूरे, गहरे पीले रंग की पट्टी होती है। यह अक्सर लाल धूल जैसे रंग के

साथ धब्बेदार दिखता है। पीले रंग में भूरे रंग का अधिक से अधिक स्पष्ट होने के साथ दांतेदार बैंड का दिखना व्यक्ति की मानसिक पीड़ाओं का संकेत देता है। एक व्यक्ति जिसका दोहरा व्यक्तित्व हो (मनोरोग अर्थों में) उसमें अक्सर औरा का आधा भाग नीले-पीले और दूसरा आधा भूरा या हरा-पीला रूप में दिखेगा। जो बिल्कुल अप्रिय मिश्रण है।

शुद्ध सुनहरा पीला रंग जिसके साथ हमने "पीला" रंग के इस शीर्षक की शुरुआत की, हमेशा विकसित की जानी चाहिए। किसी के विचारों और किसी के इरादों को शुद्ध रखने से इसे प्राप्त किया जा सकता है। हर एक को पहले उज्ज्वल पीले रंग से गुज़रना होगा तब ही हम विकास के रास्ते पर और आगे बढ़ पाएंगे।

हरा- हरा रंग चिकित्सा, शिक्षण और शारीरिक विकास का रंग है। महान डॉक्टरों और सर्जनों की औरा में बहुत अधिक हरा रंग होता है। साथ ही बहुत सारा लाल रंग भी होता हैं, जो हरे रंग के साथ मिलकर बिना किसी विरोध के दिलचस्प रुप से सामंजस्यपूर्ण मिश्रण बनाता है। अक्सर वस्तुओं में लाल और हरे रंग को एक साथ देखने पर विपरीत और कष्टपूर्ण प्रतीत होता है, लेकिन जब उन्हें औरा में एक साथ देखा जाता है तो वे सुखद लगते हैं। औरा में एक उपयुक्त लाल के साथ हरा रंग एक बुद्धिमान और सबसे निपुण सर्जन(शल्य चिकित्सक) को सूचित करता है। लाल रंग के बिना अकेले हरे रंग की औरा हो, तो वह सबसे प्रख्यात चिकित्सक को सूचित करता है, जो चिकित्सक अपने काम को बख़ूबी जानता है, या फिर यह एक ऐसे नर्स की ओर इशारा करता है, जिसका काम उसकी आजीविका और उसका प्यार दोनों है। एक उपयुक्त नीले रंग के साथ हरे रंग का मिश्रण शिक्षण में सफलता का संकेत देता है। महानतम शिक्षकों में हरे रंग की औरा या पट्टी होती हैं, जिसके किनारे बिजली जैसे चक्करदार नीले रंग होते हैं या अगर औरा में नीले और हरे रंग के बीच में सुनहरे पीले रंग के संकीर्ण बैंड होते हैं, तब यह संकेत देते हैं, कि उस शिक्षक ने अपने दिल से छात्रों का कल्याण किया है और जिसके पास सर्वोत्तम विषयों को पढ़ाने के लिए आवश्यक उच्च आध्यात्मिक अनुभव हैं।

इंसानों और जानवरों के स्वास्थ्य संबंधित कार्य करने वाले सभी लोगों के औरा के बनावट में बहुत अधिक हरा रंग होता है। वे उच्च श्रेणी के सर्जन या चिकित्सक

अगर नहीं भी हो मतलब यदि व्यक्ति साधारण जन ही हो, पर वे जानवरों या मनुष्यों या पौधों के स्वास्थ्य के लिए काम कर रहा है, तो उनकी औरा में हरे रंग की एक निश्चित मात्रा होती ही है, मानो यह रंग स्वास्थ्य कार्यालय से उनके संबंध की मोहर लगाता हो। हरा रंग एक प्रभावशाली रंग नहीं है, यद्यपि, यह हमेशा किसी अन्य रंग के अधीन होता है, यह एक सहायक रंग भी हैं। यदि औरा में हरा रंग ज्यादा मात्रा में हो तो यह संकेत देता है कि व्यक्ति मिलनसार, दयालु, विचारशील प्रकृति का है। यदि व्यक्ति के पास पीला रंग लिए हरा रंग है, तो, उस व्यक्ति पर भरोसा नहीं किया जा सकता है और अप्रिय पीले से अप्रिय हरे रंग का मिश्रण, जितना अधिक होगा उतना ही व्यक्ति बेईमान और अविश्वसनीय होगा। विश्वासघात करने वालों के औरा में पीला-हरा रंग होता है अर्थात जब कोई किसी अन्य व्यक्ति से अच्छी तरह से बात करके फिर उन्हें धोखा देकर उनसे पैसे हड़पता है तब उनकी औरा में एक प्रकार का सफेदी लिए हरा रंग पीले रंग से जुड़ जाता है और यदि औरा का हरा रंग नीला हो जाता है - जैसा मनोरम नीला आकाश या इलेक्ट्रिक नीला होगा, वह व्यक्ति उतना ही विश्वसनीय होता है।

नीला-इस रंग को अक्सर जीवात्मा संसार के रंग के रूप में जाना जाता है। यह आध्यात्मिकता के अलावा बौद्धिक क्षमता को भी दर्शाता है, लेकिन निश्चित रूप से इसमें नीले रंग के सही शेड्स होने चाहिए। सही शेड्स के साथ यह वास्तव में एक बहुत ही अनुकूल रंग है। ईथरिक नीले रंग का होता है, जो कुछ हद तक बिना कश लिए सिगरेट के धुएं या लकड़ी की आग के नीले रंग के समान होता है। औरा में नीला रंग, व्यक्ति का ज्यादा स्वस्थ होना और अधिक बलवान होना दर्शाता है। फीका नीला रंग एक ऐसे व्यक्ति का रंग है जो बहुत अधिक दुविधा में है, जो अपने मन के साथ तालमेल नहीं कर सकता है, ऐसा व्यक्ति जिसे कोई भी सार्थक निर्णय लेने के लिए धक्का देना पड़ता हो। गहरा नीला रंग उस व्यक्ति का होता है, जो प्रयास करता है और प्रगति कर रहा है। यदि नीला गहरा है, तो यह दिखाता है कि वह जीवन के कार्यों में उत्सुक है और इसमें कुछ संतुष्टि पाई है। अक्सर ये गहरे नीले रंग मिशनरियों में पाए जाते हैं, क्योंकि जो धर्म प्रचारक होते हैं, उनके पास निश्चित रूप से "एक कर्तव्य " होता है। यह उन धर्म प्रचारकों

में नहीं पाया जाता है जो केवल शायद इसलिए ऐसी नौकरी की इच्छा रखते हैं ताकी उनकी दुनिया भर में यात्रा के सभी खर्चों का भुगतान किया जा सके। पीले रंग की शक्ति और नीले के गाढ़ेपन से किसी भी व्यक्ति का आकलन किया जा सकता है।

गहरा नीला- (इंडिगो) हम एक ही शीर्षक में गहरे नीले रंग और बैंगनी रंग को सम्मिलित करने जा रहे हैं क्योंकि एक रंग दूसरे रंग में सूक्ष्म रूप से आता है और दोनों रंग एक दूसरे पर काफी निर्भर करते हैं। लोग जो अपनी औरा में गहरे नीले रंग का एक विशिष्ट फैलाव दिखाते हैं, वे धर्म में दृढ़ विश्वास रखते हैं, ना कि ऐसे लोग जो धार्मिक होने का केवल ढोंग करते हैं। दोनों में बहुत अंतर है। कुछ लोग कहते हैं कि वे धार्मिक हैं, कुछ लोग मानते हैं कि वे धार्मिक हैं, लेकिन जब तक कोई वास्तव में औरा को देख नहीं लेता, तब तक वह निश्चित रूप से नहीं कह सकता है, गहरा नीला रंग इसे साबित करता है। यदि किसी व्यक्ति की औरा में गहरे नीले रंग में गुलाबी रंग की झलक होती है, तो इस तरह के औरा का स्वामी चिड़चिड़ा और अप्रिय होगा, खासकर उन लोगों के लिए जो ऐसे पीड़ित व्यक्ति के नियंत्रण में हैं। गहरे नीले में गुलाबी रंग की झलक एक अपमानजनक संबंध है, यह औराको उसकी शुद्धता से वंचित करता है। संयोग से, गहरे नीले रंग या बैंगनी रंग की औरा के लोग हृदय की परेशानी और पेट की बीमारियों से पीड़ित होते हैं। ये उन लोगों के प्रकार हैं जिनके पास तला हुआ भोजन नहीं होना चाहिए और बहुत कम वसा वाला भोजन होना चाहिए।

स्लेटी - स्लेटी मतलब ग्रे औरा के रंगों का एक संशोधक है। यह अपने आप में कुछ प्रकट नहीं करता जब तक व्यक्ति सबसे कम विकसित ना हो। यदि आप जिस व्यक्ति को देख रहे हैं, वह अविकसित हैं, तो ग्रे रंग के बहुत बड़े बैंड और धब्बेहोंगे, लेकिन आप सामान्यतः अविकसित व्यक्ति के नग्न शरीर को नहीं देख रहे होंगे। एक औरा में ग्रे रंग चरित्र की कमजोरी और स्वास्थ्य की एक सामान्य दरिद्रता को दर्शाता है। यदि किसी व्यक्ति के एक विशेष अंग पर ग्रे बैंड हैं, तो यह दर्शाता है कि वो अंग ख़राब हो रहा हैं या ख़राब हो चुका हैं और चिकित्सा सुविधा तुरंत मांगना चाहिए। व्यक्ति जिसके सिर में दर्द हो, उसके पास मंद स्पंदन करते हुए ग्रे रंग के धुँधले बादल होंगे जो हेलो या निंबस के माध्यम से

जा रहे होंगे और इससे कोई फर्क नहीं पड़ता कि, ग्रे बैंड किस रंग के हेलो से गुजर रहा है, यह सिरदर्द के समय में स्पंदित होते हैं।

अध्याय

छह

अब यह स्पष्ट हो जाएगा कि जो कुछ है वह कंपन ही है। इस प्रकार कह सकते हैं कि पूरा अस्तित्व एक विशाल की-बोर्ड की तरह है, जो सभी संभावित कंपनों से युक्त है। आइए हम कल्पना करें कि यह अस्तित्व असीम सीमाओं तक फैला एक विशाल पियानो का की-बोर्ड है। यदि आप पसंद करते हैं, तो कल्पना करते हैं, कि हम चींटियाँ हैं, और हम पियानो रुपी अस्तित्व के बहुत कम स्वर (नोट) देख सकते हैं। कंपन पियानो की विभिन्न कुंजियों के अनुरूप ही हैं। एक स्वर या कुंजी, कंपन के स्थान पर कार्य करेगी, जिसे हम "स्पर्श" कहते हैं, वह कंपन जो इतना धीमा और "ठोस" है कि हम इसे सुनने या देखने के बजाय इसे महसूस करते हैं।

Fig. 5: The Symbolic Keyboard

(चित्र-5 की-बोर्ड प्रतीकात्मक)

अगला स्वर ध्वनि का होगा। यही स्वर उस कंपन के लिए कार्य करेगा जो हमारे कान के भीतर तंत्र को सक्रिय करते हैं। हम अपनी अंगुलियों से उन कंपन को

महसूस नहीं कर सकते हैं, लेकिन हमारे कान हमें बताते हैं कि यह "ध्वनि" है। हम एक ऐसी चीज़ नहीं सुन सकते हैं जिसे महसूस किया जा सकता है, न ही हम एक ऐसी चीज़ महसूस कर सकते हैं जिसे सुना जा सकता है। इसलिए हमने अपने पियानो की-बोर्ड पर दो स्वर व्यवस्था के लिए रखे हैं।

अगला स्वर दृष्टि का होगा। यहाँ फिर से कहें, हमारे पास इस तरह की आवृत्ति का एक कंपन है (अर्थात, यह इतनी तेज़ी से कंपन कर रहा है) कि हम इसे महसूस नहीं कर सकते हैं और हम इसे सुन भी नहीं सकते हैं, लेकिन यह हमारी आँखों को प्रभावित करता है और हम इसे "दृष्टि" कहते हैं।

इन तीन *"स्वरों" को अंतर्वेधन करते हुए आवृत्तियों के जैसे अन्य बहुत कम आवृत्तियों के बैंड होते हैं जो "रेडियो" कहलाते हैं। हम इससे उच्चतर आवृत्तियों के स्वरों द्वारा टेलीपैथी, अतीन्द्रिय दृष्टि (क्लैयरवायंस)और इनके समान ही अभिव्यक्तियाँ या शक्तियाँ प्राप्त करते हैं। पूरा सार यह है कि वास्तव में अस्तित्व में आवृत्तियों या कंपन की विशाल श्रृंखला है, लेकिन मनुष्य केवल एक सीमा तक ही अनुभव कर सकता है।

हालांकि, दृष्टि और ध्वनि निकटता से संबंधित हैं। हम एक रंग ले सकते हैं और कह सकते हैं कि इसमें एक संगीत स्वर है क्योंकि कुछ इलेक्ट्रॉनिक उपकरण बनाए गए हैं जिसके स्कैनर के नीचे यदि रंग डाला जायें, तो वे एक विशेष स्वर बजाएंगे। यदि आपको विचार करना मुश्किल लगता हैं, तो रेडियो तरंगों के बारे में सोचिए, अर्थात् संगीत, भाषण और यहाँतक की चित्र भी, हर समय हमारे साथ होते हैं, अर्थात घर में या हम जहाँभी जाते हैं, चाहे जो कुछ भी करते हैं, वे तरंगें हमारे साथ ही होती हैं। हम उन रेडियो तरंगों को बिना सहायता के नहीं सुन सकते हैं, लेकिन अगर हमारे पास एक विशेष उपकरण रेडियो सेट हो, तो वह तरंगों को धीमा कर देता है, या, यदि आप चाहें तो रेडियो आवृत्तियों को श्रव्य आवृत्तियों में परिवर्तित कर देता है, फिर हम प्रसारित रेडियो कार्यक्रम सुन सकते हैं, या फिर टेलीविजन पर चित्रों को देख सकते हैं। उसी तरह हम एक ध्वनि ले सकते हैं और कह सकते हैं कि इसके लिए उपयुक्त एक रंग है, या हम एक रंग ले सकते हैं और कह सकते हैं कि उस विशेष रंग में एक संगीत स्वर है। ज़ाहिर है, यह पूर्वी देशों में(ईस्टर्न) हम मानते हैं कि यह वास्तव में यह किसी

की प्रशंसा करने कि कला में वृद्धि करता है, उदाहरण के लिए, मानो कोई पेंटिंग को देख कर उस स्वर संयोग का अनुमान लगा सकता है, यदि वे संगीत में बने होते अर्थात अगर उन रंगों के परिणाम स्वरूप स्वर होते।

निश्चित रूप से हर कोई ध्यान रखे कि मंगल ग्रह को लाल ग्रह के रूप में भी जाना जाता है। मंगल ग्रह लाल रंग का ग्रह है और लाल की एक निश्चित छाया का एक संगीत स्वर है जो " डो " से मेल खाता है।

ऑरेंज, जो लाल रंग का एक हिस्सा है, जो स्वर के अनुसार " रे " से मेल खाता है। कुछ धार्मिक मान्यताओं में कहा गया है कि नारंगी सूर्य का रंग है, जबकि अन्य धर्मों का मत है कि सूर्य का रंग नीला होना चाहिए। हम यहाँपर नारंगी को ही सूर्य का रंग मानना पसंद करते हैं।

पीला रंग "मी" से मेल खाता हैं और बुध ग्रह पीले रंग का शासक है। यह सब, निश्चित रूप से, प्राचीन पूर्वी पौराणिक कथाओं में लौट जाने जैसा है। जैसे यूनान के लोग आसमान में प्रज्वलित रथों पर सवार घूमते देवी देवता को मानते थे। इसी प्रकार पूर्व के लोगों के पास भी बहुत सी मिथक और किंवदंतियाँ थीं, पर साथ ही उन्होंने ग्रहों से उनके संबंधित रंगो को भी बताया और कहा कि अमुक रंग अमुक ग्रह द्वारा शासित होता है।

हरे रंग के पास "फा" के अनुरूप एक संगीत स्वर है। यह विकास का रंग है और यह कुछ लोगों द्वारा कहा गया है कि पौधों को संगीत के उपयुक्त स्वरों द्वारा उत्तेजित किया जा सकता है। जबकि हमारे पास इस विशिष्ट विषय पर कोई व्यक्तिगत अनुभव नहीं है, पर हमें इसके बारे में बिल्कुल विश्वसनीय स्रोत से जानकारियाँ उपलब्ध थीं। शनि ग्रह हरे रंग को नियंत्रित करने वाला ग्रह है। यह रुचिकर बात हो सकती है कि हमारे पूर्वज जब ध्यान करते समय किसी विशेष ग्रह पर चिंतन करते थे तब ग्रह से संबंधित उन रंगों को संवेदनाओं से प्राप्त करते थे। कई पूर्वजों ने हिमालय की ऊंची चोटियों पर, जब पंद्रह हजार फीट की ऊंचाई पर पृथ्वी के सबसे ऊंचे हिस्सों पर ध्यान लगाया, तब पृथ्वी की सतह के

---

* भारतीय संगीत पैमाने में सात स्वरों सा, रे ग,म, पा,धा, नी, सा के अनुसार पश्चिमी संगीत पैमाने में क्रमशः डो,रे,मी,फा, सो, ला, टी,डो होते हैं।

ऊपर काफी मात्रा में हवा पीछे छूट गई और तब ग्रहों को अधिक स्पष्ट रूप से देखा जा सकता है, तब उनकी अनुभूति अधिक प्रखर हुई। इस प्रकार प्राचीन संतों ने ग्रहों के रंगों के बारे में नियम निर्धारित किए।

नीले रंग में "सो" का स्वर है। जैसा कि हमने पहले उल्लेख किया है कि कुछ धर्म के लोग सूर्य को नीले रंग से संबंधित करते हैं, लेकिन हम पूर्वी परंपरा के अनुसार काम कर रहे हैं और हम यह अनुमान लगाते है कि नीला रंग बृहस्पति ग्रह से संबंधित है।

गहरा नीला या इंडिगो रंग को संगीत के पैमाने पर "ला" कहा जाता है और पूर्व देशों में इसे शुक्र ग्रह द्वारा शासित कहा जाता है। शुक्र, जब अनुकूल रुप से स्थित होता है, अर्थात, जब किसी व्यक्ति को लाभ प्रदान करता है, तो शुक्र ग्रह कलात्मक योग्यता और विचार की शुद्धता देता है। यह बेहतर चरित्र भी देता है। पर जब ऐसा व्यक्ति निचले कंपन के लोगों के साथ जुड़ता हैं, तो शुक्र ग्रह इन्हीं गुणों का उल्लंघन करता हैं। बैंगनी रंग "टी" के संगीत स्वर से मेल खाता है और चंद्रमा द्वारा शासित है। यहाँ फिर से कहना चाहते हैं, कि अगर हमारे पास बैंगनी रंग या चंद्रमा की अच्छी दृष्टि वाला व्यक्ति हैं, तो उसमें विचारों की स्पष्टता, आध्यात्मिकता और नियंत्रित कल्पना होती है। लेकिन अगर चंद्र ग्रह की स्थिति खराब हैं, तो, निश्चित रूप से, व्यक्ति में मानसिक गड़बड़ी, यहाँतक कि "पागलपन" भी हो सकता है।

औरा के बाहर एक आवरण होता है जो पूरी तरह से मानव शरीर, ईथरिक और स्वयं औरा को घेरता है। इस मानव अस्तित्व का पूरा संयोजन ऐसा है जैसे कि, केंद्र में मानव शरीर हैं, फिर ईथरिक और फिर औरा ये सभी एक बैग में *संकोशित हैं। इसे इस तरह से कल्पना करो, कि हमारे पास साधारण मुर्गी का एक अंडा है। अंदर अंडे की पीले रंग की जर्दी मानव के भौतिक शरीर के अनुरूप है। जर्दी से परे हमारे पास अंडे का सफेद भाग है,जिसे हम ईथरिक और औरा कहते हैं, का प्रतिनिधित्व करता है। लेकिन फिर अंडे के सफेद भाग के बाहर, अर्थात अंडे

---

* Encased – संकोशित

के सफ़ेदी और खोल के बीच, बहुत पतली त्वचा होती है और वह काफी सख्त होती है।

जब आप एक अंडे को उबालते हैं और आप सफ़ेद खोल से छुटकारा पा सकते हैं और आप इसकी पतली त्वचा को छील सकते हैं। मानव संयोजन ऐसा ही है, यह सब ऐसी ही त्वचा से संकोशित है। यह त्वचा पूरी तरह से पारदर्शी होती है और औरा में भँवर या स्पन्दन के प्रभाव में यह कुछ हद तक लहराती है, लेकिन यह हमेशा अपने अंडे के आकार को फिर से हासिल करने की कोशिश करती रहती है। यह एक गुब्बारे के समान है, जो हमेशा अपने आकार को फिर से हासिल करने की कोशिश करता है क्योंकि भीतरी दबाव बाहरी दबाव से अधिक होता है। आप कल्पना करने में ज़्यादा सक्षम होंगे, यदि आप कल्पना करें कि अत्यधिक पतले सिलोफ़न बैग के भीतर मानव शरीर, ईथरिक और अंडाकार आकृति के जैसी औरा निहित है।

Fig. 6: Auric Sheath

(चित्र 6 ओरिक आवरण)

जैसे ही कोई व्यक्ति सोचता है, तो यह विचार मस्तिष्क के द्वारा ईथरिक पर और फिर औरा के द्वारा होते हुए ऑरिक त्वचा पर प्रक्षेपित होता है। यहाँ, किसी को भी उस ऑरिक आवरण की बाहरी सतह पर विचारों के चित्र मिलते हैं। इतने सारे उदाहरणों में, यह रेडियो या टेलीविजन के अनुरूप एक और उदाहरण है। एक टेलीविज़न ट्यूब के मध्य में स्थित "इलेक्ट्रान गन " एक प्रतिदीप्त स्क्रीन पर तेजी से गति करने वाले इलेक्ट्रॉनों का चित्र लेता है, जो देखने वाली स्क्रीन है

जिस पर आप टकटकी लगाते हैं, आपउस पर चित्र देखते हैं क्योंकि जब इलेक्ट्रॉनों को टेलीविजन स्क्रीन के अंदर एक विशेष कोटिंग के ऊपर टकराया जाता है, तो वह चीज़ प्रतिदीप्त होती है, यानी प्रकाश का एक बिंदु होता है, जो कुछ समय के लिए बना रहता है ताकि आँखें "अवशेष स्मृति" द्वारा उस स्थान की तस्वीर ले सकें जहाँ प्रकाश था। अंततः मानव आँखें टेलीविजन स्क्रीन पर पूरी तस्वीर देखती हैं। जैसा कि ट्रांसमीटर पर तस्वीर बदलती है और इसलिए जो तस्वीर आप टेलीविजन स्क्रीन पर देखते हैं, वह भी बदलती जाती है। उसी तरह हमारे ट्रांसमीटर अर्थात् मस्तिष्क से विचार जाता है और उस आवरण तक पहुंचता है जो औरा को ढांके रखता है। यहाँ विचार टकराते दिखते हैं और चित्र बनाते हैं जिन्हें एक क्लैरवॉयंट व्यक्ति देख सकता है लेकिन हम केवल व्यक्ति के वर्तमान विचारों के चित्रों को नहीं देखते हैं, हम उसका अतीत भी देख सकते हैं।

वास्तव में दक्ष पुरुष द्वारा किसी व्यक्ति को देखने हेतु औरा के बाहरी आवरण पर देखने पर कुछ चीज़ेंदिखाई देती हैं जो व्यक्ति के द्वारा पिछले दो या तीन जीवन काल के दौरान की गई हैं, यह सब देख पाना किसी दक्ष व्यक्ति के लिए संभव है। यह नौसिखिये को यह अति काल्पनिक लग सकता है, लेकिन फिर भी यह पूरी तरह से सही है।

पदार्थ नष्ट नहीं हो सकता। यहाँ सब जो कुछ है, वह हमेशा मौजूद रहेगा। यदि आप कोई ध्वनि बनाते हैं, तो उस ध्वनि के कंपन से जो ऊर्जा बनती है - वह हमेशा के लिए ब्रह्मांड में रह जाती है। उदाहरण के लिए, यदि आप इस पृथ्वी से काफी दूर ग्रह तक जा सकते हैं (बशर्ते आपके पास उपयुक्त उपकरण हों), तो हजारों साल पहले हुए घटना के चित्र आप देख सकेंगे। प्रकाश की एक निश्चित गति होती है और प्रकाश फीका नहीं पड़ता है, इसलिए यदि आप पृथ्वी से पर्याप्त रूप से दूर चले गए (तुरन्त) तो आप पृथ्वी के निर्माण को देख पाएंगे। लेकिन यह हमें चर्चा के विषय से दूर ले जा रहा है। हम यह सार बताना चाहते हैं कि अवचेतन मन, चेतन मन द्वारा नियंत्रित नहीं किया जाता है, इसलिए अवचेतन मन उन घटनाओं के चित्रों को भी प्रक्षेपित कर सकता है जो चेतन मन के वर्तमान समय की पहुंच के पार हैं और इसलिए बहुत अच्छी शक्तियों से युक्त अतीन्द्रिय शक्ति वाले व्यक्ति (क्लैरवॉयंट) तो आसानी से देख सकते हैं कि सामने

वाला व्यक्ति किस तरह के आचरण का सामना कर रहा है । यह मनोमिति (साइकोमेट्री) का एक उन्नत रूप है, जिसे "दृश्य मनोमिति" कहा जा सकता है। हम बाद में मनोमिति की चर्चा करेंगे।

प्रत्येक व्यक्ति किसी भी अनुभूति या संवेदनशीलता के साथ एक औरा को समझ सकता है, तब भी जब वो यथार्थ में औरा को नहीं देख पाता है। कितनी बार आप तुरंत किसी व्यक्ति द्वारा आकर्षित हो गये हैं या आप तुरंत ही पीछे हट गये हैं, जबकि आपने उस व्यक्ति से बात भी नहीं की है? औरा की अवचेतन अनुभूति किसी को पसंद करने और नापसंद को बताती है। सभी लोग औरा को देखने में सक्षम थे, लेकिन भिन्न प्रकार के बुरे बर्ताव से उन्होंने वह शक्ति खो दी हैं। अगली कुछ शताब्दियों के दौरान लोग एक बार फिर से टेलीपैथी, क्लैरवॉयन्स इत्यादि करने में सक्षम होने जा रहे हैं।

हम पसंद और नापसंद के मामले में आगे बढ़ते हैं: हर औरा कई रंगों और रंगों की कई पट्टियों से बनी होती है। यह आवश्यक है कि दो लोगों के संगत होने से पहले उनके औरा का रंग और पट्टियां एक दूसरे से मेल खाती हों। यह अक्सर होता है कि एक पति और पत्नी एक या दो दिशाओं में बहुत संगत होंगे परन्तु दूसरी चीज़ों में पूरी तरह से असंगत होंगे। ऐसा इसलिए है क्योंकि औरा की एक विशेष तरंग रूप केवल कुछ निश्चित बिंदुओं पर उसके साथी की औरा के तरंग रूप को छूती है इसलिए कुछ बिंदुओं पर पूर्ण सहमति और पूर्ण संगतता है। उदाहरण के लिए, हम कहते हैं कि दो लोगों में मतभेद है,तो निश्चित रूप से वे असंगत होते हैं। यदि आप चाहें तो आप वही लोग चुन सकते हैं, जो आपके संगत हैं अर्थात उनके पास वही ऑरिक रंग हों, जो मेल खाते हों और सामंजस्य करते हो। जबकि जो लोग असंगत हैं, उनकी औरा में वे रंग होंगे जो आपके रंगो से टकराते हैं और वास्तव में देखने में दर्दनाक होंगे।

कुछ ख़ास प्रकार के लोग होते हैं। वे समान आवृत्तियों के होते हैं और वे "समान" प्रकार के लोग किसी झुंड में घूमते हैं। आपको लड़कियों का एक पूरा झुंड एक साथ घूमते या सड़क के किनारे मटरगश्ती करते या गिरोह बनाने वाले युवकों का एक पूरा समूह मिल सकता है। ऐसा इसलिए है क्योंकि ये सभी लोग एक समान आवृत्ति या समान प्रकार की औरा के हैं। वे एक-दूसरे पर निर्भर होते

हैं, उनके पास एक-दूसरे के लिए एक चुंबकीय आकर्षण होता है और समूह का सबसे मजबूत व्यक्ति बाकी सभी साथियों पर हावी होगा और अच्छे या बुरे काम के लिए उन्हें प्रभावित करेगा। युवा लोगों को अनुशासन और आत्म-अनुशासन द्वारा उनकी मौलिक लालसा को नियंत्रित करने के लिए इस तरह प्रशिक्षित किया जाना चाहिए ताकि पूरी तरह से जाति में सुधार हो सके।

जैसा कि पहले ही कहा गया है, एक मानव शरीर अंडे के आकार के आवरण के भीतर केंद्रित है, मतलब औरा के भीतर केंद्रित है और यह अधिकांशतः औसत और स्वस्थ व्यक्तियों के लिए सामान्य स्थिति है। जब किसी व्यक्ति को कोई मानसिक बीमारी होती है तो वह ठीक से केंद्रित नहीं होता है। कई लोग कहते है "मैं आज अपने आप में नहीं हूँ।" यह उचित हो सकता है, यदि वह व्यक्ति अपने अंडाकार औरा के अंदर एक कोण प्रक्षेपित कर ले। जो लोग दोहरे व्यक्तित्व के होते हैं, वे औसत आदमी से बिल्कुल अलग होते हैं, उनकी आधी औरा एक रंग की और आधा हिस्सा पूरी तरह से अलग रंग का हो सकता है। यदि उनके दोहरे व्यक्तित्व को चिह्नित करें तो ऐसा हो सकता हैं कि ऐसे व्यक्तियों के औरा में एक-अंडे के बजाय दो अंडे एक दूसरे से एक कोण पर एक साथ जुड़े हों। मानसिक बीमारी का इलाज हल्के ढंग से किया जाना चाहिए। शॉक ट्रीटमेंट(बिजली के झटके द्वारा इलाज) बहुत खतरनाक चीज़ हो सकती है क्योंकि इससे सूक्ष्म शरीर (हम बाद में इसकी विस्तृत चर्चा करेंगे) शरीर से सीधे बाहर निकल सकता है। लेकिन मुख्य रुप में, शॉक ट्रीटमेंट को औरा के "दोनों " अंडों को एक अंडे में झटका देने के लिए डिज़ाइन किया गया है (सचेतन या अचेतन में) अक्सर यह मस्तिष्क के तंत्रिका पैटर्न को अक्रियाशील करता है।

हम कुछ क्षमताओं के साथ पैदा होते हैं पर औरा के रंग, हमारे कंपनों की आवृत्ति और अन्य चीजों के अनुरूप ही सीमित भी होते हैं और इसलिए दृढ़ और कल्याणकारी उद्देश्यों वाले व्यक्ति के लिए यह संभव है कि वह अपनी औरा को बेहतर बनाने हेतु बदल सके। अफसोस की बात है, औरा को बदतर बनाना बहुत आसान है। उदाहरण के लिए, सुकरात जानता था कि वह एक अच्छा हत्यारा हो सकता था, लेकिन वह भाग्य के भरोसे रहने वाला व्यक्ति नहीं था और इसलिए उसने जीवन में अपना रास्ता बदलने के लिए कदम उठाया। हत्यारे बनने के

बजाय सुकरात अपनी उम्र का सबसे बुद्धिमान व्यक्ति बन गया। यदि हम चाहें, तो हम भी अपने विचारों को उच्च स्तर तक बढ़ाकर अपनी औरा को बेहतर बना सकते हैं। जैसे एक व्यक्ति जिसकी औरा में यदि भूरे रंग का मटमैला रंग हो, तो वह अत्यधिक कामुक रहता है, वह अपनी यौन इच्छाओं को कम करके लाल रंग के कंपन की दर को बढ़ा सकता है और जीवन में प्रगति करते हुए वह बहुत रचनात्मक कर्म शक्ति के साथ एक हो सकता है।

मृत्यु के तुरंत बाद औरा गायब हो जाती है, लेकिन ईथरिक काफी लंबे समय तक जारी रह सकती है। यह उसके पूर्व स्वामी के स्वास्थ्य की स्थिति पर निर्भर करती है। ईथरिक बुद्धिहीन भूत बन सकता है जो मूर्ख भूत बनकर घूमता रहता है। देश के जिलों में कई लोगों ने उन लोगों की कब्रों पर धुंधली चमक का एक रूप देखा है जो अभी-अभी दफ़नाये गए हैं। यह चमक रात में विशेष रूप से दिखाई देती है। यह निश्चित रूप से, शरीर के विघटन से दूर होती ईथरिक मात्र है।

औरा में निम्न कंपन फीका मटमैला रंग देता है, ऐसारंग जो आकर्षित करने के बजाय घृणा पैदा करते है। व्यक्ति के उच्चतर कंपन शुद्ध होते जाते हैं और अधिक चमकीले होकर औरा के रंग बन जाते हैं। यह रंग भड़कीले तरीके से नहीं, बल्कि सबसे अच्छे आध्यात्मिक तरीके से बनते हैं। कोई भी कह सकता है कि शुद्ध रंग "आनंदप्रद" होते हैं, जबकि मटमैला रंग अरुचिकर होता है। किसी व्यक्ति का दूसरों के लिए अच्छा काम करना औरा के रंगों को चमकदार करके उसे उज्ज्वल करता है। एक बुरा काम हमें "दुख" देता है या हमें "अवसाद" में डालता है। अच्छे कर्म एवं दूसरों की मदद करने के द्वारा हम, "ख़ुशी और आशावादी" दृष्टिकोण से दुनिया को देखते हैं।

यह बात हमेशा ध्यान में रखना आवश्यक है, कि औरा का रंग किसी व्यक्ति की क्षमताओं का मुख्य संकेतक है। निश्चित रूप से औरा के रंग व्यक्ति के मूड के साथ बदलते हैं, लेकिन मूल रंग तब तक नहीं बदलते हैं जब तक व्यक्ति चरित्र में सुधार नहीं करता या नहीं बिगाड़ता। आप कह सकते हैं कि मूल रंग वही रहते हैं, लेकिन अस्थायी रंगों में उतार-चढ़ाव होता रहता है और मूड के अनुसार बदलता रहता है। जब आप किसी व्यक्ति के औरा के रंगों को देख रहे हों, तो आपको पूछना चाहिए: -

1. रंग क्या है?
2. क्या यह स्पष्ट या मटमैला है, मैं इसे कैसे स्पष्ट रूप से देख सकता हूं?
3. क्या यह कुछ क्षेत्रों पर भँवर जैसा है या यह एक स्थान पर लगभग स्थायी रूप से स्थित है?
4. क्या यह रंग की एक समान पट्टी है जो औरा के आकार और इसके रूप को धारण करती है, या इसमें उतार-चढ़ाव है, जैसे तेज नोक और गहरी घाटियां हैं?
5. हमें यह भी सुनिश्चित करना चाहिए कि हम किसी व्यक्ति की पूर्व धारणा तो नहीं कर रहे हैं, क्योंकि किसी औरा को देखना एक बहुत ही साधारण बात है और कल्पना करें कि हम एक मटमैला रंग देखते हैं जबकि वास्तविकता में यह बिल्कुल भी मटमैला नहीं होता है। यह हमारे अपने गलत विचार हो सकते हैं जो उसके रंग को मटमैला कर देखते हैं। याद रखें, किसी अन्य व्यक्ति की औरा को देखने के लिए हमें पहले अपनी स्वयं की औरा को देख लेना होगा।

संगीत और मानसिक लय के बीच एक संबंध है। मानव मस्तिष्क कंपनों का पुंज है जिसके प्रत्येक भाग से विद्युत आवेग विकरित होता है। एक व्यक्ति अपने कंपन की दर के आधार पर एक संगीत नोट या स्वर का उत्सर्जन करता है। जिस तरह कोई मधुमक्खी के छत्ते के पास पहुंच कर बहुत सारे मधुमक्खियों के भिनभिनाहट को सुन सकता है, उसी तरह शायद कुछ दूसरे जीव भी मनुष्यों को सुन सकते हैं। प्रत्येक मानव के पास अपना एक मूल स्वर होता है जो लगातार उसी तरह से उत्सर्जित होता रहता है जैसे की एक टेलीफोन तार से एक स्वर हवा में निकलता है। इसके अलावा, लोकप्रिय संगीत वो होता है, जो कि मस्तिष्क तरंग के बनने के साथ मेल खाता है, यह शरीर के कंपन के अनुरुप होता है। आपको एक "हिट धुन" मिल सकती है जिसे सभी गुनगुनाते हैं और सीटी बजाते हैं। लोग कहते हैं कि उनके दिमाग में "अमुक धुन" लगातार चल रही है। हिट धुन वो है जो मानव मस्तिष्क की तरंगों में अपनी मूल ऊर्जा के बिगड़ने के पूर्व उपाय करके मूड को अच्छा करती है।

शास्त्रीय संगीत अधिक स्थायी प्रकृति का होता है। यह संगीत है जो हमारे श्रवण तरंग को शास्त्रीय संगीत के साथ हमारी संवेदनाओं को सुखद कंपन बनाता है। यदि किसी राष्ट्र के नेता अपने अनुयायियों को ऊपर उठाना चाहते हैं, तो उन्हें ऐसी संगीत की रचना करनी होगी, या संगीतबद्ध करना होगा, जिसे राष्ट्रीय गान कहा जाता है। कोई राष्ट्रगान सुनता है, तो व्यक्ति सभी प्रकार की भावनाओं से भर जाता है, कोई सीधा खड़ा हो जाता है और देशभक्ति से भरकर देश पर कुर्बान तक होने की सोचता है, या कोई उत्तेजित होकर दूसरे देशों के लिए विध्वंसकारी विचार सोचता है। यह केवल इसलिए है कि कंपन जिसे हम ध्वनि कहते हैं, हमारे मानसिक कंपन के साथ एक निश्चित तरीके से प्रतिक्रिया करती है। इस प्रकार यह संभव है कि कुछ विशेष प्रकार के संगीत बजाकर उसे सुनने वाले व्यक्ति में विशेष सकारात्मक या नकारात्मक प्रतिक्रियाओं को करने के लिए "पूर्व-आदेश" दिया जाए।

एक गहरी सोच वाला व्यक्ति, जिसके मस्तिष्क की तरंग में ऊँची चोटियाँ और गहरे खोल होते हैं, वह उसी प्रकार का अर्थात् उच्च चोटियों वाला और गहरी लहरों के रूप का संगीत पसंद करता हैं, अर्थात शांत व गहरा संगीत पसंद करता हैं। लेकिन एक अव्यवस्थित दिमाग वाला व्यक्ति अस्तव्यस्त संगीत को पसंद करता है, संगीत जो कि कमोबेश एक झनझनाहट वाला शोरगुल है और चार्ट पर टेढ़ी मेढ़ी रेखाओं से दर्शाया जाता है।

कई महान संगीतकार ऐसे हैं जो सचेत या अवचेतन रूप से सूक्ष्म यात्रा कर सकते हैं और जो मृत्यु से पार के लोकों में जाते हैं। वे "आकाश का संगीत" सुनते हैं। संगीतकार होने के नाते यह दिव्य संगीत उन पर एक बहुत बड़ा प्रभाव डालता है, यह उनकी स्मृति में चिपक जाता है ताकि जब वे पृथ्वी पर वापस आएं तो वे तुरंत "रचनात्मक मूड" में हों। वे वाद्ययंत्रो या पंक्ति वाले कागज की ओर भागते हैं और यथासंभव याद करके गीत तुरंत लिख लेते हैं, या संगीत की धुन संकेत लिखते हैं, जो उन्होंने आकाश में सुनी थीं। बाद वे कहते हैं, कि कुछ याद नहीं कि उन्होंने इसकी रचना कैसे की है।

अवचेतन विज्ञापन की क्रूर प्रणाली जिसमें एक विज्ञापन संदेश टेलीविज़न स्क्रीन पर बहुत तेजी से चमकते हैं, जिसे चेतन आँखें देखती हैं, विज्ञापन व्यक्ति की

चेतन समझ पर चोट न करके व्यक्ति की अर्ध-जागरूकता पर छाप छोड़ देती हैं। तरंग पैटर्न का यह प्रवाह अवचेतन मन से झटके से जागरूकता तक पहुंच जाता है और अवचेतन जो पूरे मस्तिष्क का दस का नौ भाग (9/10) होता है, अंत में चेतना को बाहर जाने के लिए और उस चीज़ को खरीदने के लिए मजबूर करता है जो विज्ञापन में देखा गया था। सचेत रूप से व्यक्ति चिंतित होता है कि वह ऐसी कोई चीज़ ख़रीदने की इच्छा नहीं करता था। लोगों का एक विवेकहीन समूह, जैसे कि ऐसे देश के नेता, जिनके दिल में लोगों का कल्याण करना नहीं था, वे वास्तव में ऐसे विज्ञापन से लोगों को किसी भी अवचेतन आदेश पर प्रतिक्रिया कराते थे।

अध्याय

सात

यह एक छोटा सा अध्याय है लेकिन बहुत महत्वपूर्ण है। आपको यह सुझाव दिया जाता है कि आप इस विशेष पाठ को बहुत ध्यान से पढ़ें। वास्तव में लोग औरा को देखने की कोशिश में अधीर हो जाते हैं कि वे उम्मीद कर लेते हैं कि जैसे ही वे मुद्रित पृष्ठ से कुछ लिखित निर्देशों को पढ़कर ऊपर देखेंगे, औरा उनकी आश्चर्यचकित आँखों के सामने तैयार मिलेगी। यह इतना सरल नहीं है। कई महान गुरुओं को औरा को देखने में सक्षम होने के लिए लगभग एक जीवन भर का समय लगता है। लेकिन हम यह विश्वास रखते हैं कि बशर्ते व्यक्ति ईमानदार हो और ईमानदारी से अभ्यास करे, तो औरा को अधिकांश लोगों द्वारा देखा जा सकता है। यह कहा जाता है कि ज्यादातर लोगों को सम्मोहित किया जा सकता है; ठीक उसी तरह से अभ्यास करने वाले अधिकांश लोग, अगर "अभ्यास" को वास्तव में "गम्भीरता" से लें, तो वे औरा को देख सकते है।

बार-बार इस बात पर जोर दिया जाना चाहिए कि अगर औरा को अपने सबसे अच्छे रूप में देखना है तो नग्न शरीर को देखना होगा, क्योंकि औरा कपड़ों से काफी प्रभावित होती है। उदाहरण के लिए किसी व्यक्ति का कहना है कि “ओह! मैं धुले साफ़ कपड़े पहन लूँगा तो फिर वह मेरी औरा में बाधा नहीं डालेगा!” खैर, औरा को स्पष्ट देखने की सभी संभावना में कुछ हिस्सा कपड़ों को धोने वाले व्यक्ति द्वारा नियंत्रित किया जाता है। कपड़े धोने का काम नीरस है और जो लोग इस पर लगे हुए हैं वे आम तौर पर कपड़ों में अपने स्वयं की समस्याओं को प्रकट करते हैं। दूसरे शब्दों में, वे थोड़ा "आपे से बाहर" हैं, और जैसा कि वे यंत्रवत् रूप से कपड़ों को मोड़ते हैं, या कपड़ों को छूते हैं, उनके विचार उनके काम पर नहीं बल्कि अपने निजी बातों पर होता है। उनकी अपनी औरा की छाप कपड़ों में प्रवेश करती है और फिर जब आप उस कपड़े को पहनकर अपने आप को देखते हैं तो आप पाते हैं कि वहाँ किसी और व्यक्ति की भी छापें हैं। विश्वास

करना मुश्किल है? इसे इस तरह देखें कि आपके पास एक चुंबक है और आप उस चुंबक को एक छोटे चाकू के साथ स्पर्श कराते हैं। बाद में आपको पता चलता है कि छोटे चाकू ने चुम्बक के औरिक(चुम्बकीय) प्रभाव को उठाया है। यह मनुष्यों के साथ भी उसी तरह से है, एक व्यक्ति दूसरे के प्रभाव को उठा सकता है। एक महिला एक शो में जा सकती है, एक अजनबी के पास बैठ सकती है, और बाद में कह सकती है, "ओह, मुझे नहाना चाहिए।" मुझे लगता है कि मैं उस व्यक्ति के करीब रहने से दूषित हो गई हूँ ।

यदि आप अपने सभी रंगों के साथ असली औरा को देखना चाहते हैं, तो आपको नग्न शरीर को देखना होगा। यदि आप एक महिला शरीर को देख सकते हैं तो आप पाएंगे कि रंग अधिक विशिष्ट हैं। वास्तव में यह कहना हम पसंद नहीं करते हैं, लेकिन अक्सर महिला के शरीर के साथ रंग मजबूत होते हैं, यदि आप पसंद करें तो अधिक अपरिष्कृत कह सकते हैं। लेकिन आप इसे जो भी कहें, महिलाओं की औरा मजबूत और देखने में आसान होती हैं। हम में से कुछ लोगों को बाहर जाकर एक ऐसी महिला को खोजना, जो बिना किसी आपत्ति के अपने कपड़े उतार दे, मुश्किल हो सकता है। इसलिए बदले में अपने शरीर का उपयोग क्यों न करें?

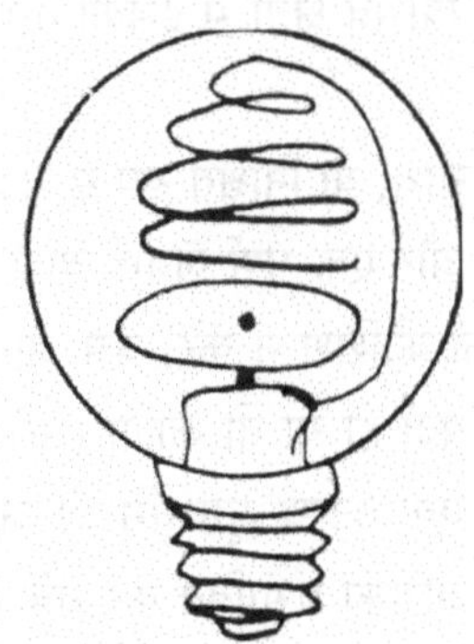

Fig. 7: "Osglim" type of neon glow lamp

चित्र 7 : "ओस्लिम" नियॉन बल्ब का प्रकार

इसके लिए आपको अकेले रहना चाहिए, आप की गोपनीयता में अकेले रहने के लिए उदाहरणतया एक बाथरूम चाहिए। सुनिश्चित करें कि बाथरूम में एक मंद रोशनी हो। यदि आप पाते हैं कि प्रकाश बहुत तीव्र है, तो यह निश्चित रूप से मंद होनी चाहिए। प्रकाश के स्रोत के करीब एक तौलिया लटकाएं ताकि जहाँ पर भी रोशनी हो, वह बहुत कम तीव्र की हो। यहाँ चेतावनी देना चाहेंगे कि सुनिश्चित करें कि तौलिया लाइट के इतने करीब ना हो, कि यह सुलगना शुरु हो जाए और आग पकड़ ले। आप अपने घर को जलाने की कोशिश नहीं कर रहे हैं, बल्कि प्रकाश को कम करने के कोशिश कर रहे हैं। यदि आप उन ओस्लिम लैंपों में से एक को लें जिनमें बिजली का उपयोग मीटर में दर्ज नहीं होता है (अर्थात कम वोल्टेज के हों) तो बहुत उपयुक्त होगा। ओस्लिम लैंप में एक स्पष्ट ग्लास बल्ब होता है। बल्ब के अंदर कांच केछोटे टुकड़े से एक छोटी छड़ जुड़ी होती है जिसे गोल प्लेट से चिपका दिया जाता है। एक और छड़ी कांच की टुकड़े से निकलती है और लगभग बल्ब के शीर्ष तक फैली होती है और इसमें से काफी भारी सर्पिल तार निकलता है। जब इस बल्ब को एक सॉकेट में डालकर चालू किया जाता है तो यह एक लाल चमक के साथ चमकता है। हम इस प्रकार के बल्ब का एक चित्रण शामिल करने जा रहे हैं, क्योंकि, निश्चित रूप से, "ओस्लिम" एक व्यापारिक नाम है और विभिन्न क्षेत्रों में इसका नाम भिन्न हो सकता है।

चित्र सात- ओस्लिम बल्ब

"ओस्लिम" बल्ब जलाने के साथ, या निश्चित रूप से मंद क्रम की रोशनी के साथ, अपने सभी कपड़े उतार दें और एक पूर्ण लंबाई वाले आईने में खुद को देखें। फिलहाल कुछ भी देखने की कोशिश न करें, बस आराम से रहें। सुनिश्चित करें कि आपके पीछे एक गहरा पर्दा हो या तो काला (वरीयता के लिए) या गहरे ग्रे रंग का ताकि आपके पास एक तटस्थ पृष्ठभूमि हो अर्थात, एक ऐसी पृष्ठभूमि जिसमें कोई रंग नहीं है जो औराको प्रभावित कर सकें।

आईने में अपने आप को टकटकी लगाए हुए कुछ क्षण रुकें। अपने सिर को देखें, क्या आप अपने कनपटी के चारों ओर एक धुंधली सी छटा देख सकते हैं? उदाहरण के लिए, अपने शरीर को चारों ओर से अपनी बाहों से अपने नितम्बों तक देखें। क्या आपको शराब की लौ की तरह लगभग एक नीली लौ दिखाई दे

रही है? आपने ज्वैलर्स को उपयोग करते दीपक को देखा हैं जो मिथाइलेटेड स्पिरिट या लकड़ी की शराब या उन जैसी तरल मादक पदार्थ से जलाते हैं। वह लौ एक नीली रंग की लौ है जो अक्सर शीर्ष पर पीले रंग से चमकती है। ईथरिक की लौ वैसी ही होती है। अगर आप ऐसा देखते हैं, तो आप प्रगति कर रहे हैं। आप इसे कोशिश करके पहली, दूसरी या तीसरी बार में नहीं देख सकते हैं, जिस तरह, एक संगीतकार को कठिन धुन बनाने के लिए हमेशा पहली, दूसरी या तीसरी बार की कोशिश में वह परिणाम नहीं मिल सकता है जो वह चाहता है। संगीतकार ने दृढ़ता से काम किया, इसलिए आपको भी दृढ़ होना चाहिए। अभ्यास के साथ आप ईथरिक को देख पाएंगे। अधिक अभ्यास से आप औरा को भी देख पाएंगे। लेकिन बार-बार हमें दोहराना होगा, कि नग्न शरीर की औरा देखना बहुत स्पष्ट और बहुत आसान होता है।

ऐसा मत सोचो कि नग्न शरीर के साथ प्रयोग कुछ गलत है। लोग कहते हैं "मनुष्य भगवान की छवि में बना है," तो "भगवान की छवि" को देखने में क्या गलत है? याद रखें, "पवित्र व्यक्ति के लिए, सभी चीज़ेंपवित्र हैं।" आप स्वयं को या किसी अन्य व्यक्ति की औरा को शुद्ध कारण से देख रहे हैं। यदि आपके पास अशुद्ध विचार हैं तो आप ईथरिक या औरा नहीं देख पाएंगे, आप केवल वही देखेंगे जो आप देखना चाह रहे हैं।

स्वयं को देखते रहिए, इस ईथरिक को खोजते रहिए। आप पाएंगे कि एक समय के बाद आप इसे देख सकते हैं।

कभी-कभी ऐसा होगा कि जब एक व्यक्ति औरा को देखना चाहेगा, तो औरा देखने के बजाय उसके हथेलियों या पैरों में या शरीर के किसी अन्य हिस्से में खुजली होगी। यह खुजली एक अजीब अनुभूति है और बिल्कुल अचूक है। जब आपके साथ ऐसा होता है, तो इसका मतलब है कि आप औरा देखने के रास्ते में सही जा रहे हैं और आप खुद को बहुत तनावग्रस्त करके औरा को देखने में बाधा डाल रहे हैं। आप शिथिल रहिए, "आप स्वयं को शांत रखिए।" यदि आप शिथिल होते हैं और आप "तनाव कम "करते हैं, तो खुजली होने के बजाय और शायद झटके से आपको ईथरिक या औरा या दोनों दिखाई देंगे।

खुजली वास्तव में आपकी हथेलियों (या जो भी केंद्र हो) के भीतर अपने स्वयं के ऑरिक बल की एकाग्रता के कारण है। बहुत से लोग जब भयभीत या तनावग्रस्त होते हैं तो हाथों की हथेलियों या बगलों में या अन्य जगहों पर पसीना आने लगता है। इस मानसिक प्रयोग में आपको पसीने की बजाय खुजली होती है। यदि दुबारा होती है, तो यह एक अच्छा संकेत हैं। जब हम इसे दोहराते हैं, तो इसका मतलब है, आप बहुत कठिन प्रयास कर रहे हैं और जब आप आराम से करेंगे तो आप पहले ईथरिक और शायद बाद में औरा भी देख सकेंगे।

बहुत से लोग अपनी स्वयं की औरा को पूरी सटीकता के साथ नहीं देख पाते हैं क्योंकि वे अपनी औरा को बाहर दर्पण की तरफ से देखते हैं। दर्पण रंगों को कुछ हद तक विकृत करता है और वापस (फिर से आभा के माध्यम से) रंगों की इस विकृत श्रेणी को प्रतिबिंबित करता है और इसलिए बेचारा देखने वाला यह कल्पना कर लेता है कि उसके पास संभावित रंगो की तुलना में मटमैले रंग हैं। एक गहरे तालाब की मछली के बारे में सोचिए, पानी की सतह से कुछ फीट की दूरी पर रखे किसी फूल को देखने पर मछली को वैसे रंगों का अनुभव नहीं होगा जैसा कि आपको देखने पर होगा। मछली को पानी पर लहरों द्वारा विकृत फूल दिखेंगे और पानी के कारण स्पष्ट दिखने के बदले भिन्न प्रकार के फूल दिखेंगे। उसी तरह, आप अपनी औरा की गहराई को बाहर से देख रहे हैं और अपनी स्वयं की औराकी गहराई में वापस प्रतिबिंबित छवि को देखते हुए, कुछ हद तक भटक जाते हैं। इस कारण से, जब भी सुविधाजनक हो, किसी और पर टकटकी लगाना बेहतर है।

आपका साथी काफी इच्छुक, काफी सहयोगी होना चाहिए। यदि आप किसी व्यक्ति को नग्न देख रहे हैं तो वह व्यक्ति घबराया हुआ या शर्मिंदा होगा। उस मामले में ईथरिक लगभग शरीर में वापस सिकुड़ जाता है और औरा अपने आप में बहुत सिमट जाती है और रंगों को झूठा दिखाती है। अच्छा मूल्याँकन करने में सक्षम होने के लिए अभ्यास की आवश्यकता है, लेकिन मुख्य बात यह है कि किसी भी रंग को पहले देखें, वे असली रंग हैं या झूठे रंग, इससे कोई फर्क नहीं पड़ता ।

सबसे अच्छा तरीका है कि व्यक्ति को राज़ी करें और उससे बात करें, बस छोटी सी बात करें, बस उसे आसानी से तैयार करने के लिए सामान्य बातें करें और दिखाएं कि कुछ भी होने वाला नहीं है। जैसे ही आपका साथी शिथिल होता है, उसका ईथरिक अपने सामान्य अनुपात को पुनः प्राप्त कर लेगा और औरा स्वयं को पूरी तरह से ऑरिक थैली में भर देगी।

यह कई तरह से सम्मोहन जैसा ही किया जा सकता है; एक सम्मोहन कर्ता एक व्यक्ति को पकड़कर उसे उसी वक़्त, उसी जगह सम्मोहित नहीं कर सकता है। आमतौर पर कई सत्र होते हैं, सम्मोहन कर्ता पहले रोगी को देखता है और वे एक प्रकार का तालमेल या साधारण बातचीत करते हैं, यानी वह एक आपसी समझ लाता है और सम्मोहन की एक या दो छोटी कोशिशें भी कर सकता है जैसे कि वह देखता हैं, कि क्या रोगी प्राथमिक सम्मोहन का जवाब देता है। दो या तीन सत्रों के बाद ही व्यक्ति सम्मोहन कर्ता को अच्छी तरह से बता पाता है। उसी तरह से आप सबसे पहले साथी के शरीर को घूरो नहीं, कदाचित ही शरीर को देखो, बस स्वाभाविक रहो, जैसे दूसरा व्यक्ति पूरी तरह से कपड़े पहने हुए हो। फिर शायद दूसरे अवसर पर, साथी अधिक आश्वस्त, अधिक आत्मविश्वास, अधिक आराम से होगा। तीसरे अवसर पर आप वास्तव में शरीर को देख सकते हैं या शरीर की रूपरेखा को देख सकते हैं और देखो- क्या आप उस धुंधले नीले धुंध को देख सकते हैं? क्या आप शरीर के चारों ओर घूमते हुए रंगों के उन बैंडों को देख सकते हैं और उस पीले प्रभामंडल को ? क्या आप देख सकते हैं कि सिर के शीर्ष केंद्र से प्रकाश की गति को जो एक खिलते हुए कमल की तरह बाहर निकलता है या - पश्चिमी बोलचाल में यह कुछ अलग-अलग रंगों में चमकती हुई आतिशबाज़ी जैसा है ?

यह एक छोटा पाठ है पर यह एक महत्वपूर्ण पाठ है। अब यह सुझाव देते हैं कि आप तब तक प्रतीक्षा करें जब तक आप आराम से न हों, आपके मन में कोई विशेष चिंता ना हो, आप भूखे ना हों और ना ही आपने ज्यादा खा लिया हो, तब अपने बाथरूम में जाएँ, स्नान करें यदि आप अपने कपड़ों के किसी भी प्रभाव से छुटकारा पाना चाहते हैं और फिर अभ्यास करें ताकि आप अपनी स्वयं की औरा देख सकें। यह सब अभ्यास की ही बात है।

अध्याय

आठ

पिछले अध्यायों में हमने शरीर को ईथरिक और औरा का केंद्र माना है, हम शरीर से बाहर की ओर चले गए हैं, अर्थात पहले ईथरिक की चर्चा और फिर औरा और उसके रंग का धारियों के साथ का वर्णन और आखिर में बाहरी ऑरिक त्वचा की चर्चा की। यह सब बेहद महत्वपूर्ण है और आपको सलाह दी जाती है कि आप फिर से पिछले अध्यायोंको पढ़ें, इस आठवें और नौवें अध्याय में हम शरीर छोड़ने के लिए पृष्ठभूमि तैयार करने जा रहे हैं। जब तक आप ईथरिक, औरा और शरीर की आणविक संरचना की प्रकृति के बारे में स्पष्ट नहीं होंगे, तब तक आपको कुछ कठिनाइयाँ हो सकती हैं।

हमने देखा है, मानव शरीर प्रोटोप्लाज्म के एक द्रव्यमान का बना होता हैं । यह अणुओं का एक समूह है, जो एक निश्चित आयतन में अंतरिक्ष में फैला हुआ है उसी तरह जैसे कि एक ब्रह्मांड अंतरिक्ष के एक निश्चित आयतन में होता है। अब हम अंदर की तरफ औरा से दूर, ईथरिक से दूर और शरीर के अंदर जा रहे हैं, क्योंकि मांस मज्जा का शरीर दुनिया के लिए सिर्फ एक वाहन है, बस "एक अभिनेता की वेशभूषा जैसा, जिसे वह पहनकर दुनिया रुपी मंच में नियत भूमिका निभाता हैं।

यह कहा गया है कि दो पदार्थ एक ही स्थान पर जगह नहीं घेर सकते। जब कोई ईंटों या लकड़ियों या धातु के टुकड़ों के बारे में सोचता है तो यह यथोचित सही है। लेकिन अगर दो वस्तुओं में कंपन भिन्न होता है या यदि उनके परमाणु न्यूट्रॉन और प्रोटॉन के बीच रिक्त स्थान पर्याप्त बड़े होते हैं, तो दूसरी वस्तु उसी स्थान को घेर सकती है। आपको यह समझने में मुश्किल हो सकती है तो हम इसे एक अलग तरीके से बताते हैं, आइए हम आपको दो दृष्टांत देते हैं। यहाँ पहला है:

-

यदि आप दो गिलास लेते हैं और आप उन्हें किनारों तक पानी से पूरा भर देते हैं, अब इसमें यदि आप थोड़ी रेत या एक चम्मच रेत डाल देते हैं तो आप पाएंगे कि पानी गिलास के किनारों से बाहर नीचे बह जाता है, जो यह दर्शाता है कि इस मामले में पानी और रेत दोनों एक ही स्थान को नहीं घेर सकते हैं और इसलिए किसी एक को तो रास्ता देना होगा। रेत भारी होने के कारण, पानी के नीचे तक डूब जाती है और इस तरह वह गिलास में पानी का स्तर वहाँ तक बढ़ाती है जहाँतक पानी बह जाता है।

आइए हम दूसरे गिलास की ओर मुड़ें जो कि पानी से भरा हुआ है। पहले गिलास के समान स्तर पर ठीक से किनारों तक भरा हुआ है। यदि अब हम चीनी लेते हैं और हम धीरे-धीरे चीनी को गिलास में छिड़कते हैं, तो हम पाते हैं कि पानी के बह जाने से पहले गिलास में छह चम्मच चीनी भी डाल सकते हैं। यदि हम इसे धीरे-धीरे करते हैं तो हम चीनी को गायब होते देखेंगे, दूसरे शब्दों में यह चीनी घुलती जाती है। चूंकि चीनी अपने स्वयं के अणुओं को पानी के अणुओं के बीच रिक्त स्थान पर घोलती है, और इस तरह यह कोई और स्थान नहीं लेती है। केवल तभी तक जब पानी के अणुओं के बीच का सारा स्थान चीनी के अणुओं से भर जाता है। अब यदि अतिरिक्त चीनी को गिलास में उँडेल देते हैं, तो अंततः पानी के अति प्रवाह का कारण बनता है। इस तरह हमारे पास स्पष्ट सबूत हैं कि दो पदार्थ एक ही स्थान को घेर सकते हैं।

हमें एक और दृष्टांत देना है; आइए हम सौर मंडल को देखें। यह एक वस्तु, एक सत्ता, एक "कुछ" है। अणु है या परमाणु जिन्हें हम दुनिया कहते हैं, अंतरिक्ष में घूम रहे हैं। अगर यह सच है कि दो वस्तुएं एक ही स्थान पर नहीं रह सकती हैं, तो हम पृथ्वी से एक रॉकेट को अंतरिक्ष में नहीं भेज सकते थे। न ही दूसरे ब्रह्मांड के लोग इस ब्रह्मांड में प्रवेश कर सकते थे, क्योंकि अगर उन्होंने ऐसा किया होता तो वे हमारे स्थान पर आधिपत्य कर लेते। इसलिए उपयुक्त परिस्थितियों में दो वस्तुओं का एक ही स्थान पर रहना संभव है।

मानव शरीर, परमाणुओं के बीच एक निश्चित रिक्त स्थानों के साथ अणुओं से बनती है, यह अन्य शरीरों का आश्रय, परिसूक्ष्म शरीर, आत्मा शरीर या जिसे हम सूक्ष्म शरीर कहते हैं, से मिलकर बना होता हैं। ये परिसूक्ष्म शरीर, ठीक मानव

शरीर के जैसे ही अणुओं से मिलकर बनती हैं, जिस तरह पृथ्वी या सीसा या लकड़ी में अणुओं की एक निश्चित व्यवस्था होती है, जिनमें एक निश्चित घनत्व के अणु होते हैं। लेकिन आत्मा शरीर में अणु कम होते हैं और दूर दूर स्थित होते हैं। इस प्रकार एक आत्म शरीर का अन्तरंग संपर्क के साथ मांसल शरीर में पूरी तरह समा जाना संभव है, और वह शरीर के आवश्यक स्थान को नहीं घेरती है। सूक्ष्म शरीर और भौतिक शरीर सिल्वर कॉर्ड द्वारा एक दूसरे से जुड़े हुए हैं। यह कॉर्ड तीव्र गति से कंपन करने वाले अणुओं का एक समूह है। यह गर्भनाल से कुछ अर्थों में समान है जो एक माँ को उसके बच्चे से जोड़ता है। इसके द्वारा माँ से अजन्मे बच्चे में आवेग, विचार और पोषण का प्रवाह होता है। जब बच्चा पैदा होता है और गर्भनाल को अलग कर दिया जाता है, तो बच्चा उस जीवन को समाप्त कर देता है, जिसे वह पहले जानता था, यानी वह एक अलग सत्ता बन जाता है। एक अलग जीवन, यह अब मां का हिस्सा नहीं है, इसलिए यह माँ के हिस्से के रूप में"समाप्त हो जाता है" "और अपने नए अस्तित्व को ग्रहण कर लेता है।

सिल्वर कॉर्ड ओवरसेल्फ और मानव शरीर को जोड़ता है और शरीर के प्रत्येक मिनट के विचार एक से दूसरे में प्रसारित होते रहते हैं। विचार, आज्ञा, पाठ और कभी-कभी आध्यात्मिक पोषण भी ओवरसेल्फ से मानव शरीर में आते हैं। जब मृत्यु होती है तो सिल्वर कॉर्ड कटकर अलग हो जाता है और मानव शरीर को कपड़े के फेंके जाने वाले सूट की तरह छोड़ दिया जाता है जबकि आत्मा आगे बढ़ जाती है।

यह इस विषय में जाने के लिए उपयुक्त नहीं है, लेकिन यह कहा जाना चाहिए कि बहुत सी "आत्मा शरीर" (स्पिरिट बॉडी) होते है। हम वर्तमान में मांस-शरीर और सूक्ष्म शरीर के साथ काम कर रहे हैं। सब मिलाकर हमारे वर्तमान रूप में नौ अलग-अलग शरीर हैं, प्रत्येक सिल्वर कॉर्ड द्वारा एक दूसरे से जुड़े हुए होते हैं, लेकिन अब हम सूक्ष्म यात्रा से ज्यादा चिंतित हैं और सूक्ष्म तल के विषय के साथ घनिष्ठता से जुड़े हैं।

अतः संक्षेप में, मनुष्य के मांस और हड्डियों के शरीर में एक आत्मा *संकोशित है, यह इस क्रम में संकोशित है कि पाठ सीखा जा सके और अनुभवों से गुज़रा

जा सके, अनुभव जो शरीर के उपयोग के बिना आत्मा को प्राप्त नहीं हो सकते है। मनुष्य, या मनुष्य का मांस-पिंड, एक वाहन है जिसे ओवरसेल्फ द्वारा संचालित या कुशलता पूर्वक प्रयोग किया जाता है। कुछ लोग "आत्मा" शब्द का उपयोग करना पसंद करते हैं, हम "ओवरसेल्फ" का उपयोग करते हैं क्योंकि यह अधिक सुविधाजनक है, आत्मा एक अलग विषय है और वास्तव में उच्चतर लोक में जाता है। ओवरसेल्फ नियंत्रक है, शरीर का चालक है। मानव का मस्तिष्क एक प्रसारण स्टेशन है, जैसे एक टेलीफोन एक्सचेंज, जिसे आप पूरी तरह से स्वचालित कारखाना कह सकते हैं। यह ओवरसेल्फ से संदेश लेता है और ओवरसेल्फ के आदेशों को रासायनिक गतिविधि या शारीरिक गतिविधियों में परिवर्तित करता है जो वाहन को जीवित रखता है, मांसपेशियों को काम करने का कारण बनता है और कुछ मानसिक प्रक्रियाओं का कारण बनता है। शरीर ओवरसेल्फ को अनुभवों के संदेश और विचारों को वापस भी भेजता है।

जैसे एक चालक द्वारा अस्थायी रूप से वाहन को छोड़ देता है, ठीक वैसे ही मनुष्य शरीर की सीमाओं से हटकर, आत्मा के शानदार दुनिया को देख सकता है और शरीर में रहते होते हुए सीखे गए पाठ का आकलन कर सकता है, लेकिन यहाँहम भौतिक और सूक्ष्म के साथ शायद ओवरसेल्फ़ का संक्षिप्त उल्लेख कर रहे हैं। हम विशेष रूप से सूक्ष्म शरीर का उल्लेख करते हैं क्योंकि व्यक्ति सूक्ष्म शरीर में होकर पलक झपकते ही दूर के स्थानों की यात्रा कर सकता है। मनुष्य किसी भी समय कहीं भी जा सकता है और यह भी देख सकता है कि पुराने दोस्त या संबंधी क्या कर रहे हैं। आदमी या औरत अभ्यास के द्वारा, दुनिया के शहरों और दुनिया के महान पुस्तकालयों का दौरा कर सकते हैं। अभ्यास के द्वारा, किसी भी पुस्तकालय का दौरा करना और किसी पुस्तक या किसी पुस्तक के किसी भी पृष्ठ को देखना आसान है। ज्यादातर लोग सोचते हैं कि वे अपने शरीर को छोड़कर बाहर नहीं जा सकते क्योंकि पश्चिमी दुनिया में वे अपने पूरे जीवन में उन चीजों को अविश्वास करने के लिए ढाल दिए गए हैं जिन्हें महसूस नहीं किया जा सकता है, ऐसी बातों की धज्जियां उड़ा दी जाती है, और फिर उन शब्दों की चर्चा की जाती है जिनका कोई अर्थ नहीं है।

बच्चे परियों में विश्वास करते हैं, निश्चित रूप से ऐसी चीज़ेंहोती हैं। सिर्फ हम जो उन्हें देख सकते हैं और उनके साथ बातचीत कर सकते हैं उन्हें प्रकृति आत्मा (नेचर स्पिरिट) कहते हैं। कई तो वास्तव में छोटे बच्चों के साथ खेलने के अदृश्य साथी के रूप में जानी जाती है। वयस्कों के अनुसार बच्चे कल्पना की दुनिया में रहते हैं और उन दोस्तों से उत्साहपूर्वक बात करते हैं, जिन्हें स्वार्थी वयस्क नहीं देख सकते हैं। बच्चा जानता है कि ये दोस्त असली हैं।

जैसे-जैसे बच्चा बढ़ता है, माता-पिता हँसते हैं या उनकी बेकार की कल्पनाओं पर क्रोधित हो जाते हैं। माता-पिता, जो अपने स्वयं के बचपन को भूल गए हैं और भूल गए हैं कि उनके माता-पिता ने कैसे बर्ताव किया था, यहाँतक कि एक बच्चे को "झूठा," या "अति-कल्पनाशील" होने के लिए पीट भी दिया जाता हैं। आखिरकार, बच्चा यह मान लेने से सम्मोहित हो जाता है कि प्रकृति आत्मा स्पिरिद्व (या परियां) जैसी कोई चीज़ नहीं है। और वापस ये बच्चे बड़े होते हैं, उनके अपने परिवार होते हैं और फिर वे अपने बच्चों को प्रकृति आत्मा देखने या खेलने से हतोत्साहित करते हैं।

हम यह निश्चित रूप से कहने जा रहे हैं कि पूर्वी देशों के लोग और आयरलैंड के लोग बेहतर जानते हैं, कि प्रकृति आत्मा होती हैं। अगर उन्हें परियां या वृद्ध जादूगर कहा जाये या चाहे उन्हें जो कुछ भी कहा जाये, कोई फर्क नहीं पड़ता, पर वे असली हैं, वे अच्छा काम करते हैं। मनुष्य, अपनी अज्ञानता और घमंड में इन लोगों के अस्तित्व को नकारता है और चमत्कारिक उपचार और जानकारियों के अद्भुत भंडार से खुद को वंचित रखता हैं। प्रकृति आत्मा उन लोगों की मदद करते हैं, जो उन्हें पसंद करते हैं, और उन पर विश्वास करते हैं।

ओवरसेल्फ के ज्ञान की कोई सीमा नहीं है। जबकि शरीर यानी भौतिक शरीर की क्षमताओं की बहुत वास्तविक सीमाएं हैं। पृथ्वी पर लगभग हर व्यक्ति नींद के दौरान शरीर छोड़ता है। जब वे जागते हैं तो वे कहते हैं कि उन्होंने एक सपना देखा है, यहाँफिर से कहना होगा, कि मनुष्यों को यह सिखाकर विश्वास दिलाया जाता है कि पृथ्वी पर यही एकमात्र जीवन है, जो मायने रखता है। उन्हें सिखाया जाता है कि जब वे सोते हैं तो वे चारों ओर यात्रा नहीं करते हैं। तो अद्भुत अनुभव को "सपने" कहकर तार्किक आधार पर उचित ठहराते हैं।

बहुत से लोग मानते हैं कि वे अपनी इच्छा के अनुसार शरीर छोड़ सकते हैं, और दूर और तेज यात्रा कर सकते हैं, शरीर में घंटों के बाद वापस आ जाते हैं और उन्होंने जो कुछ भी किया है, जो कुछ भी देखा हैं और जो उन्होंने अनुभव किया है उसका उन्हें पूरा और संपूर्ण ज्ञान होता है। लगभग कोई भी व्यक्ति शरीर छोड़ सकता है और सूक्ष्म यात्रा कर सकता है, लेकिन उसे विश्वास करना होगा कि वह ऐसा कर सकता है। ऐसे व्यक्ति के लिए व्यर्थ होगा जो अविश्वास के विचारों को, यानी ऐसे विचारों को कि वे ऐसा काम नहीं कर सकते से घबरा जाते हैं। जब व्यक्ति पहली बाधा यानी डर को पार कर लेता है, तो वास्तव में, यह अनूठी सूक्ष्म यात्रा करना आसान है।

डर सबसे बड़ी बाधा है। ज्यादातर लोगों को उस स्वाभाविक भय को दबाना है, कि शरीर को छोड़ना मृत्यु को पाने जैसा है। कुछ लोग घातक रूप से डरते हैं कि यदि वे शरीर छोड़ देंगे, तो वे वापस नहीं आ सकते हैं या यह कि कोई अन्य सत्ता शरीर में प्रवेश कर लेगी। यह तब तक काफी असंभव है जब तक कि कोई डर के मारे "द्वार नहीं खोलता"। एक व्यक्ति जो डरता नहीं है उसे कोई भी नुकसान नहीं हो सकता है, चाहे जो कुछ भी हो जाए। जब कोई सूक्ष्म यात्रा करता है तो सिल्वर कॉर्ड को तोड़ा नहीं जा सकता है, कोई भी शरीर पर आक्रमण नहीं कर सकता है, जब तक कि कोई व्यक्ति भयभीत होकर स्वयं एक निश्चित निमंत्रण न दे।

आप हमेशा, हमेशा अपने शरीर में लौट सकते हैं, ठीक उसी तरह जैसे आप हमेशा एक रात सोने के बाद जागते हैं। भयभीत होने का एकमात्र कारण डर है। डर ही एक ऐसी चीज़ है जो किसी भी खतरे का कारण बनती है। हम सभी जानते हैं कि जिन चीज़ों से हमें डर लगता है वो शायद ही कभी होती हैं।

डर के बाद मुख्य दोष विचार का है, क्योंकि विचार या बुद्धि, एक वास्तविक समस्या खड़ी करते हैं। ये दोनों, विचार और बुद्धि व्यक्ति को ऊंचे पहाड़ों पर चढ़ने से रोक सकते हैं, बुद्धि यह है कि फिसलने से हम नीचे गिर जाएंगे और टुकड़ों में धराशायी हो जाएंगे। इसलिए विचार और बुद्धि को दबा दिया जाना चाहिए। दुर्भाग्य से वे बदनाम हैं। "विचार" क्या आपने कभी विचार के बारे में सोचा है? क्या सोचा है? आप कहाँ सोचते हैं? क्या आप अपने सिर के ऊपर से

सोचते हैं? या आपके सिर के पीछे से? क्या आप अपनी भौंहों में सोच रहे हैं? या अपने कानों में? जब आप आंखें बंद करते हैं तो क्या आप सोचना बंद कर देते हैं? नहीं, आपका विचार वहाँ हैं, आप जहाँभी ध्यान केंद्रित करते हैं। आपका ध्यान जहाँभी केंद्रित होता है, वहीं आप सोचने लगते हैं। यह सरल, प्राथमिक तथ्य आपको अपने शरीर से बाहर निकलने और सूक्ष्म यात्रा में मदद कर सकता है, यह आपके सूक्ष्म शरीर को हवा की भाँति ऊंची उड़ान भरने में मदद कर सकता है। इसके बारे में सोचें, इस पाठ को फिर से पढ़ें और विचार के बारे में सोचें। सोचें कि कैसे विचार ने आपको अक्सर वापस वहीं रखा है क्योंकि आपने बाधाओं के बारे में सोच रखा है, आपने अज्ञात भय के बारे में सोच रखा है। मिसाल के तौर पर, आप आधी रात को घर में अकेले हो और बाहर हवा के चलने की गर्जना हो रही हो और आप चोरों के बारे में सोच सकते हैं कि कोई पर्दे के पीछे छिपा व्यक्ति आपके ऊपर कूदने के लिए तैयार है। विचार, यहाँनुकसान पहुंचा सकता है। कुछ और विचार सोचो।

आप दाँत दर्द से पीड़ित हैं और अनिच्छा से दंत चिकित्सक को दिखाने जाते हैं, वह आपको बताता है कि आपके दांत को निकालना होगा, आप डरते हैं कि इससे आपको दर्द होगा, आप डर के मारे कुर्सी में बैठ जाते हैं। जैसे ही दंत चिकित्सक आपको एक इंजेक्शन देने के लिए अपने सीरिंज को उठाता है, तो आप स्वत: ही घबरा जाते हैं और शायद यहाँतक कि पीले पड़ जाते हैं। आपको यकीन है कि यह दर्द देने वाला है, आप यक़ीन करते हैं कि आप सुई का अंदर जाना महसूस करेंगे और बाद में भयानक झटके के रूप में आपके दांत खून के साथ बाहर आ जाएगा। शायद आप डरते हैं कि आप झटके से बेहोश हो जाएंगे इसलिए आप डर को पोषित करते हैं। आप उस दांत की जगह पर अपनी पूरी विचार शक्ति को और ध्यान को केंद्रित करके अपने दाँत को और अधिक दर्द पहुंचाते हैं। आपकी सारी ऊर्जा उस दाँत के दर्द को और ज्यादा बनाने के लिए तत्पर है, लेकिन जब आप व्यर्थ पूर्ण सोचते हैं, तब सोचा कहाँ है? सिर में? आपको कैसे मालूम? क्या आप इसे वहाँ महसूस कर सकते हैं? विचार वहाँ हैं जहाँ तुम ध्यान केंद्रित करते हो, विचार तुम्हारे भीतर ही है क्योंकि सिर्फ तुम अपने बारे में सोच रहे हो और क्योंकि तुम सोचते हो कि विचार तुम्हारे भीतर

होना चाहिए। विचार वहाँ हैं, जहाँ आप इसे रखना चाहते हैं, विचार वहाँ हैं जहाँ आप इसे निर्देशित करते हैं।

आइए हम फिर से "विचार वहाँ हैं, जहाँ ध्यान केंद्रित हैं" को देखें। लड़ाई की गर्मजोशी में, पुरुषों को गोली मार दिया गया है या चाकू मार दिया गया है, पर उन्हें दर्द महसूस नहीं होता। कुछ समय के लिए वे शायद यह भी नहीं जान सकते कि वे घायल हो गए हैं, पर जब उनके पास सोचने के लिए समय हुआ तो उन्होंने दर्द को महसूस किया और शायद सदमे में गिर गये होंगे। लेकिन विचार, बुद्धि, डर, हमारे आध्यात्मिक विकास को धीमा करने वाली बाधाएँ हैं, वे ही हैं, जो मशीन को थका कर धीमा कर देती हैं और ओवरसेल्फ के आदेशों को विकृत कर देती हैं।

जब मनुष्य अपनी मूर्खतापूर्ण डर और प्रतिबंधों से व्यवस्थित हो जाता है, मांसपेशियों और मानसिक दोनों से बहुत बढ़ी हुई शक्तियों के साथ लगभग एक सुपरमैन हो सकता है। यहाँ एक उदाहरण है; एक कमजोर, डरपोक, ख़राब मांसपेशियों के विकास वाला आदमी, जब वह उस रात घर लौटने के लिए एक फुटपाथ से बाहर क़दम व्यस्त ट्रैफिक में रखता है, उसके विचार दूर, बहुत दूर तक हैं, शायद उसके व्यवसाय पर हो या उनकी पत्नी किस तरह के मिज़ाज में होगी। वह न चुकाये गए बिल के बारे में भी सोच सकता है। एक समीप आती हुई कार से वह आदमी जब अचानक हार्न सुनता हैं, तो बिना सोचे - समझे एक असाधारण छलांग के साथ फुटपाथ में वापस आ जाता है जो यहाँ तक सामान्यतः एक प्रशिक्षित एथलीट के लिए भी यह काफी असंभव होगा। अगर इस आदमी को विचार प्रक्रियाओं से बाधा पहुंची होती तो बहुत देर हो चुकी होती, कार ने उसे टक्कर मार दी होती। विचार के अभाव से निरंतर देखने वाले ओवरसेल्फ ने रसायनों की एक मात्रा दागने (जैसे एड्रेनालिन) से मांसपेशियों को फिर से उत्तेजित बनाया, जिसने व्यक्ति को अपनी सामान्य क्षमता के पार छलाँग लगवाई और सचेत विचार की गति से अधिक उस व्यक्ति की चाल में तेज़ गति ने बचा लिया।

पश्चिमी दुनिया में मानव जाति को सिखाया जाता है कि सोच और बुद्धि से "मनुष्य जानवरों से अलग है।" मनुष्य के अनियंत्रित विचार उसकी सूक्ष्म यात्रा में उसे

कई जानवरों से निम्न रखता है। लगभग कोई भी बिल्लियों के उदाहरण से सहमत होगा कि बिल्लियाँ उन चीजों को देख सकती हैं जो मनुष्य नहीं देख सकते। अधिकांश लोगों को जानवरों के बारे में कुछ अनुभव हुआ है कि वे भूत प्रेतों को देख सकते हैं या मानव के जानने से पूर्व ही होने वाली बहुत घटनाओं के बारे में पशु जान लेते हैं। पशु "बुद्धि" और "विचार" से एक अलग प्रणाली का उपयोग करते हैं। इसलिए हम भी वैसा कर सकते हैं।

सबसे पहले, हालांकि, हमें अपने विचारों को नियंत्रित करना होगा, हमें व्यर्थ विचार के उन थका देने वाले प्रयोजन को नियंत्रित करना होगा जो लगातार हमारे अतीत को दिमाग में धीरे धीरे चलाता रहता है। जहाँ आप आराम से बैठ सकते हैं, जहाँ आप पूरी तरह से तनावमुक्त हो सकते हैं और जहाँ कोई आपको परेशान नहीं कर सकता है, वहाँ बैठ जाएँ। इस तरह के ऐसे मामले में प्रकाश एक बाधा है, सो यदि आप चाहें तो प्रकाश बुझा दें। अपने विचारों के बारे में सोचने के लिए कुछ क्षणों के लिए बेपरवाही से बैठें, अपने विचारों को देखें। देखें कि वे कैसे आपकी चेतना में धीरे-धीरे चलते रहते हैं, प्रत्येक विचार हमारा ध्यान पाने के लिए शोर मचाते हैं, जैसे कार्यालय में एक आदमी के साथ झगड़ा, बिना चुकाये बिल, जीवनयापन का ख़र्च, दुनिया की स्थिति, आप अपने मालिक से क्या कहना चाहेंगे,उन सभी विचारों को साफ़ करके एक तरफ रख दें।

कल्पना कीजिए कि आप एक गगनचुंबी इमारत के शीर्ष पर पूरी तरह से अंधेरे कमरे में बैठे हैं, आप के सामने एक बड़ी काँच की खिड़की है, जो एक काले पर्दे द्वारा ढकी है, एक पर्दा जिसमें कोई आकृति नहीं है, कुछ भी ऐसा नहीं हैं, जो व्याकुलता साबित कर सके। उस पर्दे पर ध्यान लगाओ। सबसे पहले सुनिश्चित करें कि आपकी चेतना (जो कि वही काला पर्दा है) से विचार नहीं गुजर रहे हैं और यदि विचार घुसने की कोशिश करते हैं, तो उन्हें किनारों पर वापस धक्का दें। आप ऐसा कर सकते हैं, क्योंकि यह केवल अभ्यास की बात है। कुछ क्षणों के लिए विचार वापस आकर उस काले परदे के किनारे पर झिलमिलाहट करने की कोशिश करेंगे, उन्हें पीछे धकेलें, जबरन उन्हें जाना होगा, परदे पर फिर से ध्यान केंद्रित करें, स्वयं की उन्नति के लिए करना होगा, ताकि आप उस सबको देख सकें जो सबके पार है।

फिर से, जैसा कि आप उस काल्पनिक काले पर्दे पर टकटकी लगाते हैं, आप पाएंगे कि सभी प्रकार के अजीब विचार घुसने की कोशिश करते हैं, वे आपके ध्यान केन्द्रित करने की कोशिश करते हैं। उन्हें वापस धक्का दें, उन्हें एक सचेत प्रयास के साथ पीछे धकेलें, उन विचारों को घुसने की अनुमति देने से इनकार करें (हाँ, हम जानते हैं कि हम पहले भी यह कह चुके हैं, लेकिन हम वापस स्वयं में स्थिर होने की कोशिश कर रहे हैं)। जब आप थोड़े समय के लिए पूर्ण शून्यता के प्रभाव पकड़ पाएंगे तो जैसे चर्म पत्र का एक टुकड़ा फटता है, वैसा आप "आकस्मिक " हमारी इस साधारण दुनिया से दूर हो जाएंगे और यह एक अलग आयाम की दुनिया है, जहाँ समय और दूरी का एक नया अर्थ है। इसका अभ्यास करके, ऐसा करने से आप पाएंगे कि आप अपने विचारों को नियंत्रित करने में सक्षम हैं जैसा कि विशेषज्ञ और गुरु करते हैं।

इसे आज़माएं, इसका अभ्यास करें, यदि आप प्रगति करना चाहते हैं तो आपको अभ्यास करना चाहिए और तब तक अभ्यास करना चाहिए जब तक आप व्यर्थ केविचारों को दूर नहीं कर सकते।

अध्याय

नौ

पिछले अध्याय के समापन चरणों में हमने विचार को समझा। हमने कहा "विचार वहाँ है, जहाँ आप इसको रखना चाहते हैं।" यह एक ऐसा सूत्र है जो वास्तव में शरीर से बाहर निकलने और सूक्ष्म यात्रा करने में हमारी सहायता कर सकता है। इसे हम फिर दोहराते हैं।

विचार वहाँ है कि जहाँ आप इसको रखना चाहते हैं। आपके बाहर भी, अगर आप ऐसा चाहते हैं। हमें थोड़ा अभ्यास करना चाहिए। फिर से कहना चाहेंगे, आपको वहाँ होने की ज़रूरत हैं, जहाँ आप अकेले हों, जहाँ कोई विकर्षण न हो। आप अपने आप को शरीर से बाहर निकालने की कोशिश करने जा रहे हैं। आपको अकेले रहना चाहिए, आपको आराम से रहना चाहिए और हमारा सुझाव है कि आप आराम से लेट जाएं और अच्छा हो कि बिस्तर को चुनें। सुनिश्चित करें कि कोई भी आपके प्रयोग में हस्तक्षेप और व्यवधान ना कर पाए। जब आप शांत हो जाते हैं, धीरे-धीरे साँस लीजिए, इस प्रयोग के बारे में सोचकर, अपने सामने छह फीट की दूरी पर एक बिंदु पर ध्यान केंद्रित करें, अपनी आँखें बंद करें, ध्यान केंद्रित करें, स्वयं में इस इच्छा की कल्पना करें, कि आप (असली आप) आपका सूक्ष्म शरीर आपके शरीर को कुछ छः फीट दूर से देखता है। सोचें ! अभ्यास करें ! खुद को एकाग्र करें। फिर, अभ्यास के साथ आप अचानक लगभग बिजली के एक मामूली झटके का अनुभव करेंगे और आप देखेंगे कि आपका शरीर कुछ छः फीट दूर आँखें बंद करके पड़ा है।

इस सफलता को प्राप्त करने के लिए सबसे पहले काफी प्रयास करना होगा। आप ऐसा महसूस कर सकते हैं कि आप एक बड़े रबर के गुब्बारे के अंदर हैं, धक्का दीजिए। आप धक्का देते हैं और धक्का देते हैं, सिवाय तनाव के और कुछ भी नहीं होता है। यह लगभग होने लगता है। फिर अंत में, अचानक, एक मामूली तड़क की अनुभूति से आप फट जाते हैं, जैसे एक बच्चे के खिलौने के

गुब्बारे को पंचर कर दिया हो। चिंतित न हों, भयभीत होने का मौका न दें, क्योंकि यदि आप भय से मुक्त रहेंगे तो आप आगे और आगे बढ़ेंगे और भविष्य में जो भी हो, उससे कोई परेशानी नहीं होगी। लेकिन यदि आप डरते हैं तो आप भौतिक शरीर में वापस लपक पड़ेंगे और किसी दूसरे दिन फिर से शुरू करना होगा। यदि आप अपने शरीर में वापस कूद जाते हैं, तो उस दिन कुछ भी प्रयास करने का कोई मतलब नहीं है, आप शायद ही सफल हों। पहले आपको नींद और आराम की आवश्यकता होगी।

आइए हम आगे बढ़ते हैं, आइए हम कल्पना करें कि आप अपने शरीर से इस सरल आसान विधि से बाहर निकलते हैं, आइए हम कल्पना करें कि आप अपने भौतिक घटक को देख रहे हैं और सोच रहे हैं कि आगे क्या करना है। आप उस क्षण में अपने भौतिक शरीर को देखने के लिए परेशान मत होना, आप इसे फिर से अक्सर देखेंगे। इसके बजाय यह प्रयास करें: -

अपने आप को कमरे के भीतर में एक मन्द गति से साबुन के बुलबुले जैसा बहने दें, क्योंकि आपके पास अब साबुन के बुलबुले का वजन भी नहीं है। आप गिर नहीं सकते, आप खुद को चोट नहीं पहुँचा सकते। अपने भौतिक शरीर को आराम करने दें। आप ऐसा करेंगे, निश्चित रूप से अपने शरीर से सूक्ष्म शरीर को मुक्त करने से पहले हल कर लेंगे। आपने यह सुनिश्चित कर लिया होगा कि आपका भौतिक शरीर काफी आराम से हैं। जब तक आप यह एहतियात नहीं बरतते हैं, तब आप वापस आकर पाते हैं, कि आपकी भुजा सख्त हो गई है या गर्दन में ऐंठन है। निश्चित कर लें कि बिस्तर का कोई खुरदरा किनारा नहीं है जो नसों को दबा सके, उदाहरण के लिए, जब आपने अपना भौतिक शरीर छोड़ दिया हो, गद्दे के किनारे पर हाथ बढ़ जाएं, तो नसों पर कुछ दबाव पड़ सकता है, जो बाद में "चुभता हुआ दर्द" का कारण बनता हैं। एक बार फिर, यह सुनिश्चित करें कि सूक्ष्म शरीर को शरीर छोड़ने के पूर्व आपका शरीर बिल्कुल आराम से हो।

अब अपने आप को खुले बहने दें, अपने आप को कमरे में इधर उधर तैरने दें, निष्क्रिय रूप से आगे बढ़ें जैसे कि आप आवारा हवा की धाराओं पर बहते हुए साबुन के बुलबुले हैं। छत और उन स्थानों की खोज करें, जहाँ आप सामान्य रूप

से नहीं देख सकते थे। इस प्रारंभिक सूक्ष्म यात्रा के अभ्यस्त हो जाइए, क्योंकि जब तक आप एक कमरे में चारों ओर घूमकर पूरी तरह से परिचित नहीं हो जाते हैं तब तक आप सुरक्षित रूप से बाहरजाने का साहस नहीं कर सकते।

आइए हम इसे कुछ अलग शब्दों के साथ फिर से आजमाएँ। वास्तव में, यह सूक्ष्म यात्रा का विषय आसान है, जब तक आप खुद को यह विश्वास करने की अनुमति नहीं देते कि यह आप कर सकते हैं। किसी भी परिस्थिति में, किसी भी अवस्था में आपको भय महसूस नहीं करना चाहिए। यहाँ भय का स्थान नहीं है, सूक्ष्म यात्रा में आप मुक्ति की यात्रा कर रहे हैं। भय केवल तभी अनुभव होता है जब शरीर में वापस आकर आपको क़ैदी जैसा, मिट्टी से ढँका हुआ एक भारी शरीर से दबा हुआ महसूस होता है, जो आध्यात्मिक आदेशों का बहुत अच्छे से जवाब नहीं देता है। नहीं, सूक्ष्म यात्रा में डर की कोई जगह नहीं है, डर इसके काफी विरुद्ध है।

हम थोड़ा अलग शब्दों के द्वारा सूक्ष्म यात्रा निर्देश दोहराने जा रहे हैं। आप बिस्तर पर पीठ के बल सपाट लेटे हैं। आपको यह सुनिश्चित कर लेना है कि आप का हर हिस्सा आरामदायक है, नसों में कोई मानसिक कल्पना अटकी हुई नहीं है, आपके पैर भी एक दूसरे से क्रॉस नहीं कर रहे हैं, क्योंकि यदि वे करें, तो वापस आने के तुरंत बाद उस बिंदु पर जहाँ वे क्रॉस करते हैं, आपके पास एक सुन्नता हो सकती है क्योंकि आपने रक्त के संचालन के साथ हस्तक्षेप किया हैं। आराम से, संतोष से, कोई परेशान करने वाले प्रभाव नहीं है, न ही आप चिंतित हैं। केवल अपने सूक्ष्म शरीर को अपने भौतिक शरीर से बाहर निकालने के बारे में सोचें।

आराम करें और अभी और आराम करें। अपने भौतिक शरीर के लिए लगभग एक आत्मिक आकार की कल्पना करें, जो धीरे से मांसल शरीर से मुक्त हो कर हवा में पफबॉल की तरह ऊपर की ओर तैरती है। इसे ऊपर उठने दें, अपनी आँखें बंद रखें अन्यथा पहले दो या तीन बार, आप इतने डर सकते हैं कि आपको झटका लग सकता है और यह झटका इतना तेज हो सकता है, जिसके कारण सूक्ष्म शरीर, शरीर के भीतर अपने सामान्य स्थान पर "लपेटने" लगेगा।

लोग अक्सर अजीब तरीके से झटके मारते हैं जब वे सो रहे होते हैं। अक्सर यह इतना ज़ोरदार झटका लगता है कि व्यक्ति पूरी तरह से जाग जाता है। यह झटका सूक्ष्म शरीर और भौतिक शरीर के अपूर्ण पृथक्करण के कारण होता है, जैसा कि हम पहले ही बता चुके हैं, लगभग सभी लोग रात में भी सूक्ष्म यात्रा करते हैं, भले ही कितने लोग सचेत रूप से अपनी यात्रा को याद न रखें। लेकिन फिर से हम सूक्ष्म शरीर विषय में वापस आते हैं।

अपने सूक्ष्म शरीर के बारे में सोचें धीरे-धीरे, आसानी से भौतिक शरीर से अलग हो रहा है, और ऊपर की ओर भौतिक शरीर से लगभग तीन, या शायद चार फीट ऊपर घूम रहा है। वहाँ यह आपके ऊपर धीरे से झूलता है। जब आप सो रहे होते हैं, तब आप स्वयं को झूलने की अनुभूति का अनुभव कर सकते हैं; यह सूक्ष्म झूलना है। जैसा कि हमने कहा है, सूक्ष्म शरीर आपके ऊपर तैर रहा है, संभवतः थोड़ा झूल रहा है और यह सिल्वर कॉर्ड द्वारा आपसे जुड़ा हुआ है जो आपके नाभि से सूक्ष्म शरीर के नाभि तक जाता है।

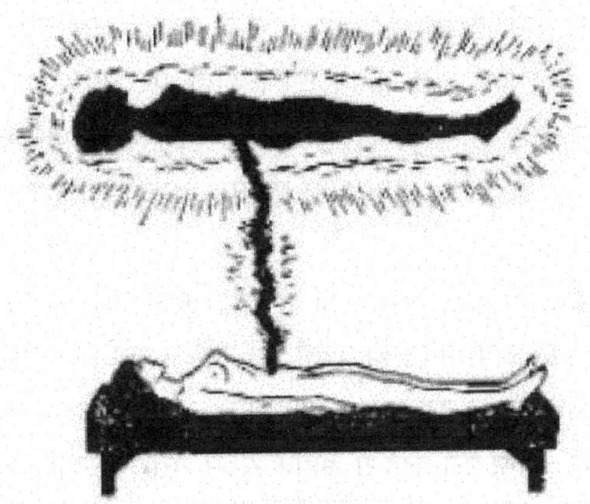

Fig. 8: Leaving the body

(चित्र- 8 शरीर छोड़ना)

बहुत करीब से न देखें क्योंकि हमने आपको पहले ही चेतावनी दी है कि अगर आप डर गये, तो आपको झटके लगेंगे, तो आप अपने शरीर में वापस आ जाएंगे और किसी अन्य अवसर पर फिर से शुरू करना होगा। मान लीजिए कि आपने

हमारी चेतावनी पर ध्यान दिया और झटके नहीं खाए, तो आपका सूक्ष्म शरीर कुछ क्षणों के लिए ऊपर तैरता रहेगा, बिल्कुल भी कोई कदम न उठाएं, कदाचित ही सोचें, इसके लिए उथली सांस लें, यह आपका पहली बार शरीर से बाहर जाना है, याद रखें, आप पहली बार पूरी तरह जानबूझकर शरीर से बाहर हैं और आपको सावधान रहना होगा।

यदि आप डरते नहीं हैं, अगर आप झटके नहीं खाते हैं, तो सूक्ष्म शरीर धीरे-धीरे तैरने लगेगा, यह बस बिस्तर के अंत में या किनारे पर काफी धीरे से तैरेगा, बिना किसी झटके के, यह जहाँ पैर लगभग फर्श को छूते हैं, पर धीरे-धीरे उतर जाएगा फिर, "एक शांत अवतरण" करने की प्रक्रिया, आपका सूक्ष्म शरीर आपके भौतिक शरीर को देखेगा और जो देखा है उसे वापस प्रसारित करेगा।

अपने आप को देखने में काफी असहज अनुभूति होगी

आपका अपना भौतिक शरीर और हम अब हिदायत देते हैं, कि यह अक्सर एक अहंकार तोड़ने जैसा अनुभव है। हममें से बहुत से लोग पूरी तरह से गलत विचार रखते हैं कि हम कैसे दिखते हैं। क्या आपको याद है जब आपने पहली बार अपनी आवाज सुनी थी? क्या आपने टेप रिकॉर्डर पर अपनी आवाज़ सुनी है? पहली बार आप स्पष्ट रूप से इन्कार कर सकते हैं, कि यह आपकी आवाज़ है, आपने सोचा होगा कि कोई व्यक्ति आप पर एक चाल खेल रहा था या यह कि रिकॉर्डर दोषपूर्ण था।

पहली बार व्यक्ति अपनी आवाज को सुनता है, तो वह अविश्वास करता है, व्यक्ति भयभीत और अपमानित हो जाता है। लेकिन जब तक आप अपने शरीर को पहली बार नहीं देखते तब तक प्रतीक्षा करें। आप अपने सूक्ष्म शरीर में खड़े होंगे और आपकी चेतना पूरी तरह से आपके सूक्ष्म शरीर में स्थानांतरित हो जाएगी और आप लेटे हुए भौतिक शरीर को नीचे पड़ा देखेंगे। आप भयभीत हो जाएंगे; आप शरीर के आकार को पसंद नहीं करेंगे और न ही अपने रंग को, आप चेहरे पर पड़ी झुर्रियों और मुखाकृति को देख चौंक जाएंगे और यदि आप थोड़ा आगे बढ़ते हैं और अपने मन में देखते हैं तो आपको विचित्रता और भय दिखाई देगा यहाँ तक कि यह असली डर आपके शरीर में वापस कूदने का कारण बन सकता है। लेकिन आपको लगता है कि यह स्वयं से पहली भयावह मुलाक़ात से जीत

गए हैं, तब क्या? आपको तय करना होगा कि आप कहाँ जा रहे हैं, आप क्या करना चाहते हैं, आप क्या देखना चाहते हैं। सबसे आसान तरीका किसी ऐसे व्यक्ति के पास जाना है जिनके साथ आप अच्छी तरह से परिचित हैं, शायद एक करीबी रिश्तेदार जो पड़ोसी शहर में रहता है। पहले यह व्यक्ति वही होना चाहिए जिसके पास आप अक्सर जाते हैं क्योंकि आपको उस व्यक्ति की बहुत विस्तार से कल्पना करनी होगी, आपको कल्पना करनी होगी कि वह कहाँ रहता है और वहाँ कैसे पहुंचा जाए। याद रखें कि यह आपके लिए सचेतन रुप से नया अनुभव है और आप उस सटीक रास्ते से जाना चाहते हैं, जिस मार्ग से शारीरिक रुप से आप जाते थे।

अपने कमरे को छोड़ दें, सड़क पर जाएं (सूक्ष्म शरीर में, निश्चित रूप से, लेकिन चिंता न करें, लोग आपको नहीं देख सकते हैं), तय किए गए व्यक्ति के पास जाने हेतु उस रास्ते को पार करने के लिए छवि बना लें जिस तरह आप सामान्य रूप से पहले जाया करते थे। फिर, बहुत तेजी से, सबसे तेज कार की तुलना में कहीं अधिक तेज़ी से आप जा सकते हैं, आप अपने दोस्त या रिश्तेदार के घर पर होंगे।

अभ्यास के साथ आप कहीं भी जाने में सक्षम होंगे, समुद्र, महासागर और पहाड़ आपके रास्ते के लिए कोई रुकावट, कोई बाधा नहीं होगी। दुनिया के देश और दुनिया के शहरों की भूमि आपके भ्रमण के लिए होगी।

कुछ लोग सोचते हैं “ओह! माना कि मैं जा रहा हूँ और मैं वापस नहीं आ सकता। फिर क्या?” जवाब है - आप खो नहीं सकते। खो जाना काफी असंभव है, अपने आप को नुकसान पहुंचाना या आपके शरीर पर क़ब्ज़ा होना असंभव है। जब आप सूक्ष्म रूप से यात्रा कर रहे होते हैं, तब **यदि आपके भौतिक शरीर के पास कोई भी व्यक्ति आता है, तो शरीर एक चेतावनी प्रसारित करता है** और आप विचार की गति के साथ शरीर में "लपेटा" जाते हैं। कोई अनिष्ट आपके पास नहीं आ सकता है, केवल नुकसान डर का है। इसलिए डरें नहीं, बल्कि प्रयोग करें और प्रयोग के साथ आपकी सभी आशाओं, महत्वाकांक्षाओं की अनुभूति सूक्ष्म यात्रा के लोकों में होगी।

जब आप सूक्ष्म अवस्था में होते हैं तो सचेतन आप शारीरिक रुप की तुलना में रंग अधिक शानदार ढंग से देखेंगे। सब कुछ जीवन के साथ झिलमिला जाएगा,"जीवन" का छोटा अंश भी देख सकते हैं, यदि आप उत्साही हैं। यह पृथ्वी की जीवन शक्ति है और जैसे-जैसे आप इसमें से गुजरेंगे आप शक्ति और साहस बटोरेंगे।

एक कठिनाई यह है; आप अपने साथ कुछ भी नहीं ले जा सकते और आप कुछ भी वापस नहीं ला सकते हैं। यह कुछ शर्तों के तहत अवश्य संभव है - और यह केवल बहुत अभ्यास के साथ आता है - कि आप एक क्लैरवॉयंट के सामने मूर्तरुप में ला सकते हैं, लेकिन किसी व्यक्ति के पास जाना और उनके स्वास्थ्य स्थिति का निदान को अंजाम देना आसान नहीं है क्योंकि आपको वस्तुत: इस तरह की चीजों पर चर्चा करने में सक्षम होने की जरूरत है। आप एक दुकान पर जा सकते हैं और उनके स्टॉक को देख सकते हैं और तय कर सकते हैं कि आपको अगले दिन क्या खरीदना है, यह काफी सामान्य बात है। अक्सर जब आप सूक्ष्म शरीर में एक दुकान पर जाते हैं तो आपको कुछ सामानों की खामियां और घटियापन दिखाई देगा, जिनकी कीमत बहुत अधिक होती है। जब आप सूक्ष्म शरीर में होते हैं और आप भौतिक में वापस जाना चाहते हैं, तो आपको शांत रहना चाहिए, आपको स्वयं के शरीर के बारे में सोचने देना चाहिए, यह सोचना चाहिए कि आप वापस जाने वाले हैं और आप शरीर के अंदर जाने वाले हैं। जैसे ही सोचते हैं, एक गति से वहाँ तात्कालिक बदलाव हो सकता है, जहाँ कहीं भी आप थे, आप पाएंगे कि अब बिस्तर पर लेटे हुए शरीर से तीन या चार फीट ऊपर आप हैं, बहते हुए, थोड़ा सा, जैसे कि जब आप शरीर से बाहर निकले थे। अपने आप को बहुत नीचे, बहुत धीरे से उतरने दें, यह धीरे-धीरे होना चाहिए क्योंकि दोनों शरीरों को पूरी तरह से समकालिक किया जाना है।

यदि आप इसे सही करते हैं तो आप शरीर में बिना एक धक्के के, बिना किसी कंपन के, बिना किसी हलचल के शरीर में उतर जाएंगे, इसके अलावा आपको शरीर एक ठंडा और भारी पिंड महसूस होगा।

यदि आप अनाड़ी हैं और अपने दोनों शरीर को बिल्कुल एक सीध में नहीं कर सकते हैं या यदि कोई बाधा डाल दें, ताकि आप एक झटके के साथ वापस जाएं,

तो आप पा सकते हैं कि आपको कुछ सिरदर्द, कुछ लगभग माइग्रेन का सिरदर्द होता है। उस स्थिति में आपको अपने आप को सोने के लिए या अपने आप को फिर से सूक्ष्म रूप में लाने के प्रयास करने की कोशिश करनी होगी, क्योंकि जब तक आपके दोनों शरीर ठीक पंक्तिबद्ध नहीं होते हैं तब तक आप सिरदर्द से छुटकारा नहीं पा सकते हैं। यह चिंता करने की कोई बात नहीं है क्योंकि नींद में जाना है, चाहे कुछ क्षणों के लिए ही नींद लें या सचेतन फिर से सूक्ष्म में जाने के लिए एक निश्चित इलाज हैं।

आप पाएंगे कि आपके भौतिक शरीर में वापस आकर आप कठोर हो गये हैं। आप पाएंगे कि यह अनुभूति बहुत कुछ कपड़े के सूट पहनने के समान है जो एक दिन पहले गीली हो गई थी और अब भी गीली और नम है। जब तक आपको इसकी आदत नहीं हो जाती है, तब तक यह पूरी तरह से शरीर में वापस आने वाली अनुभूति सुखद नहीं है, आप पाएंगे कि सूक्ष्म दुनिया में आपने जिन शानदार रंगों को देखा था, वे मंद हो गए हैं। कई रंग जो आपने शरीर में नहीं देखे होंगे, सूक्ष्म लोक में आपने बहुत सी आवाजें सुनी होंगी, वह शरीर रुप में अश्रव्य होती है। लेकिन कोई बात नहीं, आप कुछ सीखने के लिए पृथ्वी पर आये हैं और जब आपने सीख लिया कि पृथ्वी पर आने का आपका उद्देश्य क्या था, तो आप संबंधों से मुक्त हो जाएंगे और पृथ्वी के बंधनों से मुक्त हो जाएंगे और मृत्यु के समय जब आप अपने शरीर को सिल्वर कॉर्ड से अलग होने के बाद, हमेशा के लिए छोड़ देंगे, आप सूक्ष्म दुनिया से बहुत दूर ऊपर के लोकों में चले जाएंगे।

इस सूक्ष्म यात्रा का अभ्यास करें और लगातार अभ्यास करते रहें। सभी डर को दूर रखें, अगर आपको कोई भय नहीं है, तो डरने को कुछ भी नहीं है, आपके पास कोई कष्ट नहीं आ सकता है, केवल आनंद ही आता हैं।

अध्याय

दस

हमने कहा है "डर के अलावा डरने की और कोई बात नहीं है।" हमें फिर से इस बात पर ज़ोर देना चाहिए कि यदि कोई व्यक्ति भय से मुक्त रहे, तो सूक्ष्म यात्रा में ज़रा भी खतरा नहीं है, चाहे वह कितना ही दूर और कितना ही तेज़ क्यों न चला जाए। लेकिन, आप पूछ सकते हैं कि वहाँ डरने के लिए क्या है? आइए हम इस पाठ को भय के विषय को समर्पित करें और ऐसा क्या है कि भय नहीं होना चाहिए।

डर एक बहुत ही नकारात्मक रवैया है, एक ऐसा रवैया जो हमारे उत्कृष्ट अनुभवों को बिगाड़ देता है। चाहे हम कुछ चीज़ों से डरते भी हों, डर का प्रत्येक रूप हमें नुकसान पहुंचाता हैं।

लोगों को यह डर हो सकता है कि सूक्ष्म अवस्था में जाने पर वे शरीर में वापस नहीं आ पाएंगे। तब तक शरीर में वापस आना संभव है, जब तक कोई वास्तव में मर नहीं रहा हो, यानी जब तक कि किसी का पृथ्वी पर नियत अवधि का अंत समय न आया हो, जैसे कि इससे आप भी सहमत होंगे, कि सूक्ष्म यात्रा से कोई लेना देना नहीं है। यह संभव है, हमें यह स्वीकारना चाहिए कि कोई व्यक्ति इतना भयभीत हो सकता है जितना की भयभीत होकर लकवाग्रस्त हो जाये तब उस स्थिति में कोई भी कुछ भी नहीं कर सकता है। ऐसी ही स्थिति एक व्यक्ति के सूक्ष्म शरीर में हो सकती है और वह बिल्कुल इतना घबरा सकता है कि सूक्ष्म शरीर भी नहीं हिल सकता है। निश्चित रूप से वह भौतिक शरीर में वापस आने में कुछ समय की देरी कर सकता है, जब तक की भय की तीव्रता कम नहीं हो जाती। आप जानते हैं, यह डर की अनुभूति केवल एक निश्चित समय के लिए ही बनी रह सकती है, तो कुछ समय बाद भय मिट जाता है। अर्थात जो व्यक्ति डरता है केवल वही भौतिक शरीर में सुरक्षित वापस आने में देरी करता है।

हम सूक्ष्म जगत में जीवन का एकमात्र रूप नहीं हैं, जैसा कि मनुष्य पृथ्वी पर जीवन का एकमात्र रूप नहीं हैं। हमारी इस दुनिया में हमारे पास बिल्लियों, कुत्तों, घोड़ों और पक्षियों जैसे स्नेही जीव जैसे कुछ का उल्लेख करने के लिए हैं, लेकिन मकड़ियों जैसे अप्रिय जीव भी हैं जो काटते हैं या सांप जो जहर उगलते हैं। रोगाणु, सूक्ष्म कीटाणुओं जैसे अन्य हानिकारक और अस्वास्थ्यकर अप्रिय चीज़ेंभी हैं। यदि आप एक उच्च्य शक्ति वाले माइक्रोस्कोप के नीचे रोगाणुओं को देखते हैं, तो आप ऐसे शानदार जीवों को देखेंगे, जिनसे आप कल्पना करेंगे कि आप ड्रैगन और परी कथा के प्रसिद्ध दिनों में रह रहे हैं। पृथ्वी पर आपके द्वारा देखी जाने वाली चीज़ों की तुलना में सूक्ष्म दुनिया में आप बहुत सी अजनबी चीज़ेंदेखते हैं।

हम सूक्ष्म संसार में अद्भुत जीवों या लोगों या सत्ताओं से मिलेंगे। हम प्रकृति आत्माएँ (नेचर स्पिरिट्स) देखेंगे, ये वैसे लगभग हमेशा अच्छे और सुखद होते हैं। लेकिन कुछ भयानक जीव हैं, जिन्हें पौराणिक कथाओं और किंवदंती के लेखकों ने देखा होगा, क्योंकि पौराणिक कथाओं में ये जीव शैतान, वन देवता और पौराणिक कथा के राक्षस के विभिन्न रुपों की तरह हैं। इन प्राणियों में से कुछ निम्न एलिमेन्टल (तात्विक) हैं, जो बाद में मनुष्य बन सकते हैं या वे जानवरों के जगत में बढ़ सकते हैं। वे चाहे जो कुछ भी हों, पर विकास के इस स्तर पर वे पूरी तरह से अप्रिय हैं।

यहाँ हमें यह देखने के लिए एक पल ठहरना उचित है कि शराबी लोग बहुत शराब पीने सेदृष्टिभ्रम के कारण "गुलाबी हाथी" और विभिन्न अन्य अनूठे प्रेत देखते हैं, वे वास्तव में इसी प्रकार के प्राणी को देख रहे हैं। शराबी वे लोग हैं जिन्होंने अपने सूक्ष्म शरीर को भौतिक शरीर से बाहर निकाल दिया है और सूक्ष्म दुनिया के सबसे निम्न तल में होते हैं। यहाँ वे वास्तव में भयावह जीवों से मिलते हैं और जब शराबी बाद में नशे के उतरने के बाद ठीक हो जाता है और पूर्ववत् उसका बोध आता हैं, फिर उसके पास उन चीजों की एक स्पष्ट स्मृति होती है जो उसने सूक्ष्म तल पर देखी थी। पूरी तरह से शराब के नशे में होकर सूक्ष्म जगत में जाने और वहाँ की बातें याद रखने का भी एक तरीका है, लेकिन हम यह तरीका अपनाने की सलाह नहीं देंगे, क्योंकि यह सूक्ष्म जगत के केवल सबसे

निम्न कोटि के तल तक ले जाता है। मानसिक रूप से बीमार लोगों के लिए अस्पतालों में मुख्य रूप से इलाज के लिए उपयोग में लाई जाने वाली विभिन्न दवाएं हैं जिनका प्रभाव समान होता है। उदाहरण के लिए, मेस्केलिन किसी व्यक्ति के कंपन को बदल सकता है और वस्तुतः भौतिक शरीर से सूक्ष्म को निकालकर सूक्ष्म दुनिया में पहुंचा देता है। यहाँ फिर से, हम इस तरीक़े को अपनाने की सलाह नहीं देंगे। भौतिक शरीर से बाहर निकलने के लिए ड्रग्स और अन्य तरीके वास्तव में हानिकारक हैं, वे ओवरसेल्फ को हानि पहुंचाते हैं।

लेकिन आइए हम अपने " तात्विक " (एलिमेन्टल)की ओर लौटते हैं। तात्विक का अर्थ क्या है? खैर, तात्विक आत्मिक जीवन का एक प्राथमिक रूप है। वे विचार रूपों (थॉट फ़ार्म) को नाटकीय ढंग से आयोजित करता हैं। ये विचार रूप मानव के चेतन या अवचेतन मन से केवल प्रक्षेपण हैं और उनके पास स्वयं का केवल नक़ली जीवन होता है। प्राचीन मिस्र के पुजारियों द्वारा विचार रूप बनाए गए थे ताकी महान मिस्र के राजाओं और प्रसिद्ध रानियों के शव परिरक्षित करके उनके शरीर को उन लोगों से बचाया जा सकता है जो प्राचीन कब्रों को अपवित्र करेंगे। विचार रूपों* का निर्माण इस विचार के साथ किया जाता था कि वे आक्रमणकारियों को रोक लेंगे, वे उन बलपूर्वक घुसने वाले लोगों की चेतना पर आघात करेंगे और इस तरह के चरम आतंक का कारण बनेंगे ताकी तथाकथित चोर भाग जाएं। हम विचार रूपों से चिंतित नहीं हैं, क्योंकि वे नासमझ *सत्ताएं (अस्तित्व) हैं जो केवल पहले समय के मृत पुजारियों के दायित्व थे और कुछ कार्यों को पूरा करने के लिए तैयार किए गये थे, जैसे आक्रमणकारियों से कब्रों की रखवाली करना।

हम इस वक़्त एलिमेन्टल के लिए चिंतित हैं। जैसा कि हमने कहा है कि विकास के शुरुआती चरणों के आत्मा जो एलिमेन्टल कहलाते हैं। मोटे तौर पर आत्मा

---

* Entity – सत्ता, Elementals – एलिमेन्टल (तात्विक) देहमुक्त जीव जिनके पास आत्मा नहीं होती है, वे मुख्यतः ईथरिक शक्ति से बने होते हैं। कभी-कभी जिन्हें प्रेत या भूत भी कहा जाता है, thought form - "विचार-रूपों या 'एक कृत्रिम तत्व' का लोगों के सांसारिक जीवन पर बहुत बड़ा प्रभाव पड़ता है, जो उन्हें बनाने वाले के विचार की इच्छाओं और दिशा के आधार पर कुछ कार्य करता है।

की दुनिया में, सूक्ष्म जगत वही स्थिति रखती हैं, जो हमारी दुनिया में बंदरों की स्थिति हैं। बंदर गैरजिम्मेदार, शरारती, ईर्ष्यालु और शातिर होते हैं और उनकी अपनी कोई बड़ी तर्क शक्ति नहीं होती। जैसे की यह कह सकते है कि वे प्रोटोप्लाज्म की सिर्फ सजीव पिण्ड हैं। हमारे मानव जगत में बंदरों के समान स्थिति सूक्ष्म दुनिया में एलिमेन्टल की स्थिति होती हैं, ये एलिमेन्टल (तात्विक)वह रुप है, जो इधर उधर बिना उद्देश्य के कम या अधिक स्थान बदलते रहते हैं वे अड़ियल घोड़े की भाँति हैं, वे अजीब भयावह हावभाव का स्वाँग रचते हैं, वे सूक्ष्म यात्रा करने वाले मानव के साथ डरावनी चाल चलते हैं लेकिन, बेशक, वे कोई नुकसान नहीं कर सकते। इसे हमेशा ध्यान में रखें, वे कोई नुकसान नहीं कर सकते।

यदि आप कभी इतने दुर्भाग्यशाली रहे हैं जैसे कि मानसिक अस्पताल में जाना और मानसिक विक्षिप्तता के बहुत बुरे मामले देखना, तो आप उस तरीके से चौंक गए होंगे, जब वहाँ के कुछ सबसे बुरे मामले सामने आएंगे और धमकी दे सकते हैं या संभवतः व्यर्थ इशारे करते हों। वे लापरवाही से काम करते हैं और मुंह से लार टपकाते हैं, ये बहुत ही हीन मानसिकता के होते हैं, लेकिन अगर उनका दृढ़ निश्चय के साथ सामना करते हैं, तो भाग जाते हैं।

ठीक वैसे ही जब आप निचले सूक्ष्म तलों के माध्यम से आगे बढ़ते हैं, तो आप इनमें से कुछ लोगों से मिल सकते हैं, इनमें से कुछ अजीब, बाहर के जीव भी होते हैं। कभी-कभी यदि कोई सूक्ष्म यात्री डरपोक है, तो ये प्राणी उसके चारों तरफ झुंड बना लेते हैं और यात्री को डरा देते हैं। इनसे कोई नुकसान नहीं होता है, वास्तव में, जब तक कोई उनसे डरता नहीं है, तब तक वे काफी हानि रहित होते हैं। जब कोई सूक्ष्म यात्रा शुरू कर रहा होता है तो आपको अक्सर इनमें से दो या तीन निम्न सत्ताएं मिल जाती हैं, जो आस-पास यह देखने के लिए इकट्ठा होती हैं कि कोई व्यक्ति उन्हें कैसे "समझता" है, जिस तरह एक कुशल व्यक्ति हमेशा नौसिखिया चालक को पहली बार कार बाहर ले जाते हुए देखकर समझना चाहता है। दर्शकों को हमेशा उम्मीद होती है कि कुछ लहूलुहान या रोमांचक होगा और कभी-कभी अगर नौसिखिया ड्राइवर ज़्यादातर अगर वो लड़कियाँ हों, तो घबरा जाती हैं और वह बिजली के खंभों या कुछ और के साथ कार को टकरा

देती हैं, जो दर्शकों को बहुत आनंद देता है। ऐसे दर्शक, जो नुक़सान नहीं करते हैं, वे सिर्फ सनसनीखेज ख़बरें पाने के लिए एक सस्ता रोमांच ढूंढते करते हैं। एलिमेन्टल भी वैसे ही दर्शक हैं, जो केवल सस्ते मनोरंजन पाना चाहते हैं। वे मनुष्यों के पराजय को देखना पसंद करते हैं, इसलिए, यदि आप कोई भी अपना डर दिखाते हैं, तो ये एलिमेन्टल प्रसन्न होंगे और अपनी भयानक और डरावनी निकटता बनाए रखेंगे। वास्तव में, वे किसी भी मानव को कुछ भी नहीं कर सकते हैं, वे अधिकतर कुत्तों की तरह हैं जो केवल भौंक सकते हैं और एक भौंकने वाले कुत्ते से कोई नुकसान नहीं होता है। इसके अलावा, वे आपको केवल तभी तक क्रोधित कर सकते हैं जब तक आप अपने डर के माध्यम से उन्हें ऐसा करने की अनुमति देते हैं।

कोई डर नहीं है, चाहे जो कुछ भी आप के साथ हो। आप अपने शरीर को छोड़ते हैं, आप सूक्ष्म तल में ऊँची उड़ान भरते हैं और सौ में से नब्बे या लगभग निन्यानबे बार आप इन निम्न सत्ताओं में से किसी को भी नहीं देखेंगे। फिर, आप उन्हें केवल तभी देख पाएंगे, जब आप उनसे डरेंगे। आम तौर पर आप अपने लोक से ऊँची और उन लोकों के पार उड़ान भरेंगे, वे सूक्ष्म तल के निचले भाग में वैसे ही समूह में रहते हैं, जैसे एक नदी या समुद्र के तल में कीड़े समूह में रहते हैं।

जब आप सूक्ष्म तलों में ऊपर जाते हैं तो आप कई असाधारण घटनाओं को देख पाएंगे। दूर रहकर भी आप प्रकाश की शानदार और चमकदार झलक देख सकते हैं। ये अस्तित्व के उन तलों से है जो वर्तमान में आपकी पहुंच से परे हैं। हमारा की-बोर्ड याद है? मानव सत्ता, जब शरीर में हो, तो वह केवल तीन या चार "नोट/ स्वर" के बारे में जागरूक हो सकता है, लेकिन शरीर से बाहर निकलने और सूक्ष्म दुनिया में आप "नोट" की अपनी सीमा को थोड़ा ऊपर की तरफ बढ़ाते हैं, इसे आपने पर्याप्त सीमा से आगे इतना बढ़ाते हैं कि आप जागरूक हो सकें, कि आपके आगे बड़ी चीज़ेंहैं। यह इनमें से कुछ "चीज़ें " उज्ज्वल रोशनी से दिखाई देती हैं, जो इतनी उज्ज्वल हैं कि आप वास्तव में नहीं देख सकते हैं कि वे क्या हैं।

लेकिन हमें सूक्ष्म तल के मध्य भाग के साथ कुछ समय के लिए खुद को आनंदित होने दें। यहाँआप अपने दोस्तों या अपने संबंधियों से मुलाक़ात कर सकते हैं, आप दुनिया के शहरों का दौरा कर सकते हैं और महान सार्वजनिक भवनों को देख सकते हैं, आप अजीब भाषाओं में किताबें पढ़ सकते हैं, याद रखें, मध्य सूक्ष्म तल में सभी भाषाएं आप जानते हैं। आपको सूक्ष्म यात्रा अभ्यास करने की आवश्यकता हैं। यहाँइसका वर्णन है कि यह कैसा है, एक विवरण जो अभ्यास के साथ आपका अपना अनुभव हो सकता है।

दिन ख़त्म हो रहा था और रात की परछाइयां गिर गई थीं, जिससे बैंगनी रंग जैसी संध्या छाने लगी थी जो धीरे-धीरे गहरी और गहरी होती गयी जब तक कि आखिरी बार आकाश गहरा नीला या इंडिगो में नहीं बदल गया, और फिर आकाश काला हो गया। छोटी रोशनी चारों ओर फैल गई थी, सड़कों पर रोशनी करने वाली सफेद-नीली रोशनी, घरों के भीतर वाली पीली रोशनी, शायद वे पर्दे से कुछ रोशनी ढँक दी गई थी, जिसके माध्यम से वे चमकते थे।

शरीर पूरी तरह सचेत बिस्तर पर आराम कर रहा था, पूरी तरह से आराम से था। धीरे-धीरे एक मंद चरमराहट जैसी अनुभूति आ गई, ऐसा लग रहा था जैसे कुछ बह रहा है, परिवर्तन हो रहा है। पूरा शरीर बेहोशी में जा रहा था, धीरे-धीरे एक पृथक्करण आया। औंधे शरीर के ऊपर, एक चमकते हुए बादल जैसी आकृति सिल्वर कॉर्ड के अंत में बनती है और यह बादल अस्पष्ट पिंड के रुप में शुरु होता है, जैसे हवा में तैरती स्याही के एक बड़े धब्बे की तरह हो। धीरे-धीरे यह एक मानव शरीर के आकार में बन गया, यह मूर्त रुप में आया और लगभग तीन या चार फीट तक बढ़ गया जहाँयह हिलता गया और घूम गया। कुछ सेकंड में सूक्ष्म शरीर ऊंचा उठ गया, फिर पैर झुक गया। धीरे-धीरे यह इतना नीचे उतर गया कि यह बिस्तर के पाये पर खड़ा था जो भौतिक शरीर को देख रहा था जिसे इसने अभी छोड़ दिया था और जिससे यह अभी भी जुड़ा हुआ था।

कमरे के कोनों में झिलमिलाती परछाईं शिकार के लिए अजीब जानवर की तरह दबे पाँव घुस जाती है। सिल्वर कॉर्ड कंपित हो रहा था और एक नीरस चांदी-नीली रोशनी के साथ चमक रहा था, सूक्ष्म शरीर खुद नीली रोशनी के साथ घिरा हुआ था। सूक्ष्म शरीर ने आस पास देखा और फिर बिस्तर पर आराम कर रहे

भौतिक शरीर को देखा। आँखें अब बंद थीं, साँस शांत और उथली थी, कोई हलचल नहीं थी, बिना हिल-डुले शरीर आराम करता दिखाई देने लगा था। सिल्वर कॉर्ड कंपन नहीं कर रहा था इसलिए किसी भी प्रकार की बेचैनी का कोई सबूत नहीं था।

संतुष्ट सूक्ष्म रूप चुपचाप और धीरे-धीरे हवा में ऊपर उठ गया, कमरे की छत के माध्यम से और छत के ऊपर से गुज़रता हुआ, रात की हवा में बाहर चला गया। सिल्वर कॉर्ड लंबा हो गया लेकिन कॉर्ड की मोटाई कम नहीं हुई। मानो यह सूक्ष्म आकृति एक गैस से भरा गुब्बारा जैसा था जो रस्सी से बँधा हुआ उस घर तक जाता है जो भौतिक शरीर है। सूक्ष्म आकृति छत से पचास, एक सौ, दो सौ फीट ऊपर उठ गई। वहाँ यह आकृति रुक गयी, बेपरवाही से तैरने लगी और इधर उधर देखने लगी।

सभी घरों में सड़क के साथ-साथ और सड़कों के पार मंद नीली रेखाएं थीं जो अन्य लोगों के सिल्वर कॉर्ड की थी। वे आगे और ऊपर बढ़ी और कुछ असीम दूरी में गायब हो गई। लोग हमेशा रात में यात्रा करते हैं चाहे वे इसे जानते हों या नहीं, लेकिन केवल कृपा प्राप्त, जो अभ्यास करते हैं, वे सभी के पूरे ज्ञान के साथ वापस आते हैं जो उन्होंने सूक्ष्म में किया है।

यह विशिष्ट सूक्ष्म रूप छतों के ऊपर तैर रहा था, जो आस पास देख रहा है उसे यह तय करना था कि कहाँ जाना है। अंत में इसने दूर, बहुत दूर एक देश का दौरा करने का फैसला किया। निर्णय के तुरंत बाद इसने शानदार गति पकड़ी, विचार की गति के बराबर लगभग पूरे देश में, समुद्र के पार चक्कर लगा रहा था और जैसे ही यह महान लहरों के नीचे समुद्र को पार किया गया, शीर्ष पर सफेद शिखरों के साथ छलांग लगा दी। अपनी यात्रा में सूक्ष्म शरीर एक जगह अशांत समुद्र में आगे की ओर दौड़ते हुए एक महान समुद्री जहाज़ को नीचे देखता है, जहाज़ की सभी रोशनी जली हुई हैं और जहाज़ की छत से बजने वाले संगीत की आवाज आती हैं। सूक्ष्म शरीर तीव्र गति के साथ आगे बढ़ गया है। सूक्ष्म रूप तेज गति से समय को पकड़ रहा था, रात ने शाम को रास्ता दिया और शाम अपनी बारी से आगे निकल गया और फिर दोपहर हो गई। आखिरकार तेज धूप में सूक्ष्म आकृति ने वह देख लिया, जो देखने के लिए वह आया था, इतनी दूर

की भूमि एक प्यारी सी भूमि जिसमें बहुत सारे प्यारे लोग थे। धीरे-धीरे सूक्ष्म आकृति पृथ्वी पर उतर गई और वहाँ के भौतिक शरीर वाले अनदेखे, अनसुने लोगों से मेलजोल बढ़ाने लगी।

आखिरकार सिल्वर कॉर्ड में एक ज़बरदस्त झटका लगा और मरोड़ आयी। दूर एक अलग देश में उसका भौतिक शरीर जो पीछे आराम कर रहा था वह उषाकाल को महसूस कर रहा था और अपने सूक्ष्म को बुला रहा था। कुछ क्षणों के लिए सूक्ष्म वहीं पर रुका हुआ था, लेकिन अंत में चेतावनी को अनदेखा नहीं किया जा सकता था। घर वापस आने वाले कबूतर की भाँति सूक्ष्म छाया का रूप, ऊपर हवा में एक पल के लिए रुक गया है, फिर आसमान पर तीव्र गति से जमीन के पार, पानी के पार, घर की छत के ऊपर स्थान पर वापस आ गया। अन्य डोरियां भी कांप रही थीं, अन्य लोग भी अपने भौतिक शरीर में लौट रहे थे, लेकिन यह विशेष सूक्ष्म रूप छत के माध्यम से नीचे उतर गया और छत के माध्यम से इसके हल्की नींद में सोये हुए भौतिक शरीर के ऊपर आ गया। हल्के ढंग से, धीरे-धीरे, यह नीचे उतर गया और अब यह भौतिक शरीर के ठीक ऊपर स्थित है। धीरे-धीरे, शनैः शनैः अनंत सावधानी के साथ यह सूक्ष्म उस भौतिक शरीर में उतरा और विलीन हो गया। एक पल के लिए तीव्र ठंड की अनुभूति हुई, सुस्ती की अनुभूति, नीचे भारी वज़न दबने का अहसास हुआ। प्रकाश, मुक्ति की भावना, सूक्ष्म शरीर में अनुभव किए गए उज्ज्वल रंग सब चले गये थे, पर इसके बजाय ठंड थी। ऐसा लगा जैसे कोई गर्म बदन पर गीले कपड़ों के सूट डाल रहा हो।

भौतिक शरीर में हलचल हुई और आँखें खुलीं। खिड़कियों के बाहर दिन के उजाले की पहली फीकी लकीर क्षितिज के ऊपर दिखाई दे रही थी। शरीर में हलचल हुई और कहा, "मुझे रात के अपने सभी अनुभव याद हैं।"

आपके पास भी इस तरह के अनुभव हो सकते हैं, आप भी सूक्ष्म में यात्रा कर सकते हैं, आप उन्हें देख सकते हैं जिन्हें आप प्यार करते हैं और यदि आपके और उन लोगों के बीच प्रगाढ़संबंध हो, जिनसे आप अधिक सहजता से प्यार करते हो, उन लोगों से मुलाक़ात करना और भी आसान है। इसके लिए अभ्यास और अधिक अभ्यास की जरूरत है। पुरानी पूर्वी कहानियों के अनुसार, बहुत पहले के

दिनों में पूरी मानव जाति सूक्ष्म में यात्रा कर सकती थी, लेकिन बहुत सारे लोगों ने उस विशेषाधिकार का दुरुपयोग किया था इसलिए यह छीन लिया गया। जो लोग विचार में शुद्ध हैं, उनके लिए जो मन में शुद्ध हैं, उनके लिए अभ्यास शरीर को भार से मुक्त करेगा और जहाँ भी वह जाना चाहेगा वहाँ जाने में सक्षम होगा। आप इसे पांच मिनट में नहीं कर पाएंगे, न ही पांच दिनों में कर पाएंगे । आपको "कल्पना" करनी चाहिए कि आप इसे कर सकते हैं। जो भी आप मानते हैं कि आप हैं, वही आप हैं। जो भी आप मानते हैं कि आप कर सकते हैं, आप कर सकते हैं। यदि आप वास्तव में विश्वास करते हैं, यदि आप ईमानदारी से मानते हैं कि आप एक काम कर सकते हैं, तो आप वह काम को कर सकते हैं। विश्वास कीजिए, पूरा विश्वास कीजिए और अभ्यास के द्वारा आप सूक्ष्म में यात्रा करेंगे।

फिर से कहें, कोई डर नहीं है, सूक्ष्म में कोई भी आपको कोई नुकसान नहीं पहुंचा सकता है चाहे कितना भी भयावह हो, चाहे आपके लिए नीची सत्ताओं (एलीमेंटल) का पहलू कितना ही भयानक क्यों न हो, लेकिन संभवतया आप उन्हें नहीं देख पाएंगे। जब तक आप नहीं डरेंगे, वे आपको कुछ नहीं कर सकते हैं। डर की अनुपस्थिति आपकी पूर्ण सुरक्षा सुनिश्चित करती है।

तो क्या आप अभ्यास करेंगे, क्या आप तय करेंगे कि आप कहां जा रहे हैं? अपने बिस्तर पर लेट जाइए, आप अपने बिस्तर में अकेले जरूर हों और अपने आप से कहें कि इस रात को आप अमुक जगहों पर जा रहे हैं, ताकि आप सुबह उठ सकें और आप वह सब याद कर लेंगे जो आपने किया था। अभ्यास ही वह सब कुछ है जो इसे प्राप्त करने के लिए आवश्यक है।

अध्याय

ग्यारह

निस्संदेह सूक्ष्म यात्रा जीवन का महत्वपूर्ण विषय है और इसी कारण से इस पाठ को दिलचस्प मनोरंजन के बारे में और ज्यादा व्याख्या करने को समर्पित करना काफ़ी लाभदायक हो सकता है।

हमारा सुझाव है कि आप इस अध्याय को ध्यान से पढ़ें, कम से कम इतने ध्यानपूर्वक जाएं जैसा कि आप अन्य अध्यायों के भीतर से गए हैं और फिर पहले से एक निश्चित शाम को अपने प्रयोग की शाम के रूप में तय करें। यह सोचकर खुद को तैयार करें कि चुनी हुई शाम को आप शरीर से बाहर जा रहे हैं और पूरी तरह से सचेत रहेंगे और जो सब होगा, उससे पूरी तरह से अवगत होंगे।

जैसा कि आप जानते हैं, तैयारी करना एक बहुत बड़ा सौदा है, पहले से तय करना कि व्यक्ति क्या करने जा रहा है। पुराने समय के पूर्वजों ने "मंत्रोंच्चार" का इस्तेमाल किया, दूसरे शब्दों में, उन्होंने एक मंत्र (जो प्रार्थना का एक रूप है) को दोहराया, जिसका उद्देश्य अवचेतन को वश में करना था। मंत्र को सचेतन दोहराने से हमारा चेतन मन, जो मन का केवल एक दसवां भाग होता हैं, अवचेतन को एक आज्ञासूचक आदेश भेजने में सक्षम होता है। आपके पास इस तरह एक मंत्र हो सकता है: -

"मैं इस एक दिन सूक्ष्म दुनिया में यात्रा करने जा रहा हूं और मैं उन सभी के बारे में पूरी तरह से जागरूक रहूँगा जो वहाँ मैं करता हूं और उन सभी के बारे में पूरी तरह से सचेत रहूंगा, जो मैं देखता हूं। मैं यह सब याद रखूंगा और अपने शरीर में फिर से वापस आने पर इसे पूरी तरह से याद रखूंगा। मैं बिना असफल हुए ऐसा करूंगा।"

आपको इस मंत्र को तीन के समूह में दोहराना चाहिए, अर्थात सर्वप्रथम आपको इसे बोलना शुरू करना चाहिए, फिर जो आपने कहा हैं, आपको इसे दोहराना चाहिए, फिर इसे दोहराते हुए आपको इसे एक बार फिर से दृढ़तापूर्वक कहना

चाहिए। इसके बारे में प्रक्रिया कुछ इस तरह है: जब एक बात कही जाती है, तो वह अवचेतन को सचेत करने के लिए पर्याप्त नहीं है, क्योंकि व्यक्ति हमेशा चीजों के बारे में अवचेतन को बताता है और हमें यकीन है कि अवचेतन मन मानता है, कि हमारा चेतन मन का हिस्सा बहुत बातूनी है। एक बार बताने पर अवचेतन पूरी तरह से सतर्क नहीं हो पाता। दूसरी बार वही समान शब्द बताए जाने पर अवचेतन मन ध्यान देना शुरु करता है।

तीसरी बार *दृढ़ वचन (एफरमेशन) दोहराने पर जैसा कि हम कह सकते हैं, कि अवचेतन मन को आश्चर्य होता है कि यह सब क्या है और तब वह हमारे मंत्र के लिए पूरी तरह से ग्रहणशील होता है और इसे संग्रहीत करता है। मान लीजिए कि आप सुबह अपने तीन एफरमेशन (दृढ़ वचनों) को कहते हैं, तो आप उन्हें दोपहर में और फिर देर दोपहर में और फिर से निवृत होकर सोने से पहले फिर कहते हैं। तब यह एक कील को ठोंकने जैसा होगा, आपके पास अपनी कील है, आप लकड़ी में एक बिंदु में लगाना शुरू करते हैं, लेकिन एक आघात पर्याप्त नहीं है, आपको तब तक आघात करते रहना है जब तक कि कील लकड़ी में वांछित गहराई तक न चली जाए। बहुत कुछ इसी तरह से, दृढ़ वचनों के आघात का प्रबन्ध तब तक करना है, जब तक कि मनवांछित कथन अवचेतन की जागरूकता में न चली जाए।

यह किसी भी तरह से एक नया उपाय नहीं है, यह मानवता के जैसे पुरानी है। प्राचीन समय के पुराने लोगों को मंत्र और एफरमेशन(दृढ़ वचनों)के बारे में बहुत कुछ पता था, यह केवल हम हैं जो आधुनिक युग में भूल गए हैं या शायद पूरे विषय में स्वार्थी बन गये हैं। इस कारण से हम आपसे आग्रह करते हैं कि आप अपने एफरमेशन को स्वयं कहें और किसी और को इस बारे में न बताएं, क्योंकि यदि अन्य संदेह वादी लोग इस बारे में जानेंगे, तो वे आप पर हंसेंगे और शायद आपके मन में संदेह पैदा करेंगे। ये वही हँसने और संदेह डालने वाले लोग हैं, जिसने वयस्कों को प्रकृति आत्मा को देखने और जानवरों के साथ टेलीपैथिक रूप से बातचीत करने में सक्षम होने से रोक दिया है। उसे याद रखें।

---

* Affirmation - दृढ़ वचन, प्रतिज्ञान

आपने एक उपयुक्त दिन की शाम का फैसला किया होगा और जिस दिन यह आएगा, उस दिन आपको स्वयं को शांत रखने के लिए हर संभव प्रयास करना चाहिए और स्वयं के साथ और सभी लोगों के साथ शांति से रहने के लिए प्रयास करना चाहिए। यह जीवन का महत्वपूर्ण काम है। आपके भीतर कोई संघर्ष नहीं होना चाहिए जिससे आप उत्तेजित हो जाएं। उदाहरण के लिए, मान लीजिए कि आपने उस दिन किसी के साथ गरमागरम बहस की है, तो आप सोच रहे होंगे कि आपने क्या कहा होता यदि आपके पास सोचने के लिए अधिक समय होता और आप उन चीजों के बारे में सोचेंगे जो आपको कहा गया है, तब आपका पूरा ध्यान सूक्ष्म में यात्रा पर केंद्रित नहीं होगा। यदि आप प्रस्तावित दिन के दौरान परेशान या व्यथित हैं, तो अपनी सूक्ष्म यात्रा चेतना को एक और अधिक शांतिपूर्ण दिन तक के लिए स्थगित करें। लेकिन अगर यह सोचते हैं, कि सब कुछ शांत है और उस पूरे दिन आप आनंददायक पूर्वामान के साथ सूक्ष्म यात्रा करने के बारे में सोच रहे हैं, जैसे कि आप किसी ऐसे प्रियजन जो आपसे बहुत दूर रहते हों, के पास सुखदायक यात्रा की आशा करते हैं, तो यह यात्रा वास्तव में घटित होगी।

अपने बेडरूम में जाएं, धीरे-धीरे शांत रहें और स्थिरतापूर्वक सांस लें। जब आप तैयार हों तो अपने बिस्तर में प्रवेश करें, यह सुनिश्चित करें कि आपका रात का पहनावा काफी आरामदायक हो, यानी यह गर्दन के आस-पास तंग न हो और न ही यह कमर के आसपास चुस्त होना चाहिए, क्योंकि आपके पास एक तंग कालर या एक तंग कमरबंद जैसी व्याकुलता हों, तो यह शरीर को परेशान करेगा और संकटपूर्ण क्षण में एक झटका पैदा कर सकता है। देखें कि आपका बेडरूम आपके लिए सबसे सुविधाजनक तापमान का हो, जो न तो बहुत गर्म है और न ही बहुत ठंडा हो। यदि आप बिस्तर पर कम कपड़े पहने हुए हों, तो बहुत बेहतर है क्योंकि आप अपने ऊपर कपड़ों के अत्यधिक वजन के दबाव में नहीं रहना चाहते हैं।

अपने बेडरूम की रोशनी को बंद करें और यक़ीनन आप यह सुनिश्चित कर लें कि आपके पर्दे पूरी तरह से बंद हो, ताकि प्रकाश की कोई भी घूमती हुई किरणें आपकी आँखों में गलत समय पर झिलमिला ना सकें। यह सब काम पूरा होने के बाद, आराम से लेट जाएं।

अपने आप को व्यवस्थित करें, अपने आप को शिथिल होने दें, अपने आप को पूरी तरह से और संपूर्ण शांत होने दें। आप नींद में न चले जाएं यह आप कोशिश कर सकते हैं,हालांकि यदि आप अपना मंत्र सफलतापूर्वक दोहराते हैं तो नींद कोई मायने नहीं रखेगी क्योंकि इसे आप अभी भी याद रखेंगे। हम आपको सलाह देते हैं कि आप जागते रहें क्योंकि यह शरीर से बाहर की पहली यात्रा वास्तव में दिलचस्प हैं।

आराम से लेटना, विशेषतः अपनी पीठ पर लेटें, कल्पना करें कि आप अपने आप से, एक और शरीर को बाहर निकालने का प्रयास कर रहे हैं, कल्पना करें कि सूक्ष्म शरीर के आत्मिक रूप को बाहर धकेला जा रहा है। आप महसूस कर सकते हैं कि यह पानी के माध्यम से ऊपर उठने वाली एक कॉर्क की तरह है, आप इसे अपने हाड़ मांस-शरीर के अणुओं से निकलना महसूस कर सकते हैं। बहुत मामूली झुनझुनाहट होती है, फिर एक क्षण आएगा जब झुनझुनी लगभग समाप्त हो जाएगी। यहाँसावधान रहें क्योंकि अगली गति एक झटके की हो सकती हैं। यदि आप सावधान नहीं हैं और यदि आपको तेज़ी से झटका आता है तो आपका सूक्ष्म शरीर भौतिक शरीर में गिरकर वापस आ जाएगा।

वास्तव में ज्यादातर लोग या हम कह सकते हैं, कि लगभग प्रत्येक को स्पष्ट रूप से नींद के समय पर गिरने जैसा अनुभव होता है। विद्वान पंडितों ने कहा है कि यह उन दिनों का अवशेष है जब मनुष्य बंदर थे। दरअसल, गिरने की यह अनुभूति एक झटके के वजह से होती है जो तैरते हुए नए सूक्ष्म शरीर को भौतिक शरीर में पुनः गिरने का कारण बनती है। अक्सर यह व्यक्ति को पूरी तरह से जगा देती है, लेकिन जो कुछ भी है, वह आमतौर पर एक तीव्र धक्का या झटका होता है, जिसके कारण बिना यात्रा किए सूक्ष्म शरीर वापस लौट कर भौतिक शरीर में आता है, जो कुछ इंच से ज्यादा दूर नहीं गया था।

यदि आप इस बात पर सचेत रहते हैं कि आपको एक झटका पड़ने की संभावना है, तब आपको झटका नहीं लगेगा, इसलिए अपने आप को कठिनाइयों के बारे में जागरूक होने दें, ताकी आप उन पर क़ाबू पा सकें। मामूली झुनझुनी बंद होने के बाद बिल्कुल भी कोई हलचल नहीं होती है और अचानक ठंडक महसूस होगी, ऐसा अहसास होगा जैसे कुछ आपको छोड़ गया है। आपको यह आभास

हो सकता है कि आपके ऊपर कुछ है, जैसे कि, कोई आपके ऊपर नाराज़गी से एक तकिया गिरा रहा है। परेशान न हों और अगर आप परेशान नहीं हैं तो अगली चीज़ जो आपको पता चलेगी, वह यह है कि आप अपने भौतिक शरीर को ही देख रहे हैं, शायद बिस्तर के अंत से या छत से नीचे की ओर स्वयं को देख रहे हैं।

आप अपना परीक्षण उतने ही धैर्य के साथ कीजिए, जितना धैर्य आपने पहले भ्रमण अवसर के प्रबन्ध के लिए किया था क्योंकि आप खुद को इतने स्पष्ट रूप से नहीं देख पाते हैं, जितना आपने इस पहली सूक्ष्म यात्रा में देखा हैं। अपने आप को देखेंगे, तो यक़ीनन आश्चर्य से चिल्ला उठेंगे जब अपने आप को उम्मीद की तरह बिल्कुल नहीं पाएंगे। हम जानते हैं कि आप दर्पण में देख रहे हैं, लेकिन एक व्यक्ति को सबसे अच्छे दर्पण में भी सही प्रतिबिंब दिखाई नहीं देता है। उदाहरण के लिए आइने की छवि में बायाँ और दायाँ उलट जाते हैं और अन्य विकृतियाँ भी हैं। स्वयं से रूबरू होने जैसा कुछ भी नहीं है।

खुद की जांच करने के बाद, आपको कमरे में इधर उधर जाने का अभ्यास करना चाहिए, एक कोठरी में जाकर या कपड़े रखने की अलमारी में जाकर देखना चाहिए कि आप कितनी आसानी से कहीं भी जा सकते हैं। छत की जांच करें, उन जगहों की जांच करें जहाँआप सामान्य रूप से नहीं पहुंच सकते। कोई शक नहीं की जिन स्थानों में आप नहीं पहुँच सकते थे, उन स्थानों में आपको बहुत अधिक धूल मिलेगी और यह आपको एक और उपयोगी प्रयोग देगा, धूल में उंगलियों के निशान छोड़ने की कोशिश करें और आप पाते हैं कि आप यह नहीं कर सकते हैं। आपकी उंगलियां, आपके हाथ और आपकी बांह दीवार में कुछ भी महसूस के बिना धँस जाती हैं।

जब आप संतुष्ट होते हैं कि आप इच्छा के अनुरूप आगे बढ़ सकते हैं, तो अपने सूक्ष्म और अपने भौतिक शरीर के बीच में देख सकते हैं। क्या आप देखते हैं कि आपका सिल्वर कॉर्ड कैसे चमक रहा है? यदि आपने कभी किसी पुरानी लोहार की दुकान का दौरा किया है, तो आपको उस तरीके की याद दिला देगी, जिसमें लाल गर्म धातु की चिंगारी जब काले रंग के हथौड़े से टकराती थी, लेकिन इस मामले में, चेरी-लाल चमकदार के बजाय, प्रकाश नीला होगा या पीला भी हो

सकता हैं। अपने भौतिक शरीर से दूर हटें और आप पाते हैं कि सिल्वर कॉर्ड बिना किसी प्रयास के खींच जाता हैं, वो भी बिना व्यास में कमी के। अपने भौतिक शरीर को फिर से देखें और फिर उस स्थान पर जाएं जहाँ की आपने योजना बनाई थी, व्यक्ति या स्थान के बारे में सोचें और कोई भी प्रयास न करें, बस व्यक्ति और स्थान के बारे में सोचें।

जैसे ही आप छत के माध्यम से ऊपर उठेंगे, आप नीचे अपने घर और अपनी सड़क को देखेंगे। फिर, यदि यह आपकी पहली सचेत यात्रा है, तो आप अपने गंतव्य स्थान तक धीरे-धीरे आगे बढ़ेंगे। आप अपने नीचे के इलाके को पहचानते हुए धीरे-धीरे जा रहे होंगे। जब आप सचेत रूप से यात्रा करने के लिए अभ्यस्त हो जाते हैं, तो आप विचार की गति के समान जाएंगे और तब आप यह कर सकते हैं कि आप जहाँ भी जाना चाहते हैं, वहाँ जाने की कोई सीमा नहीं है।

जब आप सूक्ष्म यात्रा में अभ्यास कर रहे हैं, तो आप केवल इस पृथ्वी पर ही नहीं, अपितु सभी जगह जा सकते हैं। सूक्ष्म शरीर हवा में सांस नहीं लेता है और इसलिए आप अंतरिक्ष में भी जा सकते हैं, आप अन्य दुनिया में जा सकते हैं, बहुत से लोग ऐसा करते हैं। दुर्भाग्य से, वर्तमान परिस्थितियों के कारण से, उन्हें याद नहीं होता है कि वे कहाँ जाते हैं। आप, अभ्यास के साथ उनसे अलग ऐसा कर सकते हैं।

यदि आपको उस व्यक्ति पर ध्यान केंद्रित करना मुश्किल है, जिसके साथ आप मुलाक़ात करने की इच्छा करते हैं, तो यह सुझाव दिया जाता है कि आपके पास उस व्यक्ति की एक साधारण तस्वीर हो, पर एक फ्रेमयुक्त तस्वीर ना हो, क्योंकि यदि आपके पास बिस्तर पर एक फ्रेमयुक्त तस्वीर होगी, तो आप बिस्तर से लुढ़ककर कांच तोड़ सकते हैं, इस प्रकार चोट का कारण बन सकता हैं। एक साधारण बिना फ्रेम के फोटोग्राफ को अपने हाथों में पकड़ें। प्रकाश को बंद करने से पहले एक लंबे समय तक फोटोग्राफ पर नज़र डालें, फिर प्रकाश को बुझाएं और उस व्यक्ति की दृश्य छाप को अपने चित्त में बनाए रखने का प्रयास करें जिसकी मुखाकृति उस तस्वीर में हैं। यह आपके लिए आसान बन सकता है।

कुछ लोग सूक्ष्म यात्रा नहीं कर सकते हैं यदि वे आराम से हों, अगर वे मोटे या उग्र हों। केवल कुछ लोग सचेत रूप से सूक्ष्म यात्रा कर सकते हैं जब वे बेचैन,

उदासीन या भूखे होते हैं और यह वास्तव में एक तथ्य है, हालांकि यह आश्चर्यजनक है, कि कुछ लोग जानबूझकर कुछ ऐसा खा लेते हैं जो उनके लिए उपयुक्त नहीं होता है ताकि उन्हें अपच हो जाए। तब वे किसी विशेष कठिनाई के बिना सूक्ष्म यात्रा कर सकते हैं। हम इसका कारण यह मानते हैं कि सूक्ष्म शरीर भौतिक शरीर की बेचैनी से बहुत अधिक व्याकुल हो जाता है।

तिब्बत और भारत में ऐसे संन्यासी लोग हैं जो चार दीवार में बंद हैं, जो कभी दिन का प्रकाश नहीं देखते हैं। इन संन्यासियों को शायद हर तीन दिनों में एक बार खिलाया जाता है और सिर्फ इतना ही खिलाया जाता है कि जीवन कायम रह सके, ताकि जीवन की कमजोर टिमटिमाती लौ बुझ न जाए। ये पुरुष हर समय सूक्ष्म यात्रा करने में सक्षम होते हैं और वे सूक्ष्म रूप में कहीं भी यात्रा करते हैं जहाँ से कुछ भी सीखना होता है। वे यात्रा करते हैं ताकि वे उन लोगों के साथ बातचीत कर सकें जो टेलीपैथिक हैं और शायद भलाई के लिए काम कर सकें। यह संभव है कि आपकी खुद की सूक्ष्म यात्राओं में आप ऐसे ही महापुरुषों के सामने आएं और यदि आप ऐसा करते हैं तो आप वास्तव में धन्य होंगे, क्योंकि वे लोग रुक जाएंगे और आपको सलाह देंगे और आपको बताएंगे कि आप कैसे आगे बढ़ सकते हैं।

इस पाठ को पढ़ें और पुनः पढ़ें। हम फिर से दोहराते हैं कि केवल अभ्यास और विश्वास करना आवश्यक है ताकि आप भी सूक्ष्म में यात्रा कर सकें और इस दुनिया की परेशानियों से कुछ समय के लिए मुक्त हो सकें।

अध्याय

बारह

यदि एक उपयुक्त नींव पहले तैयार कर ली जाती है तो सूक्ष्म यात्रा, अतीन्द्रिय दृष्टि और आध्यात्मिक खोज में संलग्न होना बहुत आसान होता है। आध्यात्मिक प्रशिक्षण के लिए अभ्यास, बहुत निरंतर अभ्यास की आवश्यकता होती है। कुछ मुद्रित निर्देशों को पढ़ना और फिर बिना अभ्यास के तुरंत सूक्ष्म यात्रा पर बहुत दूर तक निकल जाना संभव नहीं है। आपको लगातार अभ्यास करना होगा।

कोई भी व्यक्ति तब तक बगीचे की उम्मीद नहीं करेगा जब तक कि उपयुक्त जमीन में बीज नहीं लगाए जाते। एक सुंदर गुलाब के लिए यह सबसे असामान्य होगा कि वह एक ग्रेनाइट की चट्टान पर उग सके। इसी कारण आप अतीन्द्रिय दृष्टि या कोई तंत्र मंत्र से अपेक्षा नहीं कर सकते हैं, जहाँ मन सीमित और भलीभाँति बंद हो। जहाँ मन में बुराई से संबंधित विचारों का कोलाहल हो। हम इसकी बाद में शांति से बहुत विस्तृत रूप से चर्चा करने जा रहे हैं क्योंकि अप्रासंगिक विचारों का वर्तमान कोलाहल और रेडियो और टेलीविजन का निरंतर शोर आध्यात्मिक प्रतिभा का दम घोंटने वाला हैं।

पुराने ऋषियों ने कहा "निःशब्द हो जाओ और जान जाओ कि मैं भीतर हूँ।" पुराने ऋषियों ने एक भी शब्द को कागज़ पर लिखने से पूर्व आध्यात्मिक शोध के लिए लगभग अपना पूरा जीवन समर्पित कर दिया। वे सुनसान जंगल में चले गए, एक ऐसी जगह पर जहाँ तथाकथित सभ्यता का शोर नहीं था, जहाँ ध्यान का विकर्षण नहीं था, जहाँ कोई भी एक बाल्टी या बोतल नहीं गिरा सकता था। आपको यह फायदा है कि आप प्राचीन लोगों के जीवन भर के अनुभवों से बहुत अधिक लाभ उठा सकते हैं और इसके लिए आप अपना अधिकांश जीवन अध्ययन में बिताए बिना ही लाभ उठा सकते हैं। यदि आप गंभीर हैं और यदि आप गंभीर नहीं थे, तो आप इस पुस्तक को नहीं पढ़ रहे होते। आप खुद को

तैयार करना चाहेंगे, अपने आप को आत्मा के शीघ्र विकास के लिए तैयार करना चाहेंगे और सबसे अच्छा तरीका यह है कि आप पहले आराम करें।

ज़्यादातर लोगों को इस बात का कोई अंदाज़ा नहीं है कि “आराम” शब्द का क्या अर्थ है। उन्हें लगता है कि आराम करने के लिए अगर वे कुर्सी पर गिर कर बैठ जाते हैं तो यह पर्याप्त है, लेकिन ऐसा नहीं है। आराम करने के लिए आपको अपने पूरे शरीर को लचीला बना देना चाहिए, आपको यह सुनिश्चित करना होगा कि आपकी सभी मांसपेशियां तनाव मुक्त हों। इसे समझने के लिए आप एक बिल्ली का अध्ययन करने से बेहतर और कहीं नहीं देख सकते हैं। देखें कि बिल्ली पूरी तरह से "कैसे पकड़ ढीली छोड़ देती हैं" बिल्ली अंदर आएगी, कुछ बार चक्कर लगाएगी और फिर कम या ज्यादा अव्यवस्थित ढेर के रुप में बैठ जाएगी। बिल्ली यह सोचकर बिल्कुल भी परेशान नहीं होती है कि उसका कुछ इंच तक पैर दिखाई दे रहा है या वह भद्दा दिख रहा है; एक बिल्ली आराम करने के लिए आती है, शिथिल होती है और यह विश्राम ही बिल्ली के दिमाग में एकमात्र विचार है। एक बिल्ली नीचे पसर जाती है और तुरंत सो सकती है।

शायद हर कोई जानता है कि एक बिल्ली उन चीज़ों को देख सकती है जो मनुष्य नहीं देख सकते। ऐसा इसलिए है क्योंकि बिल्ली की संवेदना हमारे "की-बोर्ड" पर अधिक होती है और इस प्रकार यह हर समय सूक्ष्म में देख सकती है और बिल्ली के लिए सूक्ष्म में यात्रा करना हमारे लिए कमरे को पार करने से ज्यादा नहीं है। चलिए हम एक बिल्ली का अनुसरण करते हैं क्योंकि तब हम मज़बूत नींव डालेंगे और हम अपनी आध्यात्मिक ज्ञान के संरचना का निर्माण ध्वनि और चिरस्थायी नींव पर कर सकते हैं।

क्या आप जानते हैं कि कैसे आराम करें? क्या आप बिना किसी और निर्देश के लचीले हो सकते हैं और छापों को लेने में सक्षम हो सकते हैं? ऐसा हम कैसे करेंगे? आप किसी भी स्थिति में लेट जाएं जो आरामदायक हो। यदि आप अपने पैरों को फैलाना चाहते हैं या अपनी बाँहों को फैलाना चाहते हैं, तो उन्हें बाहर फैलाएं। आराम करने की पूर्ण कला पूरी तरह से आरामदायक होना है। यह बेहतर होगा यदि आप अपने स्वयं के कमरे की गोपनीयता में आराम करते हैं, क्योंकि बहुत से लोग, विशेष रूप से महिलाएं, किसी के सामने अपनी गलत

छवि दिखाना पसंद नहीं करती हैं कि लोग उन्हें भद्दी मुद्रा में देखें। आराम करने के लिए आपको सभी पारंपरिक शिष्टता के बारे में भूलना होगा और वास्तव में, सभी रिवाजों के बारे में भी भूलना होगा।

कल्पना करें की आपका शरीर निर्बल लोगों का एक द्वीप है, जो हमेशा आपकी आज्ञा का पालन करते हैं। आप सोच सकते हैं, अगर पसंद हो, कि आपका शरीर विशाल औद्योगिक संपत्ति है, इसमें विभिन्न नियंत्रणों और "तंत्रिका केंद्र" के साथ कुछ प्रशिक्षित, अत्यधिक आज्ञाकारी तकनीशियनों के लोग आपके शरीर को बनाते हैं। फिर जब आप आराम करना चाहते हैं, तो इन लोगों को बताएं कि कारखाने को बंद किया जा रहा है, उन्हें बताएं कि आपकी वर्तमान इच्छा यह है कि वे आपको छोड़ दें और वे अपनी मशीनों और उनके "तंत्रिका केंद्रों" को बंद कर दें और उस समय चले जाएं।

आराम से लेट जाएं, जानबूझकर कल्पना करें कि आपके पैर की उंगलियों में, आपके पैरों में, आपके घुटनों में वास्तव में हर जगह- इन छोटे यानी नन्हे लोगों के झुंड हैं। कल्पना करें और अपने शरीर के नीचे इन सभी छोटे लोगों को ग़ौर से देखें जो आपकी मांसपेशियों को खींच रहे हैं और आपकी नसों में ऐंठन का कारण बन रहे हैं। उन पर ऐसे एकटक देखें, जैसे कि आप बहुत ऊँचे, एक महान व्यक्ति हैं, इन छोटे लोगों को देखें और फिर उन्हें अपने दिमाग से संबोधित करें। उन्हें अपने पैरों से बाहर जाने के लिए कहें, आपके पैरों को छोड़ने के लिए कहें, उन्हें अपने हाथों से और अपनी बाँहों से दूर जाने की आज्ञा दें, उन्हें अपनी नाभि और उरोस्थि (स्टर्नम) के अंत के बीच की जगह पर इकट्ठा होने के लिए कहें। उरोस्थि, हमें आपको याद दिलाना है, छाती की हड्डी का अंत है। यदि आप अपनी उंगलियों को अपने शरीर के मध्य में, अपनी पसलियों के बीच में चलाते हैं, तो आप पाएंगे कि कठोर चीज़ की एक पट्टी है और यह वास्तव में उरोस्थि है। उस कठोर चीज़ के समाप्त होने तक अपनी उंगलियों को थोड़ा और नीचे चलाएं। तो उस जगह और आपके नाभि के बीच आपका निर्दिष्ट स्थान है। इन सभी छोटे लोगों को उस स्थान पर एकत्र होने के लिए आज्ञा दें, कल्पना करें कि आप उन्हें अपने शरीर के अंगों से उन्हें कंधे से कंधे भिड़ाते सिपाही कि तरह

कूच करते हुए देख सकते हैं, जैसे श्रमिक दिन के अंत में एक व्यस्त कारखाने से निकलते हैं।

आपके बताए निर्दिष्ट स्थान पर आने पर वे आपके पैर और आपकी बाँहों को छोड़ देंगे और इसलिए ये अंग बिना तनाव के, इनको बिना महसूस किए होते हैं, जो आपकी मशीनरी का काम करते हैं, जो रिले स्टेशनों और तंत्रिका केंद्र को चलाते हैं। आपके हाथ और पैर तो बिल्कुल सुन्न नहीं होंगे, लेकिन बिना किसी तनाव के, बिना किसी थकान को महसूस कराये, हम कह सकते हैं कि वे लगभग अपने "नहीं" होने का आभास कराते हैं।

अब आपके पास अपने सभी छोटे लोग नियोजित स्थान में मौजूद हैं, जो बहुत से फैक्ट्री में काम कर रहे लोगों की तरह एक राजनीतिक रैली में भाग ले रहे हैं। अपनी कल्पना में कुछ पल के लिए उन पर टकटकी लगाएं, फिर दृढ़तापूर्वक आत्मविश्वास से, उन्हें काम रोकने को कहें। अपने शरीर को छोड़ने के लिए कहें, जब तक आप उन्हें वापस लौटने का निर्देश न दे दें। उन्हें सिल्वर कॉर्ड के साथ ही आपसे भी दूर जाने के लिए कहें। जब आप इस पर ध्यान लगाते हैं, तो वे आपको शांति से छोड़ देते हैं और आप आराम करते हैं।

कल्पना करें कि आपके भौतिक शरीर से सिल्वर कॉर्ड बाहर खींचकर शानदार परलोक के क्षेत्र में जा रहा हैं। आप कल्पना करें कि सिल्वर कॉर्ड एक सुरंग की तरह है, एक भूमिगत रेल की तरह और लंदन या न्यूयॉर्क या मॉस्को जैसे शहर में भीड़ की व्यस्त समय की कल्पना करें। कल्पना करें कि उन सभी छोटे लोगों को, जो एक साथ ही शहर छोड़कर उपनगरों में बाहर जा रहे हैं, ट्रेन भीड़ से पूरी तरह भरकर इन सभी श्रमिकों को लेकर जा रही है, ऐसा सोचें कि भीड़ के जाने से पहले शहर तुलनात्मक रूप से ज्यादा शांत हो रहा हैं। आप छोटे लोगों को ऐसा ही करने को मजबूर करें। यह अभ्यास के साथ बहुत आसान है। तब आप बिना तनाव के शांत रहेंगे, आपकी नसों में झनझनाहट नहीं रहेगी और आपकी मांसपेशियों में भी तनाव नहीं रहेगा। बस चुपचाप लेट जाएं, अपने दिमाग को धीरे से "चलाते रहे"। इससे कोई फर्क नहीं पड़ता कि आप क्या सोचते हैं, इससे कोई फर्क नहीं पड़ता कि आप सोच भी नहीं रहे हैं। आप धीरे-धीरे, कुछ क्षणों के लिए लगातार सहज सांस लेते रहें, फिर उन विचारों को उसी

तरह मन से अलग करें जैसे आपने अपने "कारखाने के श्रमिकों" को काम से हटा दिया था।

मनुष्य अपने छोटे क्षुद्र विचारों में इतना व्यस्त हैं कि उसके पास शानदार जीवन की अधिक महान चीजों के लिए समय नहीं है। लोग इस बात को सोचने में व्यस्त हैं कि अगली सेल कब लग रही है या इस सप्ताह कितने खरीददारी कूपन मुफ्त दिए जा रहे हैं या टेलीविजन पर क्या हो रहा है? उनके पास उन चीजों से निपटने का कोई समय नहीं है जो वास्तव में मायने रखती हैं। ये सभी सांसारिक रोजमर्रा की चीज़ेंपूरी तरह से क्षुद्र हैं। क्या पचास साल बाद यह मायने रखता है कि आज के हिसाब से अमुक व्यक्ति पोशाक की हद से कम क़ीमत करके बेच रहा है? लेकिन पचास साल के बाद आपके लिए यह मायने रखेगा कि आप अभी कैसे आगे विकास कर रहे हैं। इस विचार को ध्यान में रखें; कोई भी पुरुष या महिला इस जीवन से परे एक पैसा लेने में सफल नहीं हुआ है, परन्तु हर पुरुष और महिला उस ज्ञान को अगले जीवन में ले जाते हैं जो उन्होंने इस जीवन में प्राप्त किया है। यही कारण है कि यहाँ दुनिया में लोग हैं। यदि आप दूसरी दुनिया के लिए सार्थक ज्ञान लेने जा रहे हैं या सिर्फ असंबंधित विचारों की एक बेकार भाग दौड़ में है, तो यह एक ऐसा विषय है, जिस पर आपको ध्यान आकर्षित करना चाहिए। तब यह कोर्स आपके लिए उपयोगी है, यह आपके पूरे भविष्य को प्रभावित कर सकता है।

यह- विवेक बुद्धि ही कारण है, जो वर्तमान में मनुष्यों को बहुत हीन स्थिति में रखता है। मनुष्य अपने विवेक बुद्धि बारे में बात करते हैं, और कहते हैं कि यह उन्हें जानवरों से अलग करता है, यह अलग करता है - वास्तव में यह अलग करता है। क्या अन्य जीव मनुष्य के जैसे एक दूसरे पर परमाणु बम फेंकते हैं? क्या अन्य जीव सार्वजनिक रूप से युद्ध के कैदियों की अंतड़ियाँ निकालते हैं या उन्हें बहुत उपयोगी साज सामानों से वंचित रखते हैं? क्या आप इंसान को छोड़कर, किसी ऐसे प्राणी के बारे में सोच सकते हैं, जो आदमी और औरतों को असाधारण ढंग से अपाहिज करता हो? ऐसे अपनी दिखावटी श्रेष्ठता के बावजूद मनुष्य, सबसे निचले जानवरों की तुलना में कई मामलों में निम्न है। ऐसा इसलिए है क्योंकि मानव में मूल्य गलत हैं, मनुष्य केवल धन के लिए लालायित है, इस

सांसारिक जीवन की भौतिक चीजों को पाने के लिए तरसता है, जबकि इस जीवन के बाद जो चीज़ेंमायने रखती हैं, वे आत्मिक चीज़ें हैं जो हम आपको सिखाने की कोशिश कर रहे हैं।

अब आप आराम कर रहे हैं, तो अपने विचारों को बंद कर दें, अपने मन को ग्रहणशील बनाएं। यदि आप अभ्यास और फिर से अभ्यास करेंगे, तो आप पाएंगे कि आप अनंत निरर्थक विचारों को बंद कर सकते हैं, जो आपमें हलचल पैदा करते हैं और आप इनके बजाय सच्ची वास्तविकताओं का अनुभव कर सकते हैं, आप अस्तित्व के दूसरे विभिन्न तलों की चीजों का अनुभव कर सकते हैं, लेकिन ये चीज़ेंपृथ्वी पर जीवन के लिए पूरी तरह से अनजानी हैं और इतनी सुखद हैं, कि कोई ठोस शब्द नहीं हैं, जो इस कल्पना का वर्णन कर सके। केवल अभ्यास की आवश्यकता है, ताकि आप भी भविष्य की चीजों को देख सकें।

कुछ ऐसे महापुरुष हैं जो कुछ पल के लिए सो सकते हैं और कुछ ही मिनटों में फिर से तरोताजा होकर उठ सकते हैं और उनकी आँखों से अंतः प्रेरणा की चमक आ सकती है। ये वे लोग हैं जो अपने विचारों को अपनी इच्छा के अनुसार बंद कर सकते हैं, और समस्वरित कर प्रकाश ग्रह का ज्ञान लेकर इकट्ठा कर सकते हैं। यह भी आप अभ्यास के साथ कर सकते हैं।

निःसंदेह यह उन लोगों के लिए बहुत हानिकारक है, जो सामाजिक जीवन के सामान्य, बेकार, खाली दौर को व्यस्त रखने के लिए आध्यात्मिक विकास की इच्छा रखते हैं। जो लोग विकसित होने की कोशिश कर रहे हैं, उनके लिए कॉकटेल पार्टियों के बारे में सोचना एक बदतर मनोरंजन हो सकता है। मदिरा और शराब व्यक्ति के मानसिक और आत्मिक विचारों को बिगाड़ती है, यह व्यक्ति को निम्न सूक्ष्म तल में भी ले जा सकती है, जहाँ उन्हें ऐसी सत्ता द्वारा यातना दी जा सकती है जो ऐसे नशे की स्थिति में मनुष्यों को पकड़ने में प्रसन्न होते हैं जब वे नशे के कारण ठीक से सोच भी नहीं सकते हैं। ऐसी सत्ताओं को यह सबसे अधिक मनोरंजक लगता है। लोगों द्वारा पार्टियां और खाली दिमाग के व्यर्थ बकबक द्वारा सामाजिक अवसरों में व्यस्त होकर इस सच को छिपाने की कोशिश की जाती है, कि उनके दिमाग खाली हैं, पर जो लोग अपने विकास करने की कोशिश कर रहे हैं उनको यह दर्दनाक दिखाई पड़ता है। आप केवल तभी प्रगति

कर सकते हैं जब आप उन मूर्ख लोगों से छुटकारा पा लेते हैं, जिनकी सबसे बड़ी सोच यह है कि किसी भी पार्टी में वे कितने कॉकटेल पी सकते हैं या जो किसी दूसरे व्यक्ति की परेशानियों के बारे में मूर्खतापूर्ण बकवास करना पसंद करते हैं। हम आत्माओं के बीच में होने वाली परस्पर मन की बातें होने पर विश्वास करते हैं, हम मानते हैं कि दो लोग शारीरिक रूप से चुप बैठे रह सकते हैं, किसी भी शब्द की आवश्यकता नहीं है, फिर भी इन लोगों की आपसी "घनिष्ठता" द्वारा टेलीपैथिक रूप से बातचीत की जाती है। एक का विचार दूसरे में प्रतिक्रिया उत्पन्न करता है। यह देखा गया है कि कई बार दो बुजुर्ग लोग, जो कई वर्षों से पति पत्नी के रुप में एक साथ रह रहे हैं, वे एक दूसरे के विचारों का पूर्वानुमान लगा सकते हैं। ये बुजुर्ग लोग, सही अर्थों में प्यार में हैं,वे व्यर्थ की बकबक या छोटी-छोटी बातों में नहीं उलझते, वे एक साथ चुपचाप बैठते हैं और एक मस्तिष्क से दूसरे में बहने वाले संदेश को ग्रहण करते हैं। निःशब्द मन की बातों से होने वाले लाभों के बारे में उन्होंने बहुत देर से सीखा है, क्योंकि बुजुर्ग लोग, सचमुच जीवन की यात्रा के अंत में हैं। आप भी इसे अभी युवा होने पर कर सकते हैं।

दुनिया में पूरे जीवन के ढंग के कार्यक्रम को बदलने के लिए सबसे पहले लोगों के एक छोटे समूह को रचनात्मक रूप से बदलना चाहिए, दुर्भाग्य से ऐसे लोगों का एक छोटा समूह प्राप्त करना बहुत मुश्किल है जो इतने निस्वार्थ हो और स्वकेन्द्रित न हो,ताकि वे अपने स्वार्थी विचारों को बंद कर सके और केवल दुनिया की भलाई पर ध्यान केंद्रित कर सकें। हम अब कहते हैं कि यदि आप और आपके दोस्त एक साथ मिलेंगे और एक घेरा बनाएंगे और जब आप दोनों पूरी तरह से आराम से बैठेंगे और एक-दूसरे का सामना करेंगे, तब आप अपने लिए और दूसरे लोगों के लिए बहुत भला कर सकते हैं।

प्रत्येक व्यक्ति को अपने पैर की उंगलियों को छूना चाहिए। प्रत्येक व्यक्ति को अपने हाथों को एक साथ जोड़े रखना चाहिए। किसी भी दूसरे व्यक्ति को नहीं छूना चाहिए, लेकिन प्रत्येक को एक अलग भौतिक सत्ता के रूप में होना चाहिए। बुजुर्ग यहूदियों को याद करें, बहुत बुजुर्ग यहूदियों को, वे अच्छी तरह से जानते थे कि अगर वे सौदेबाजी कर रहे थे तो उन्हें एक साथ जुड़े हुए अपने पैरों पर

खड़ा होना चाहिए और उनके हाथ जुड़े रहने चाहिए, क्योंकि तब शरीर की महत्वपूर्ण शक्तियों को सुरक्षित किया जाता है। एक बूढ़ा यहूदी, एक कठिन सौदेबाजी करने की कोशिश कर रहा था, अगर वह उस खास तरीके से खड़ा होता हैं तो हमेशा उस प्रतिद्वंद्वी के सौदे से बेहतर सौदा करता हैं, जो इस प्रकार से नहीं खड़ा होता। यहूदी इस तरह से झुककर प्रणाम, चापलूसी के कारण नहीं करता है, जैसा कि कई लोग अंदाजा लगाते हैं, पर क्योंकि वह जानता था कि अपने शरीर की शक्तियों का संरक्षण और उपयोग कैसे करना है। जब उसने अपना उद्देश्य हासिल कर लिया, यानी सौदा कर लिया, तब वह अपने हाथों को फैला सकता था और पैरों को अलग करके खड़ा हो सकता है, अब उसे "आक्रमण" के लिए यानी सौदा करने के लिए अपनी शक्ति को बचाने की आवश्यकता नहीं थी क्योंकि वह विजेता था। अपना सौदा कर के वह निश्चिंत होकर खड़ा रहा।

यदि आपके समूह में आप में से प्रत्येक व्यक्ति अपने पैरों और अपने हाथों को एक साथ जोड़े रखता है, तो प्रत्येक व्यक्ति शरीर की ऊर्जा का संरक्षण करेगा। यह एक चुंबक के सामने एक रक्षक को रखने के जैसा ही है ताकि वो चुंबकीय बल को बचा सके जिसके बिना चुंबक केवल निष्क्रिय धातु का एक पिंड हो जाएगा। आपके समूह को एक घेरे में बैठना चाहिए, घेरे के केंद्र स्थान में हर कोई लगभग टकटकी लगाए, अच्छा हो कि फर्श पर एक स्थान पर टकटकी लगाए क्योंकि तब सिर थोड़ा नीचे झुका हुआ होगा और यह अधिक आरामदायक और अधिक प्राकृतिक है। बात मत करें, बस बैठें- सुनिश्चित करें कि आप बात नहीं कर रहे। आपने पहले ही अपने उद्देश्य पर फैसला कर लिया है इसलिए आगे कोई बातचीत की आवश्यकता नहीं है। कुछ मिनट ऐसे ही बैठें। धीरे-धीरे आपमें से प्रत्येक व्यक्ति को अपने में एक बड़ी शांति प्रवेश करते महसूस होगी, आप में से हर एक को ऐसा लगेगा जैसे आप एक आंतरिक प्रकाश से भर रहे हैं। आपके पास वास्तव में आध्यात्मिक ज्ञान होगा, और लगेगा कि आप "ब्रह्मांड के साथ एक" हैं 1

चर्च सेवाओं को यही ध्यान में रखकर बनाया गया है। याद रखें कि सभी चर्चों के प्रारंभिक पुजारी काफी अच्छे मनोवैज्ञानिक थे, वे जानते थे कि वांछित परिणाम

प्राप्त करने के लिए चीज़ों को कैसे तैयार किया जाए। यह जानते थे कि कोई भी व्यक्ति निरंतर निर्देश के बिना लोगों की भीड़ को शांत नहीं रख सकता है और इसलिए संगीत और निर्देशित विचार के रुप में प्रार्थनाएँ होती हैं। यदि कोई पुजारी खड़ा है, जिस पर सभी आँखें केंद्रित हैं और वह कुछ विशेष बातें कहता है, तब वह दर्शकों या समूह के प्रत्येक व्यक्ति का ध्यान आकर्षित करेगा, उन सबके सभी विचार एक निश्चित उद्देश्य के लिए निर्देशित होते हैं। यह ऐसा करने का एक हीन तरीका है, लेकिन यह तरीका उन बहुत सारे लोगों के लिए आवश्यक हैं, जो ज्यादा विकास के लिए दूसरी पद्धति में आवश्यक समय या ऊर्जा को नहीं लगायेंगे। आप और आपके मित्र, यदि आप चाहें, तो अपने छोटे समूह में बैठकर और मौन बैठने से बेहतर परिणाम प्राप्त कर सकते हैं।

मौन में बैठें, आप में से प्रत्येक व्यक्ति आराम करने की कोशिश कर रहा है, आप में से प्रत्येक व्यक्ति असली चीजों के बारे में सोच रहा है या निर्दिष्ट वस्तु के बारे में सोच रहा है। पिछले सप्ताह के किराने के बिलों के बारे में कभी भी ध्यान न दें, जो आपने अभी तक नहीं चुकाए हैं, कभी भी इस बात पर ध्यान न दें कि अगले सीजन के फैशन में क्या होने जा रहा है, इसके बजाय, अपने कंपन को बढ़ाने के बारे में सोचें ताकि आप आने वाले जीवन में अच्छाई, महानता का अनुभव कर सकें।

हम बहुत ज्यादा बात करते हैं, हम सभी, पर हम अपने दिमाग को बकबक से दूर करें, ठीक ऐसी मशीनों की तरह जिनके पास कोई विचार नहीं होता है। यदि हम आराम करते हैं, अगर हम ज्यादातर अकेले रहते हैं या फिर जब हम दूसरों की संगति में रहकर भी कम बात करते हैं, तब हम कल्पना कर सकते हैं, कि इसके द्वारा अधिक पवित्रता के विचारों के सैलाब हमारी अपनी आत्मा के उत्थान के लिए आ जाएंगे। पुराने देश के कुछ लोग जो पूरे दिन अकेले रहते थे, दुनिया के शहरों में किसी भी व्यक्ति की तुलना में उनके विचारों की शुद्धता अधिक थी। चरवाहों, जो किसी भी तरह से शिक्षित नहीं थे, उनकी आध्यात्मिक शुद्धता के स्तर से उच्च डिग्री के कई पुजारी ईर्ष्या करेंगे। ऐसा इसलिए है क्योंकि उनके पास अकेले रहने का समय था, विचार करने का समय था और जब वे विचार

करने से थक गए थे तो उनके दिमाग खाली हो गए और "परलोक" से अधिक महान विचार प्रवेश कर सके।

आप हर दिन आधे घंटे अभ्यास क्यों नहीं करते? बैठने या लेटने का अभ्यास करें और याद रखें कि आपको पूरी तरह से आराम से रहना चाहिए। अपने मन को शांत होने दें। याद रखें "शांत हो जाओ और जान लो कि मैं भगवान हूँ" एक कहावत है और दूसरी हैकि "शांत हो जाओ और जानो मैं भीतर ही हूँ" इस तरीके से अभ्यास करें। अपने आप को विचार से मुक्त रहने दें, अपने आप को चिंताओं और संदेहों से मुक्त रहने दें और आप पाएंगे कि एक महीने के भीतर आप अधिक संतुलित हो गये हैं, आप उत्थानशील हो गये हैं, अब आप काफी अलग व्यक्ति हैं।

हम एक बार फिर से पार्टियों और बेकार की बातों का हवाला दिए बिना इस अध्याय को समाप्त नहीं कर सकते। कुछ ख़ास स्कूलों में यह सिखाया जाता है कि एक अच्छा मेजबान या परिचारिका होने के लिए मेहमानों के साथ "गपशप" होनी चाहिए। यह विचार मोटे तौर पर प्रतीत होता है कि मेहमानों को एक पल के लिए भी मौन में नहीं छोड़ना चाहिए, अगर ऐसा हो तो उनके स्वयं के व्यक्तिगत विचार इतने गंदे हैं कि उनके देखने के नज़रिए में अव्यवस्था हो जाएगी। इसके विपरीत हम कहते हैं, कि हमें मौन उपलब्ध कराकर इस पृथ्वी को सबसे कीमती चीज़ प्रदान करना चाहिए, क्योंकि आधुनिक दुनिया अब मौन नहीं है, यातायात का निरंतर शोरगुल है, विमान के निरंतर चीखने की आवाज़ और रेडियो एवं टेलीविजन का सभी संवेदन शून्य शोर है। इससे एक बार फिर मनुष्य का पतन हो सकता है। आप स्थिरता, शांति और शांतचित्तता का एक सुखदायक स्थान प्रदान करके, अपने लिए और अपने साथियों के लिए बहुत कुछ कर सकते हैं।

क्या आप एक दिन के लिए प्रयास करेंगे और देखेंगे कि आप कितने शांत हो सकते हैं? देखें कि आप कितनी कम बात कर सकते हैं। केवल वही कहें, जो ज़रूरी है और जो अप्रासंगिक है, जो केवल मूर्खतापूर्ण गपशप और बकवास है, उन सबसे बचें। यदि आप जानबूझकर और सचेतन ऐसा करते हैं, तो आप दिन

के अंत में काफी हैरान होंगे कि आप सामान्य रूप से कितना व्यर्थ कहते थे, जो वास्तव में कोई मायने नहीं रखता है।

बकबक और शोर में हम बहुत व्यस्त रहे हैं और यदि आप मौन का अभ्यास करेंगे, तो आप पाएंगे कि वहाँ भी हम सही हैं। कई धार्मिक शिक्षाओं में मौन रहने के आदेश हैं, कई भिक्षुओं और ननों को मौन रखने का आदेश दिया गया है और अधिकारी इसे एक सजा के रूप में नहीं देते हैं, वे ऐसा करते हैं क्योंकि वे जानते हैं कि केवल मौन में ही व्यक्तिपरलोक के महान व्यक्ति की आवाज़ सुन सकता हैं ।

अध्याय

तेरह

ऐसा कौन है, जो कभी यह जानने के लिए उत्सुक न हुआ हो, कि "पृथ्वी पर जीवन का उद्देश्य क्या है?" क्या सचमुच ही इतनी पीड़ा, इतना कष्ट आवश्यक है? वास्तव में यह आवश्यक है कि इतनी पीड़ा, इतनी कठिनाइयां और युद्ध हों? हम इस सोच में ढल जाते हैं, कि पृथ्वी पर जीवन से ज्यादा महत्वपूर्ण कुछ भी नहीं हैं, इसीलिए हम पृथ्वी की चीज़ों का बहुत अधिक संग्रह करके रखते हैं। दरअसल, पृथ्वी पर हम केवल एक मंच पर अभिनेताओं के रूप में होते हैं, जो भूमिका निभाने के लिए अपने कपड़ों को बदलते रहते हैं, और हम प्रत्येक नाटक के अंत में थोड़ी देर के लिए अवकाश लेते हैं ताकि अगले नाटक में अलग परिधान में वापस आ सकें।

युद्ध आवश्यक हैं। दुनिया में युद्ध के बिना जल्द ही अति जनसंख्या हो जाएगी। युद्ध आवश्यक है ताकि आत्म बलिदान और दूसरों की सेवा करने के लिए मनुष्य को शरीर की सीमाओं से ऊपर उठने का अवसर मिल सके। हम जीवन को ऐसे देखते हैं, जैसे इस दुनिया में सिर्फ जीना ही मायने रखता है। दरअसल यह वह चीज़ है जो कम से कम मायने रखती है।

जब हम आत्मा में होते हैं तब हम अविनाशी होते हैं। हम कठिनाइयों से और बीमारियों से मुक्त होते हैं। इस प्रकार, जिस अनुभव को प्राप्त करना होता है, वैसा हाड़-माँस का शरीर लेने के लिए प्रेरित होते हैं, ताकि सबक सीखा जा सके, वह शरीर जो सजीव प्रोटोप्लाज्म की एक गांठ होती है। पृथ्वी पर शरीर एक कठपुतली के रूप में है, जो झटके और फड़कने से आदेशों को सिल्वर कॉर्ड के माध्यम से ओवरसेल्फ को देता है और संदेश प्राप्त करता है।

आइए हम एक पल के लिए चीज़ों को एक अलग तरीके से देखें। क्या हम करेंगे? एक व्यक्ति जो शायद पहली बार पृथ्वी पर आता है वह एक असहाय प्राणी होता है, एक बच्चे जैसा होता है और वह खुद के लिए कोई योजना नहीं बना पाता

है। इस प्रकार, अन्य लोगों द्वारा उसके लिए योजनाएँ बनाई जाती हैं। हम उन लोगों के लिए चिंतित नहीं हैं, जो अविकसित हैं। परन्तु यदि आप इस पाठ्यक्रम का अध्ययन कर रहे हैं, तो यह दर्शाता है कि आप विकास के उस चरण पर पहुंच गए हैं, जिसमें आप करीब-करीब योजना बना सकते हैं, जिसे आपको सीखना है।

व्यक्ति का पृथ्वी पर जन्म लेकर आने से पहले का दृश्य देखते हैं।

एक व्यक्ति - एक सत्ता - पृथ्वी पर एक जीवन बिताकर सूक्ष्म तल में ओवरसेल्फके पास वापस लौटकर आ गया है। सत्ता ने सभी गलतियों, अपने जीवन के सभी दोषों को देखा होगा और यह सब शायद अकेले या फिर शायद दूसरों के साथ विचार कर फैसला लिया होगा कि कुछ सबक सीखे नहीं गए हैं और उन्हें फिर से शुरू करना होगा। इसलिए योजनाएँ बनाई जाती हैं, जिससे सत्ता एक बार फिर किसी शरीर को धारण कर चली जाए। माता-पिता चुनने के लिए एक खोज की जाती है जो आवश्यक सुविधाएँ प्रदान कर उस सत्ता को ऐसा वातावरण मुहैया करा सके, जो अभी आवश्यक है। जैसे, अगर किसी व्यक्ति को पैसे को संभालने का आदी होना है तो वह अमीर माता-पिता के घर पैदा होगा या अगर किसी व्यक्ति को "गटर" से ऊपर उठना है, तो वह वास्तव में बहुत ग़रीब परिस्थितियों वाले माता-पिता के घर पैदा होगा। यहाँ तक कि वह अपंग या अंधा बनकर पैदा हो सकता है, यह सब इस बात पर निर्भर करता है कि उसे क्या सीखना है।

पृथ्वी पर एक मानव, कक्षा में एक बच्चे के रूप में है। इसे कक्षाओं के रुप में सोचें। एक बच्चा एक कक्षा में है जिसमें बहुत सारे बच्चे हैं। किसी कारण से बच्चा विशेष रूप इतना अच्छा नहीं करता है, पाठ में महारत हासिल नहीं करता है और इसलिए सत्र के अंत में वह परीक्षा में बहुत खराब रिज़ल्ट लाता है। शिक्षक यह तय करते हैं कि सत्र के दौरान उस बच्चे के सामान्य रवैये और ग्रेड (दर्जे) के आधार पर और सामान्य गड़बड़ी जो उसने परीक्षा में की है, वह फिट नहीं है, उच्च कक्षा में पदोन्नत होने के लिए तैयार नहीं है। इस प्रकार, बच्चा दुखी जानकारी के साथ सत्र के अंत में स्कूल की छुट्टी पर चला जाता है ताकि जब स्कूल फिर से शुरू होगा, तो उसे उसी पुरानी कक्षा में वापस आना होगा।

स्कूल की गतिविधियों को फिर से शुरू करने के साथ, जिस बच्चे को पदोन्नत नहीं किया गया था वह एक और मौका पाने के लिए, सभी समान पाठों को सीखने के लिए वापस चला जाता है। लेकिन जिन बच्चों ने अधिक परिश्रम से अध्ययन किया है, वे आगे बढ़ते हैं और एक उच्चतर ग्रेड तक पहुंचते हैं और शायद शिक्षक उनके साथ अधिक आदर से बर्ताव करते हैं क्योंकि ये वे बच्चे हैं जिन्होंने कोशिश की है, जिन्होंने अपने पाठ में महारत हासिल की है और जिन्होंने प्रगति की है। जो पीछे रह गया था वह कक्षा के नए बच्चों के साथ संकोच महसूस करता है, वह कुछ समय के लिए उन पर रोब ज़माने का प्रयास करता है, यह दिखाने के लिए कि वह उच्चतर ग्रेड में उत्तीर्ण इसलिए नहीं हुआ, क्योंकि ऐसा वह स्वयं नहीं चाहता था। यदि इस साल के अंत में लड़का प्रगति के लक्षण नहीं दिखाता है, तो शिक्षक एक मीटिंग आयोजित करेंगे और वे यह भी तय कर सकते हैं कि लड़का एक हीन मानसिकता का है और उसे अलग दूसरे स्कूल जाने की सलाह देते हैं।

यदि स्कूल में बच्चे अच्छा कर रहे हैं और अपनी पढ़ाई के माध्यम से संतोषजनक ढंग से प्रगति कर रहे हैं, तो एक समय आएगा जब उन्हें यह तय करना होगा कि वे आगे चलकर जीवन में क्या बनने जा रहे हैं। क्या वे डॉक्टर, वकील, बढ़ई या बस ड्राइवर बनने जा रहे हैं? जो भी बनना हो, उन्हें आवश्यकतानुसार अध्ययन से गुजरना होगा। एक भावी डॉक्टर को भावी बस चालक की तुलना में अलग विषयों की पढ़ाई करने की आवश्यकता होगी और शिक्षकों के परामर्श से आवश्यक अध्ययन का प्रबंध करना होगा।

ऐसा ही यह आत्मा की दुनिया में हैं, वास्तव में, एक मानव के जन्म होने से कई महीने पहले, आत्मा की दुनिया में किसी जगह पर एक सभा आयोजित होती है। जो मानव शरीर में प्रवेश करने जा रहा हैं, वह सलाहकारों के साथ चर्चा करेंगे कि कुछ पाठों को कैसे सीखा जा सकता है, ठीक उसी तरह जैसे पृथ्वी पर एक छात्र चर्चा करता है कि वह अपनी मनोवांछित योग्यता प्राप्त करने के लिए कैसे अध्ययन कर सकता है। आत्मा सलाहकार (स्पिरिट एडवाइज़र) यह कहने में सक्षम होते हैं कि दुनिया रुपी स्कूल में प्रवेश करने वाला छात्र यानी आत्मा एक निश्चित विवाहित दंपति का बेटा या बेटी बनेगा या यहाँ तक की अविवाहित जोड़े

का भी बच्चे के रुप में जन्म ले सकता है। इस बात पर विचार विमर्श होगा, कि क्या सीखा जाना है और किन कठिनाइयों से गुज़रना पड़ेगा। क्योंकि यह एक दुखदायी सच है कि कठिनाइयाँ, दयालुता की तुलना में अधिक जल्दी और स्थायी रूप से सिखाती हैं। यह भी ध्यान देने योग्य है कि इसका मतलब यह बिल्कुल भी नहीं है कि चूंकि एक व्यक्ति वर्तमान में एक दीन-हीन स्थिति में है, तो वह व्यक्ति आत्मा की दुनिया में भी दीन-हीन है। अक्सर एक व्यक्ति एक नियत जीवन में एक नौकर की स्थिति में हो सकता है, ताकि निर्दिष्ट पाठ सीख सके, परन्तु ऐसे जीवन में आया हुआ वह व्यक्ति वास्तव में एक उच्च सत्ता का हो सकता है। यह दुर्भाग्यपूर्ण है कि पृथ्वी पर किसी व्यक्ति का आकलन उसके पास जमा धन, उसके माता-पिता क्या थे, से अंदाजा लगाया जाता है और यह निस्संदेह दुखद है। यह बहुत हद तक एक स्कूली लड़के को आँकना या उसकी प्रगति को इस बात से पहचानने के समान है, कि उसके पिता के पास कितना पैसा है, जबकि बच्चे को उसकी स्वयं की प्रगति से ही आँकना चाहिए। हम दोहराते हैं कि अब तक कोई भी मृत्यु की सीमा से पार एक भी पैसा ले जाने में सफल नहीं हुआ है, लेकिन सभी ज्ञान लेकर जाते हैं, हर अनुभव को संग्रहीत किया जाता है और जीवन के पार ले जाते हैं। इस प्रकार, जो लोग सोचते हैं कि चूंकि उनके पास लाखों रुपये हैं इसलिए वे स्वर्ग में सामने की पंक्ति में जगह पाने जा रहे हैं, तो वे दुखी और अप्रिय रूप से गलत होंगे। पैसा, स्थिति, नस्ल और रंग का महत्व कोई मायने नहीं रखता; केवल एक चीज़मायने रखती है वो आध्यात्मिकता के ग्रेड से है, जहाँ पर व्यक्ति पहुंच गया है।

फिर से एक और जन्म में प्रवेश करने के लिए हमारे विषय आत्मा पर लौटते हैं, जब उपयुक्त माता-पिता मिल गए हैं, तब उचित समय पर, आत्मा अजन्मे विकसित होते शिशु के शरीर में प्रवेश करेगी और शरीर में प्रवेश करने के साथ ही जीवन के पार की सचेतन यादें तुरंत मिट जाती हैं। यह निश्चित रूप से एक डरावनी बात होगी यदि बच्चे की स्मृति रहे, कि वह कब, शायद बहुत निकटता से, बहुत ही आत्मीयता से अपनी माँ या अपने पिता से संबंधित था। यह दुखद और दर्दनाक होगा यदि बच्चा यह याद रख सके कि पिछले जन्म में वह एक महान राजा था और अब वह सबसे गरीब है। कई अन्य कारणों के साथ अनुकंपा

भी एक कारण होता है, कि औसत व्यक्ति अपने पिछले जीवन को याद नहीं कर सकता है, लेकिन जब वे एक बार फिर इस जीवन से गुज़रते हैं और आत्मा की दुनिया में वापस लौटते हैं, तो सब कुछ याद आ जाता है।

बहुत से लोग पुराने कथन का बहुत कठोरता से पालन करते हैं "अपने पिता और अपनी माँ का सम्मान करें।" जबकि यह वास्तव में सबसे प्रशंसनीय भावना है, यह स्पष्ट किया जाना चाहिए कि पृथ्वी पर कई लोग फिर से अपने पिता या उनकी माँ को कभी नहीं देखेंगे जब वे आत्मा की दुनिया में प्रवेश करेंगे। पुराने दिनों में यह करना बहुत आवश्यक था कि पुजारी माता-पिता के सहयोग को हासिल करने के लिए हर संभव कोशिश करते थे, ताकि युवा पुरुष और युवा महिलाएँ अपनी जाति को न छोड़ें, क्योंकि उन दिनों जातियों की संपत्ति युवा लोग ही थे। जिन जातियों में संख्या अधिक होती, उतने अधिक आसानी से वे छोटे जातियों को पराजित कर सकते थे। तो यह इस प्रकार था कि पुजारी बच्चों को माता-पिता की बात मानने के लिए प्रेरित करते थे, उसी प्रकार माता-पिता विशेष रूप से पुजारियों को मानते थे।

हम यह निश्चित रूप से बता दें कि हम वास्तव में इस बात से सहमत हैं कि माता-पिता को "सम्मानित" किया जाना चाहिए, बशर्ते वे इसे अपनी योग्यता प्रदान करें। हम यह भी कहते हैं, कि यदि कोई अभिभावक असहनशील या निर्दयी या अत्याचारी है, तो ऐसे माता-पिता को अस्वीकार कर देना चाहिए और उनके "सम्मानित" होने के सभी अधिकारों को ठुकरा देना चाहिए। कुछ "बच्चे" वयस्क और विवाहित हैं और शायद अपने दम पर आधी सदी जी चुके हैं, फिर भी माता-पिता के नाम का उल्लेख होने पर वे अभी भी भय या आशंका से कांपते हैं। बार-बार यह विक्षिप्तता की ओर जाता है और प्यार प्रभावशाली होने के बजाय शायद डर और छिपी हुई नफरत होती है। फिर भी ये "बच्चे" - शायद आधी सदी या उससे अधिक उम्र के हैं - अपराध बोध महसूस करते हैं क्योंकि उन्हें इस मान्यता में पाला गया है, कि"अपने पिता और अपनी माँ का सम्मान करो।"

हम फिर से काफी निश्चित रूप से इतने पीड़ित लोगों के लिए, काफी सशक्त रूप से कहना चाहेंगे कि यदि आप अपने माता-पिता से नाखुश हैं तो आप उन्हें आत्मा

की दुनिया में फिर कभी नहीं देख पाएंगे। आत्मा की दुनिया में सद्भाव (हारमनी) का नियम है और आपके लिए ऐसे किसी से मिलना असंभव है, जिसके साथ आप असंगत हैं। इसी प्रकार, यदि आप एक साथी से शादी कर चुके हैं और यह विवाह आपकी सुविधा के लिए किया गया है, और आप विवाह नहीं तोड़ पाते क्योंकि आप डरते हैं कि पड़ोसी क्या कहेंगे, तो आप अपने साथी से फिर कभी आत्मा की दुनिया में नहीं मिलेंगे, जब तक कि वह इतने मौलिक रुप से बदल न जाएं (या यदि आप बदल जायें) जिससे कि आप दोनों संगत हो जाएं।

हमें फिर से दोहराना होगा, ताकि गलतफहमी की कोई संभावना न हो: - यदि आप और आपके माता-पिता असंगत हैं, यदि आप मिलकर नहीं रहते हैं, यदि आप एक साथ खुश नहीं हैं, यदि आप एक दूसरे के अनुकूल नहीं हैं, तो आप अस्तित्व के किसी भी अन्य तल पर उनसे नहीं मिलते हैं। यहरिश्तेदारों, या पति और पत्नी के लिए भी लागू होता है। उनसे फिर से मिलने से पहले निश्चित रूप से संगत और पूर्ण सद्भाव होना चाहिए। यह एक कारण है कि आत्माओं के लिए एक भौतिक शरीर होना आवश्यक है, ताकि वह सबक सीख सकें, क्योंकि केवल भौतिक शरीर में दो विरोधी सत्ताओं को संपर्क में लाया जा सकता है, ताकि वे "वे एक दूसरे की ख़ामियों को दूर कर सकें और आपसी समझ तक पहुँच जायें। बाद में एक अन्य पाठ में, हम भगवान या देवताओं की समस्याओं और धार्मिक विश्वास के विभिन्न रूपों की चर्चा करेंगे। मनुष्य गलत सोचता है कि वह अस्तित्व का सबसे बड़ा रूप है। यह काफी गलत है और फिर से यह संगठित धर्मों द्वारा बढ़ावा दिया गया एक विचार है। धार्मिक विचार सिखाता है कि मनुष्य भगवान की छवि में बना है, इसलिए, यदि मनुष्य भगवान की छवि में बना है, तो मनुष्य से बढ़कर कुछ नहीं हो सकता है। वास्तव में, अन्य दुनिया में जीवन के कुछ बहुत उच्चतर रूप हैं। भगवान एक परोपकारी बूढ़े सज्जन नहीं हैं, जो किसी पुस्तक के पन्नों को पढ़ने से हम पर दया से देखते हैं। भगवान एक बहुत ही वास्तविक चीज़ हैं, एक जीवित आत्मा जो हम सभी का मार्गदर्शन करती है, लेकिन उस तरह से नहीं हैं, जिस तरह से हमें सिखाया गया है।

इस पाठ के अंत में अपने माता-पिता के साथ या अपने साथी के साथ या अपने रिश्तेदारों के साथ अपने संबंधों पर सोचें। क्या आप वास्तव में उनसे खुश हैं?

या आप अलग रह रहे हैं? क्या आप अपने शेष जीवनकाल के दौरान इनमें से किसी भी व्यक्ति के साथ स्थायी रूप से रहने का विचार कर सकते हैं? याद है जब आप स्कूल में थे, तब आपके साथ कक्षा में कई शिक्षक थे। आपने शिक्षकों को सम्मान दिया था, लेकिन वे स्थायी रूप से आपके जीवन से जुड़े नहीं हैं, वे आपकी शिक्षा की निगरानी के लिए नियुक्त किए गये अस्थायी उपाय थे। आपके माता-पिता भी ऐसे लोग हैं जिन्हें आपने चुना है - आत्मा की दुनिया में उनकी अनुमति के साथ – आपके विकास को प्रायोजित और प्रबंध करने के लिए हैं। यदि लोग ईमानदारी से अपने माता-पिता से प्यार करते हैं और इसलिए नहीं कि कुछ धार्मिक शिक्षा उनसे ऐसा करने को कहती हैं, तो उन सबको वास्तव में यह जानने में सबसे अधिक खुशी होगी कि वे निश्चित रूप से "दूसरी तरफ" अपने माता-पिता से मिलेंगे। यहाँ तुम पृथ्वी पर रहकर दूसरी दुनिया की परिस्थितियाँ बनाते हो।

अध्याय

चौदह

हम सभी उत्सुक होते हैं, हमारे कार्य को हो जाने के लिए, अपनी चीज़ों को प्राप्त करने के लिए। संभवतः हर कोई सहारे के लिए प्रार्थना करना स्वीकार करेगा। निश्चित रूप से, मानव कार्योंके अन्तर्गत किसी दूसरे से सहारा पाने के लिए प्रार्थना करना एक स्वाभाविक बात है। अकेला मनुष्य असुरक्षित महसूस करता है और वह "गॉड-फादर" छवि या "माँ" की छवि चाहता है ताकि वह सुरक्षित महसूस कर सके, साथ ही महसूस कर सके कि वह एक उत्कृष्ट परिवार में से ही एक है। लेकिन यह नियम के अनुसार है कि किसी को प्राप्त करना है, तो पहले बाँटना चाहिए। आप बिना दिए कुछ प्राप्त नहीं कर सकते हैं, " बाँटने का विधान "- मन को खोलने का नज़रिया - जो कुछ आप प्राप्त करना चाहते हैं, यह कार्य आपको उन लोगों जैसा ग्रहणशील बनाता है जो लोग बाँटना चाहते हैं।

जब हम कहते हैं "बाँटना", तो ज़रूरी नहीं कि हमारा कहने का अर्थ पैसे से है, हालांकि "पैसे देना" इसका सामान्य अर्थ है, क्योंकि ज्यादातर लोगों के लिए यही सही है, ख़ासकर इसके अलावा वो और कुछ पाना नहीं चाहते हैं। वर्तमान समय में पैसा अभाव से सुरक्षा, भुखमरी के डर से राहत, ऋण लेनदारों की मुलाक़ातों से मुक्ति पाने से संबंधित है। कुछ शर्तों के तहत धन दिया जा सकता है और दिया जाना चाहिए, लेकिन "बाँटने" का अर्थ स्वयं को देना भी है, दूसरों की सेवा के लिए तैयार रहना है। हम यह कर सकते हैं कि पैसा या वस्तुएँ या सहयोग या आध्यात्मिक सांत्वना उन लोगों को दें, जिन्हें उसकी ज़रूरत है। फिर से कहना चाहेंगे, जब तक हम नहीं बाँटते, हम प्राप्त नहीं कर सकते।

पश्चिमी देशों में "बाँटना," "भिक्षा", "भीख", और इसी तरह के संबंधित समान मामले "दान" के बारे में बहुत गलत धारणा है। ऐसा लगता है कि लोग कल्पना करते हैं कि यह कुछ शर्मनाक है यानी एक दूसरे से सहायता माँगना कुछ अपमानजनक होता है। लेकिन यह निश्चित रूप से ऐसा नहीं है। धन केवल एक

वस्तु है जो पृथ्वी पर रहते हुए हमें उधार दी जाती है, यह एक ऐसी वस्तु है जिसके द्वारा उसे किसी मृत पत्थर की तिजोरी में बेकार जमाखोरी करने के बजाय उस धन से दूसरों की मदद करके हम खुशी और आत्म-उन्नति खरीद सकते हैं। दुर्भाग्य से, यह वाणिज्य की दुनिया है जहाँ एक आदमी का मूल्यांकन उस पैसे से किया जाता है जो उसके बैंक में है और वह जो उस पैसे से बाहरी दिखावा करता है। पुरुष या महिला जो अपनी संतुष्टि के लिए तड़क भड़क कपड़े पहनते हैं - एक झूठे मुखौटे का निर्माण करने के लिए -वह एक आध्यात्मिक पुरुष नहीं है और न ही एक उदार पुरुष है, वह एक ऐसा आदमी है, जो स्वार्थी बनकर बिना किसी विचार के खर्च कर रहा है ताकि उसके खुद के अहंकार को बल मिल सके। पश्चिमी दुनिया में एक आदमी को इस तरह आँका जाता है कि उसकी पत्नी कितने अच्छे कपड़े पहनती है, वह कौन सी कार चलाता है, वह किस तरह के घर में रहता है, क्या वह किसी क्लब का सदस्य है? तब उसे धन संपति वाला एक आदमी होना चाहिए क्योंकि केवल करोड़पति वर्ग के लोग ही "उस" क्लब से संबंधित हो सकते हैं। फिर से, यह झूठे मूल्यों की एक दुनिया है इसीलिए हम इसे बार-बार दोहराते हैं ताकि यह आपके अवचेतन में उतर जाए - कोई भी पुरुष या महिला कभी भी मौत के दरिया के पार एक पैसा या एक पिन भी ले जाने में सफल नहीं हुआ है। हम जो कुछ भी लेकर जा सकते हैं वह हमारे ज्ञान के भीतर निहित है। जो हम लेकर जा सकते हैं वह हमारे अनुभवों, अच्छे और बुरे, उदार और स्वार्थी अनुभवों का कुल योग है, जो कि सारभूत हो जाएगा ताकि केवल उन अनुभवों का सार शेष रह जाए। अगर एक आदमी जो सिर्फ अपने लिए जीवन जीता हो, पृथ्वी पर अकेला रहता हो, हो सकता है कि वह पृथ्वी पर एक करोड़पति हो, परंतु जब वह "दूसरी तरफ" जाता है तो वह एक आध्यात्मिक दिवालिया होगा।

पूरब में वास्तव में यह एक आम दृश्य है, कि गृहिणी जो दिन के डूबने पर अपने घर के दरवाजे पर जाती है और वहाँ भिक्षा मांगने वाले विनम्र भिक्षुक को ढूंढती है। यह पूर्व में जीवन का इतना अहम हिस्सा है कि हर गृहिणी इसे ढूंढती है - चाहे वह कितनी भी गरीब क्यों न हो - क्योंकि उसके पास भिक्षुक को देने के लिए अतिरिक्त भोजन है और वह भिक्षु उसकी उदारता पर निर्भर रहता है। यह

वास्तव में घर के लिए एक सम्मान माना जाता है कि एक भिक्षु को भोजन के लिए निमंत्रण दिया जाये। लेकिन पश्चिम देशों में आम धारणा के विपरीत पूरब देशों में एक भिक्षु सिर्फ एक परजीवी या भिखारी नहीं है, वह एक सुस्त आदमी नहीं है जो काम करने से डरता है और इसलिए दूसरों के दानशीलता पर रहता है। क्या आप जानते हैं कि यह कैसा है, पूरब की शाम के ये दृश्य?

आइए मान लें कि हम पूरब के भारत जैसे किसी देश में देख रहे हैं, जहाँ भिक्षुओं को देने की यह प्रक्रिया वास्तव में आम है, क्योंकि चीन और तिब्बत में कम्युनिस्टों द्वारा सत्ता को छीनने से पहले ऐसा होता था। हम भारत के एक गाँव को देख रहे हैं। शाम का अंधेरा गिर रहा हैं और पूरे मैदान में फैल रहा है। प्रकाश नीला और थोड़ा बैंगनी रंग की आभा लेते जा रहा है, बाओबाब के पेड़ों की पत्तियां हिमालय से रात की हवाओं के साथ आने के साथ थोड़ी सरसराहट कर रही हैं। धीरे-धीरे धूल भरी सड़क के पास एक भिक्षुक फटी हुई पोशाक पहने हुए आता है, वह अपने साथ अपनी तमाम चीज़ें लेकर आता है। उसके पास अपनी पोशाक है, उसके पैरों में सैंडल है, उसके हाथ में उसकी माला है। अपने कंधे के पास उसका कंबल लटका हुआ है जो उसके बिस्तर के रूप में काम आता है। अन्य सामान अपने पोशाक में समेटकर रखी हुई है। उसके दाहिने हाथ में एक छड़ी है, जो जानवरों या मनुष्यों के खिलाफ खुद का बचाव करने के लिए नहीं हैं, बल्कि इसलिए हैं, कि वह काँटेदार झाड़ियों और शाखाओं को एक तरफ हटा सके। अन्यथा उसकी यात्रा में इससे पहले कोई बाधा डाले, वह इसे दूर करने का प्रयास करता है, वह किसी नदी की गहराई का परीक्षण करने के लिए भी छड़ी का उपयोग करता है।

वह एक घर के पास पहुंचता है, जैसा वह अक्सर करता है और वह अपने पोशाक के सीने में टटोलता है और अपने घिसे पीटे, साफ़ कटोरे, एक लकड़ी का कटोरा आगे करता हैं, यह कटोरा जीर्ण और उपयोग के कारण चिकना हो गया है। जैसे ही वह घर के पास पहुंचता है कि दरवाजा अचानक खुल जाता है और एक महिला प्रवेश द्वार पर सम्मानपूर्वक भोजन लेकर खड़ी हो जाती है। विनम्रता से वह नीचे देखती है - साधु की ओर टकटकी नहीं लगाती है - क्योंकि यह एक अशिष्टता होगी, वह यह दिखाने के लिए नीचे देखती है कि वह शालीन,

लज्जाशील और अच्छे नाम वाली है। भिक्षु उसके पास जाता है और दोनों हाथों से अपना कटोरा पकड़ता है। बेशक, पूरब में हमेशा एक कटोरा या एक कप को दोनों हाथों से पकड़ा जाता है, क्योंकि इसे केवल एक हाथ से पकड़ना भोजन के प्रति "अनादर" करना होगा, भोजन कीमती है, इसलिए यह दोनों हाथों द्वारा ध्यान देने के योग्य है। तो - भिक्षु दोनों हाथों से अपना कटोरा स्थिर रखता है। महिला भोजन को उदारता से भर देती है और फिर दूर हो जाती है, किसी भी शब्द का आदान-प्रदान नहीं किया जाता है, कोई नज़र भी नहीं डाली जाती है, क्योंकि भिक्षु को खिलाना एक सम्मान है, बोझ नहीं है, भिक्षु को खिलाने से कुछ हद तक ऋण का भुगतान करना है जो सभी जनसाधारण लोग उन लोगों के लिए महसूस करते हैं जो धार्मिक व्यवस्था में हैं।

घर की महिला को लगता है कि उसे और उसके घर को सम्मान दिया गया है कि यह एक पवित्र व्यक्ति ने उसके दरवाजे पर भिक्षा की माँग की है, उसे लगता है कि उसके खाना पकाने को सम्मान दिया गया है, वह सोचती है कि शायद कोई दूसरे भिक्षु ने उसके खाने के बारे में अच्छी बातें बोली हैं, जो भोजन उसने प्रदान किए थे और उस भिक्षु नेउसके दरवाजे पर एक और भिक्षु को भेजा है। अन्य घरों में महिलाएं अपने पर्दे वाली खिड़कियों से ईर्ष्या के साथ बाहर देख सकती हैं, यह सोचकर कि उन्हें भिक्षु के सेवा के लिए क्यों नहीं चुना गया है। अपने कटोरा भर जाने के साथ, भिक्षु दोनों हाथों से पात्र को पकड़े हुए धीरे-धीरे दूर हो जाता है और सड़क के पार फिर से किसी अनुकूल पेड़ की शरण में चला जाता है। वहाँ वह बैठेगा, जैसा कि वह दिन के अधिकांश समय बैठा रहता है और उसका शाम का भोजन, दिन का एकमात्र भोजन है। भिक्षु ज्यादा नहीं खाते हैं, वे मितव्ययी रूप से जीते हैं और उतना ही खाते हैं, जो उनकी ताकत और उनके स्वास्थ्य को बनाए रखने के लिए पर्याप्त है, लेकिन उनके पास इतना नहीं होता है कि वे पेटू बन जाएं। बहुत अधिक भोजन आध्यात्मिक विकास को रोक देता है, बहुत समृद्ध भोजन या तले हुए खाद्य पदार्थ शारीरिक स्वास्थ्य को बिगाड़ते हैं और अगर किसी को आध्यात्मिक रूप से विकसित करना है, तो व्यक्ति को भिक्षुओं के जैसे रहना चाहिए, पर्याप्त भोजन करना चाहिए, लेकिन अधिक नहीं, सादा भोजन करना चाहिए ताकि शरीर को पोषित किया जा सके लेकिन इतना

समृद्ध नहीं खाना चाहिए कि मन तृप्त हो जाए और आत्मा मिट्टी के ढाँचे में बंद हो जाए।

यह समझा जाना चाहिए कि जिस भिक्षु के पास यह भोजन है, वह ज़रूरी नहीं कि कृतज्ञता से अभिभूत हो। अति प्राचीन समय में पूरब में जीवन का एक तरीका पैदा हुआ है, एक भिक्षु को धर्म के रूप में खिलाया जाता है, वह एक भिखारी, एक बोझ नहीं है, वह एक सुस्त आदमी नहीं है और न ही परजीवी हैं।

दिन के दौरान, शाम के भोजन से पहले, भिक्षु एक पेड़ के नीचे घंटों बैठा रहा होगा, उसके रास्ते में जो लोग आते हैं और जिन्हें उस भिक्षु की सेवाओं की आवश्यकता है, उन सभी के लिए वह उपलब्ध होता है। जिन लोगों को आध्यात्मिक सांत्वना की ज़रूरत है, वे मदद के लिए भिक्षु के पास आएंगे, जैसे कि वे लोग जिनके संबंध बुरे हैं या यहाँ तक कि जो एक एक नौकरी पान चाहते हों। कुछ लोग ऐसे भी हैं जो भिक्षु को देखने के लिए आते हैं, यह सुनने के लिए कि क्या उसके पास किसी दूर के स्थान पर प्रियजनों की कोई खबर है, एक भिक्षु हमेशा नगर से नगर की ओर, शहर से शहर तक, ग्रामीण इलाकों को पार करते हुए, सीमा से सीमा तक की भूमि को पैदल पार करता है और भिक्षु अपनी सेवाओं को निशुल्क देता है, फिर चाहे कोई भी चीज़ क्यों न हो, चाहे जितनी भी लम्बी सेवा की मांग की जाए, वह मुफ़्त देता है। वह एक पवित्र पुरुष और एक शिक्षित आदमी है; वह जानता है कि बहुत से ग्रामीणों को, जिन्हें उसकी ज़रूरत है और जिनकी मदद वह भिक्षु स्वेच्छा से करता है, उसका भुगतान नहीं कर सकते है, क्योंकि वे बहुत गरीब हैं, इसी कारण यह उचित है और इसीलिए ही उसने अपने ज्ञान के लिए अध्ययन किया था, और वह लोगों को आध्यात्मिक सांत्वना पहुँचाता है, भिक्षु के पास ना समय है और न ही हाथ से काम करने और स्वयं के लिए जीविकोपार्जन करना संभव है। इसलिए जिन लोगों की उसने सहायता की है, यह उनका कर्तव्य, सौभाग्य और सम्मान बन जाता है कि वे वापस भिक्षु की सहायता करें और भोजन देने के साथ कुछ हद तक भुगतान करें, जो उसके शरीर और आत्मा को एक साथ रखेगी।

अपने भोजन के बाद भिक्षु थोड़ी देर आराम करेगा और फिर अपने पैरों पर सीधा खड़ा होगा और महीन रेत के साथ अपने कटोरे की सफाई करेगा, वह अपनी

छड़ी को उठाएगा और रात में दीप्तिमान उष्णकटिबंधीय चंद्रमा की रोशनी के नीचे यात्रा करके चला जायेगा। भिक्षु बहुत दूर और तेजी से यात्रा करता है और बहुत कम नींद लेता है। पूरे बौद्ध देशों में वह सम्मानित व्यक्ति हैं।

हमें भी, बाँटने के लिए तैयार होना चाहिए जिससे कि हम प्राप्त कर सकें। बहुत पहले के दिनों में यह एक दिव्य नियम था कि सभी पुरुषों को अपनी संपत्ति का दसवां हिस्सा देना चाहिए जिससे भलाई लाई जा सके। यह "दसवां" एक "दशमांश" के रूप में जाना जाता है और जल्द ही यह जीवन का एक अभिन्न अंग बन गया। इंग्लैंड में, उदाहरण के लिए, चर्च सभी संपत्ति पर एक दशमांश करारोपण कर सकते थे, उस हर चीज़पर जो एक व्यक्ति के पास थी। यह धन चर्च के रखरखाव के लिए भेंट किया जाता था और पदाधिकारियों के जीवनयापन के लिए वेतन उपलब्ध कराता था। यह ध्यान रखना दिलचस्प है कि कुछ दस साल पहले इंग्लैंड में कई कानून के मामले थे, जहाँ वंशानुगत जमींदारों ने भूमि के कानून न्यायालयों में एक महान हंगामा किया था ताकि इंग्लैंड के चर्च द्वारा लगाए गए दशमांश को रद्द किया जाए। वंशानुगत जमींदारों की शिकायत थी कि उनकी आय का दसवां हिस्सा देने से उनका विनाश हो रहा था। वास्तव में, स्वेच्छा से नहीं देने के कारण वे लोग बर्बाद हो रहे थे, जब तक कि कोई स्वेच्छा से नहीं बाँटताहै तो बेहतर है कि वह बिल्कुल भी न दें।

सालों पहले की तुलना में आजकल के आदर्श, भिन्न हैं। अब लोग न तो दशमांश पर रहते हैं और न ही वे दशमांश का भुगतान करते हैं और यह एक लज्जाकी बात है। यह आवश्यक है कि यदि कोई आध्यात्मिक रूप से प्रगति करने जा रहा है, तो वह दूसरों की भलाई के लिए "दशमांश" करें - और विशेष रूप से "दूसरों की भलाई" के द्वारा उसकी भी बहुत भलाई होती है। संक्षेप में, हम केवल प्रगति कर सकते हैं और हमें मदद मिल सकती है, यदि हम दूसरों की मदद करते हैं। बिना किसी आध्यात्मिक झुकाव वाले बड़े व्यापारियों के बारे में हम जानते हैं, जो स्वेच्छा से अपनी आय का दसवां हिस्सा दूसरों की भलाई के लिए देते हैं - और, विशेष रूप से, अपने स्वयं के भलाई के लिए। वे ऐसा करते हैं, इसलिए नहीं कि वे धार्मिक हैं, वे ऐसा इसलिए करते हैं क्योंकि कठिन व्यावसायिक

अनुभव और खाता-बही के तथ्यों ने उन्हें सिखाया है कि " फल की इच्छा के बग़ैर कर्म करना"इस प्रकार यह उनके लिए एक हजार गुना वापस आता है।
साहूकार - जिन्हें दुनिया के कुछ हिस्सों में "वित्तीय निगम" कहा जाता है - हमेशा न ही आध्यात्मिकता के लिए और न ही उदारता के लिए जाने जाते हैं और यह हमें लगता है कि अगर साहूकार को पूँजी देने वाले सज्जनों में से एक को भी "दशमांश देने" में पर्याप्त विश्वास हो, तो इस योजना में वास्तव में बहुत कुछ लाभदायक होगा और हम जानते हैं कि कई बड़े व्यापारीजन ऐसा करते हैं।
तंत्र मंत्र कानून *अदैवी पर उतने ही लागू होते हैं जितना कि वे आध्यात्मिक रूप पर लागू होते हैं। इससे कोई फर्क नहीं पड़ता कि कोई व्यक्ति बहुत अध्ययन करता है और बहुत सारी आध्यात्मिक पुस्तकें पढ़ता है, यह व्यक्ति को आध्यात्मिक नहीं बनाता है। हो सकता है कि वह सिर्फ पढ़ रहा हो और खुद को यह सोचकर धोखा दे रहा हो, कि वह आध्यात्मिक है। वह जो विषय पढ़ रहा है वह सीधे उसकी आंखों से होकर गुजर सकता है और उसके मस्तिष्क की स्मृति कोशिकाओं पर एक बार भी चोट किए बग़ैर बारीक हवा में गायब हो जाता है, फिर भी यह व्यक्ति खुद को "महान आत्मा" के रूप में प्रस्तुत करेगा और वास्तव में विश्वास करेगा कि वह प्रगति कर रहा है । वास्तव में, वह आमतौर पर बहुत ही पाखण्डीहै और दूसरों की मदद करने के लिए बहुत अनिच्छुक है, भले ही दूसरों की मदद करने में वह खुद की बहुत मदद कर पाएगा।
हम फिर से दोहराते हैं कि यह सही और उचित और लाभदायक है कि एक व्यक्ति दूसरों की मदद करें। संयोग से, यह देने वाले के लिए बहुत मददगार है।
दशमांश का अर्थ है, जैसा कि हमने कहा है, एक दसवाँ भाग। इसका अर्थ जीवन का एक तरीका यह भी है, क्योंकि यदि कोई बाँटता है तो वह स्वयं भी प्राप्त करता है। हमारे ध्यान में एक ऐसा व्यक्ति है, जिसे बहुत सहारा, बहुत सहायता दी गई थी। सहारा और सहायता जिसके लिए पैसा, समय और विशेष ज्ञान खर्च किया था। उस व्यक्ति के लिए जितनी तेजी से एक मुसीबत सुलझ गई थी, उतनी ही तेजी से अन्य मुसीबतें नए बीज बोये वाले खेत में मैना पक्षियों

* अदैवी – unspiritual

के झुंड के जैसे उतरीं। हमने कहा "प्राप्त करने के लिए आपको सबसे पहले बाँटना होगा।" वह व्यक्ति सबसे अधिक अप्रसन्न था, और उसने यह समझाया, कि वह सबसे उदार है और दूसरों की मदद करने के लिए हर संभव कोशिश करता है क्योंकि स्थानीय समाचार पत्र भी उसकी उदारता की गवाही देंगे। हमारा तर्क यह है कि अगर कोई व्यक्ति स्थानीय अखबारों में अपने "अच्छे कामों" की सूचना देता है, तो वह व्यक्ति सही तरीके से नहीं "बाँट रहा "है।

बहुत से कई तरीके हैं जिनसे हम दे सकते हैं। हम अपनी आय का दसवां हिस्सा अच्छे काम के लिए समर्पित करने के अलावा, दूसरों की आध्यात्मिक ज़रूरतों में मदद कर सकते हैं या बुरे समय आने पर आवश्यक सांत्वना देकर उनकी मदद कर सकते हैं। दूसरों को देने में हम खुद को देते हैं। जिस तरह एक व्यवसाय में एक अच्छा टर्न ओवर होना चाहिए ताकि व्यवसाय समृद्ध हो सके, इसलिए हमारे पास एक अच्छा टर्न ओवर देने का होना चाहिए जो हमें वापस प्राप्त हो।

हमें दूसरों की मदद करने के लिए बाँटना चाहिए, ताकि हमारी मदद की जाए। यह प्रार्थना करना बेकार है कि आपको कुछ दिया जाए जब तक कि आप पहले यह नहीं दिखाते हैं कि आप उन लोगों को देने के लिए योग्य हैं जिन्हें इसकी आवश्यकता है। इसका अभ्यास करें, देने का अभ्यास करें, तय करें कि आप कितना दे सकते हैं, आप क्या दे सकते हैं, और कैसे कर सकते हैं, और इसे कैसे, क्यों और कब करना हैं,उसकी तैयारी करें, इसे अभ्यास में लाएं, इसे तीन महीने तक आज़माएं। आप पाएंगे कि तीन महीने के अंत में आप आध्यात्मिक रूप से या आर्थिक रूप से, या दोनों रुप में धनी हो गये।

क्या आप इसका अध्ययन करेंगे, और इसका फिर से अध्ययन करेंगे, और याद रखें कि "बाँटे ताकि आप प्राप्त कर सकें", “फल की इच्छा किए बिना कर्म करें"।

अध्याय

पंद्रह

अटारी में "प्रिय खजाने" को संग्रहीत करने का यह दुनिया भर में एक पुराना रिवाज है - "खजाने" में "पुराने समय" को किसी प्रयोजन के लिए संभाले रखते हैं। अक्सर लोग अटारी में रखकर करीब भूल जाएंगे, संभवतया शायद जब कोई कुछ और चीज़ को खोज रहा हो और वह उन कठिन सीढ़ियों पर चला जाता है और धूल, सीलनदार, मकड़ी के जालों से भरा हुआ अर्ध-अंधेरे के आसपास तलाशी करता है।

यहाँ पड़े पुराने सजीले डमी (पुतला)बीते वर्षों की एक लुभावनी याद दिलाते हैं, जिस पर बनी एक पोशाक अब फिट नहीं होगी। पुराने पत्रों का एक बक्सा या एक से अधिक बक्से हो सकते हैं। वे क्या हैं - नीली रिबन से बंधे? या गुलाबी? जैसा कि एक के बाद एक चीज़ों के बारे में पता चलता है, जिसको कोई लगभग भूल गया था, वे चीजें, जो स्नेही यादों को पुनर्जीवित करती हैं और दुख की यादों को भी पुनर्जीवित करती हैं।

क्या आप अक्सर अपने अटारी में तलाशी करते हैं? यह हर बार तलाशी करने के लायक है, क्योंकि कुछ उपयोगी चीज़ों को अटारी में संग्रहीत किया जाता है, चीज़ें जो किसी की यादों को वापस लाती हैं और जो किसी के सामान्य ज्ञान को बढ़ाती हैं। जो अतीत की समस्याएँ हमें परेशान करती थी शायद वो घूमकर सरलता से नए ज्ञान के द्वारा दूर हो जाएंगी, अनुभवों को प्राप्त करके और सबक सीख कर – जो जीवन के मार्ग के द्वारा आएंगी।

लेकिन इस विशेष पाठ में हम आपको स्वयं की अटारी में जाने के लिए नहीं कह रहे हैं, हम आपको सुझाव देने जा रहे हैं कि आप हमारे साथ आएं, लकड़ी की घुमावदार सीढ़ियों की पुरानी रेलिंग का अनुसरण करें। उन चरमराती लकड़ी की सीढ़ियों पर चढ़कर किसी को भी ऐसा महसूस होता है कि वे किसी भी क्षण टूटकर बाहर आ जाएंगी, लेकिन वे ऐसा कभी नहीं करतीं। हमारे साथ "हमारी"

अटारी में आओ, इस अध्याय के लिए और इस के बाद के अध्याय के लिए हमारे "अटारी" के कमरों में चारों ओर सरसरी नज़र डाले। इसमें हमारे पास सभी प्रकार की छोटी-छोटी जानकारी होती है, जो ज़रूरी नहीं कि एक अलग अध्याय में फिट हो, लेकिन वह आपके लिए निस्संदेह पसंद और मूल्य की होगी। तो हमारे अटारी के बारे में सोचें, पढ़ें और देखें कि यह आप पर कितना लागू होता है, इसमें से कितनी थोड़ी शंकाएँ, थोड़ी अनिश्चितताएँ साफ़ हो जाती हैं, जो आपके दिमाग के पीछे पड़ती हैं या कुछ समय के लिए आपको त्रस्त कर देती हैं।

जब हम इस पाठ को तैयार कर रहे थे, तब हम थोड़ा बहुत यों ही देख रहे थे, हमने विभिन्न विषम कोनों में चारों ओर कुरेदा, कुछ सिद्धांतों को उलट दिया और बहुत सारी धूल की बढ़ोतरी की। हमने उन लोगों पर ध्यान केंद्रित किया जो बहुत अधिक ध्यान केंद्रित करते हैं। आप बहुत मेहनत कर सकते हैं, यह आप जानते हैं। हम पुरानी कहावत से काफी वाकिफ हैं, "एक आदमी कभी बहुत ज्यादा मेहनत करने के कारण नहीं मारा जा सकता है" लेकिन हम इस बात को बनाए रखते हैं कि अगर कोई ध्यान केंद्रित करने में बहुत ज्यादा मेहनत करता है, तो वह पीछे की ओर यात्रा करता है। अपने काम में हम अक्सर छात्रों से पत्र प्राप्त करते हैं जो कहते हैं, "लेकिन मैं इतनी मेहनत करता हूं, मैं ध्यान और ध्यान केंद्रित करता हूं, और मुझे जो भी मिलता है वह सिरदर्द है। मुझे आपके द्वारा बताई गई कोई भी घटना नहीं मिलती है।" हाँ, यह एक छोटा सा "खजाना" है जिसे हम थोड़ी देर रोक सकते हैं और जांच कर सकते हैं: - एक व्यक्ति अक्सर बहुत कठिन प्रयास कर सकता है। यह मानवता की एक विचित्रता है या संभवतः अधिक सटीक रूप से कहें, तो मानव मस्तिष्क का एक दोष है कि यदि कोई बहुत कठिन प्रयास करता है तो वह कुछ प्रगति नहीं कर पाता है, वास्तव में, बहुत कठिन प्रयास निर्धारित करता है जिसे केवल "एक नकारात्मक जानकारी" कहा जा सकता है। हम सभी जानते हैं कि एक उबाऊ साथी जीवन भर निरंतर परिश्रम करता हैं, वह प्रयास, प्रयास और कठिन प्रयास करता हैं, जितना की कोई और नहीं कर सकता। वह कहीं नहीं पहुँच पाता, वह अनिश्चितता के भ्रांति में हमेशा रहता हैं। फिर, जब हम अपने दिमाग पर अधिक भार डालते हैं, तो

हम बिजली के एक अतिरिक्त चार्ज को उत्पन्न करते हैं जो वास्तव में आगे के विचार को रोकता है।

आप एक इलेक्ट्रॉनिक्स इंजीनियर नहीं हो सकते हैं, लेकिन अगर मानव दिमाग के अध्ययन करने में इलेक्ट्रॉनिक्स और बिजली का उपयोग किया जाये, तो उन अध्ययनों में बहुत आसानी होगी। मानव मस्तिष्क और इलेक्ट्रॉनिक्स में बहुत कुछ समानता है। उदाहरण के लिए, क्या आप जानते हैं, साधारण रेडियो ट्यूब कैसे काम करती है? एक फिलामेंट है जिसे बैटरी या मुख्य धारा से गर्म किया जाता है। यह फिलामेंट, जो गर्म हो रहा है, इलेक्ट्रॉनों को पूरी तरह से अनियंत्रित तरीके से निकाल देता है। इलेक्ट्रॉनों का प्रवाह बंद हो जाता है, वे एक फुटबॉल मैच में जाने वाली पागल भीड़ की तरह प्रवाहित हो जाते हैं। यदि इन इलेक्ट्रॉनों को किसी भी तरह से नियंत्रित किए बिना घूमने की अनुमति दी जाती है, तो वे रेडियो या इलेक्ट्रॉनिक्स के लिए काफी बेकार हो सकते हैं। एक ट्यूब में हमारे पास एक ग्लास आवरण है। फिलामेंट आवरण के अंदर में है और जैसे ही यह गर्म होता है इलेक्ट्रॉनस हर जगह विकिरित हो जाते हैं, लेकिन यह बेकार है; हम चाहते हैं कि उन इलेक्ट्रॉनों को वहाँ एकत्र किया जाए, जिन्हें "प्लेट" के रूप में जाना जाता है, जो फिलामेंट के करीब स्थित है। पर अगर केवल फिलामेंट होगा और प्लेट में इलेक्ट्रॉनों को इकट्ठा करने की प्रक्रिया तूफ़ानी, बेकाबू होगी, जैसे चीज़ेंरखी गई हैं, तो एक रेडियो कार्यक्रम या जो भी हम इसे प्राप्त करने की कोशिश कर रहे हैं, वो विकृत हो जायेगा। इंजीनियरों ने पाया कि अगर उन्होंने फिलामेंट और प्लेट के बीच, जिसे "ग्रिड" कहते हैं, को लगाया जाए और अगर ग्रिड में एक ऋणात्मक धारा को प्रवेश कराया जाए, तो वे फिलामेंट और प्लेट के बीच इलेक्ट्रॉनों के प्रवाह को नियंत्रित कर सकते हैं। यह ग्रिड, जो वास्तव में एक ग्रिड है - यह अक्सर एक तार की जाली होती है - जिसे "ग्रिड पूर्वाग्रह" के रूप में जाना जाता है। यदि कोई बहुत अधिक संख्या में ग्रिड पूर्वाग्रह लगाता है, तो कोई इलेक्ट्रॉन, प्लेट पर फिलामेंट से नहीं बहेगा, वह सभी ग्रिड द्वारा पीछे हट जाएंगे। ग्रिड पूर्वाग्रह को एक उचित परिमाण में बदलकर मनचाहा नियंत्रण कर सकते हैं।

रेडियो के बारे में थकने से पहले हमारे दिमाग में वापस जाएं। जब हम बहुत अधिक ध्यान केंद्रित करते हैं, जब हम वास्तव में एक समस्या के लिए "हमारे दिमाग से बहुत सोचते हैं", तो हम सभी अक्सर "नकारात्मक ग्रिड पूर्वाग्रह लागू करते हैं" जो पूरी तरह से प्रभावित करके विचार को रोक देता है। इसलिए हमें बहुत कठिन प्रयास नहीं करना चाहिए, हमें इसके बारे में समझदार होना चाहिए, हमें हर समय पुरानी चीनी कहावत को याद रखना चाहिए " धीरे-धीरे बंदर को पकड़ना ।"(अर्थात धीरे-धीरे सतर्कतापूर्वक विषयों को सुलझाना) हमें अपनी एकाग्रता में इस तरह से जाना चाहिए कि हमारा दिमाग थक न जाए। केवल वही करें जो आपकी क्षमता के भीतर है, "मध्यम मार्ग" लें।

मध्मय मार्ग पूरब के लोगों के जीवन का एक मार्ग है। इसका मतलब है कि आपको बहुत बुरा नहीं बनना है, लेकिन दूसरी तरफ आपको बहुत अच्छा भी नहीं होना है, आपको बीच में कुछ बनना है। यदि आप बहुत बुरे हैं तो पुलिस आपको ले जाएगी, यदि आप बहुत अच्छे हैं, तो लोग आपको घमंड से भरे हुए समझेंगे या आप इस पृथ्वी पर रहने में असमर्थ हो जाएंगे, क्योंकि यह एक तथ्य है कि इस दुखी दुनिया में आने वाली महान आत्माएँ भी हमारे लिए किसी न किसी रूप में विकलांगता, किसी न किसी विचित्रता वाले चरित्र को लेकर आती हैं, ताकि पृथ्वी पर रहते हुए वे परिपूर्ण न हों, क्योंकि इस अपूर्ण दुनिया में कोई भी परिपूर्ण नहीं हो सकता है।

एक बार फिर, बहुत कठिन प्रयास न करें, स्वाभाविक रूप से, कारण की सीमा के अंदर, अपनी क्षमता के भीतर ही प्रयास करें। आपको दूसरों के द्वारा कही गई बातों का ज्यों का त्यों पालन करने के लिए चक्कर लगाने की ज़रूरत नहीं है। अपने सामान्य ज्ञान का उपयोग करें, आप स्वयं को एक उपयुक्त बात या कथन के लिए रूपान्तरित करें। हम कह सकते हैं "यह एक लाल कपड़ा है," लेकिन आप इसे अलग तरह से देख सकते हैं, आपके लिए यह गुलाबी या नारंगी या हल्का बैंगनी हो सकता है, यह उन परिस्थितियों पर निर्भर करता है जिनके तहत आपने उस कपड़े को देखा था, आपका प्रकाश हमारे प्रकाश से भिन्न हो सकता है, आपकी दृष्टि हमसे भिन्न हो सकती है। इसलिए बहुत कोशिश न करें, और न

ही किसी चीज़ का ज्यों का त्यों अनुसरण करें। सामान्य ज्ञान का उपयोग करें, मध्यम मार्ग का उपयोग करें, मध्यम मार्ग बहुत ही उपयोगी चीज़ है।

इस मध्यम मार्ग का प्रयास करें, यह सहिष्णुता का तरीका है, दूसरों के अधिकारों को सम्मान देने का तरीका है और अपने अधिकारों का सम्मान करने जैसा है। पूरब के पुजारी और अन्य लोग, जूडो और कुश्ती के अन्य रूपों का अध्ययन करते हैं, इसलिए नहीं कि उक्त पुजारी लड़ाकू होते हैं, बल्कि इसलिए कि जूडो और इसी तरह के लड़ाई के रूपों में व्यक्ति अपने आप को नियंत्रित करना सीखता है, व्यक्ति आत्म संयम सीखता है और सबसे बढ़कर व्यक्ति यह सीखता है, कि कैसे कोई थक जाए ताकि दूसरा जीत जाए। जूडो को लें, इस में लड़ाई जीतने के लिए व्यक्ति अपनी ताकत का उपयोग नहीं करता है, एक प्रतिद्वंद्वी की ताकत का उपयोग करता है, ताकि वह हार जाए। यहाँतक कि जूडो को जानने वाली एक बहुत निर्बल महिला एक ऐसे महान भीमकाय निर्दयी आदमी को हरा सकती है जो ऐसा करना नहीं जानता है। आदमी जितना मजबूत होता है, वह उतनी ही अधिक उग्रता से हमला करता है, उसे हराना उतना ही आसान होता है, क्योंकि उसकी खुद की ताकत उसे और अधिक गिराने का कारण बनती है।

अपनी समस्याओं को दूर करने के लिए हमें जूडो या विपक्ष की ताकत का इस्तेमाल करना चाहिए। अपने आप को ना थकाएं या ना ही खुद को घिस डालें, एक ऐसी समस्या के बारे में सोचें जो आपको परेशान कर रही है, इस मुद्दे को न टालें क्योंकि बहुत सारे लोग ऐसा ही करते हैं। बहुत से लोग एक समस्या को देखने से डरते हैं, वे समस्या के ख़तरों से बचकर जाँच पड़ताल को नज़रअंदाज़ करते रहते हैं, लेकिन कभी भी कुछ नहीं पाते हैं। कोई भी विषय कितना भी अप्रिय क्यों न हो, आप किसी भी चीज़ के बारे में कितना भी दोषी महसूस क्यों न करें, अपनी समस्या के मूल कारण को पूर्ण रुप से पता करें, पता करें कि यह क्या है, जो आपको परेशान करता है, जो आपको भयभीत करता है। जब आप अपने आप से इस समस्या के हर पहलू पर चर्चा कर चुके हों, तो आप समस्या पर विचार करके सोयें, यदि आप "एक विषय पर सोचते हुए सोते हैं" तो यह आपके ओवरसेल्फ को पारित हो जाएगा, जिसके पास आपसे बहुत अधिक समझ है, क्योंकि वास्तव में ओवरसेल्फ मानव शरीर की तुलना में एक महान सत्ता है।

जब आपका ओवरसेल्फ या यहाँतक कि आपका अवचेतन मन, समस्या की जांच कर सकता है और एक समाधान के साथ आ सकता है, तो वह अक्सर समाधान को आपकी चेतना में, आपकी स्मृति में पारित करेगा ताकि जब आप जाग जाएं तो आप ख़ुशी से आश्चर्य के साथ चिल्लाकर कहें कि जो समस्या आपको परेशान कर रही थी, अब आपके पास उसका समाधान है और अब वह इसके बाद से आपको और परेशान नहीं करेगी।

क्या आपको हमारी अटारी पसंद है? आइए हम एक और छोटे "खजाने" की ओर बढ़ते हैं जो इकट्ठी पड़ी धूल के आसपास में रखा हुआ है। अब समय आ गया है कि हम इसे देखें, इसे हवा दें और इसे एक बार फिर से दिन का प्रकाश देखने दें। इस पैकेज में क्या है? आइए हम इसे खोलें और देखें।

आजकल बहुत से लोग सोचते हैं कि वास्तव में अच्छा होने के लिए दुखी रहना सही है। वे सबसे ज़्यादा गलत सोचते हैं कि अगर कोई "धार्मिक" है, तो उसे एक कठोर, उदास चेहरे के साथ रहना चाहिए, ऐसे लोग मुस्कुराने से डरते हैं, ज़रूरी नहीं कि यह उनकी छवि को तोड़ देगा, लेकिन यह हो सकता है, जो इससे भी बहुत बुरा है - उनके धार्मिक धारणों के बनावटी महीन मुखौटे को तोड़ देगा। हम सभी उस कठोर बूढ़े व्यक्ति के बारे में जानते हैं जो मुस्कुराने से लगभग डरता है या जीवन से थोड़ी सी भी खुशी लेने से डरता है, क्योंकि उसे लगता है कि अनुग्रह को क्षण भर के लिए भूलने के बदले में उसे नर्क की आग में झोंक दिया जाएगा।

धर्म, सच्चा धर्म, एक खुशी की बात है। यह हमें इस पृथ्वी से पार के जीवन का विश्वास दिलाता है, यह उन सभी के लिए इनाम का वादा करता है जिनके लिए हमने प्रयास किया है, यह हमें विश्वास दिलाता है कि कोई मृत्यु नहीं है, इसके बारे में चिंता करने से कुछ भी नहीं है, किसी से कुछ भी डर नहीं है। अधिकांश मनुष्यों में मौत का डरअंतर्निहित होता है। ऐसा इसलिए है क्योंकि यदि किसी को जीवन के पार की खुशी याद रह जाएगी तो वह इस जीवन को समाप्त करने की लालसा रख सकता है और उस दुनिया की खुशी को पाने के लिए जा सकता है। यह वैसा ही होगा जैसा की एक लड़का कक्षा से भाग जाता है और कक्षा में

बिना अनुमति के स्कूल में अनुपस्थित रहता है, जिससे उसकी प्रगति नहीं हो पाती है।

धर्म, अगर हम वास्तव में इस पर विश्वास करते हैं, तो हमसे वादा करता है कि जब हम इस दुनिया की सीमाओं से पार चले जायेंगे, तो हम अब उन लोगों की संगति में नहीं रहेंगे जो सच में हमें पीड़ित करते हैं, हम अब उन लोगों से नहीं मिलेंगे जो हमारी नसों पर अंगीठी समान हैं, जो हमारी आत्मा को कटु अनुभव देते हैं। धर्म में आनन्द मनाएं, क्योंकि यदि आपके पास सच्चा धर्म है तो यह वास्तव में आनंद की चीज़ है और एक ऐसी चीज़ जिसके पास किसी को भी खुशी होनी चाहिए।

हमें बहुत दुःख के साथ स्वीकार करना चाहिए, कि बहुत से लोग जो तंत्र मंत्र या आध्यात्मिकता का अध्ययन करते हैं, वे सबसे बुरे अपराधियों में से हैं। एक पंथ है - अरे नहीं, हम नाम नहीं देंगे, जो लोग पूरी तरह से निश्चित हैं कि वे, और केवल वे, ही चुने गये हैं, वे और सिर्फ वे लोग ही, अपने छोटे से स्वर्ग को आबाद करने के लिए बचे रह जाएंगे। इसमें कोई संदेह नहीं है, बाकी हम तुच्छ पापी नश्वर लोग हैं, जो खुशी से विभिन्न बुरे तरीकों से नष्ट होने जा रहे हैं। हम इस सिद्धांत को बिल्कुल भी नहीं स्वीकारते हैं, हम मानते हैं कि जब तक व्यक्ति यह विश्वास करता है, यह सब मायने रखता है। इससे कोई फर्क नहीं पड़ता कि कोई धर्म में विश्वास करता है या तंत्र मंत्र में, व्यक्ति को "विश्वास" करना चाहिए। पहाड़ा पढ़ने या इतिहास में भ्रमण की तुलना में तंत्र मंत्र अधिक रहस्यमय या जटिल नहीं है। यह सिर्फ अलग-अलग चीज़ोंको सीखना है, उन चीज़ोंको सीखना है, जो भौतिक नहीं हैं। अगर हमें अचानक पता चले कि कैसे एक तंत्रिका एक मांसपेशी का काम करता है या कैसे हम एक बड़े पैर की उंगली को चिकोटी काट सकते हैं, तो हमें हर्षोन्माद में नहीं जाना चाहिए, ये सिर्फ सामान्य शारीरिक वजह है। तो हमें इस बात में हर्षोन्माद में नहीं जाना चाहिए और यह सोचना चाहिए कि आत्माएँ हमारे चारों ओर बैठी हैं, अगर हम जानते हैं कि हम एक व्यक्ति से दूसरे व्यक्ति में ईथरिक ऊर्जा कैसे पारित कर सकते हैं? कृपया ध्यान दें कि हम यहाँ कहते हैं "ईथरिक ऊर्जा" जो अच्छी अंग्रेजी शब्द है बजाय "प्राण"

या किसी अन्य पूर्वी शब्दों के। हम उस भाषा का लिखते समय पालन करना पसंद करते हैं, जिस भाषा में एक कोर्स लिखते हैं।

आनन्द! जितना आप तंत्र मंत्र और धर्म के बारे में जानेंगे उतना ही आप उस महान जीवन की सच्चाई के बारे में आश्वस्त होंगे जो कब्र से पार हम सभी से आगे है। जब हम मृत्यु से गुजरते हैं तो हम केवल अपने शरीर को हमारे पीछे छोड़ते हैं उसी तरह से जैसे कि कपड़ों के पुराने सूट को छोड़ देते हैं जिसे कचरा उठाने वाला व्यक्ति ले जाता हैं। मेटाफिजिकल (गूढ़) ज्ञान में डरने के लिए कुछ भी नहीं है और न ही धर्म में डरने के लिए कुछ भी है, अगर आपके पास सही धर्म है, तो जितना अधिक आप इसके बारे में सीखते हैं उतना अधिक आप आश्वस्त होंगे कि "यही धर्म है"। यदि आप नैतिक मार्ग से दूर चले जायेंगे तो ऐसे धर्म नरक यातना और शाप देने का डर दिखाते हैं, वे अपने अनुयायियों की अच्छी सेवा नहीं कर रहे हैं। पुराने दिनों में, जब लोग लगभग बर्बर थे, तो संभवतः बड़ी छड़ी का उपयोग करके लोगों को डराने की कोशिश करना संभव था, लेकिन अब दृष्टिकोण अलग होना चाहिए।.

कोई भी अभिभावक इस बात से सहमत होगाकि दयालुता की तुलना में लगातार धमकी देकर बच्चों को नियंत्रित करना ज्यादा आसान होता है। वे माता-पिता जो किसी पुलिसकर्मी या बोगीमैन (बच्चों को डराने के लिए काल्पनिक राक्षस) को बुलाने या अपने बच्चों को बेचने की धमकी देते रहते हैं, वो बच्चे में विक्षिप्तता (न्यूरोसिस) का एक कारण बनते हैं और बाद में यह रोग उनकी जाति में शामिल हो जाता है। लेकिन जो माता-पिता धैर्य और दया से नियंत्रण कर सकते हैं और जिनके बच्चे खुशी से रह रहे हैं, ये वही हैं, जो अच्छे नागरिक पैदा करते हैं। हम पूरे दिल से इस दृष्टिकोण को स्वीकार करते हैं, कि अभिभावकों में दया और अनुशासन होना चाहिए, अनुशासन का मतलब कभी कठोरता या उदासी नहीं होना चाहिए।

फिर से, हमें धर्म में आनन्दित होने दें, आइए हम "माता-पिता" के "बच्चे" बनें, जो प्यार से, करुणा के साथ और समझ के साथ सिखाते हैं। आइए हम सभी

---

* eternal damnation - अनन्त नर्कवास

झूठ, आतंक, सज़ा और *अनन्त नर्कवास की मलिनता से दूर रहें। "अनन्त नर्कवास" (किसी को नर्कवास दंड के लिए शाप देना) जैसी कोई चीज़ नहीं है, कोई भी व्यक्ति कभी भी बाहर नहीं किया जाता है, आत्मा की दुनिया से निर्वासित होने जैसी कोई चीज़ नहीं है। हर एक व्यक्ति को बचाया जा सकता है, चाहे वह कितना भी बुरा क्यों न हो, किसी को अस्वीकार नहीं करना है। आकाशीय रिकॉर्ड, जिसके बारे में हम बाद में चर्चा करेंगे, हमें बताता है कि यदि कोई व्यक्ति इतना ज़्यादा बुरा है कि अब उसके साथ कुछ भी नहीं किया जा सकता, तो उसके विकास में केवल देरी हो रही है और बाद में उसे "अस्तित्व के एक और दौर" में आने का एक और मौका दिया जाता है उसी तरह से जैसे कि एक बच्चा जो कक्षा में खेलता है, और वह परीक्षाओं के अंत में उत्तीर्ण नहीं होता है, वह अपने साथियों के साथ उच्चतर ग्रेड (श्रेणी)तक नहीं जाता है, लेकिन पाठ्यक्रम का अध्ययन करने के लिए उसे एक बार फिर वापस रखा जाता है।

कोई यह नहीं कहेगा कि एक बच्चे को धीमी आग पर टोस्ट किया जाये या चबाने के लिए भूखे शैतानों को फेंक दिया जाये क्योंकि उसने अपने सबक के कुछ कामों को छोड़ दिया था या कुछ बार कक्षा में बिना अनुमति के अनुपस्थित हुआ था। उसे सौंपे गए शिक्षक उसे पसंद करने के बजाए उससे अधिक ज़ोर से बात कर सकते हैं, लेकिन इसके अलावा उसे कोई नुकसान नहीं होगा और यदि उसे उस विशेष स्कूल से निष्कासित कर दिया गया तो उसे जल्द ही दूसरे स्कूल में प्रवेश लेना होगा या कामचोर अधिकारी के साथ मुसीबत में पड़ना होगा। ऐसा ही पृथ्वी पर मनुष्यों के साथ भी होता हैं। यदि आप इस अवसर खो देते हैं, तो बहुत निराश मत हों, आपको हमेशा एक अवसर और मिलेगा। ईश्वर दुःखी नहीं है, ईश्वर हमें नष्ट करने के लिए नहीं बल्कि हमारी सहायता करने के लिए है। जब हम सोचते हैं कि हमेशा वह हमें टुकड़ों में काटकर या इंतजार करते शैतानों के सामने फेंक देता है, तो हम भगवान का घोर अपमान करते हैं। यदि हम ईश्वर में विश्वास करते हैं तो हमें दया में विश्वास रखना चाहिए क्योंकि दया में विश्वास करने पर हमें दया मिलेगी, लेकिन हमें दूसरों पर भी दया दिखाना चाहिए।

जब हम इस विषय पर होते हैं तो हमारे एक और बॉक्स की बारी आती है, जो बहुत अधिक धूल जमा कर रखा है क्योंकि अतीत में किसी ने भी इस विशेष पैकेज में रुचि नहीं ली है। इसे पलट दें और देखें कि यह क्या कहता है। आकाशिक रिकॉर्ड के अनुसार यहूदी लोग एक ऐसी जाति हैं जो पिछले अस्तित्व में प्रगति नहीं कर सके। उन्होंने वे सभी काम किए जो उन्हें नहीं करने चाहिए थे और उन चीज़ोंको अधूरा छोड़ दिया जो उन्हें करना चाहिए था। उन्होंने खुद को मांसाहार का सभी सुख दिया, वे अत्यधिक भोजन, वसा वाले तेलीय भोजन के शौकीन बन गए, ताकि उनका शरीर परितृप्त और बंद हो जाए और उनकी आत्मा रातों में सूक्ष्म यात्रा में नहीं जा पाए, इसके बजाय वे भारी माँस आवरण में ही बँधे रहें। ये लोग जिन्हें अब हम "यहूदी" कहते हैं, नष्ट नहीं हुए थे और न ही अनन्त नर्कवास के अधीन थे। इसके बजाय उन्हें अस्तित्व के एक नए दौर में उसी तरह से स्थापित किया गया, जैसे कि कक्षा में खेलने वाले बच्चों को उपद्रवी व्यवहार के लिए स्कूल से निष्कासित किया जा सकता है और वह एक नए स्कूल में जाकर अलग कक्षा में शुरू कर सकता है। ऐसा ही यहूदियों के साथ हुआ है। अस्तित्व के वर्तमान दौर में वे लोग भी हैं जिन्होंने प्रथम बार अस्तित्व के दौर में जन्म लिया है और जब वे यहूदियों के संपर्क में आते हैं तो वे हैरान, भ्रमित और डर जाते हैं। वे यह नहीं समझ पाते कि एक यहूदी के बारे में क्या अलग है, उन्हें बोध होता है कि कुछ अलग है, उन्हें लगता है कि एक यहूदी को कुछ ज्ञान है जो पृथ्वी का नहीं लगता है और इसलिए प्रथम बार अस्तित्व के दौर में आये आदमी और महिला आश्चर्य और भय करते हैं और एक व्यक्ति को क्या डर है कि वे सताते हैं। इस प्रकार यह है कि यहूदियों को एक बहुत पुरानी जाति होने के कारण सताया जाता है क्योंकि वे एक बार फिर से इस दौर में आकर इस माध्यम से अपना काम कर रहे हैं। कुछ लोग यहूदियों से उनके ज्ञान, उनकी सहनशीलता से ईर्ष्या करते हैं और फिर कहेंगे, जिन चीज़ों से ईर्ष्या होती हैं उन्हें नष्ट कर दिया जाए, लेकिन हम यहूदियों या अन्य जातियों के साथ व्यवहार नहीं कर रहे हैं, हम धर्म में आनंद के साथ काम कर रहे हैं; आनंद, खुशी, आपको एक ऐसी चीज़ सिखाता है जो आप आतंक के माध्यम से नहीं सीखेंगे। वहाँ धर्म में है - हम इसे अक्सर दोहरा नहीं सकते हैं - अनन्त पीड़ाओं जैसी कोई चीज़

नहीं है, आग जैसी कोई चीज़ नहीं है जो आपकी त्वचा को झुलसाने वाली हो और आपको पूरे मामले में भयानक रूप से गर्म महसूस कराए। अपनी सोच की जाँच करें, जो आपको सिखाया गया है उसकी जांच करें और सोचें कि यह कितना उचित है, कि आपको अपने धार्मिक विश्वास में खुशी और प्यार होना चाहिए। आप एक परपीड़क पिता के लिए व्यक्तिगत ज़िम्मेदार नहीं हैं, जो आपको बुरी तरह से पीटता हो या आपको निरंतर कष्ट में डालता हो। इसके बजाय आप महान आत्माओं के साथ काम कर रहे हैं जो मनुष्यों के इस बारे में सोचने से बहुत, बहुत पहले ही इन सबसे गुजर चुके हैं। वे इन सब से गुजर चुके हैं, वे समाधान जानते हैं, वे मुसीबतों को जानते हैं और उनमें करुणा है। तो - हमारे अटारी खजाने से हम कहते हैं "धर्म में आनन्द", अपने धर्म के बारे में मुस्कुराइए, अपने ईश्वर के बारे में एक भावना रखिए, चाहे आप भगवान को किसी भी नाम से बुलाते हों, क्योंकि वह हमेशा आपके लिए उपचारक तरंगों को भेजने के लिए तैयार है, यह केवल आप तब प्राप्त करेंगे जब यह आतंक और डर आपके प्रणाली से बाहर होगा।

लेकिन अब समय आ गया है कि हम अपनी इस अटारी को छोड़ दें और फिर से चरमराती सीढ़ियों से नीचे जाएं। लेकिन जल्द ही - अगले अध्याय में - हम आपको एक बार फिर से "अटारी" में फिर से शामिल होने के लिए कहेंगे, जहाँ पर हम देखते हैं कि फर्श पर या अलमारियों पर बहुत कम संख्या में छोटे सामान हैं, जिनमें रुचि होगी और हम उससे लाभ की आशा करते हैं। क्या हम आपको अगले अध्याय में अटारी में देख सकते हैं?

अध्याय

सोलह

इस समय हम फिर से अपनी अटारी में मिलते हैं। हमने जगह को थोड़ा साफ कर दिया है और कुछ नई वस्तुओं की खोज की है। शायद कुछ वस्तुएँ संदेह पर प्रकाश की किरणें डालेंगी, जिसने आपको कुछ समय परेशान किया था। इसकी शुरुआत करने के लिए देखें कि यहाँएक पत्र है, जो हमें कुछ समय पहले मिला था। यह कहता है - क्या मैं इसे आपके लिए पढ़ूं?

"आप डर के बारे में बहुत लिखते हैं, आप कहते हैं कि भय के अलावा डरने की कोई और बात नहीं है। मेरे प्रश्न के उत्तर में आपने मुझे बताया कि यह डर था जो मुझे वापस रख रहा था, मुझे प्रगति करने से रोक रहा था। मैं डर के प्रति सचेत नहीं हूं, मुझे डर नहीं लगता, तो और क्या बात हो सकती है?"

हाँ, यह काफी दिलचस्प समस्या है। भय - भय एकमात्र ऐसी चीज़ है जो व्यक्ति को रोक सकती है। क्या हम इसे देख पाएंगे? एक पल बैठिए, आइए हम भय की इस समस्या पर चर्चा करें।

हम सभी के मन में कुछ भय होता है। कुछ लोग अंधेरे से डरते हैं, दूसरे लोग मकड़ियों या सांपों से डरते हैं, अथवा हम में से कुछ लोग अपने डर के प्रति जागरूक हो सकते हैं, अर्थात हमारे पास भय है जो हमारी चेतना में हैं। लेकिन - एक पल रुको - हमारी चेतना केवल हमारा दसवाँ भाग ही होती है, बाकी नौ भाग अवचेतन मन होता है, इसलिए अगर भय हमारे अवचेतन में हुआ तो क्या होगा?

अक्सर हम कुछ छिपी हुई मजबूरी के तहत काम करेंगे, या हम एक छिपी हुई मजबूरी के कारण कुछ करने से बचेंगे। हम नहीं जानते कि हम एक खास चीज़को क्यों करते हैं, हम नहीं जानते कि हम एक खास चीज़ को क्यों नहीं कर सकते हैं। सतह पर ऐसा कुछ भी नहीं है जिसे हम "दबा" कर रख सकते हैं। हम अविवेकपूर्ण ढंग से कार्य करते हैं और यदि हम एक मनोवैज्ञानिक के पास जाते

हैं और उसके सोफे पर लंबे, लंबे घंटों तक लेटे रहते हैं, तो अंत में इस बात को हमारे अवचेतन से बाहर खींचा जा सकता है, कि जब हम छोटे बच्चे थे तब ऐसा कुछ हुआ था जिसकी वजह से यह डर हमारी जागरूकता से छिपा होगा, यह हम पर काम करेगा, हमारे अवचेतन से हमें निरंतर पीड़ा देता रहेगा, यह दीमक की तरह होगा जो लकड़ी से बने भवन पर हमला करता हैं। सभी सरसरी निरीक्षणों के लिए भवन सही सलामत, दोषरहित प्रतीत होगा और फिर लगभग रातोंरात, यह उन दीमक के प्रभाव से गिर जाएगा। भय के मामले में भी ऐसा ही होता है। भय को सक्रिय होने के लिए सचेतन होने की आवश्यकता नहीं है, यह सबसे अधिक सक्रिय तब होता है जब यह अवचेतन में हो, क्योंकि तब हम नहीं जानते कि डर वहाँहै और यह नहीं जानते हुए कि डर वहाँहै, इसके बारे में हम कुछ नहीं कर सकते।

पूरे जीवनकाल में हम सभी कुछ अनुबन्धन (कंडीशनिंग)प्रभावों के अधीन रहे हैं। एक व्यक्ति इसकी ईसाई के रूप में परवरिश की गयी है, उसे सिखाया जाएगा कि कुछ चीज़ें"नहीं की जाती हैं", कुछ चीज़ेंविशेष रूप से निषिद्ध हैं। परन्तु इस तरह की चीज़ेंउन लोगों को करने की अनुमति है जिनकी एक अलग धर्म में परवरिश की जाती है। इसलिए हमें भय के सवाल पर गौर करना होगा कि हमारी जातीय और पारिवारिक पृष्ठभूमि क्या है।

क्या आप भूत देखकर डर जाते हैं? क्यों? यदि चाची मटिल्डा अपने जीवनकाल में दयालु और उदार थीं और आप से बहुत प्यार करती थीं, तो यह मानने का कोई कारण नहीं है कि वह आपसे कम प्यार करने वाली हैं, अब जबकि वह इस जीवन को छोड़कर अस्तित्व के बेहतर स्थिति में चली गई हैं। तो आंटी मटिल्डा के भूत से क्यों डरें? हम भूत से डरते हैं क्योंकि हम में से बहुत से लोगों के लिए यह कुछ अजनबी (एलियन) है, हम एक भूत से डरते हैं क्योंकि हमारे धर्म में यह सिखाया गया है कि भूत जैसी कोई चीज़ नहीं होती हैं और जब तक कोई एक संत या संत का साथी या कोई विशिष्ट व्यक्ति नहीं होता, तब तक कोई भूत नहीं देख सकता है। भय वो है जिसे हम समझ नहीं पाते हैं और यह विचार करने योग्य है कि यदि पासपोर्ट नहीं होते, भाषा की कठिनाइयां नहीं होतीं, तो कम युद्ध होते क्योंकि हम रूसियों, या तुर्कों, या अफगानों, या कुछ और लोगों

से डरते हैं क्योंकि हम उन्हें नहीं समझते हैं, हम नहीं जानते कि "उन्हें क्या प्रेरित करके क्या बनाता है", या वे हमारे खिलाफ क्या करने जा रहे हैं।

डर एक भयानक चीज़ है, यह एक बीमारी है, यह एक अभिशाप है, यह एक ऐसी चीज़है जो हमारी बुद्धि को खा जाती है। अगर हमारे पास किसी चीज़ के बारे में कुछ संदेह है, तो हमें खोज करना चाहिए और यह पता लगाना चाहिए कि ऐसा क्यों हैं। उदाहरण के लिए, कुछ धर्म क्यों सिखाते हैं कि पुनर्जन्म जैसी कोई चीज़ नहीं है? एक स्पष्ट उदाहरण यह है, बहुत पहले के दिनों में पुजारियों के पास पूर्ण शक्ति थी और वे अनन्त नर्कवास के विचार से लोगों को डराकर शासन करते थे। सभी को सिखाया गया था कि उन्हें इसी जीवन को सर्वश्रेष्ठ बनाना होगा क्योंकि कोई और दूसरा अवसर नहीं होगा। यह ज्ञात था कि यदि लोगों को पुनर्जन्म की शिक्षा दी जाती है, तो वे इस जीवन में लापरवाह हो सकते हैं, यह सोचकर कि अगले जन्म में इसकी भरपाई कर सकते हैं। इस संबंध में, बहुत पहले चीन में यह पूरी तरह से जायज़ ठहराया जाता था कि इस जीवन में एक क़र्ज़ लेने पर उसका भुगतान अगले जन्म में भी किया जा सकता है। यह भी टिप्पणी करने योग्य है कि चीन पतनशील हो गया क्योंकि लोगों ने पुनर्जन्म में इतना विश्वास किया कि वे इस वर्तमान जीवन में ज्यादा परेशान नहीं हुए, इसके बजाय वे रात में पेड़ों के नीचे अपने कैनरी चिड़ियों को पिंजरे में से बाहर निकालकर चारों ओर बैठ गए और यह निर्णय लेते हुए कि वे अगले जीवन में इसके लिए भरपाई कर लेंगे, चाहे इसके लिए एक या ज्यादा छुट्टी का समय लग जायें। खैर यह उस तरह से काम नहीं करता था और इसलिए पूरी चीनी संस्कृति पतनशील हो गई।

एक बार फिर से, अपनी बुद्धि, अपनी कल्पना की जाँच करें। अपने आप का "गहन विश्लेषण" करें और पता करें कि यह क्या है जो कि आपके अवचेतन को दबाने की कोशिश कर रहा है, वह क्या है जो आपको इतना भयभीत कर रहा है, इतना चिंतित कर रहा है, इसलिए कुछ चीज़ोंके बारे में आप "बेचैन" हैं। जब आप उसे खोजते हैं, तो आप पाएंगे कि अब कोई भय नहीं है। यह डर है जो लोगों को सूक्ष्म यात्रा करने से रोकता है। वास्तव में जैसा कि हम अच्छी तरह से जानते हैं, सूक्ष्म यात्रा उल्लेखनीय रूप से सरल है, इसके लिए कोई प्रयास नहीं

किया जाता है, यह साँस लेने जितना ही सरल है और फिर भी अधिकांश लोग इससे डरते हैं। नींद लगभग मौत है, नींद मौत की याद दिलाती है, अंततः हम एक गहरी नींद में चले जाएंगे और हमें आश्चर्य होता है कि हमारे साथ क्या होगा जब नींद के बजाय मौत होगी, हमारे नुकसान का कारण बनेगी। हमें आश्चर्य होता है कि हमारी नींद के दौरान कोई हमारे सिल्वर कॉर्ड को तोड़ देगा और हम समाप्त हो जाएंगे। ऐसा नहीं हो सकता है, सूक्ष्म यात्रा में कोई खतरा नहीं है, भय में ही खतरा है, इस भय में जिसे आप जानते हैं, परन्तु उस भय में अधिक खतरा है, जिसको आप नहीं जानते हैं। हम फिर से बार-बार सुझाव देते हैं कि डर की इस समस्या के लिए नीचे उतरें। जिसे आप जान लेते और समझ जाते हैं वह डरावना नहीं रहता है, इसलिए यह जानें और समझें कि यह क्या है जिससे आप अब डरते हैं।

हमने उस छोटी सी घटना के लिए बहुत समय समर्पित किया, क्या हमने नहीं किया? हमें आगे बढ़ना चाहिए, क्योंकि हमारा ध्यान आकर्षित करने के लिए अभी बहुत कुछ करना बाकी है, इससे पहले कि हम इस अध्याय पर से पर्दा हटा सकें और अगले विषय पर आगे बढ़ सकें। अपने बारे में देखें, हमारे अटारी में देखें। क्या कुछ भी विशेष रूप से आपका ध्यान आकर्षित करता है? क्या आप यहाँ रखे उस आभूषण को देखते हैं? इस दुनिया से बाहर का है, है ना? ओह, हमें कुछ उस कहावत के साथ शुरू करना चाहिए।

"इस दुनिया से परे का" अर्थात "उत्कृष्ट" से है। आम भाषा के उपयोग में कई कहावतें हैं जो सचमुच में चीज़ों के बारे में वर्णनात्मक हैं। एक आदमी कह सकता है कि उसने कुछ ऐसा खूबसूरत देखा है कि यह "सचमुच इस दुनिया से पार का है", यह कितना सच है। जब हम इस कार्बन अणु के अस्तित्व की सीमाओं, इसके सभी दर्द और परीक्षण और क्लेशों के पार हो जाते हैं, तो हम ऐसी ध्वनियों को सुन सकते हैं और रंग देख सकते हैं और ऐसे अनुभव कर सकते हैं, जो वास्तव में "इस दुनिया से पार के हैं" अपनी खुद की अज्ञानता के गड्ढे में, हम अपनी स्वयं की वासनाओं, अपने स्वयं के गलत विचारों के बंधन से बंधे हुए हैं। हम में से बहुत से लोग इतने देखादेखी में व्यस्त हैं कि हमारे पास अपने बारे में देखने का समय नहीं है। हमारे पास अस्तित्व का सांसारिक चक्कर है, हमें

अपने जीवन के लिए कमाना है, फिर सामाजिक दायित्व भी हैं। उसके बाद हम एक निश्चित मात्रा में सोते हैं, इसलिए ऐसा लगता है कि हमारा सारा जीवन एक चक्कर में, एक पागल भीड़ में है, कुछ भी करने का समय नहीं है। लेकिन - एक मिनट रुकें - क्या इस सब भीड़ की कोई आवश्यकता है? क्या हम हर दिन आधे घंटे के लिए किसी तरह की व्यवस्था नहीं कर सकते, और इसे "ध्यान" में समर्पित कर सकते हैं ? अगर हम ध्यान करेंगे तो हम इस दुनिया से बाहर निकल सकते हैं। हम थोड़ा अभ्यास करके सूक्ष्म और अगली दुनिया में प्रवेश कर सकते हैं। अनुभव प्राण पोषक है, उन्नत करने वाला है। जब हम अपनी आध्यात्मिक सोच को बढ़ाते हैं, तो हम कंपन की दर बढ़ाते हैं और हम अपने "पियानो स्केल" (पैमाना) पर उतना अधिक अनुभव कर सकते हैं- और अधिक सुंदर अनुभव जिससे हम गुजर सकते हैं - क्या आपके पास उस स्केल की यादें हैं?

हमारा उद्देश्य "इस दुनिया से पार का" होना चाहिए। हम इस दुनिया से पार निकलना चाहते हैं जब हमने अपने सबक सीख लिये हो, लेकिन इसके पहले नहीं। फिर से अपने कक्षा के अनुभवों पर ध्यान दें। गर्मी के मौसम के एक गर्म दिन में हम में से कई लोग भरी हुई कक्षा में रहने पर पूरी तरह से बीमार हो जाते हैं, जहाँ पर एक शिक्षक की गूँजती आवाज सुनकर बच्चे सामान को मंथन की तरह निकालते हैं, जिसमें वास्तव में हमारी कोई दिलचस्पी नहीं थी। एक विशेष साम्राज्य के उत्थान और पतन के बारे में कौन जानना चाहता था? हमने महसूस किया कि हमें बाहर खुले में रहना ज्यादा बेहतर होता,हमें सभी चीज़ों से ज्यादा इच्छा उस गर्म और दम घोंटने वाले कमरे में गूँजती आवाज वाली कक्षा से दूर जाने की होती थी, लेकिन हम ऐसा नहीं कर सकते थे, अगर हम तब बाहर भाग जाते, तो शिक्षकों से प्रतिशोध सुनिश्चित होता था, अगर हमने अपना पाठ छोड़ दिया होता, तो हमें अपनी परीक्षाओं में असफल होना था और दूसरी कक्षा में जाने के बजाय हमें बहुत सारे छात्रों के साथ एक ही नीरस कक्षा में वापस अंदर रखा जाता, जो हमें कौतूहल और मूर्ख के रूप में देखते, क्योंकि हम " ग्रेड पाने में विफल रहे थे।"

आइए, तब तक, "इस दुनिया से पार" को स्थायी रूप से प्राप्त नहीं कर पाएँगेजब तक कि हमने वह नहीं सीखा हैं,जो हम सीखने आए थे। हमें आत्मविश्वास से,

खुशियों से और आध्यात्मिक पूर्णता से आगे की ओर सोचना चाहिए कि जब हम इस दुनिया को छोड़ देते हैं, वो कितना अधिक गौरवशाली है। हमें हमेशा यह ध्यान रखना चाहिए कि हम यहाँविशेष रूप से दुखपूर्ण परिस्थितियों में जेल की सजा काट रहे हैं। हम यह नहीं देख सकते हैं कि हमारी पृथ्वी यहाँ कितनी भयानक है, लेकिन अगर आप अभी दुनिया छोड़ कर जा सकते हैं और नीचे देख सकें तो आपको काफी धक्का लगेगा, आप वापस लौटने के लिए तैयार नहीं होंगे। इसलिए हममें से बहुत से लोग सूक्ष्म यात्रा नहीं कर सकते, क्योंकि जब तक कोई तैयार नहीं हो जाता, सचमुच ही तब तक यहाँ वापस लौटना एक अप्रिय अनुभव होगा, सारा आनंद दूसरी तरफ है। हममें से जो लोग सूक्ष्म यात्रा करते हैं वे अपनी रिहाई के दिनों के लिए तत्पर रहते हैं, लेकिन हम यह भी सुनिश्चित करते हैं कि जब हम "हमारे जेल की कोठरी" (शरीर) में हैं तो हम सबसे अच्छा व्यवहार करें जैसे कि यदि हम व्यवहार नहीं करेंगे, तो हम अपना "सुधार समय" खो देंगे।

इसलिए - आइए हम पृथ्वी पर सबसे अच्छा करें, ताकि जब हम इस जीवन को पूरा करके जायें तो हम आगे के जीवन की महान चीज़ोंके लिए तैयार और तत्पर हो सकें। यहाँपृथ्वी पर रहने के लिए इसमें फंस जाने का छोटा प्रयास करने योग्य है।

हम अपने अटारी में बहुत व्यस्त लग रहे हैं, वस्तुओं का स्थान परिवर्तन करना, काफी समय से जमीं हुई धूल को हटाना, लेकिन हमें इस कमरे के दूसरी तरफजाना चाहिए, आइए हम एक और छोटी वस्तु को देखें -

बहुत से लोग सोचते हैं कि "भविष्य द्रष्टा" हमेशा किसी के औरा को देखते हैं, हमेशा किसी के विचारों को पढ़ते हैं। वे कितने गलत हैं, टेलीपैथिक क्षमता वाला व्यक्ति या क्लैरवॉयंस (दिव्य दृष्टि) की शक्ति हमेशा दोस्तों या दुश्मनों के विचारों को पढ़ने या औरा को जांचने के लिए नहीं होती है। कुछ चीज़ें जो हमें देखनी चाहिए, वे बहुत अप्रिय और बहुत ज्यादा अनाकर्षक होंगी। वास्तव में उनमें से कुछ हमारे स्वयं की कल्पित प्रतिष्ठा की आशाओं पर पानी फेर देंगे। अभी बहुत कुछ करना बाकी है। हम एक ख़ास शख़्स को ध्यान में रखते हैं जो कभी-कभी हमसे मिलता है, वह एक वाक्य से शुरू करेगा और तीन-चार शब्दों

का उच्चारण करेगा और फिर धीरे-धीरे यह कहकर समाप्त करेगा, "लेकिन मुझे आपको कुछ बताने की ज़रूरत नहीं है, क्या मैं बताऊँ? आप सब कुछ सिर्फ मुझे देखकर जान रहे हैं, क्या आप नहीं कर रहे?" ऐसा नहीं होता है। हम "सब कुछ जान सकते हैं", लेकिन ऐसा करना नैतिक रूप से गलत होगा। भविष्य द्रष्टा, तांत्रिक, क्लैयरवाइंट और अन्य व्यक्तियों के बारे में कोई डर नहीं है, अगर वे अच्छे नैतिकता के हैं, तो वे आपके अनुमति के बाद भी आपके निजी मामलों में नहीं झांकेंगे। यदि वे अच्छी नैतिकता के नहीं हैं, तो इसे वे कर भी नहीं सकते हैं। हम यहाँआपको बताना चाहते हैं कि ग़ैरक़ानूनी "भविष्य द्रष्टा" जो एक क्षुद्र धनराशि के लिए आपके भाग्य को बताता है, उसमें कोई सचमुच में "देखने" की क्षमता नहीं है। वह आमतौर पर एक गरीब बूढ़ी औरत होती है, जो किसी अन्य तरीके से पैसा कमा नहीं सकती है। संभवतः किसी समय उसके पास दिव्यदृष्टि कि क्षमताएं (क्लैयरवाइंट शक्तियाँ) थीं, लेकिन आप व्यावसायिक आधार पर ऐसी चीज़ें नहीं कर सकते हैं, आप किसी व्यक्ति को पैसों के बदले में दिव्यदृष्टि से चीज़ों के बारे में कुछ नहीं बता सकते क्योंकि पैसे के लेनदेन होने मात्र से वास्तविक टेलीपैथिक क्षमता को कम कर देता है। और ग़ैरक़ानूनी द्रष्टा हमेशा "देख नहीं सकता", फिर भी, अगर उसने पैसे लिए हैं, तो उसे किसी प्रकार का स्वाँग करना ही पड़ता है। काफी अच्छा अप्रशिक्षित मनोवैज्ञानिक होने के नाते वह आपको बातें करने देगा और फिर आपको वही बातें बताएगा जो आपने उसे बताई थीं, और आप, "भविष्य द्रष्टा" के शब्दों से धोखा खा लेते हैं, आप आश्चर्यचकित हो जाएंगेकि उसने कितनी सही बात बताई थी, जो आप जानना चाहते हो।

कोई डर नहीं है कि दिव्यदृष्टि वाले (क्लैयरवाइंट) आपके मामलों को देख रहे हैं, क्या आप खुश होंगे यदि आपको लगता है कि आप अपने घर में व्यस्त थे, हो सकता है कि एक पत्र लिख रहे हों, और कोई व्यक्ति आपके कमरे में आए, आपके कंधे पर झाँके और पढ़ें कि आप क्या लिख रहे थे? क्या आप उस व्यक्ति को अपनी संपत्ति के बारे में तलाशी देना चाहेंगे जो इसे उठाएगा और पढ़ेगा और आपके बारे में सब जान सकेगा, उस सब के बारे में जान सकेगा, जिसके बारे में आपने सोचा था? क्या आप यह सोचना चाहेंगे कि एक व्यक्ति हर समय आपके

किसी भी टेलीफोन वार्तालाप को सुन रहा हो? बेशक आप नहीं चाहेंगे। हम एक बार फिर कहते हैं कि अच्छे चरित्र का व्यक्ति हर समय आपके विचारों को नहीं पढ़ता है और बुरे चरित्र के व्यक्ति में बेशक यह क्षमता नहीं होती है। यह तंत्र मंत्र का एक नियम है, बुरे चरित्र का व्यक्ति क्लैयरवाइंट (दिव्य द्दष्टा) नहीं होता है। आप एक व्यक्ति के बारे में बहुत सारे किस्से सुन सकते हैं कि वह जो इसे, उसे या और कुछ और देखता है। इसमें नौ सौ निन्यानबे प्रतिशत झूठे होते हैं।

एक क्लैयरवाइंट हमेशा आपको सुनने के लिए इंतजार करेगा कि आप उससे क्या कहना चाहते हैं। क्लैयरवाइंट आपके विचारों की या आपकी औरा की गोपनीयता में दखल नहीं देगा, भले ही आप उस क्लैयरवाइंट को ऐसा करने के लिए आमंत्रित करें। तंत्र मंत्र के कुछ नियम हैं, जिनका पालन सबसे कठोर तरीके से किया जाना चाहिए, क्योंकि यदि कोई उन कानूनों को तोड़ता है, तो उसे उसी तरह से दंडित किया जा सकता है, जैसे किसी को पृथ्वी पर मानव-निर्मित कानून तोड़ने पर दंडित किया जा सकता है। क्लैयरवाइंट को बताएं कि आप क्या कहना चाहते हैं, उसे पता चल जाएगा यदि आप सच कह रहे हैं। क्लैयरवाइंट को बताएं कि आप जो भी करना चाहते हैं, लेकिन सुनिश्चित करें कि आप यदि सच कहते हैं, अन्यथा आप केवल खुद को धोखा दे रहे हैं, न कि किसी भी तरह से क्लैयरवाइंट को धोखा दे रहे हैं।

तो एक बार फिर से याद रखें, एक अच्छा "भविष्य द्रष्टा" आपके "विचारों को नहीं पढ़ेगा" और एक बुरा "पढ़ नहीं सकता" है।

अब यहाँ एक और छोटी वस्तु है जिसे हम देख सकते हैं। यह वह है; जो आपको अपने जीवन साथी के साथ नहीं मिलता है? ठीक है, यह "बाधा" हो सकती है जिसे आपको पृथ्वी पर पार करना होगा। हमें इसे इस तरह से रखना चाहिए, घोड़ों को दौड़ में प्रवेश कराया जाता है और यदि कोई घोड़ा लगातार जीतता है और प्रत्यक्ष रुप से ऐसा करने के लिए कोई बड़ी मेहनत नहीं की जाती है, तो घोड़ा विकलांग हो जाता है। आप खुद को एक घोड़े के रूप में देख सकते हैं। आप अपने अंतिम "पाठों " के माध्यम से बहुत तेज़ी से, बहुत आसानी से चले जाएंगे, उस स्थिति में आप एक ऐसे साथी के साथ अड़चन में पड़ सकते हैं जो आपके लिए उपयुक्त नहीं है। हो सके तो आप बेहतर करें, यह याद रखें कि यदि

आपका साथी सच में आपके साथ असंगत है, तो आप कभी भी, इस पृथ्वी से पार के जीवन में उसके साथ संपर्क में नहीं आएंगे। यदि एक आदमी एक पेचकश या एक हथौड़ा उठाता है जो सिर्फ एक उपकरण है, जो उसके हाथ में काम की आवश्यकता के अनुरूप है। अपने साथी को एक उपकरण के रूप में देखा जा सकता है जो एक निश्चित कार्य को करने के लिए, एक निश्चित सबक सीखने में आपको सक्षम बनाता है। एक आदमी एक पेचकश या एक हथौड़ा के साथ आसक्त हो सकता है क्योंकि यह उसे एक काम करने में सक्षम बनाता है जो उसे करना है। लेकिन आप निश्चित हो सकते है कि एक आदमी अपने हथौड़े या अपने पेचकश से इतना भी आसक्त नहीं होगा कि वह उसे "दूसरी दुनिया" में साथ ले जाना चाहेगा।

"मानवता की गरिमा" के बारे में बहुत कुछ कहा और लिखा गया है, लेकिन हम यह कहने जा रहे हैं कि मनुष्य जीवन का सबसे महान रूप नहीं है। उदाहरण के लिए, पृथ्वी पर मनुष्य वास्तव में एक बहुत ही गंदा, परपीड़क, स्वार्थी और स्वार्थ लोलुप व्यक्ति हैं। यदि वह ऐसा नहीं होता तो वह इस पृथ्वी पर नहीं होता, क्योंकि लोग इस पृथ्वी पर आते हैं, ताकि वे सीख सकें कि उन चीज़ों से कैसे जीता जा सकता है। जब वे जीवन से पार चले जाते हैं तो वास्तव में मनुष्य अधिक बड़ा हो जाता है। लेकिन हम फिर से यह सुनिश्चित करें कि हम यह समझें कि यदि हमारे जीवन में कोई अनुपयुक्त जीवनसाथी है, या अनुपयुक्त माता-पिता हैं, तो यह हो सकता है क्योंकि हमने ही ऐसी योजना बनाई हो, ऐसा कुछ है जिस पर हमें विजय प्राप्त करना हैं। एक व्यक्ति टीका या टीकाकरण ले सकता है, उदाहरण के लिए, वे जानबूझकर चेचक की खुराक ले सकते हैं (टीकाकरण के माध्यम से) ताकि बाद में वे अधिक गंभीर और शायद प्राणघातक खुराक लेने से बच सकें। तो यह इसी तरह है कि हमारे जीवनसाथी या हमारे माता-पिता को इसलिए चुना गया हो सकता है कि हम उनके साथ जुड़ने से कुछ सबक सीख सकें। लेकिन हमें इस जीवन को समाप्त करने के बाद फिर से उनसे मिलने की ज़रूरतनहीं है, वास्तव में, हम उनसे नहीं मिल सकते हैं यदि वे हमारे साथ असंगत हैं, क्योंकि, हमें दोहराना होगा, हम मृत्यु के बाद दूसरी दुनिया में हारमनी (सद्भाव) से रहते हैं, जिसमें अगर वो लोग जो हमारे साथ सद्भाव में

नहीं हैं, तो वे हमारे साथ वहाँ मिल नहीं सकते हैं। वास्तव में हम में से कई उस से चैन ले सकते हैं।

लेकिन रात की परछाइयां ढल रही हैं, दिन समाप्त हो रहा है। हमें लगता है कि हमें आपको जाने से नहीं रोकना चाहिए क्योंकि रात होने से पहले आपके पास बहुत काम करने के लिए है। आइए अटारी छोड़ दें और हमारे पीछे धीरे से दरवाजा बंद करें, उसमें रखे सभी "खजाने" का दरवाजा बंद करें। आइए हम उन पुरानी चरमराती सीढ़ियों पर फिर से उतरें और शांति से अपने अलग-अलग रास्ते पर जाए।

अध्याय

सत्रह

क्या आपने कभी किसी व्यक्ति को उत्साह के साथ बुदबुदाते हुए देखा है और फिर, लगभग आपकी जैकेट को पकड़ते हुए फट से बोला हो, “ओह ! मेरे प्रिय ! मुझे कल रात एक सबसे भयानक अनुभव हुआ, मैंने सपना देखा कि मैं बिना कपड़े पहने सड़क के नीचे चल रहा था। मैं बहुत शर्मिंदा था!”ऐसा कई लोगों के साथ विभिन्न रूपों और विभिन्न विवरणों में हुआ है। हो सकता है कि यह एक "सपना" हो जिसमें सुंदर कपड़े पहने हुए लोगों से भरे ड्राइंग रूम में किसी व्यक्ति को अचानक ले जाया गया था और फिर पता चला कि वह अपने कपड़े पहनना भूल गया था। या आपने खुद एक सपना देखा होगा, जिसमें आपने खुद को किसी गली के कोने पर या तो किसी बाहरी क्षेत्र में, विचित्र परिधान के या बिना परिधान के खड़े पाया हो। यह हो सकता है, आप जानते हैं, यह सचमुच एक सूक्ष्म यात्रा अनुभव हो सकता है। हम में से वे लोग, जो अन्य लोगों को सूक्ष्म यात्रा करते हुए देख सकते हैं उनमें कुछ अद्भुत और मनोरंजक आकस्मिक मिलन होता है। लेकिन यह पाठ्यक्रम परिहास पर बना एक प्रवचन नहीं है, परन्तु इसके बजाय यह आपकी मदद करने के लिए बनाया गया है कि आखिरकार, यह पूरी तरह से सामान्य घटना क्या है।

आइए हम इस विशेष अध्याय को स्वप्नों को समर्पित करें, क्योंकि सपने एक रूप में या किसी दूसरे रुप में किसी व्यक्ति या हर किसी के लिए होते हैं। प्राचीन काल से ही स्वप्न को शकुन या संकेत या अपशकुन के रूप में देखा जाता रहा है और यहाँतक कि ऐसे व्यक्ति भी हैं जो किसी के सपनों द्वारा भाग्य बताने का दावा करते हैं? दूसरे लोगों का मानना है कि सपने केवल मनगढ़ंत कल्पनाएँ है, जब नींद की प्रक्रिया के दौरान शरीर को नियंत्रित करने के लिए मन का शरीर से अस्थायी रूप से अलगाव हो जाता है। यह काफी गलत है, लेकिन हम इस सपने के प्रयोजन में उतरें -

जैसा कि हमने पिछले अध्याय में चर्चा की है, हम कम से कम दो शरीरों से मिलकर बने हैं। हम केवल दो शरीरों, भौतिक और निकटतम सूक्ष्म की चर्चा करने जा रहे हैं, लेकिन निश्चित रूप से कई और शरीर भी हैं। जब हम सोने के लिए जाते हैं तो हमारा सूक्ष्म शरीर धीरे-धीरे भौतिक शरीर से अलग हो जाता है और लेटे हुए भौतिक शरीर के ऊपर खुला घूमता है। दो शरीरों के अलग होने से मन वास्तव में अलग हो जाता है। भौतिक शरीर में सभी प्रक्रियाएँ बहुत कुछ एक प्रसारण स्टेशन जैसी हो सकती हैं, लेकिन जब उद्घोषक भाग जाता है तो संदेश भेजने के लिए कोई नहीं होता है। सूक्ष्म शरीर, अब भौतिक शरीर के ऊपर तैर रहा है, कुछ क्षणों के लिए विचार करता है कि कहां जाना है और क्या करना है। जैसे ही सूक्ष्म शरीर एक निर्णय पर पहुँच जाता है, सूक्ष्म शरीर के पैर सबसे आगे झुक जाते है और आमतौर पर वह बिस्तर के अंत में बैठ जाता है। फिर जैसे एक शाखा की पकड़ को छोड़ कर पक्षी उड़ता हैं, वैसे शरीर थोड़ा ऊपर की ओर छलांग लगाता है और सिल्वर कॉर्ड के अंत में बढ़ते हुए उड़ान भरता है।

विशेष रूप से पश्चिम देशों में ज़्यादातर लोग अपनी सूक्ष्म यात्रा की वास्तविक घटनाओं के बारे में परिचित नहीं होते हैं, वे किसी विशेष घटना के बारे में जागरूक नहीं होते हैं, लेकिन जब वे वापस लौटते हैं, तो उनमें दोस्ती की स्नेही भावना हो सकती है या वे कह सकते हैं, "ओह, मैंने कल रात अमुक व्यक्ति का सपना देखा था, वह अच्छा दिखाई दे रहा था। पूर्ण संभावना हैं, कि वह व्यक्ति सचमुच में "अमुक व्यक्ति" या वह जो भी हो के पास गया था, क्योंकि इस तरह की सूक्ष्म यात्रा सबसे सरल और सबसे अधिक बार की जाती है । कुछ अजीबोगरीब कारणों से हम हमेशा पुराने ढर्रे पर चलते हैं, हम ऐसी जगहों पर जाना पसंद करते हैं, जहाँ हम पहले गए हैं, वास्तव में यह पुलिस के इस कथन को सिद्ध करती है कि अपराधी हमेशा अपने अपराध के स्थल पर लौटते हैं।

हमारे लिए सूक्ष्म यात्रा में दोस्तों से मुलाक़ात करने में कुछ भी विशिष्ट बात नहीं है, क्योंकि हम सभी नींद में भौतिक शरीर को छोड़ देते हैं, हम सभी सूक्ष्म यात्रा करते हैं और हमें कहीं भी सूक्ष्म यात्रा में जाना चाहिए। जब तक किसी व्यक्ति को सूक्ष्म विषय में "शिक्षित" नहीं किया जाता है, तब तक वह सूक्ष्म लोकों में

नहीं घूमता है, बल्कि वह पृथ्वी की सतह पर परिचित स्थानों को दृढ़तापूर्वक जकड़ा रहता है। जिन लोगों को सूक्ष्म यात्रा के बारे में नहीं सिखाया गया है, वे भी विदेशों में समुद्र पार दोस्तों से मिल सकते हैं या किसी विशेष दुकान या स्थान को देखने की बहुत इच्छा रखने वाले व्यक्ति भी सूक्ष्म यात्रा में उस दुकान या स्थान पर जाएंगे, लेकिन शरीर पर लौटने और जागने के बाद वे सोचते हैं - अगर वे सब सोच सकते हैं- कि यह उन्होंने एक सपना देखा है।

क्या आप जानते हैं कि आप सपने क्यों देखते हैं? हम सभी के पास अनुभव हैं जो वास्तविकता के अंदर घूमते हैं। हमारे "स्वप्न" विमान या जहाज द्वारा इंग्लैंड से न्यूयॉर्क की यात्रा के समान या एडेन से आक्रा तक समान यातायात साधनों के द्वारा जाने जितने ही वास्तविक हैं, फिर भी हम उन्हें "स्वप्न" कहते हैं। सपनों के विषयों में और आगे बढ़ने से पहले हम एक बात याद दिलाएं, कि 60 के दशक में कॉन्स्टेंटिनोपल (इस्तांबुल) के सम्मेलन के बाद, जब क्रिश्चियन चर्च के नेताओं ने फैसला किया कि "ईसाई धर्म" में क्या समाविष्ट किया जाना चाहिए, क्योंकि महान गुरुओं की बहुत सारी शिक्षाओं को विकृत या दबा दिया गया था। आकाशिक रिकॉर्ड से हमें प्राप्त सभी जानकारियों से इस पर कुछ बहुत तीखी टिप्पणियां जोड़ सकते हैं लेकिन इस पाठ्यक्रम को तैयार करने का हमारा उद्देश्य लोगों को स्वयं को जानने में मदद करना है, न कि किसी को ठेस पहुँचाना, चाहे उनकी मान्यताएँ कितनी भी दोषपूर्ण क्यों न हो। आइए हम स्वयं को यह बताते हुए संतुष्ट करें कि कई शताब्दियों से पश्चिमी गोलार्ध में प्राचीन लोगों को निश्चित रूप से सूक्ष्म यात्रा के बारे में कुछ भी नहीं सिखाया गया है क्योंकि यह संगठित धर्म के किसी भी हिस्से में नहीं आता है। संयोग से, हम आपको याद दिलाते हैं कि हम यहाँ"संगठित धर्म" कहते हैं।

फिर से, पश्चिमी गोलार्ध में ज्यादातर लोग ना ही परियों में और ना ही (प्रकृति आत्मा) नेचर स्पिरिट्स में विश्वास करते हैं और जो बच्चे परियों और नेचर स्पिरिट्स को देखते हैं और जो निस्संदेह ऐसी सत्ताओं के साथ खेलते हैं, उनकी वयस्कों के द्वारा हंसी उड़ाई जाती हैं या वे बच्चों को डांटते हैं, जबकि वयस्कों को वास्तव में यह बेहतर जानना चाहिए क्योंकि कई अन्य मामलों की तरह, वयस्कों की तुलना में बच्चे अभी तक ज्यादा चालाक और कहीं अधिक जाग्रत है। यहाँतक

कि ईसाई बाइबिल में कहा गया है कि "जब तक आप एक छोटे बच्चे के रूप में नहीं होंगे, तब तक आप स्वर्ग के राज्य में प्रवेश नहीं कर सकते हैं।" हम इसे अलग तरह से बता सकते हैं और कह सकते हैं, "यदि आप वयस्कों के अविश्वास से दूषित हुए बिना किसी बच्चे का विश्वास करते है, तो आप कहीं भी किसी भी समय जा सकते हैं।"

बच्चों का उपहास उड़ाया जाता है, वास्तव में वे जो देखते हैं उसे छिपाने के लिए सीखें। दुर्भाग्य से वे अपनी वास्तविक क्षमताओं को छिपाने की इस ज़रूरत के कारण अन्य सत्ताओं को देखने की क्षमता जल्द ही खो देते हैं। सपनों के मामले में भी ऐसा ही है। लोगों को अनुभव होता है कि जब उनका भौतिक शरीर सो रहा होता है, जबकि सूक्ष्म शरीर निःसंदेह कभी नहीं सोता है, और जब सूक्ष्म भौतिक शरीर में वापस आता है तो दोनों के बीच संघर्ष हो सकता है, सूक्ष्म सत्य को जानता है और बचपन से वयस्कता तक मन में बैठायी गई पूर्व धारणाओं से भौतिक शरीर दूषित और भरा हुआ है। वयस्क लोग अनुबंधन (कंडीशनिंग) के कारण सच्चाई का सामना नहीं करते हैं, इसलिए एक संघर्ष पैदा होता है, सूक्ष्म शरीर अलग हो जाता है और चीज़ों को करता है, चीज़ों को अनुभव करता है, चीज़ों को देखता है, लेकिन भौतिक शरीर इस पर विश्वास नहीं कर पाता क्योंकि पश्चिमी लोगों का पूरा शिक्षण किसी भी उस चीज़ का विश्वास नहीं करना होता है जिसे दो हाथों में नहीं रखा जा सकता है और यह देखने के लिए कि कैसे यह काम करता हैं, की धज्जियां उड़ा दी गई हैं। पश्चिमी लोग प्रमाण चाहते हैं, अधिक प्रमाण, और अभी भी अधिक प्रमाण, और हर समय वे यह साबित करने की कोशिश करते हैं कि प्रमाण गलत है। इस प्रकार हमारे पास भौतिक शरीर और सूक्ष्म शरीर के बीच संघर्ष है, और इसकी बुद्धि संगत व्याख्या की आवश्यकता होती है। इस मामले में सपने - तथाकथित - किसी तरह के अनुभव में तर्कसंगत होते हैं या अक्सर अजीब परिणामों के साथ कल्पनीय होते हैं।

हम इसे फिर से जाने कि सूक्ष्म यात्रा करते समय हमारे पास सभी प्रकार के असामान्य अनुभव हो सकते हैं। हमारा सूक्ष्म शरीर हमें इन सभी अनुभवों की एक स्पष्ट स्मृति के साथ जगाना चाहता है, लेकिन फिर से, भौतिक शरीर इसे अनुमति नहीं दे सकता है, इसलिए दो शरीरों के बीच संघर्ष होता है और कुछ

सचमुच आश्चर्यजनक विकृत चित्र हमारी स्मृति में वापस आ जाते हैं, वह चीज़ें जो संभव नहीं हो सकती हैं। जब कभी सूक्ष्म संसार में ऐसा कुछ होता है जो भौतिक पृथ्वी के प्राकृतिक नियमों के विपरीत होता है, तो संघर्ष होता है और इसलिए कोरी कल्पनाएँ (फैन्टसी) होना शुरु होती हैं और हमें बुरे सपने आते हैं या सबसे असामान्य घटनाएँ होती हैं जिसकी कोई कल्पना कर सकता है। सूक्ष्म अवस्था में कोई भी हवा में उठ सकता है, ऊपर की ओर तैर सकता है, कहीं भी यात्रा कर सकता है और किसी को भी देख सकता है और दुनिया के किसी भी केंद्र में जा सकता है। भौतिक शरीर में छत के पार जाना संभव नहीं है और इस प्रकार, हम दोहराते हैं, कि भौतिक शरीर और सूक्ष्म शरीर के बीच संघर्ष के कारण हमारे सूक्ष्म यात्रा के अनुभवों की ऐसी अत्यंत विकृत व्याख्या की जाती हैं जो वास्तव में किसी भी होने वाले लाभ को प्रभावहीन करते हैं, जिसे सूक्ष्म शरीर नीचे भेजने की कोशिश कर रहा है। हमें तथाकथित सपने मिलते हैं जो हमारे लिए मायने नहीं रखते हैं, हम हर तरह के व्यर्थ चीज़ों के सपना देखते हैं, या इसलिए हम कहते हैं कि जब हम भौतिक संसार में होते हैं, तो जो चीज़ेंभौतिक में व्यर्थ होती हैं, वे सूक्ष्म यात्रा में आम घटनाएँ हैं।

चलिए बिना कपड़ों के सड़क पर चलने के बारे में अपनी मूल टिप्पणी पर लौटते हैं। बहुत से लोगों के लिए यह एक बहुत ही शर्मनाक अनुभव होता है, स्पष्ट रुप में एक सपने में लेकिन निश्चित रूप से, यह एक सपना नहीं है। यह इस तथ्य से उत्पन्न होता है कि जब कोई सूक्ष्म यात्रा करता है तो वह सूक्ष्म वस्त्र पहनना भूल सकता है। यदि कोई व्यक्ति आवश्यक कपड़े की कल्पना नहीं करता है, तो हमारे पास सूक्ष्म यात्रा करने वाले पूर्ण नग्न व्यक्ति का तमाशा होता है। कई बार व्यक्ति बड़ी जल्दी में भौतिक शरीर को छोड़ देगा और ऊपर की तरफ और बाहर की तरफ बहुत उत्साह में ऊँची उड़ान भरेगा, क्योंकि अब वह उबाने वाले शरीर से मुक्त हो गया है। शरीर से बाहर निकलना ही उसकी प्रमुख उपलब्धि है, अन्य चीज़ों के बारे में सोचने का कोई अवसर नहीं छोड़ता है।

हमें आपको याद दिलाना चाहिए, प्राकृतिक शरीर कपड़ों के बिना एक शरीर हैं, इसीलिए कपड़े विशुद्ध रूप से मानव निर्मित परंपरा है जिसका वास्तविकता में

कोई मतलब नहीं है। हम आपको कुछ और बताने के लिए एक क्षण के लिए यहाँ विषय से दूर हो रहे हैं जो संभवतः आपमें कुतूहल उत्पन्न करेगा।

बहुत पहले के दिनों में स्त्री और पुरुष एक दूसरे का सूक्ष्म रूप देख सकते थे। तब सभी के विचार स्पष्ट थे, व्यक्ति के इरादे बिल्कुल स्पष्ट थे और हम आपको फिर से बताते हैं, कि औरा के रंग उन क्षेत्रों में सबसे अधिक और सबसे दृढ़ता से चमकते हैं जो क्षेत्र (या अंग) लोग अब ढके रहते हैं। मानव जाति और विशेष रूप से महिलाएं, कुछ क्षेत्रों को ढाँक कर रखती हैं, क्योंकि वे नहीं चाहती हैं कि दूसरे लोग उनके विचारों और उनके इरादों को पढ़ें, जो हमेशा वांछनीय नहीं हो सकते हैं। लेकिन यह जैसा कि हमने कहा, काफी विषयांतर है और इसका सपनों पर बहुत कम असर पड़ता है, यह एक तर्क है, हालांकि, इसके कारण आपको कपड़ों पर विचार करना पड़ सकता है।

जब कोई सूक्ष्म यात्रा कर रहा होता है, तो आमतौर पर उस प्रकार के कपड़ों की "कल्पना" करता है, जो वह दिन में सामान्य तौर पर पहनता हैं। अगर इस "कल्पना" को छोड़ दिया गया है तो एक क्लैरवॉयंट सूक्ष्म पर्यटक के मुलाक़ात के समय में उस व्यक्ति से भी मिल सकता है और जान सकता है कि उसने कपड़े नहीं पहने हैं। हम लोगों को सूक्ष्म यात्रा के दौरान बुलाया गया और उन्होंने या तो कुछ भी नहीं पहन रखा था या शायद पजामा जैकेट, या कुछ अन्य "इस दुनिया से पार" के परिधान जो उनके हुलिये की अवहेलना करते हैं और वे परिधान संभवतः वर्तमान दिनों में किसी भी अंतर्वस्त्र कि सूची में नहीं मिलेंगे। यह भी एक तथ्य है कि जो लोग कपड़ों के प्रति अतिसचेत होते हैं, वे अक्सर स्वयं के स्वप्न में खुद की कल्पना ऐसे वस्त्रों में करेंगे, ऐसे वस्त्र जो वे तब बिल्कुल नहीं पहन सकते जब भौतिक शरीर में होते हैं। लेकिन यह सब कुछ मायने नहीं रखता है, क्योंकि हम फिर से कहते हैं कि कपड़े केवल मानवता की एक परंपरा है और हम यह नहीं मानते हैं कि जब हम स्वर्ग में आएंगे तो हम ऐसे कपड़े पहनेंगे जैसे कि इस पृथ्वी पर पहनते हैं।

सपने, तब वास्तविक जीवित घटनाओं का एक बुद्धि संगत व्याख्या* (रेशनलाइजेशन) होते हैं जो सूक्ष्म दुनिया में घटित होते हैं और जैसा कि हमने पहले बताया है, जब कोई सूक्ष्म संसार में होता है तो रंगों की एक बड़ी रेंज और

दूर तक अधिक स्पष्टता के साथ देखता है, सब कुछ उज्जवल है, सब कुछ "जीवन से बड़ा है," कोई भी सबसे बारीक विवरण को देख सकता है, वहाँ पर रंग इस पृथ्वी पर होने वाली किसी भी चीज़ से बहुत अधिक श्रेष्ठ श्रेणी पर हैं। आइए हम यहाँएक उदाहरण दें।

हम अपने सूक्ष्म रूप में देश से दूर और समुद्र से पार दूर देश में घूमने गए हैं। दिन एक उज्ज्वल नीले आकाश के साथ शानदार था और हमारे नीचे समुद्र में कोमल, सबसे ऊपर की लहरें सफेद रंग की थीं जो हम पर आ रही थीं, लेकिन निश्चित रूप से हमें छू नहीं रही थीं। हम एक सुनहरे बालू पर उतर गए और चमत्कारिक हीरे जैसी संरचना की जांच करने के लिए रुक गए। रेत का हर कण सूरज की रोशनी में रत्नों की तरह चमक रहा था। हम धीरे-धीरे समुद्री शैवाल के पत्तों को लहराते हुए आगे बढ़े, हम नाजुक भूरी और हरी सब्जियों और वाताशयों से चकित थे, जो सुनहरे-गुलाबी हो रहे थे। हमारे दाईं ओर हरे रंग की आभा की चट्टान थी, एक पल के लिए लग रहा था जैसे कि यह शुद्ध मूल्यवान जेड पत्थर हैं। हम बाहरी सतह के माध्यम से अलग भाग देख सकते थे, हम चट्टान की धारियों और रेखाओं को देख सकते थे और कुछ सूक्ष्म जीवाश्म जैसे जीव भी देख सकते थे, जो लाखों साल पहले चट्टान में सन्निहित हो गए थे। जैसे हम यहाँ वहाँ चलते गए, हमने अपने आस पास को उन आँखों से देखा, जो नई प्रतीत हो रही थी, आँखों से जैसा पहले कभी नहीं देखा गया था। हम देख सकते हैं कि वे क्या हैं, जो वायुमंडल में रंगो के पारदर्शी ग्लोब तैरते जैसे प्रतीत होते हैं, ग्लोब जो वास्तव में वायु की जीवन शक्ति थे। रंग अद्भुत, गहन, अलग-अलग थे और हमारी दृष्टि की तीक्ष्णता ऐसी थी कि हम दूर तक देख सकते थे क्योंकि पृथ्वी की वक्रता हमें बिना किसी विस्तार को खोये इसकी अनुमति दे रही थी।

हमारी इस खराब पुरानी पृथ्वी पर, शरीर में जुड़े होने से, हम तुलनात्मक रूप से अंधे हैं, हमारे पास रंगों की एक सीमित सीमा है और रंगों के शेड्स की खराब धारणा है। हम मायोपिया, दृष्टिवैषम्य और अन्य दोषों से पीड़ित हैं जो हमें चीज़ों को उनके वास्तविक रुप में देखना असंभव बना देते हैं। यहाँहम इंद्रियों और धारणाओं से लगभग पागल हो गए हैं, वास्तव में हम इस पृथ्वी पर खराब चीज़ें

हैं जैसे हम मिट्टी के एक आवरण में बंद हैं, वासना और ईर्ष्या से भरे हुए है और गलत प्रकार के भोजन से भरे हुए हैं, लेकिन जब आप बाहर सूक्ष्म की मुक्त दुनिया में निकलते हैं तो हम देख सकते हैं - सबसे बड़ी स्पष्टता के साथ- रंग देखते हैं, जैसे कि हमने पृथ्वी पर कभी नहीं देखा था।

यदि आपके पास एक "सपना" आता है जिसे चौंका देने वाली स्पष्टता के साथ आप देखते हैं और जिसमें आप रंगों की अद्भुत श्रृंखला से प्रसन्न होते हैं, तो आप जान सकते हैं कि यह एक सामान्य आम सपना नहीं था, लेकिन यह एक वास्तविक सूक्ष्म यात्रा अनुभव को तर्कसंगत बना रहा है ।

एक और मामला है जो कई लोगों को सूक्ष्म जगत में हुए अपने सुख को याद रखने से रोकता है। यह इस प्रकार है: जब कोई सूक्ष्म शरीर में होता है, तो भौतिक शरीर की तुलना में कहीं अधिक उच्च गति से कंपन करता है। शरीर छोड़ते समय यह एक आसान मामला है, क्योंकि जब कोई शरीर से "बाहर" जा रहा होता है, तो कंपन के अंतर का कोई फर्क नहीं पड़ता है, पर बाधाएं तब होती हैं जब हम अपने शरीर में वापस लौटते हैं और अगर हम जानते हैं कि ये क्या बाधाएं हैं तो हम उन पर सचेत रह कर सोच सकते हैं और सूक्ष्म और भौतिक शरीरों को किसी प्रकार से सुव्यवस्थित करने में मदद कर सकते हैं।

हम कल्पना करें कि हम सूक्ष्म शरीर में हैं, हमारा भौतिक शरीर हमारे नीचे है। यह भौतिक शरीर एक निश्चित गति से कंपन कर रहा है, लगभग "धीरे-धीरे चलता रहता है", जबकि सूक्ष्म शरीर जीवन और जीवन शक्ति का एक साथ कंपन है, क्योंकि सूक्ष्म में आप बीमार नहीं रहते या कष्ट नहीं होता। शायद यह हमारी मदद करेगा अगर हम पृथ्वी से संबंधित चीज़ें देखते हैं। आइए हम इस बात पर विचार करें कि हम बस में यात्रा कर रहे एक व्यक्ति की समस्याओं से निपट रहे हैं, वह बस, प्रति घंटे, बीस या तीस मील की दूरी तय कर रही है और वह यात्री तत्काल बस को छोड़ने की इच्छा करता है, जो दुर्भाग्य से रोकी नहीं जा सकती है। तो समस्या यह है कि यात्री को इस तरह से बस से कूदना पड़ता है कि वह किसी तरह से खुद को नुकसान पहुंचाए बिना सड़क मार्ग में उतर जाए। यदि वह लापरवाह है तो वह बुरी तरह से क्षतिग्रस्त हो जाता है, लेकिन अगर वह जानता है कि कैसे, तो इसे आसानी से किया जा सकता है, क्योंकि

उसने अक्सर बस कर्मचारियों को ऐसा करते देखा है। हमें अनुभव से सीखना होगा कि जब वाहन चल रहा हो तो बस से कैसे उतरें, हमें यह भी सीखना होगा कि दो शरीरों की गति अलग-अलग होने पर शरीर में वापस कैसे जाएं।

जब हम सूक्ष्म यात्रा से लौटते हैं तो हमारी समस्या शरीर में प्रवेश करने की होती है। फिर से कहें, जब हम भौतिक में होते हैं उसकी तुलना में सूक्ष्म शरीर में बहुत अधिक मात्रा में कंपन करते हैं और जैसा कि हम एक को धीमा नहीं कर सकते हैं और न ही सीमित मात्रा से बहुत अधिक दूसरे को गति दे सकते हैं, हमें तब तक इंतजार करना होगा जब तक हम दोनों के बीच " समस्वर को समकालिक "* न बना लें। अभ्यास के साथ हम ऐसा कर सकते हैं, हम भौतिक शरीर को थोड़ा गति दे सकते हैं और सूक्ष्म शरीर को थोड़ा धीमा कर सकते हैं ताकि जब वेव्यापक रूप से अलग कंपन पर हों, तो एक मौलिक समस्वर (हार्मोनिक)हो - कंपन की अनुकूलता - दोनों के बीच, और वह हमें "सुरक्षित रूप से" प्रवेश करने में सक्षम बनाता है। यह अभ्यास, सहज, जातीय-स्मृति अभ्यास की बात है, और जब हम यह कर सकते हैं, तो हम वापस लौटकर अपनी सभी यादों को बरकरार रख सकते हैं।

क्या आपको यह महसूस करना मुश्किल है? तो फिर हम कल्पना करें कि आपका सूक्ष्म शरीर एक ग्रामोफ़ोन ध्वनिग्रह है। आपका भौतिक शरीर एक ग्रामोफ़ोन रिकॉर्ड हैं, घूमने के लिए - क्या गति जो हमें चाहिए ? - 48 आरपीएम? हमारी समस्या सुई को घूर्णन रिकॉर्ड पर रखना है ताकि हम एक विशेष शब्द या एक विशेष संगीत नोट पर आघात कर सकें। यदि आप पहले से चुने हुए निर्धारित शब्द या संगीत नोट को बजाने के लिए इस ग्रामोफ़ोन ध्वनिग्रह को रिकॉर्ड के संपर्क में रखने की कठिनाइयों के बारे में सोचते हैं, तो आप सराहना करेंगे कि सूक्ष्म शरीर के बरकरार यादों के साथ वापस आना कितना कठिन (अभ्यास के बिना) है।

अगर हम अनाड़ी हैं या अनभ्यस्त हैं और हम *"समकालिक" में आए बिना वापस आ जाते हैं, तो हम पूरी तरह से"अस्वस्थ" महसूस करते हैं, हम हर

---

* synchronize - समकालीन/ एक ही समय में होने वाले

चीज़के साथ कष्ट महसूस करते हैं; हमारे पास माइग्रेन होता है, संभवतः हम बीमार और चिड़चिड़े महसूस करते हैं। ऐसा इसलिए है क्योंकि कंपन के दो सेट एक टकराव के साथ जुड़ जाते हैं, जैसे कि एक व्यक्ति को अनाड़ी तरीके से एक कार में गियर बदलने पर लय भंग होती है और बहुत निश्चित टक्कर हो सकती है। यदि हम कंपन की गलत दर (गति) पर वापस आते हैं, तो हम पाते हैं कि सूक्ष्म शरीर भौतिक शरीर में बिल्कुल फिट नहीं होता है, यह एक तरफ या दूसरी तरफ झुका हो सकता है और परिणाम पूरी तरह से निराशाजनक हो जाता है। यदि हम इतने दुर्भाग्यशाली हैं तो हमारे लिए ऐसा करना एकमात्र इलाज होगा, कि हम फिर से सो जायें या जितना संभव हो सके उतने समय तक आराम करें, न हिलना, न यह सोचना कि क्या कोई और इसे व्यवस्थित कर सकता है और अभी भी इस स्थिति को बनाए रखें और फिर एक बार सूक्ष्म शरीर को भौतिक से मुक्त करने की कोशिश करें। सूक्ष्म शरीर भौतिक शरीर से कुछ फीट ऊपर उठ जाएगा और फिर अगर हम इसकी अनुमति देते हैं, तो यह नीचे उतर जाएगा और सही संरेखण में भौतिक शरीर में वापस आ जाएगा। हम अब बीमार या उदास महसूस नहीं करेंगे। यह केवल अभ्यास करना हैं और इसमें शायद आपको दस मिनट समय लगते हैं। बजाय एक हड़बड़ी में कूदने और महसूस करने कि आप मौके पर मर कर खुश होंगे की तुलना करने से बेहतर महसूस करने के लिए यह दस मिनट और देना बेहतर है, क्योंकि आप तब तक बेहतर नहीं होंगे और अच्छा महसूस नहीं करेंगे जब तक आप फिर से सो नहीं जाते और दो शरीरों पूरी तरह से संरेखण में आने के लिए अपनी अनुमति नहीं देते।

कभी-कभी कोई व्यक्ति बहुत ही अजीब सपनों की यादों के साथ सुबह जागरूकता में वापस आता है। संभवतः यह कुछ ऐतिहासिक घटनाओं का हो सकता है या यह वस्तुतः "दुनिया से पार" का हो सकता है। आपके अभ्यास के साथ आप आकाशिक रिकॉर्ड से संपर्क कर सके हों, ऐसे मामले में यह संभव हो सकता है, (हम बाद के अध्याय में इसकी चर्चा करेंगे) कि आप देख सकते हैं कि अतीत में क्या हुआ था या कभी-कभार, भविष्य में क्या होगा। महान भविष्य द्रष्टा जो भविष्यवाणी करते हैं वे अक्सर भविष्य में आगे जाकर देख सकते हैं, पर इसकी सिर्फ संभावनाएं देख सकते हैं, वास्तविकताओं को नहीं, क्योंकि वे यथार्थ में

नहीं हुए हैं, लेकिन संभावनाएं ज्ञात हो सकती हैं और पहले बतायी जा सकती हैं। आप बहुत सी चीज़ें देखेंगे, तो ज्यादा से ज्यादा स्मृति को विकसित कर सकते हैं कि सूक्ष्म में क्या होता है और आप उतना ज्यादा लाभ प्राप्त कर सकते हैं क्योंकि बहुत अधिक कठिन परिश्रम और परेशानी के साथ कुछ सीखने का कोई मतलब नहीं है अगर कोई इसके बारे में अगले कुछ मिनट में सब भूल जा रहा है।

अक्सर ऐसा होता है कि एक व्यक्ति सुबह चिड़चिड़े मूड से उठता है, वह पूरी तरह से दुनिया से नफरत करता है, और ऐसी तमाम नाराज़गी उसके भीतर है। वास्तव में चिड़चिड़े और उदास मूड से उबरने में उसे कई घंटे लगते हैं। इस विशेष रवैये के कई कारण हैं, एक तो यह है कि सूक्ष्म अवस्था में व्यक्ति सुखद चीज़ेंकर सकता है, सुखद स्थानों पर जा सकता है और प्रसन्न लोगों को देख सकता है। सामान्यतः व्यक्ति सूक्ष्म शरीर के मनोरंजन के लिए सूक्ष्म यात्रा में जाता है जबकि भौतिक शरीर सोता है और पुनः स्वस्थ होता है। सूक्ष्म में स्वतंत्रता की भावना होती है, प्रतिबंध और दबाव की पूरी कमी, यह भावना वास्तव में अद्भुत होती है। और फिर एक और दिन शुरू करने के लिए शरीर में वापस बुलावा आता है - क्या? पीड़ा? कठोर परिश्रम? जो भी हो यह आमतौर पर दुख है और इसलिए सूक्ष्म शरीर वापस आता है, वह सूक्ष्म संसार के सुख से अलग हो गया है, सचमुच में जागने पर व्यक्ति का दुखी और चिड़चिड़ा स्वभाव होता है।

एक और कारण इतना सुखद नहीं है, वह यह है, कि जब हम पृथ्वी पर होते हैं तो हम कक्षा में सीखने वाले बच्चों के रूप में होते हैं, या वह सीखने की कोशिश करते हैं, जो सबक को हमने खुद पृथ्वी पर आने से पहले योजना किए थे। जब हम सो जाते हैं, तो ऐसा होता है कि सूक्ष्म शरीर पृथ्वी रुपी "स्कूल को छोड़" सकता है और दिन के अंत में घर जा सकता है उसी तरह जैसे बच्चे दिन के अंत में अपने घर लौटते हैं। कई बार हालांकि, एक व्यक्ति जो पृथ्वी पर आत्म संतुष्ट और प्रसन्न है, वह सोचता है कि वह बहुत महत्वपूर्ण व्यक्ति है, वह सो जाएगा और फिर सुबह में एक खराब मूड में जागता है। यह आमतौर पर इसलिए है क्योंकि उस व्यक्ति ने सूक्ष्म संसार में देखा है कि वह भौतिक पृथ्वी पर अपने

जीवन की एक चौंकाने वाली गड़बड़ी कर रहा है, इसलिए वास्तव में सभी संतुष्टिऔर सभी प्रसन्नता उसे कहीं नहीं मिल रही है। वह बिल्कुल भी ऐसा समझ नहीं पाता है क्योंकि उसके पास अपार धन और कई एकड़ संपत्ति का संग्रह हैं, यानी वह एक अच्छा काम कर रहा है। हम पृथ्वी पर विशिष्ट चीज़ों को सीखने के लिए आते हैं जैसे कि स्कूल या कॉलेज जाने वाला व्यक्ति विशिष्ट चीज़ें करना सीखता है। आपको यह उदाहरण देना काफी व्यर्थ होगा, कि एक कॉलेज का छात्र एक कोर्स करने के लिए धर्मशास्त्र डिग्री के एक विद्वान के पास जाकर दाखिला लेता है और फिर बिना कुछ उपयुक्त कारण से पता चलता है कि वह कुछ स्थानीय शहर से सभी कचरा, सारी गंदगी इकट्ठा करने जा रहा था, ठीक वैसे ही बहुत से लोग सोचेंगे कि वे असाधारण रूप से अच्छा काम कर रहे हैं क्योंकि वे अन्य लोगों को ठग कर, अधिक दाम वसूलकर, आम तौर पर मुनाफाखोरी करके धन इकट्ठा कर रहे हैं और "बुरे सौदे" कर रहे हैं। वे लोग जो "वर्ग चेतना" या कल के नवाब जैसे हैं, जो वास्तव में साबित नहीं हो रहे हैं, सिवाय इसके कि वे पृथ्वी पर अपने जीवन में असफलता की प्रतिध्वनि कर रहे हैं। एक समय आएगा जब हर किसी को वास्तविकता का सामना करना पड़ता है और वास्तविकता इस पृथ्वी पर नहीं है, क्योंकि यह भ्रम की दुनिया है जिसमें सभी मूल्य गलत हैं, जहाँ शिक्षा के प्रयोजनों से व्यक्ति मानता है कि पैसा, अस्थायी शक्ति और प्रतिष्ठा सभी मायने रखती है। इस मामले से आगे कुछ भी नहीं हो सकता है, भारत के और अन्य जगहों में माँगने वाले भिक्षुओं के पास शक्तिशाली फाइनेंसर की तुलना में भविष्य के जीवन के लिए अधिक आध्यात्मिक मूल्य होते हैं, वे फाइनेंसर जो गरीब लोगों को अत्यधिक ब्याज पर पैसा देते हैं, वो ग़रीब वास्तव में तंगी में है और इनसे पीड़ित है। ये फाइनेंसर (क्या वास्तव में वे पैसा उधार देने वाले हैं) वास्तव में घरों और उन लोगों के भविष्य को बर्बाद कर देते हैं जो इतने दुर्भाग्यपूर्ण हैं कि जबरदस्ती वसूली करने वाले भुगतान के कारण पिछड़ जाते हैं।

---

* nouveau riche - हाल ही में धनी बना व्यक्ति जो अपने धन का प्रदर्शन करता है; नव धनाढ्य/ कल का नवाब

उन शक्तिशाली फाइनेंसरों में से किसी एक को और उनकी तरह के अन्य लोगों को नींद में जाने दें और मान लें कि किसी विशेष कारण से वे शरीर से मुक्त हो सकते हैं और काफी दूर चले जाते हैं, यह देखने के लिए पर्याप्त होता है कि वे किस तरह की गड़बड़ कर रहे हैं। जब वे पूरी तरह से चौंकाने वाली स्मृति के साथ वापस आते हैं, वे इस जागरूकता के साथ वापस आते हैं कि वे वास्तव में क्या है और एक दृढ़ संकल्प के साथ भी, कि वे " नया जीवन शुरु करेंगे"। पर दुर्भाग्य से जब वे भौतिक शरीर में वापस आते हैं, तो वैसे भी वे निम्न प्रकार के लोग होते हैं, वे याद नहीं कर सकते हैं और इसलिए सिर्फ यह कहते हैं कि उनकी एक अशांत रात थी, वे अपने नौकरों पर चिल्लाते हैं और आम तौर पर सभी को धौंस दिखाते हैं। और इसलिए वे "सोमवार सुबह ब्लूज़" यानी सोमवार की सुबह उदासी और सुस्ती के सामने हार मान जाते हैं, लेकिन दुख की बात है कि वे सोमवार सुबह ही नहीं बल्कि लगभग हर दूसरे दिन ऐसा होने देते हैं।

"सोमवार की उदास सुबह।" हाँ, यह वास्तव में एक विशेष कारण का मामला होता है। ज्यादातर लोगों को काफी नियमित रूप से काम करना पड़ता है या सप्ताह में सभी दिनों के दौरान किसी तरह से घंटों काम करना पड़ता है, सप्ताह के अंत में विश्राम का समय, काम परिवर्तन और अक्सर आयोजन स्थल होते हैं। लोग सप्ताह के अंत में अधिक शांति से सोते हैं और इसलिए सूक्ष्म शरीर बाहर निकल जाता है और आगे की यात्रा करता है, यह वहाँ तक ऊपर जाता है जहाँ शायद यह देख सकता है कि पृथ्वी पर भौतिक शरीर किस तरह का काम कर रहा है और फिर जब यह वापस लौटता है ताकि भौतिक शरीर सोमवार सुबह काम शुरू कर सकें, तो आम तौर पर बहुत निराशा होती है जो "सोमवार सुबह उदास" का कारण है।

फिर भी लोगों के एक अन्य वर्ग को कुछ क्षणों के लिए हमारा ध्यान आकर्षित करना चाहिए, जो लोग बहुत कम सोते हैं। ये लोग अपने सूक्ष्म अंतरात्मा से इतने अधिक दुर्भाग्यपूर्ण हैं कि सूक्ष्म शरीर भौतिक को बिल्कुल छोड़ना नहीं चाहता है और बाहर जाकर चीज़ों का सामना करने के लिए तैयार नहीं होता है। अक्सर एक शराबी काफी दिलचस्प सत्ताओं के कारण सो जाने से डरता होगा जो उसके सूक्ष्म शरीर के आसपास इकट्ठा होते हैं। हम पहले ही "गुलाबी

हाथियों" और उस प्रकार के अन्य जीव जन्तुओं और वनस्पतियों की चर्चा कर चुके हैं।

ऐसे मामले में, (जब नींद कम करते हो) भौतिक शरीर जाग्रत रहेगा और इसी कारण भौतिक और सूक्ष्म पर बहुत दुख होगा। आप शायद उन लोगों को जानते हैं जो हर समय घबराये रहते हैं, वे हर समय चलते फिरते हैं, वे "चिड़चिड़े" हैं और एक पल के लिए भी आराम नहीं कर सकते हैं। अक्सर ये सभी लोग ऐसे होते हैं, जिनके दिमाग में इतना कुछ होता है - उनकी अंतरात्मा पर - कि वे ऐसी परिस्थिति में आराम करने की हिम्मत नहीं करते हैं क्योंकि वे सोचना शुरू कर देते हैं और महसूस करते हैं कि वे कौन हैं, और वे क्या कर रहे हैं, और वे क्या नहीं कर रहे हैं। तो आदत शुरू हो जाती है - कोई नींद नहीं, कोई विश्राम नहीं, कुछ भी ऐसा नहीं जो ओवरसेल्फ को भौतिक के संपर्क में रहने का अवसर देता हो। ये लोग उस घोड़े की तरह हैं जिसने अपने दांतों के बीच लगाम ले लिया है और सभी ख़तरों के लिए सड़क पर बेतहाशा भाग रहा है। यदि लोग सो नहीं सकते हैं, तो वे पृथ्वी पर जीवन के द्वारा लाभ नहीं उठा सकते हैं और इस जीवन में मुनाफा नहीं कमा सकते हैं, फिर उन्हें अगली बार बेहतर काम करने के लिए आना होगा।

क्या आपको आश्चर्य होता है कि यह कैसे तय किया जाए कि एक सपना मनगढ़ंत कल्पना है या एक सूक्ष्म यात्रा की विकृत स्मृति है? सबसे आसान तरीका है कि आप अपने आप से पूछें, क्या आपने उस सपने में अधिक स्पष्टता के साथ चीज़ोंको देखा हैं? यदि आप देखते हैं, तो यह सूक्ष्म यात्रा की एक स्मृति है। क्या रंग अधिक उज्ज्वल थे जितना कि आप उन्हें देखकर पृथ्वी पर याद कर सकते हैं? फिर से कहेंगे, यह सूक्ष्म यात्रा है। अक्सर आप किसी प्रियजन का चेहरा देखेंगे, या किसी प्रिय व्यक्ति की मजबूत छाप पाएंगे, ऐसा इसलिए होता है क्योंकि आप सूक्ष्म यात्रा करके उस व्यक्ति से मिलने गए होंगे, और अगर आप किसी प्रियजन की तस्वीर को सामने रखकर सोने के लिए जाते हैं, तो आप यह सुनिश्चित कर सकते हैं कि जब आप अपनी आँखें बंद करेंगे और अपने आप को आराम करने देंगे, तो आप वहाँ यात्रा करने जाएंगे।

आइए हम सिक्के का दूसरा पहलू लें। हो सकता है कि आप सुबह परेशान उठे हों और थोड़ा नाराज़ न हों पर किसी विशेष व्यक्ति के बारे में सोच रहे हों जिसके साथ आप निश्चित रूप से सामंजस्य नहीं रखते हैं। शायद आप उस व्यक्ति के बारे में सोचते हुए, आपके और उसके बीच हुए कुछ झगड़े के बारे में सोचते हुए सो गए हो। आप सूक्ष्म में उनसे मिलने गए होंगे और सूक्ष्म में उन्होंने आपके साथ भी समस्याओं के समाधान पर चर्चा की थी। आप मामला सुलझा सकते हैं, आप दोनों अपने सूक्ष्म स्थिति में यह तय कर सकते हैं कि पृथ्वी पर आप दोनों को समाधान याद रहेगा और आप एक सौहार्दपूर्ण समझौते पर आएंगे। या दूसरी ओर, लड़ाई और भी अधिक तीव्रता की हो सकती है ताकि जब आप पृथ्वी पर वापस आयें तो आपके पास पहले की तुलना में एक-दूसरे के प्रति अधिक से अधिक घृणा हो। लेकिन कोई फर्क नहीं पड़ता कि आपके पास एक सौहार्दपूर्ण व्यवस्था थी या नहीं, यदि भौतिक में वापस प्रवेश करने में, आपको एक बुरा झटका लगा था या अपने भौतिक शरीर के साथ खुद को समकालीन नहीं किया था, तो आपके सभी अच्छे इरादे, आपकी सभी अच्छी व्यवस्थाएं बिखर जाएंगी, विकृत हो जाएंगी और जगाने पर असंगति, नफ़रत और कटु कुंठित क्रोध होगा। सपने - तथाकथित - एक और दुनिया की खिड़कियां हैं। अपने सपनों को विकसित करें, उनकी जांच करें, जब आप रात को सोने के लिए जाते हैं, तो तय करें कि आप "स्वप्न सच" करने जा रहे हैं, यानी यह तय करें कि जब आप सुबह जागेंगे तो आपके साथ रात में जो कुछ हुआ था, उसकी स्पष्ट और अदूषित स्मृति आपके पास होगी। यह किया जा सकता है, यह किया जाता है, यह केवल पश्चिमी दुनिया में जहाँ इतना संदेह है, सबूत के लिए बहुत शोर सुनाई देता है, कि लोगों को यह मुश्किल लगता है। पूरब के कुछ लोग समाधि में चले जाते हैं, जो आखिरकार भौतिक से बाहर निकलने का एकमात्र तरीका है। कुछ लोग सो जाते हैं, और जब वे जागते हैं तो उनके पास उन समस्याओं के जवाब होते हैं जो उन्हें हैरान करते हैं। आप यह भी कर सकते हैं, आप भी, अभ्यास के साथ, और निष्कपट इच्छा के साथ सिर्फ भलाई करने के लिए यह करना चाहते हैं कि "सपने सच हो" और उस खिड़की को पूरी तरह से अस्तित्व के सबसे शानदार चरण में खोल दें।

अध्याय

अठारह

हम इस कोर्स के माध्यम से पिछले कुछ समय से एक-दूसरे को जानते हैं। शायद हमें अपनी स्थिति का जायजा लेने के लिए थोड़ी देर रुकना चाहिए और अपने बारे में देखना चाहिए और यह सोचना चाहिए कि हमने क्या पढ़ा है और संभवतः जो हमने सीखा है। मनोरंजन के उद्देश्य से हर बार रोकना आवश्यक है। क्या आपको कभी लगा है कि "मनोरंजन" करना वास्तव में "पुनः सृजन" करना है? हम इस तथ्य का उल्लेख करते हैं क्योंकि यह सभी थकान से बँधे हुए है, अगर कोई थक जाता है तो वह श्रेष्ठ काम नहीं कर सकता है। क्या आप जानते हैं कि जब आप थक जाते हैं तो क्या होता है?

हमें यह समझने के लिए फिजियोलॉजी के बहुत ज्ञान की आवश्यकता नहीं है कि अगर हम एक मांसपेशी पर अत्यधिक भार डालते हैं तो हमें कठोरता, पीड़ा क्यों मिलती हैं? आइए विचार करें कि अगर हम एक निश्चित कार्य को दोहरा रहे हैं, शायद दाहिने हाथ से भारी वजन उठा रहे हैं। तो ठीक एक समय के बाद दाहिने हाथ की मांसपेशियों में हमें दर्द होना शुरू हो जाता है, हमें मांसपेशियों में एक अजीबोगरीब अनुभूति होती है और अगर हम बहुत लंबे समय तक इसे जारी रखते हैं, तो हम केवल कष्ट के बजाय वास्तविक दर्द को सहते हैं। हमें इसे और भी करीब से देखना चाहिए।

इस पाठ्यक्रम के दौरान यह जोर दिया गया है कि सभी जीवन का स्त्रोत विद्युतीय है। जब भी हम कुछ सोचते हैं, तब हम एक विद्युत प्रवाह उत्पन्न करते हैं, जब भी हम एक उंगली को आगे बढ़ाते हैं तब भी विद्युत प्रवाह को हम एक तंत्रिका आवेग के रूप में भेजते हैं, जो एक मांसपेशी को कार्य करने में "गैल्वनाइज"(प्रेरित) करता है। परन्तुहम अपने हाथ पर विचार करें जिसके साथ हमने अधिक श्रम करके अन्याय किया है, हम बार-बार बहुत लंबे समय से कुछ उठा रहे हैं और इससे मस्तिष्क से विद्युत प्रवाह को ले जाने वाली नसें अत्यधिक

तनावग्रस्त हो गई हैं। बिल्कुल उसी तरह जैसे कि अगर हम एक साधारण घर का फ्यूज लेते है और आप इसे ओवरलोड करते हैं, तो फ्यूज तुरंत नहीं उड़ सकता, लेकिन इसके बजाय यह ओवरलोड होने का सबूत दिखाएगा यानी यह फीके रंग का हो जाएगा। तो मांसपेशियों की नसें निरंतर विद्युत प्रवाह का मार्ग के होने के कारण अत्यधिक तनावग्रस्त हो जाती हैं और मांसपेशियों स्वयं के लगातार विस्तार और संकुचन से भी थक जाती हैं।

वे नसें क्यों थक जाती हैं? इसका जवाब देना आसान है। जब हम एक अंग को हिलाते हैं, तो हमारी मांसपेशियां मस्तिष्क से उत्तेजित हो जाती हैं। विद्युत प्रवाह के कारण मांसपेशियों की संरचना में स्राव होता है, जिसके कारण से मांसपेशियों के रेशे अलग हो जाते हैं, इसलिए अगर दबाव से पृथक हुई आपको पूरा रेशा मिलता है, या रेशों का संग्रह मिलता है, तब इस अलग होने का परिणाम कुल लंबाई को कम करता है, और इसका मतलब है कि एक अंग को झुकाना पड़ता है। यह सब ठीक है - हम शरीर विज्ञान में नहीं जा रहे हैं - लेकिन एक द्वितीयक परिणाम यह होता है, कि निहित रसायन के कारण मांसपेशियाँ एक सीमा तक पृथक होती हैं और टिशु (ऊतक)में क्रिस्टलीकृत और सन्निहित हो जाती हैं। इस प्रकार यह है कि ऊतक द्वारा अवशोषित कर सकने की तुलना में यदि मांसलता में हम इन स्रावों को, इन रसायनों को जल्दी से भेजते हैं, तो परिणाम क्रिस्टल (रवेदार) होंगे, और उन क्रिस्टलों में बहुत तेज धार होगी, यदि हम माँसपेशियों को हिलाने के प्रयास में करते रहे तो काफी दर्द होगा। हम केवल एक दिन या दो दिनों तक शायद प्रतीक्षा कर सकते हैं, जब तक कि क्रिस्टल फिर से अवशोषित नहीं हो जाते और मांसपेशियों के तंतु फिर से एक दूसरे पर आसानी से और सहजता से सरकने के लिए स्वतंत्र नहीं हो जाते हैं। यह मार्ग में टिप्पणी करने योग्य है कि जब किसी को गठिया होता है, तो शरीर के विभिन्न अतिसंवेदनशील भागों में क्रिस्टल होते हैं, जो ऊतक को एक साथ फँसा देते हैं। दरअसल, गठिया से पीड़ित कोई भी व्यक्ति पीड़ित अंग को हिला सकता है, लेकिन ऐसा करने से ऊतक में अटके क्रिस्टल की वजह से तीव्र दर्द होगा। यदि हम क्रिस्टल को विलय करने का कोई तरीका पा सकते हैं, तो हमें गठिया को ठीक करने में सक्षम हो जाएंगे, लेकिन यह अभी तक उपलब्ध नहीं है।

यह हमें विषय से दूर ले जा रहा है, हालांकि हमारे मूल उद्देश्य से हमने जो कुछ सीखा है उस पर विचार करने के लिए या दूसरे विचारों के लिए शायद यह ठीक नहीं है। यदि आप बहुत कोशिश कर रहे हैं तो आप कहीं नहीं पहुंचेंगे क्योंकि आपका मस्तिष्क अति शिथिल हो जाएगा। बहुत से लोग मध्यम मार्ग को नहीं अपना सकते हैं क्योंकि उनकी परवरिश के दौरान यह विश्वास दिलाया गया है कि केवल सबसे कठिन काम करने से ही योग्यता प्राप्त होती है। लोग परिश्रम करते हैं और गुलाम बनते हैं, और उन्हें कुछ नहीं मिलता क्योंकि वे अति-प्रयत्नशील होते हैं। कभी-कभी जो लोग इतनी मेहनत करते हैं, वे बहुत अधिक थक जाते हैं और फिर वे भयानक बातें कहते हैं क्योंकि बिल्कुल वस्तुतः वे अपनी पूर्ण इंद्रियों के कब्जे में नहीं हैं। जब हम थक जाते हैं, तो मस्तिष्क में उत्पन्न विद्युत प्रवाह मंद और कम हो जाती ह, और इसलिए "नकारात्मक" विद्युत, सकारात्मक आवेगों को रद्द करके अपने नियंत्रण में ले लेती है जिससे हम चिड़चिड़े हो जाते हैं। चिड़चिड़ा स्वभाव शांत स्वभाव के विपरीत है, यह शांत स्वभाव का नकारात्मक पहलू है, और अगर हम खुद को अधिक थकान या किसी अन्य कारण के माध्यम से चिड़चिड़ा होने देते हैं, तो इसका मतलब है कि हम वास्तव में कोशिकाओं को बिगाड़ रहे हैं जो हमारे भीतर विद्युत पैदा करते हैं। क्या आप एक कार चलाते हैं? क्या आपने कभी अपनी कार की बैटरी को देखा हैं? यदि आप देखते हैं तो आप कई बार बैटरी के कुछ टर्मिनलों के आसपास सबसे अप्रिय हरे रंग का जमाव देख सकते हैं। आखिरकार, यह बैटरी से कार तक जाने वाले तारों को नष्ट कर देगा। उसी तरह, अगर हम खुद को उपेक्षित करते हैं क्योंकि हमने उस बैटरी की भी उपेक्षा की थी, तो हम पाते हैं कि हमारी खुद की क्षमता गंभीर रूप से क्षीण हो गई है और तब हमारे पास चिड़चिड़े स्वभाव का एक पैटर्न होता है। कभी-कभी ऐसा होगा, एक पत्नी जिसने अपनी शादीशुदा ज़िंदगी को सबसे अच्छे इरादों से शुरू किया है, वह अपने पति के बारे में थोड़ा शक करके पीड़ा देने में डूब जाएगी, वह उन शंकाओं का हल्ला करेगी और उन शंकाओं को कुछ समय में दोहराकर वह एक आदत बना लेगी और इस तरह संभवतः इसके बारे में कुछ भी जाने बिना वह एक गृहिणी, इस दुनिया के सबसे अप्रिय जीवों में से एक, पीड़ा देने वाली झगड़ालू स्त्री में बदल जाएगी।

शांत स्वभाव रखें, ताकी आप बेहतर स्वास्थ्य पायें, पतले होने के लिए उस सनक में भी मत जाइए क्योंकि मोटा व्यक्ति औसत रूप से पतले रोगी की तुलना में बेहतर स्वभाव वाला होता है, जैसे पतले लोग हड्डियों के लगभग झुनझुने की तरह चारों तरफ लड़खड़ा कर चलते हैं।

यह मामला "मध्यम मार्ग" का है, यह स्पष्ट है कि व्यक्ति को सभी परिस्थितियों में सर्वश्रेष्ठ करना चाहिए। यह उतना ही स्पष्ट है कि व्यक्ति अपने सर्वश्रेष्ठ से अधिक नहीं कर सकता है और "सर्वश्रेष्ठ" से पार का प्रयास करना केवल प्रयास को गँवाना है जो अनावश्यक रूप से व्यक्ति को थका देता है। एक व्यक्ति को उत्पादक स्टेशन के रूप में देखें, हमारे पास एक विद्युत उत्पादक स्टेशन है जो एक निश्चित संख्या में लैंप के लिए प्रकाश प्रदान कर रहा है। यदि जनरेटर इतनी गति से चलता है, या इतना उत्पादन प्रदान करता है कि लैंप की आवश्यकताएं आसानी से पूरी हो जाती हैं, तो जनरेटर अपनी क्षमता के भीतर अच्छी तरह से काम करेगा। लेकिन अगर किसी कारण से जनरेटर की गति तेज हो जाती है और विद्युत उत्पादन लैंप द्वारा अवशोषित करने की क्षमता से बहुत अधिक हो जायें, तो सभी अतिरिक्त उत्पादन को हटाकर कहीं पर व्यर्थ डाल देना चाहिए, क्योंकि यह जनरेटर के कार्यकाल को भी बर्बाद करता है जो अनावश्यक बहुत तेजी से अधिक चल रहा है।

इसे समझाने का एक और तरीका है, आपके पास एक कार है और आप हाइवे पर जाना चाहते हैं, शायद तीस मील प्रति घंटा (ज्यादातर लोग उससे बहुत तेज जाना चाहते हैं, लेकिन तीस मील प्रति घंटा हमारे उदाहरण के लिए काफी अच्छा है)। यदि आप एक समझदार ड्राइवर हैं, तो आप शीर्ष गियर में चलायेंगे, बस एक साथ तीस मील प्रति घंटे की रफ्तार से इंजन को घुमाएंगे। उस गति से इंजन का बहुत कम घिसाव होगा और इंजन पर कोई तनाव नहीं होगा और अपनी क्षमता के भीतर अच्छी तरह से काम करेगा। लेकिन मान लीजिए कि आप इतने अच्छे ड्राइवर नहीं हैं और आप हाईवे पर तीस मील प्रति घंटे की रफ्तार से निम्नतम गियर पर भार डालकर चलाते हैं। फिर गियर बदलने की वजह से इंजन पांच या छह गुना तेज चल सकता है और शायद इंजन उतनी ही ताकत उतना ही प्रयास लगाएगा, जितना उसे टॉप गियर में सौ मील प्रति घंटे चलने में

ज़रूरतहोती। जिस उद्देश्य को पूरा करने के लिए आप इसे शीर्ष गियर में चलाते उसकी तुलना में अब आपको बहुत शोर मिलेगा, भयानक पेट्रोल की खपत होगी और इंजन पांच या छह गुना ज्यादा घिस जाएगा।

मध्यम मार्ग लेना उस समय समझदारी वाला रास्ता होता है, जब एक विशिष्ट कार्य के लिए उतना ही आवश्यक श्रम करते हैं, जिससे कार्य पूरा किया जा सकें। लेकिन अपने जीवन और अपनी ऊर्जा को अधिक परिश्रम करने में गँवाना नहीं चाहिए। बहुत से लोग सोचते हैं कि उन्हें बहुत ज्यादा काम करना होगा और वे एक उद्देश्य को पूरा करने के लिए जितना कठिन काम करेंगे, उतनी ही ज्यादा योग्यता उनको मिलेगी। किसी भी स्थिति में और अधिक कुछ भी नहीं होगा, हम इसे अक्सर दोहरा नहीं सकते हैं, कि व्यक्ति को हमेशा केवल वर्तमान में किए जा रहे कार्य के लिए पर्याप्त कठिन काम करना चाहिए।

लेकिन हमें मनोरंजन विषय पर वापस आना चाहिए। मनोरंजन, जैसा कि हमने कहा है, फिर से सृजन करना (री-क्रीयेशन) है। अगर हम खुद को थकाते हैं तो इसका मतलब है कि शरीर की कुछ खास मांसपेशियां, केवल कुछ क्षेत्र ही थक गए हैं। उदाहरण के लिए, यदि हम अपने दाहिने हाथ को बहुत ऊपर उठा रहे हैं, शायद ईंटों का स्थानांतरण या किताबों का स्थानांतरण, तो हाथ थकना शुरू हो जाएगा, दर्द होना शुरू हो जाएगा, लेकिन हमारे पैर अभी भी काम कर रहे हैं, जैसे कि हमारे कान या हमारे आंखें ठीक काम कर रही हैं। तो चलिए हम पुनः सृजन करने के लिए, सैर को जाते हैं, अच्छा संगीत सुनते हैं, या किताब पढ़ते हैं। ऐसा करने में हम अपनी दूसरी नसों और दूसरी मांसपेशियों का उपयोग कर रहे हैं और वास्तव में हम उन मांसपेशियों से तंत्रिका विद्युत के किसी भी अतिरिक्त भार को हटा देंगे, जो कि अत्यधिक तनावग्रस्त हो गयी थी और अब जिन्हें आराम करने की आवश्यकता है। तो - मनोरंजन में आप खुद को और अपनी क्षमताओं का पुनः निर्माण करते हैं।

क्या आप अपनी औरा को देखने के लिए काफी मेहनत कर रहे हैं? ईथरिक को देखने की कोशिश कर रहे हैं? शायद आप भी बहुत कोशिश कर रहे हैं। यदि आपको वह सफलता नहीं मिली है जिसकी आप इच्छा करते हैं, तो हतोत्साहित मत होइए, इसमें समय, धैर्य और बहुत विश्वास रखने की ज़रूरत है, लेकिन यह

संभव हो सकता है। क्योंकि अब आप कुछ ऐसा करने की कोशिश कर रहे हैं जो आपने पहले नहीं किया था और आप रातों रात डॉक्टर या वकील या एक महान कलाकार बनने की उम्मीद नहीं करते हैं, अगर आप उम्मीद करेंगे कि आपको एक वकील बनना हैं तो पहले आपको स्कूल जाना होगा, फिर हाई स्कूल में, और कुछ विश्वविद्यालय में भी जाना होगा। इसमें समय लगेगा, इसमें कई साल लग सकते हैं, आप हर दिन कई घंटों के लिए कर्तव्यनिष्ठा से काम करेंगे, और शायद हर रात कई घंटे अपने लक्ष्य को पाने के लिए - क्या? - एक चिकित्सक? एक वकील? एक शेयर दलाल? ये सभी संक्षेपण में होता है, आप रातोंरात परिणाम प्राप्त नहीं कर सकते। कई भारतीय दर्शन बताते हैं कि किसी भी परिस्थिति में व्यक्ति को दस साल से कम समय में दिव्यदृष्टि रूप से(क्लैयरवाइंस) देखने की कोशिश नहीं करनी चाहिए। हम बिल्कुल उस दृष्टि को स्वीकार नहीं करते हैं, हम मानते हैं कि जब कोई व्यक्ति दिव्यदृष्टि से देखने के लिए तैयार होता है, तो ही वह दिव्यदृष्टि देख पाएगा, लेकिन हम यह भी स्वीकार करते हैं कि कोई व्यक्ति रातोंरात परिणाम प्राप्त नहीं कर सकता है, आपको उसे पाने के लिए काम करना होगा, आपको अभ्यास करना होगा, आपको विश्वास रखना होगा। यदि आप एक डॉक्टर बनने के लिए अध्ययन कर रहे हैं, तो आपको अपने शिक्षकों पर विश्वास रखना है, आपको स्वयं पर विश्वास रखना है, आपको कक्षा में अपना पठन कार्य करना है, आपके कक्षा से बाहर होने पर भी अपना होमवर्क करना है और तब भी प्रशिक्षित होकर एक डॉक्टर बनने में आपको कई साल लग सकते हैं। यदि आप हमारे साथ अध्ययन कर रहे हैं, और औरा को देखने की कोशिश कर रहे हैं, तो आप कितनी देर तक अध्ययन करते हैं? सप्ताह में दो घंटे? सप्ताह में चार घंटे? खैर, हालांकि यह समय कितना ही लंबा हो आप दिन में आठ घंटे अध्ययन नहीं कर रहे हैं और साथ ही होमवर्क भी नहीं कर रहे हैं। इसलिए - धैर्य रखें क्योंकि निश्चित रूप से औरा देखी जा सकती है और देखी जाएगी यदि आपके पास धैर्य और विश्वास है।

हम पूरे वर्ष में दुनिया भर के लोगों से जबरदस्त पत्र व्यवहार कर चुके हैं, यहाँतक कि आयरन कर्टन के पीछे रहने वालों से भी पत्र व्यवहार कर चुके हैं। ऑस्ट्रेलिया में एक युवा लड़की है, जिसमें दिव्यदृष्टि (क्लैयरवॉइंस)की विशिष्ट शक्तियां हैं,

उसे अपनी इस क्षमताओं को छिपाना पड़ा क्योंकि उसके संबंधियों को उसके बारे में लगता है कि वह कुछ " विचित्र " है, अगर वह लोगों से कहती है कि वह जानती है कि वे क्या सोच रहे हैं या यदि वह उनके स्वास्थ्य की स्थिति की चर्चा कर लेती हैं। कुछ ही हफ्तों पहले टोरंटो, कनाडा में एक और महिला का पता चला है, जो ईथरिक को देख सकती है, वह उंगली की पोर से निकलती ईथरिक की विद्युत धारा के प्रवाह को देख सकती है और वह सिर के ऊपर हिलता हुआ एक "कमल का फूल" देख सकती है। उसकी प्रगति काफी साफ़ हो गई है, वह लगभग सबकी ईथरिक को देख सकती है और हम समझते हैं कि उसने अब औरा को देखना शुरु कर लिया है। वह उन भाग्यशाली लोगों में से एक हैं जो नेचर स्पिरिट्स को और फूलों की औरा को देख सकती है। एक कलाकार के रूप में वह अपने आसपास के फूलों को उनकी औरा के साथ चित्रकारी करने में सक्षम रही है।

आपको यह दिखाने के लिए कि क्लेयरवॉयंट शक्तियां किसी भी इलाके तक सीमित नहीं हैं, किन्तु दुनिया के लिए यह सार्वभौमिक हैं, हम यूगोस्लाविया में एक बहुत प्रतिभाशाली महिला से एक पत्र उद्धरण देने जा रहे हैं। हमने इस महिला को लिखा और उसे बताया कि हम इस कोर्स में उसके कुछ अनुभव को भी शामिल करना चाहते हैं और इसलिए उसने हमें एक पत्र लिखा जिसे हमें उद्धरण में शामिल करने की अनुमति दी। यहाँ वह लिखती है। हमने अंग्रेजी को बहुत थोड़ा बदल दिया है ताकि लोगों का अनुसरण करना आसान हो सके। यह रहा: -

दुनिया के दूसरे हिस्सों के सबसे प्यारे दोस्तों! हम वास्तव में ऐसे समय में रहते हैं, जो रोज़ हमसे पूछता हैं कि - जीना चाहिए या नहीं जीना चाहिए। स्टोव के पीछे एक बिल्ली की तरह बैठने का समय समाप्त हो गया है। जीवन और साथ ही साथ अमरत्व हमारे सामने प्रश्न रखता है हाँ या नहीं? हाँ या नहीं से हमारा क्या मतलब है? हमारा मतलब है कि हम अपनी आत्मा को भूखा रखेंगे और अपने शरीर को बीमार करेंगे, या अपनी आत्मा को पोषित करेंगे और अपने शरीर को स्वस्थ, सुंदर और हारमनी में बनाएंगे। मैं हमेशा आत्मा के बारे में क्यों बोलती हूं, यह कुछ ऐसा है, जो हम नहीं देख सकते हैं और हमें एक प्लेट पर सर्जन

क्या चीज़निकालकर पेश नहीं कर सकते हैं? सबसे प्यारे दोस्तों, भले ही आप आत्मा के अस्तित्व में विश्वास करते हैं या नहीं, "आत्मा वहाँ पर है !" कृपया क्या आपके पास खाली समय है? सिनेमा के लिए न तो दौड़ें और न ही फुटबॉल मैच में जाएं और न ही खरीदारी करें या मोटर कार से जाएं, एक पल के लिए सुनें, क्योंकि वास्तव में यह बहुत महत्वपूर्ण विषय है।

"हमारी पृथ्वी के पश्चिमी देशों में हमारे पास बहुत से लोग नहीं हैं जो तथाकथित अदृश्य दुनिया को देख सकते हैं या जो लोगों के औरा को देख सकते हैं। इसका अर्थ है प्रकाश या साया, अगर वहाँ प्रकाश है या शरीर के चारों तरफ एक सांसारिक आत्मा है जो प्रकाश विशेषतया व्यक्ति के सिर के चारों तरफ है। आत्मा हम में से अनन्त, अविभाज्य हिस्सा है, यह हमारा उच्च शरीर है और इसके बिना हम अस्तित्व में नहीं रह सकते। मुझे अपने शुरुआती दिनों से औरा देखने की प्रतिभा थी।

"जब मैं छोटी बच्ची थी तो मुझे लगा कि सभी लोग वो देख सकते हैं जो मैं देख सकती थी। बाद में, जब उन्होंने मुझे झूठा बुलाया या मुझे पागल घोषित कर दिया, तो मैं समझ गयी कि दूसरे लोग वह नहीं देख सकते जो मैंने देखा था। मुझे उस तरीके को बतलाने दें जिनका मैं पालन करती हूँ ।

"क्या आपने कभी किसी पेड़ के तने के भीतरी हिस्से में लकड़ी के चारों ओर की रेखाओं को देखा है?" यह उन वर्षों का संकेत देता है जिसके दौरान पेड़ जीवित रहा है, आप उसके बेकार वर्षों और फलदायी वर्षों के बारे में बता सकते हैं। संकेतों के बिना कुछ भी नहीं रहता है। कुछ भी नहीं। मैं एक बार एक पुराने चर्च के सामने खड़ी थी और देखा कि दूसरे लोग पृथ्वी पर क्या नहीं देख सकते हैं। इमारत के चारों ओर एक अद्भुत प्रकाश था, इस प्रकाश के चारों ओर इमारत के रूप में आने के बाद की रेखाएँ थीं, ठीक जैसे लकड़ी में होती हैं। मैंने रेखाओं को देखा और लोगों को उनके बारे में बताया। ठीक हर सदी के लिए यह एक रेखा थी, यह क्रोएशिया की राजधानी ज़ाग्रेब के पास रेमेते के पुराने चर्च में थी। उस समय से मैं पुरानी इमारतों के आस-पास की रेखाएँ बताने और यह कहने में सक्षम थी कि वे कितने पुराने थे। एक बार एक दोस्त ने मुझसे पूछा कि 'यह छोटा गिरिजाघर कितना पुराना है?' 'मैंने कुछ नहीं देखा' मैंने जवाब दिया, 'अभी

तक कोई लाइन नहीं है, केवल एक रोशनी हैं'। 'ठीक है' उसने कहा, 'यह गिरिजाघर सौ साल पुराना नहीं है।'

"आपने देखा, यदि किसी इमारत की 'आत्मा' होती है, तो उसके पास कितना कुछ होता होगा जो जीवित है। मैं लकड़ी, पेड़ों और घास के मैदानों, फूलों की औरा देख सकती हूँ और विशेष रूप से सूर्यास्त के बाद देख सकती हूं। यह सौम्य लेकिन प्रबल प्रकाश सभी जीवित प्राणियों के आसपास, आपके कुत्ते के साथ-साथ आपकी बिल्ली के आसपास भी है।

"क्या तुम वहाँ के छोटे पक्षी को शाम का गाना गाते हुए देखते हो? छोटे-छोटे पक्षी के चारों ओर प्रकाश का फुहारा कैसे होता है, इसकी आत्मा खुशी से टिमटिमाती है। लेकिन मैंने यह भी देखा, कि एक लड़के ने आकर उस छोटी सी चिड़िया को गोली मार दी। छोटी औरा अभी भी एक पल को झिलमिलाती है और फिर गायब हो गई। यह प्रकृति में रोने जैसा था। मैंने इसे देखा, मैंने यह महसूस किया, और मैंने इसके बारे में बात की और उन्होंने मुझे मूर्ख कहा।

"जब मैं अठारह साल की थी तब मैं एक दिन दर्पण के सामने खड़ी थी। रात हो गई थी और मैं बिस्तर पर जाने की तैयारी कर रही थी। कमरे में लगभग अंधेरा था, मैं एक लंबे सफेद नाइटगाउन में थी। अचानक मैंने दर्पण में एक प्रकाश देखा। इसने मुझे आकर्षित किया, मैंने देखा और मेरे चारों ओर एक नीली और फिर एक सुनहरी लौ दिखाई दी। मैं औरा के बारे में नहीं जानती थी, मैं भयभीत हो गयी और दौड़ते हुए अपने माता-पिता के पास गयी और चिल्लाया "मैं जल रही हूं।" इससे मुझे बिल्कुल भी कष्ट नहीं हुआ था, लेकिन यह क्या था? चकित होकर उन्होंने मुझे देखा और फिर उस समय प्रकाश को चालू कर दिया तब उन्हें कुछ भी नहीं दिखाई दिया। लेकिन फिर उन्होंने प्रकाश को बंद कर दिया और तब उस समय उन्होंने मुझे जीवित आग की लपटों के रूप में देखा। हमारी सेविका अंदर आयी और डर के मारे चिल्लायी। वह मुड़ी और भाग गई। मुझे याद आया कि मैंने अन्य प्राणियों पर क्या देखा था, लेकिन जब मैंने इसे स्वयं पर देखा था तो यह अलग था। अब मैं सचमुच डर गयी थी। मेरे पिता ने प्रकाश को चालू और बंद किया और फिर से चालू फिर बंद किया और यह दोनों स्थितियों में हमेशा एक जैसा ही था - जब प्रकाश बंद था मैं सुनहरी रोशनी से जगमगा

रही थी, जब कमरे की रोशनी मेरे ऊपर थी, चमक इतनी स्पष्ट रूप से नहीं देखी जा सकती थी।

"मुझे यह सब दिलचस्प लगा जब मुझे लगने लगा कि मुझे बिल्कुल नुक़सान नहीं हो रहा है, तब से मैंने अन्य लोगों की औरा को देखने में बहुत रुचि लेने लग गयी।

"क्या आप जानते हैं कि डर का मतलब क्या है? युद्ध में मैं अक्सर अपने पुरुष साथियों की औरा देखकर बहुत भयभीत हो जाती थी, जब हमारे ऊपर बमबारी होती थी और बम नीचे गिराये जाते थे। एक बार जब मैं नाज़ी शासन के तहत जेल में थी, तो मैं एक सेल में थी जहाँ मौत का दण्ड दिया जाता था। मुझे यातना कक्ष में ले जाया गया क्योंकि मेरे पास कुछ विश्वसनीय जानकारियाँ थीं जो मुझे रखने वाले पाना चाहते थे। मैंने अन्य उन लोगों की औरा देखी, जिन पर अत्याचार हो रहे थे, यह भयानक था, शरीर के चारों ओर इतने संकीर्ण औरा थे, वे इतने खराब और बिना वास्तविक प्रकाश के लगभग लुप्त होते, लगभग मरते हुए लग रहे थे और इससे भी बुरा तब देखा, जब मैंने तीव्र पीड़ा से रोने की आवाज सुनी, यातना से मरते हुए लोगों की औरा भी टिमटिमा रही थी। मुझ में कुछ उदित हो आया, जो कुछ पवित्र शक्ति का था। क्या पवित्र शास्त्रों में ऐसा नहीं लिखा गया था कि "केवल उन लोगों से डरें जो आत्मा को मारते हैं, लेकिन उनसे नहीं जो शरीर को मारते है?" मैंने ध्यान केंद्रित करना शुरू किया और दूसरों की जाँच करने और उन्हें खुश करने में मैंने स्वयं को स्वस्थ महसूस किया। इस कार्य में एक और महिला ने मेरी मदद की और आखिर में सेल में मौत की सजा पाने वाले लोग काफ़ी ज़्यादा खुश रहने लगे, हम सभी गाने लगे। मैं सभी सवालों और सभी लंबे घंटों की पूछताछ से बचकर निकल आयी थी और सभी दर्द सही सलामत थे, क्योंकि मैंने अमरत्व पर ध्यान केंद्रित किया, मैंने इस भयंकर सपने के बाद वास्तविक जीवन पर ध्यान केंद्रित किया। यातना देने वाले मेरे साथ कुछ नहीं कर सकते थे और अंत में क्रोधित होकर उन्होंने मुझे जेल से बाहर निकाल दिया क्योंकि मैं उनका मनोबल गिरा रही थी।

"अगर मैं डर, आतंक से हार जाती, तो मुझे और मेरे सोलह साथियों को - अत्याचार के शिकार लोगों को मौत के घाट उतार दिया गया होता।"

"हम पश्चिम के लोगों, हम यूरोपीय, को सुदूर पूर्व से सीखने के लिए बहुत कुछ है। हमें अपनी कल्पनाओं पर विजय प्राप्त करना और भय को दूर करना सीखना होगा।"

"जैसा कि मैंने देखा है, पश्चिमी लोगों की औरा बहुत झिलमिलाती है, वह कभी शांत नहीं होती हैं, सद्भाव में शायद ही कभी होती हैं और हमारी अव्यवस्थित औरा अन्य औराओं को संक्रमित करती है और एक महामारी की तरह बन जाती है। तब तक हिटलर अपने हिंसात्मक भाषणों से सफल नहीं होता, जब तक लोगों की औरा पीड़ित नहीं होती, और हिटलर की औरा से प्रभावित नहीं होती। हिटलर केवल इसलिए सफल हो सका क्योंकि उसके श्रोता अपनी स्वयं की कल्पनाओं को नियंत्रित नहीं कर सकते थे।"

"क्या आप थक गये हैं? क्या आप थोड़ी देर और पढ़ेंगे? आइए हम सबसे कमजोर लोग यानी विक्षिप्त लोगों के पास घूमने जाएं, ज़गरेब में एक मानसिक घर में जाएं। कई दिनों पहले मैंने वहाँ लगे लोहे के तार के माध्यम से अध्ययन किया था, वहाँ उनकी औरा को देखा था। लेकिन वे सबसे बुरे मामले नहीं थे, मेरे एक दोस्त ने मुझे वरिष्ठ चिकित्सक से मिलवाया, जो बहुत ही शक्की आदमी था। मैंने उनसे कहा कि मैं उनके रोगियों की औरा का निरीक्षण करना चाहती हूं। उन्होंने मुझे ऐसे देखा जैसे मैं एक पागल हूँ और जो कैद करने के लायक हूँ, फिर आखिर में उन्होंने फैसला किया कि वह मुझे अपने कुछ रोगियों को देखने देंगे। वास्तव में परिचारक अंत में एक बहुत बीमार महिला को लाए, वह एक भयानक दिखने वाली महिला थी, उसकी आँखें लुढ़की हुई थीं और उसके दाँत एक साथ फँसे हुए थे और उसके सिर के बाल चारों ओर शैतानी लपटों की तरह खड़े हो गए थे। यह वास्तव में एक भयभीत दृश्य था। लेकिन यह कुछ भी नहीं था जो मैंने अदृश्य दुनिया में देखा था। मैंने महिला की आत्मा को उसके शरीर से बाहर देखा, जो एक गहरे साये के साथ जंगली संघर्ष कर रही थी और वह साया शरीर पर कब्जा करने की कोशिश कर रहा था। यह चारों तरफ में तेज़ी से घूम रहा था और विसंगति में था। आखिरकार महिला को ले जाया गया और मैंने डॉक्टर से कहा कि उस महिला को ठीक नहीं किया जा सकता क्योंकि वास्तव में वह भूत के कब्जे में थी!"

इसलिए हम इस विशेष पाठ को इस टिप्पणी के साथ बंद करेंगे कि युगोस्लाविया की इस प्रतिभाशाली महिला ने क्या देखा है, आप भी अभ्यास के साथ, दृढ़ता के साथ और विश्वास के साथ देख सकते हैं। याद रखें - रोम एक दिन में नहीं बनाया गया था और एक डॉक्टर या वकील रात भर में नहीं बनते है, उन्हें सफल होने के लिए अध्ययन करना पड़ता है और यही आपके पास है, कोई आसान, कोई दर्द रहित तरीका नहीं है।

अध्याय

उन्नीस

हमारे पास समय-समय पर आकाशीय रिकॉर्ड का उल्लेख है। अब हम इस सबसे आकर्षक विषय पर चर्चा करते हैं, क्योंकि आकाशिक रिकॉर्ड एक ऐसी चीज़ है जो हर उस व्यक्ति और हर प्राणी से संबंधित रहती है जो कभी जीवित रहे हैं। आकाशीय रिकॉर्ड के साथ हम इतिहास के साथ वापस यात्रा कर सकते हैं, हम वह सब देख सकते हैं जो न केवल इस दुनिया में हुआ है, बल्कि अन्य दुनिया में भी हुआ है, वैज्ञानिक अब यह जान रहे हैं, जो तांत्रिकों को हमेशा से पता है, कि दूसरी दुनिया अन्य लोगों से भरी हुई है ज़रूरी नहीं है, कि दूसरे लोग मानव हो फिर भी वे सचेतन प्राणी(बोधक्षम) होंगे ।

इससे पहले कि हम आकाशीय रिकॉर्ड के बारे में बहुत कुछ कह सकें हमें ऊर्जा या पदार्थ की प्रकृति के बारे में कुछ जानना होगा। हमें बताया गया है कि पदार्थ अविनाशी है, यह हमेशा के लिए क़ायम रहता है। तरंगें, विद्युत तरंगें, अविनाशी हैं। वैज्ञानिकों ने हाल ही में पाया है कि अगर तांबे के तार के एक कुण्डल में विद्युत प्रवाह को प्रेरित किया जाता है, जिसका तापमान यथासंभव शुद्ध शून्य (एबसोल्यूट ज़ीरो) तक कम हो जाता हैं, तब प्रेरित विद्युत प्रवाह चालू और लगातार चालू ही रहता है और कभी कम नहीं होता है। हम सभी जानते हैं कि सामान्य तापमान पर विद्युत प्रवाह जल्द ही कम हो जाएगा और विभिन्न प्रतिरोधों के कारण विलुप्त हो जाएगा। तो विज्ञान ने एक नया माध्यम खोज लिया है; विज्ञान ने पाया है कि अगर एक तांबे के कंडक्टर के तापमान को पर्याप्त रूप से कम किया जाता है तो ऊर्जा के किसी भी बाहरी स्रोत के बिना भी विद्युत प्रवाह समान रुप से जारी रहता है। समय आने पर वैज्ञानिकों को पता चलेगा कि मनुष्य के पास दूसरी इंद्रियां भी हैं, दूसरी क्षमताएं हैं, लेकिन इन्हें अभी तक नहीं खोजा गया है, क्योंकि वैज्ञानिक धीरे-धीरे आगे बढ़ रहे हैं और वे हमेशा ठीक नहीं होते हैं।

हमने कहा कि तरंगें अविनाशी हैं। आइए हम प्रकाश तरंगों के व्यवहार को देखें। हमारे अपने ब्रह्मांड में प्रकाश दूर के ब्रह्मांडों के दूर-दूर के ग्रहों से हम तक पहुँचता है। इस पृथ्वी पर महान दूरबीनें अंतरिक्ष में गहराई से जांच पड़ताल कर रही हैं, दूसरे शब्दों में, वे बहुत दूर के स्थानों से प्रकाश इकट्ठा कर रही हैं। कुछ ऐसे ग्रह जिनसे हमें प्रकाश प्राप्त होता है, वह प्रकाश इस दुनिया के या फिर इस ब्रह्मांड के अस्तित्व में आने से बहुत ही पहले भेजा गया था। प्रकाश वास्तव में बहुत तेज़ चीज़ है, प्रकाश की गति इतनी तेज़ है कि हम मुश्किल से ही शायद इसकी कल्पना कर सकते हैं लेकिन ऐसा इसलिए है क्योंकि हम मानव शरीर में हैं और सभी प्रकार की शारीरिक सीमाओं से बहुत अधिक फँस चुके हैं। हम जिसे यहाँ "तेज़" मानते हैं, उसका अस्तित्व के एक भिन्न तल में एक भिन्न अर्थ होता है। उदाहरण के तौर पर हम कहते हैं कि मानव के लिए अस्तित्व का एक दौर बहत्तर हज़ार साल का है। उस दौर में एक व्यक्ति बार-बार अलग-अलग दुनिया में, अलग-अलग शरीरों में आता है। बहत्तर हज़ार साल, तब हमारे "स्कूल अवधि" की लंबाई है।

जब हम रेडियो या बिजली की तरंगों या अन्य तरंगों के बदले "प्रकाश" का उल्लेख करते हैं, तो हम ऐसा केवल इसलिए करते हैं क्योंकि प्रकाश को बिना किसी उपकरण के देखा जा सकता है, पर एक रेडियो तरंग नहीं देखी जा सकती। हम सूरज की रोशनी, चंद्रमा की रोशनी को देख सकते हैं और अगर हमारे पास एक अच्छे टेलीस्कोप या दूरबीन की एक शक्तिशाली जोड़ी है, तो हम उन दूर के तारों की रोशनी देख सकते हैं, जिन्होंने पृथ्वी के अस्तित्व में आने से पहले यात्रा शुरू की थी, यहाँतक कि पृथ्वी तब हाइड्रोजन अणुओं का एक बादल था जो अंतरिक्ष में तैर रहा था।

प्रकाश का उपयोग समय या दूरी को मापने के रूप में भी किया जाता है। खगोलविद "प्रकाश वर्ष" का उल्लेख करते हैं और हम आपको फिर से बताने जा रहे हैं कि दूर की दुनिया से आने वाला प्रकाश अभी भी यात्रा कर सकता है, जबकि उस दुनिया का अस्तित्व समाप्त हो गया है, जिससे यह स्पष्ट है कि हमें कुछ ऐसी तस्वीर मिल सकती है जो अब अस्तित्व में नहीं है, जो कुछ साल पहले ही समाप्त हो गयी है। अगर आपको यह समझना मुश्किल लगता है, तो इसे इस

तरह से देखें; हमारे पास अंतरिक्ष में दूर के क़िले से एक तारा बाहर निकल गया है। वर्षों से, सदियों से, वह तारा नीचे पृथ्वी पर प्रकाश तरंगों को प्रतिबिंबित करता रहा है। तारे से पृथ्वी तक पहुँचने के लिए प्रकाश तरंगों को एक हज़ार, दस हज़ार या एक लाख वर्ष लग सकते हैं, क्योंकि प्रकाश का स्रोत वह तारा बहुत दूर है। एक दिन तारा किसी दूसरे तारे से टकराता है, तो प्रकाश की एक बड़ी कौंध हो सकती है या वह विलुप्त हो सकता है। हमारे उद्देश्य के लिए हमें कहना चाहिए कि संपूर्ण विलोपन हो गया है। तो तारे का प्रकाश चला गया है, लेकिन प्रकाश चले जाने के बाद एक हजार या दस हजार, या एक लाख साल बाद, वह प्रकाश अभी भी हम तक पहुंचता है क्योंकि प्रकाश के मूल स्रोत और हमारे स्वयं के बीच की दूरी को यात्रा करने के लिए यह सब समय लगाता है। इस प्रकार, हमें इसके स्रोत के अस्तित्व समाप्त होने के बावजूद प्रकाश को देखना चाहिए।

आइए हम कुछ ऐसा मानें जो भौतिक शरीर में होते हुए भी पूरी तरह से असंभव है, परन्तु जो शरीर से बाहर होने पर काफी आसान और सामान्य है। आइए हम यह मान लें कि हम विचार से अधिक तेजी से यात्रा कर सकते हैं। हमें विचार की तुलना में तेजी से यात्रा करने की आवश्यकता है जैसा कि कोई भी डॉक्टर आपको बता सकता है क्योंकि विचार की एक निश्चित गति है। वास्तव में यह जानते है कि कोई व्यक्ति किसी भी स्थिति में कितनी जल्दी प्रतिक्रिया करता है, एक व्यक्ति कितनी तेज़ी से या कितने धीरे से कार के ब्रेक डाल सकता है, या एक तरफ पहिया मोड़ सकता है। यह जानते हैं कि सिर से पैर तक विचार के आवेग कितनी जल्दी यात्रा करते हैं। हम इस चर्चा के उद्देश्य के लिए तुरंत यात्रा करना चाहते हैं। आइए हम कल्पना करें कि हम एक ऐसे ग्रह पर तुरंत जा सकते हैं जिसको वह प्रकाश प्राप्त हो रहा है जो तीन हजार साल पहले पृथ्वी से उत्सर्जित हुआ था। इसलिए हम इस दूर ग्रह पर तीन हज़ार साल पहले पृथ्वी से भेजे गए प्रकाश को प्राप्त करेंगे। मान लें कि हमारे पास काफी अकल्पित प्रकार का एक दूरबीन है जिसके द्वारा हम पृथ्वी की सतह को देख सकते हैं, या हम तक पहुँची प्रकाश की किरणों का वर्णन कर सकते हैं, तो पृथ्वी द्वारा तीन हज़ार साल पहले भेजा गया यह प्रकाश हमें उस समय संसार के अभिनीत दृश्य दिखाता है। हमें

उस जीवन को देखना चाहिए जैसा यह प्राचीन मिस्र में था, हम बर्बर पश्चिमी दुनिया देख पाएंगे जहाँ लोग नील रंजक या उससे कम आवरण में अपने को ढके दौड़ा करते थे और चीन में हमें काफी उच्च सभ्यता मिलनी चाहिए - जो वर्तमान समय से वहाँपर बहुत अलग थी।

यदि हम निकट में तत्काल यात्रा कर सकते हैं, तो हम काफी भिन्न तस्वीरें देख पाएंगे। चलिए हम एक ऐसे ग्रह की ओर चलते हैं जो पृथ्वी से इतना ही दूर है कि प्रकाश को उस ग्रह और पृथ्वी के बीच यात्रा करने में एक हजार साल लगते हैं। फिर हमें पृथ्वी के उन दृश्यों को देख पाएंगे जैसे वे एक हजार साल पहले अभिनीत किए गए थे, हमें भारत में एक उच्च सभ्यता को देख पाएंगे, हमें पूरे पश्चिमी दुनिया में ईसाई धर्म के प्रसार को देख पाएंगे और शायद दक्षिण अमेरिका के कुछ आक्रमणों को देख पाएंगे। दुनिया अपने वर्तमान स्वरूप से कुछ अलग दिखाई देगी क्योंकि हर समय समुद्र तट रेखा परिवर्तित हो रही है, समुद्र से भूमि बढ़ रही है, तट नष्ट हो रहे है। एक जीवनकाल में ज्यादा अंतर नहीं देखा जाता है, लेकिन एक हजार साल का यह अंतर को देखने और उसकी कद्र करने का हमें अवसर देगा।

वर्तमान में हम एक ऐसी दुनिया में हैं, जिसमें बहुत अधिक विशिष्ट सीमाएँ हैं, हम केवल बहुत ही सीमित आवृत्तियों पर *छाप प्राप्त कर सकते हैं। अगर हम अपनी "शरीर से बाहर" वाली कुछ क्षमताओं को पूरी तरह देख सकते हैं जैसा कि हम सूक्ष्म यात्रा में कर पाते हैं, तब हमें चीज़ोंको बहुत अलग दृष्टिकोण से देखना चाहिए, हमें यह समझना चाहिए कि सभी पदार्थ वास्तव में अविनाशी हैं, हर अनुभव जो कभी भी होते है दुनिया पर अभी भी तरंगों के रूप में बाहर की ओर विकिरित हो रहे हैं। हमें विशेष क्षमताओं के साथ उन तरंगों को उसी तरह से बीच में रोकना चाहिए जैसे हम प्रकाश की तरंगों को रोक सकते हैं। इसे एक साधारण स्लाइड प्रोजेक्टर के सरल उदाहरण के रूप में लें; आप एक अंधेरे कमरे में अपने स्लाइड प्रोजेक्टर चालू करते हैं और आप एक स्लाइड को उपयुक्त स्थान पर रखते हैं। यदि आप एक स्क्रीन लगाते हैं - वरीयता के लिए एक सफेद स्क्रीन

---

* छाप- प्रभाव, विचार – impressions

- प्रोजेक्टर के लेंस के सामने एक निश्चित दूरी पर स्लाइड रखकर आप स्क्रीन पर प्रकाश केंद्रित करते हैं, तो आप एक तस्वीर देखते हैं। लेकिन अगर आपका प्रोजेक्टर अपनी रोशनी को खिड़की के बाहर और बाहर के अंधेरे में इसकी तस्वीर पेश कर रहा है, तो आपको बिना किसी तस्वीर के प्रकाश की एक फीकी किरण दिखाई देती है। इस प्रकाश को बीच मार्ग में रोकने का पालन होना चाहिए, इससे पहले कुछ पर प्रतिबिंबित होना चाहिए ताकि यह पूरी तरह से देखा और समझा जा सकें। एक स्पष्ट और बादल रहित रात पर एक सर्चलाइट लें, आप एक हल्की सजावट जैसा प्रकाश देख सकते हैं, लेकिन केवल जब सर्चलाइट बादल पर या हवाई जहाज पर टकराती है तो क्या आप वास्तव में इसे वैसा ही देखते हैं।

यह लंबे समय से मनुष्य का सपना है कि "टाइम ट्रैवल" (समय यात्रा) नामक एक सृजन हो, यह स्पष्ट रूप से एक शानदार धारणा है, जब तक व्यक्ति शरीर में और पृथ्वी पर हो, क्योंकि यहाँशरीर में हम दुखद रूप से सीमित हैं, हमारे शरीर अधिकांश अधूरे उपकरण हैं और जैसा कि हम यहाँ पर सीखने आये हैं हमने बहुत संदेह, बहुत असमंजस विकसित कर लिया है और इससे पहले कि हम कुछ भी यक़ीन करें हम "प्रमाण" चाहते हैं, कि यह कैसे काम करता है और हमने अपनी क्षमताओं की धज्जियां उड़ा दी हैं, यह देखने के लिए कि ये कैसे काम करता है और फिर से यकीन कर लेते हैं कि यह काम नहीं करता है। जब हम पृथ्वी से पार और सूक्ष्म जगत में या यहाँ तक कि सूक्ष्म से पार हो जाते हैं, तो हमारी टाइम ट्रैवल (समय यात्रा) उतनी ही सरल होती है, जितनी पृथ्वी पर सिनेमा या थिएटर की यात्रा करना होता है।

अतः आकाशिक रिकॉर्ड कंपन का एक रूप है, ज़रूरी नहीं कि यह प्रकाश का ही कंपन हो क्योंकि यह ध्वनि को भी अंगीकार करता है। यह कंपन का एक ऐसा रूप है जिसके लिए पृथ्वी पर कोई शब्द नहीं है, जो इसका वर्णन कर सके। निकटतम किसी से इसकी तुलना हो सकती हैं, तो वह रेडियो तरंग होती है। हमारे आस पास दुनिया के सभी हिस्सों से आने वाली हर समय रेडियो तरंगें होती हैं, उनमें से हर एक तरंग विभिन्न कार्यक्रम, विभिन्न भाषाओं, अलग-अलग संगीत, अलग-अलग समय में पहुँचती है। यह संभव है कि दुनिया के एक हिस्से

से ऐसी भी तरंगें आ रही हैं, जिसमें एक कार्यक्रम है, जो हमारे लिए कल प्रसारित होगा, ये सभी तरंगें लगातार हमारे पास आ रही हैं, लेकिन हम उनसे तब तक अनजान होते हैं, जब तक हमारे पास कुछ यांत्रिक उपकरण नहीं होते जिन्हें हम एक रेडियो सेट कहते हैं, जिससे हम उन तरंगों को प्राप्त कर सकते हैं और उन्हें धीमा कर सकते हैं ताकि वे हमारे लिए सुनने और समझने के लायक हो जाएं। यहाँहम एक यांत्रिक या विद्युत उपकरण के साथ, रेडियो आवृत्ति तरंगों को धीमा करते हैं और उन्हें श्रव्य आवृत्ति तरंगों में परिवर्तित करते हैं। उसी तरह अगर पृथ्वी पर, हम आकाशीय रिकॉर्ड की तरंग को धीमा कर सकें, तो हम निस्संदेह टेलीविजन स्क्रीन पर प्रामाणिक ऐतिहासिक दृश्यों को दिखाने में सक्षम हो जाएंगे और फिर इतिहासकारों को सदमा पहुँचेगा जब वे देखेंगे कि इतिहास जैसा किताबों में छपा है, वह पूरी तरह से गलत है।

आकाशीय रिकॉर्ड मानव के ज्ञान के कुल योग से बना अविनाशी कंपन होता है जो दुनिया से उसी तरह निकलता है जैसे रेडियो कार्यक्रम प्रसारित होता है और उसी तरह लगातार चलता रहता है। इस पृथ्वी पर जो कुछ भी हुआ है वह अभी भी कंपन रूप में मौजूद है। जब हम शरीर से बाहर निकलते हैं तो हम इन तरंगों को समझने के लिए एक विशेष उपकरण का उपयोग नहीं करते हैं, हम उन्हें धीमा करने के लिए कुछ भी उपयोग नहीं करते हैं, इसके बजाय, शरीर से बाहर निकलने पर, हमारे अपने "तरंग रिसेप्टर्स" (ग्राही) की गति बढ़ जाती है ताकि अभ्यास के साथ प्रशिक्षण के साथ, हम वह प्राप्त कर सकें जिसे हम आकाशीय रिकॉर्ड कहते हैं।

पीछे छोड़ गये प्रकाश की इस समस्या से हम वापस मिलते हैं। यह आसान होगा अगर हम एक पल के लिए प्रकाश के बारे में भूल जाएं और इसके बजाय ध्वनि के साथ कार्य करते हैं क्योंकि ध्वनि की गति धीमी है और इसके परिणाम प्राप्त करने के लिए हमें इतनी विशाल दूरी की आवश्यकता नहीं है। मान लीजिए कि आप बाहर खुले में खड़े हैं और आपको अचानक बहुत तेज गति से चलने वाला जेट विमान की आवाज सुनाई दे रही है। आप ध्वनि सुनते हैं, लेकिन उस जगह को देखना व्यर्थ होगा जहाँ से ध्वनि आती प्रतीत होती है क्योंकि जेट विमान अपनी ध्वनि की तुलना में तेजी से जा रहा है और इसलिए यह ध्वनि से आगे

होगा। द्वितीय विश्व युद्ध में गुलाम बनाये हुए यूरोप ने 2 महान रॉकेट इंग्लैंड में विनाश के लिए भेजे गए थे। रॉकेट घरों पर नीचे फेंके गए थे, इंग्लैंड का विनाश कर दिया और लोगों को मार डाला। लोगों को रॉकेट के आने का पहला संकेत विस्फोट के शोर और गिरने वाले पत्थरों के दुर्घटना ग्रस्त होने और घायलों की चीख पुकार से होता था। जबकि बाद में, जब धूल कुछ कम होती थी, तो रॉकेट के आने की आवाज़ आती। यह काफी अजीब अनुभव इस तथ्य के कारण था कि रॉकेट ने ध्वनि की तुलना में बहुत तेजी से यात्रा की। इसलिए यह हुआ कि इसकी आवाज आने से पहले रॉकेट ने अपना सारा विनाश कर लिया था।

व्यक्ति एक पहाड़ी की चोटी पर खड़ा हो सकता है और एक बंदूक को शायद दूसरी पहाड़ी की चोटी पर रखा देख सकता है। बंदूक से गोलाबारी की आवाज तब नहीं सुनी जा सकती जब वह व्यक्ति के ठीक ऊपर हो, लेकिन आवाज कुछ ही समय बाद आती है जब उस दूरी में गोली ने तेजी से आना बंद कर दिया है। कोई भी व्यक्ति कभी भी बंदूक की उस एक गोली से नहीं मारा गया है जिसे उसने सुना, क्योंकि गोली पहले आती है और बाद में ध्वनि होती हैं। यही कारण है कि यह बहुत हास्यकर था जब युद्धों में लोग ऊपर से गुजरने वाले गोली की आवाज पर वार से बचने के लिए सिर झुका लिया करते थे। दरअसल अगर वे ध्वनि सुन सकते थे तो इसका मतलब यह था कि गोली पास हो गयी थी। दृष्टि या प्रकाश की तुलना में ध्वनि धीमी है। इस पहाड़ी पर फिर से खड़े होकर हम एक बंदूक को गोली चलाते हुए देख सकते हैं, हम बंदूक के मुँह से चौंध देख सकते हैं और बहुत बाद में - हम बंदूक से कितनी दूरी पर हैं, इस पर निर्भर करता हैं - हम गोली के ऊपर से गुजरने की आवाज सुनते हैं। आपने किसी आदमी को पेड़ काटते हुए देखा होगा, आदमी कुछ दूरी पर होगा, तो आप वास्तव में कुल्हाड़ी को पेड़ के तने से टकराते हुए देखेंगे और फिर थोड़ी देर के बाद आपको ध्वनि की "थंक-थंक" सुनाई देगी। यह एक ऐसा अनुभव है, जो हममें से अधिकांश के पास है।

आकाशीय रिकॉर्ड में इस दुनिया में होने वाली हर चीज़का ज्ञान है और किसी दूसरी दुनिया में अपने स्वयं के आकाश रिकॉर्ड्स उसी तरह से हैं, जैसे हमारे बाहर के देशों के अपने रेडियो कार्यक्रम हैं। जो लोग जानते हैं कि किसी भी

दुनिया के आकाश रिकॉर्ड से कैसे समस्वरित (ट्यून)हो सकते हैं, वह न केवल अपनी दुनिया का, बल्कि वह इतिहास की घटनाओं को भी देख सकता है, वह यह देख भी सकता है कि इतिहास की किताबें कैसे झूठी बना दी गयी हैं। लेकिन केवल ऐसी बेकार जिज्ञासाओं को संतुष्ट करने की तुलना में आकाशिक रिकॉर्ड में कहीं अधिक समाहित है - कोई भी इस रिकॉर्ड पर गौर कर सकता है और देख सकता है कि उसकी अपनी योजनाओं के साथ क्या गलत हुआ। जब हम पृथ्वी पर मर जाते हैं, तो हम अस्तित्व के दूसरे तल पर जाते हैं, जहाँ हममें से प्रत्येक को अपने लिए जो करना था, या जो हमने नहीं किया, उसका सामना करना पड़ता है, विचार की गति के जितना शीघ्र हम अपने पिछले जीवन को देखते हैं, हम इसे आकाशीय रिकॉर्ड के माध्यम से देखते हैं, इसे न केवल उस समय से देखते हैं जब हम पैदा हुए थे लेकिन उस समय से देखते हैं, जब हमने यह योजना बनाई थी कि हम कैसे और कहां पैदा होंगे। फिर उस ज्ञान को पाकर, हमारी त्रुटियों को देखते हुए, हम फिर से योजना बनाते हैं और स्कूल में एक बच्चे की तरह एक बार फिर से कोशिश करते हैं कि परीक्षा के प्रश्न के उत्तर में क्या गलत हुआ और परीक्षा को फिर से देते हैं।

स्वाभाविक रूप से कोई भी व्यक्ति आकाश रिकॉर्ड देखने के पूर्व पर्याप्त लंबे समय तक प्रशिक्षण लेता है, लेकिन प्रशिक्षण के साथ, अभ्यास और विश्वास के साथ यह किया जा सकता है और यह वास्तव में लगातार किया जा रहा है। क्या आपको लगता है, शायद हमें एक पल रुकना चाहिए और "विश्वास" नामक इस विषय पर चर्चा करनी चाहिए।

विश्वास एक निश्चित चीज़ है जिसे रखने और विकसित वैसे ही करनी चाहिए जैसे एक आदत हो या शीशा घर के पौधे को विकसित किया जाता हैं। विश्वास एक खरपतवार की तरह मजबूत नहीं है, यह वास्तव में एक शीशा घर के पौधे की तरह है। इसे लाड़ करना चाहिए, खिलाया जाना चाहिए, इसकी देखभाल करनी चाहिए। विश्वास प्राप्त करने के लिए हमें दोहराना होगा, और दोहराना होगा, और हमारे विश्वास के ऐफरमेशन (दृढ़ वचनों) को दोहराना होगा ताकि इसका ज्ञान हमारे अवचेतन में चला जाए। हममें यह अवचेतन मन नौ/दसवां हिस्सा है, जो कि हमारा बहुत अधिक बड़ा हिस्सा है। हम अक्सर इस अवचेतन को एक आलसी

बूढ़े व्यक्ति से तुलना कर सकते हैं, जो परेशान होना ही नहीं चाहता है। बूढ़ा अपने अखबारों को पढ़ रहा है, शायद उसके मुंह में अपना पाइप है और उसके पैर आरामदायक चप्पलों में बंद हैं। वह वास्तव में सभी कोलाहल से थक गया है, सभी शोर, सभी विकर्षण लगातार उसके आसपास चल रहे है। वर्षों के अनुभव के माध्यम से उसने खुद को केवल बहुत अधिक हठी रुकावटों और विकर्षणों को छोड़कर बाकी सबसे खुद को अलग रखना सीख गया है। एक बूढ़े आदमी की तरह, जो आंशिक रूप से बहरा है, वह तब नहीं सुनता जब उसे पहली बार बुलाया जाता है। दूसरी बार जब उसे बुलाया जाता है तो वह सुनता नहीं है क्योंकि वह सुनना ही नहीं चाहता है, क्योंकि वह सोचता है कि इससे उसे कुछ काम करना पड़ सकता है, या उसके आलसी अवकाश में कुछ रुकावट हो सकती है।

तीसरी बार वह चिड़चिड़ा होने लगता है क्योंकि पुकारने वाला उसके विचारों की धारा को विचलित कर रहा है, जबकि वह शायद अख़बार में दौड़ प्रतियोगिता के परिणामों को पढ़ने के लिए अधिक उत्सुक है, बजाय कुछ भी करने के जिसमें श्रम की आवश्यकता हो। अपने विश्वास को क़ायम रखते हुए इसे दोहराते रहें और फिर जैसे "बूढ़ा" आदमी (अवचेतन मन) एक झटके के साथ जीवन में वापस आएगा और तब ज्ञान आपके अवचेतन में प्रत्यारोपित होगा तो आपको स्वतः विश्वास होगा। हमें यहाँ यह स्पष्ट करना चाहिए कि विश्वास धारणा नहीं है; आप कह सकते हैं "मैं मानता हूँ, कि कल सोमवार है," और इसका मतलब है कि एक निश्चित चीज़। आप यह नहीं कहेंगे कि "मुझे विश्वास है कि कल सोमवार है" क्योंकि इसका मतलब पूरी तरह से अलग चीज़होगी। विश्वास एक ऐसी चीज़है जो आमतौर पर हमारे साथ बढ़ती है। हम एक ईसाई या बौद्ध या यहूदी बन जाते हैं क्योंकि, आमतौर पर, हमारे माता-पिता ईसाई, बौद्ध या यहूदी थे। हमें अपने माता-पिता पर विश्वास है - हम मानते हैं कि हमारे माता-पिता जो मानते थे वह सही था - और इसलिए हमारा "विश्वास" हमारे माता-पिता के समान था। पृथ्वी पर कुछ चीज़ेंनिश्चित रूप से साबित नहीं हो सकती हैं, उन्हें विश्वास की आवश्यकता होती है, दूसरी चीज़ें जो साबित की जा सकती हैं उन

पर विश्वास किया जा सकता है या अविश्वास भी कर सकते हैं। यहाँ एक भेद है और व्यक्ति को उस भेद के बारे में पता होना चाहिए।

लेकिन, सबसे पहले, आप क्या मानना चाहते हैं, वह क्या है जिसको आपके विश्वास की आवश्यकता है? यह तय करें कि ऐसा क्या है जिसे विश्वास की आवश्यकता है, इसे सभी कोणों से सोचें। क्या यह एक धर्म में विश्वास है, एक प्रतिभा में विश्वास है? इसे जितना हो सके उतने कोणों से सोचें, और फिर, सुनिश्चित करें कि आप इसे सकारात्मक तरीके से सोचते हैं, एफरमेशन कहते हैं - अपने आप से कहें कि आप कुछ भी कर सकते हैं, या कि आप कुछ भी करेंगे, या कि आप दृढ़ता से किसी चीज़ पर विश्वास करते हैं। आपको इसे दृढ़तापूर्वक कहते रहना चाहिए। जब तक आप ऐसा नहीं करेंगे, तब तक आपको कभी भी "विश्वास" नहीं होगा। महान धर्मों के अनुयायी वफादार होते हैं। ये वफादार अनुयायी वे हैं जो चर्च या छोटे गिरिजाघर, या यहूदी उपासना गृह या मंदिर में जाते हैं, बार-बार प्रार्थना करने से न केवल अपनी ओर से, बल्कि दूसरों के द्वारा भी, उनकी अवचेतना इस बात से जागरूक हो गई है कि कुछ चीज़ेंहैं जो होनी चाहिए "एक विश्वास" करना। सुदूर पूर्व में मंत्र जैसी चीज़ेंहैं। एक व्यक्ति एक निश्चित बात कहेगा - एक मंत्र - और इसे बार-बार कहें और बार-बार इसे दोहराएं। संभवतः व्यक्ति को मंत्र के बारे में पता नहीं होता है। इससे कोई फर्क नहीं पड़ता क्योंकि मंत्र की रचना करने वाले धर्म के संस्थापकों ने मंत्र को इस तरह से व्यवस्थित किया होता है, कि मंत्र को दोहराने से उत्पन्न हुए कंपन अवचेतन को मनचाही चीज़ पाने के लिए चोट करें। भले ही व्यक्ति मंत्र को पूरी तरह से नहीं समझता है, जल्द ही यह व्यक्ति के अवचेतन का हिस्सा बन जाता है, और फिर विश्वास पूरी तरह से स्वचालित हो जाता है। उसी तरह, यदि आप प्रार्थनाओं को बार-बार दोहराते हैं तो आप उस पर विश्वास करना शुरू करते हैं। यह सबसे महत्वपूर्ण है ताकि आपका अवचेतन यह समझे और सहयोग करे और एक बार जब आप विश्वास करते हैं तो आपको कुछ भी अधिक परेशान होने की आवश्यकता नहीं है क्योंकि आपका अवचेतन आपको हमेशा याद दिलाएगा कि आपके पास यह विश्वास है और आप उन कुछ विशेष चीज़ों को कर सकते हैं।

बार-बार अपने आप यह दोहराएं कि आप एक औरा को देखने जा रहे हैं, कि आप टेलीपैथिक होने जा रहे हैं, कि आप कुछ भी करने जा रहे हैं, यह जो भी हो, जिसे आप विशेष रूप से करना चाहते हैं। फिर समय आने पर आप ऐसा कर पाएंगे। सभी सफल पुरुष, वे सभी जो करोड़पति या आविष्कारक बने हैं, वे लोग हैं जिन्हें खुद पर विश्वास था, उन्हें विश्वास था कि वे वह काम कर सकते थे, जो वे करके दिखाना चाहते थे, क्योंकि उन्होंने पहले खुद पर विश्वास किया, अपनी शक्तियों और क्षमताओं में विश्वास किया, फिर उनमें वह विश्वास उत्पन्न हुआ जिस विश्वास ने उनकी धारणा को सच कर दिया। यदि आप स्वयं को यह बताने में लगे रहते हैं कि आप सफल होने जा रहे हैं, तो आप सफल होंगे, लेकिन आप तभी सफल होंगे जब आप अपनी सफलता की ऐफरमेशन बोलेंगे और संदेह (विश्वास की नकारात्मकता) को घुसने नहीं देंगे। इस सफलता के ऐफरमेशन का प्रयास करें और परिणाम वास्तव में आपको चकित करेंगे।

आपने ऐसे लोगों के बारे में सुना होगा जो एक अन्य व्यक्ति को बता सकते हैं कि वे पिछले जीवन में क्या थे, वे क्या करते थे। यह आकाशीय रिकॉर्ड से आता है, कई लोग अपनी "नींद" में सूक्ष्म में यात्रा करते हैं और आकाशिक रिकॉर्ड देख पाते हैं। जब वे सुबह लौटते हैं, जैसा कि हमने पहले ही चर्चा की है, तो वे एक विकृत स्मृति के साथ वापस लौट सकते हैं, इसलिए उस समय वे कुछ चीज़ें कहते हैं, वे सच हो जाती हैं, कुछ अन्य विकृत हो जाती हैं। आप पाएंगे कि अधिकांश चीज़ें जो आप सुनते हैं, वो पीड़ा से संबंधित होती हैं। लोगों को लगता है कि वे अत्याचारी हैं, लगता है कि सभी तरह की चीज़ें मुख्य रूप से बुरी हैं। ऐसा इसलिए है क्योंकि हम पृथ्वी पर एक स्कूल के रूप में आते हैं, हमें हर समय यह याद रखना होगा कि लोगों को अपनी गुनाहों को साफ़ करने के लिए कष्ट सहना चाहिए, ठीक उसी तरह जिस तरह से अयस्क को भट्टी में रखा जाता है और इतने तीव्र गर्मी के अधीन करते है ताकि कूड़ा या अपव्यय सतह पर निकल जाये और जहाँ इसे झाग निकालकर फेंक दिया जा सके। मनुष्य को उन तनावों से गुजरना पड़ता है जो उन्हें लगभग विवश कर देते हैं, लेकिन संपूर्ण रुप से नहीं, टूटने के कगार तक ही ताकि उनकी आध्यात्मिकता का परीक्षण किया जा सके, और उनके गुनाहों को मिटाया जा सके। लोग चीज़ों को सीखने के लिए

इस पृथ्वी पर आते हैं, और लोग दयालुता की तुलना में कठिनाइयों से बहुत अधिक जल्दी और अधिक स्थायी रूप से ही सीखते हैं।
यह एक कठिनाइयों की दुनिया है, यह एक प्रशिक्षण स्कूल है जो हमारे लिए लगभग एक सुधारक के रुप में है, हालांकि दुनिया का अधिकांश भाग संघर्ष पूर्ण है इसलिए यहाँ करुणा दुर्लभ हैं जो एक अंधेरी रात में एक प्रकाश स्तम्भ के किरण की तरह चमकती हैं। यदि आप इस पर संदेह करते हैं, तो राष्ट्रों के इतिहास को देखें, सभी पहले के युद्धों को देखें। यह वास्तव में गंदगी की दुनिया है और यह उन उच्च सत्ताओं को यहाँपर आना मुश्किल बनाता है, जिनको यहाँ पर आना चाहिए ताकि वे देख सकें कि क्या चल रहा है। यह तथ्य है कि इस पृथ्वी पर आने वाली एक उच्च सत्ता को कुछ अशुद्धता लेनी चाहिए जो लगभग एक सहारे के रूप में काम करेगी और उन्हें पृथ्वी के संपर्क में बनाएँ रखेगी। यहाँआने वाली उच्च सत्ता अपने शुद्ध, निष्कलंक रूप में नहीं आ सकती, क्योंकि वह दुखों और पृथ्वी के परीक्षाओं को बर्दाश्त नहीं कर पाएंगी। इसलिए - सावधान रहें जब आपको लगता है कि अमुक व्यक्ति इतना श्रेष्ठ नहीं हो सकता है क्योंकि कुछ लोग कहते हैं कि वह अमुक व्यक्ति किसी चीज़ का बहुत ज्यादा शौकीन है। जब तक वह शराब नहीं पीता है, तब तक वह काफी श्रेष्ठ हो सकता है। हालांकि शराब पीना सभी उच्च क्षमताओं को रद्द कर देता है।
कई महानतम क्लैरवॉयंद्व और टेलीपैथ्स में कुछ शारीरिक पीड़ा होती हैं क्योंकि पीड़ा अक्सर कंपन की दर को बढ़ा सकती हैं और पीड़ित पर टेलीपैथी या क्लेयरवायंस परामर्श दे सकता हैं। आप केवल किसी व्यक्ति को देखकर उसके आध्यात्मिकता के बारे में नहीं जान सकते। किसी व्यक्ति को देखकर उसके दुष्ट होने की राय ना बनायें सिर्फ इसलिए क्योंकि वह बीमार है, बीमारी को जानबूझकर लिया जा सकता है ताकि व्यक्ति किसी विशेष कार्य के लिए कंपन की दर को बढ़ा सके। किसी व्यक्ति के कर्कश होने की राय भी ना बनाएँ सिर्फ इसलिए क्योंकि वह अपशब्द का उपयोग करता है, या जैसा आपको लगता है कि एक महान व्यक्ति को करना चाहिए वह पूरी तरह से वैसा काम नहीं करता है। पर वह वास्तव में एक महान व्यक्ति हो सकता है जो अपशब्द या कुछ अन्य "अवगुण" का उपयोग इस तरह कर रहा हो ताकि उसके पृथ्वी पर रहने के लिए

सक्षम बनाने में एक सहारा बने। परंतु फिर वह व्यक्ति शराब पीने में संलग्न ना होता हो, तो व्यक्ति निश्चित रूप से उच्च सत्ता हो सकता है, जैसा आपने पहले उसके होने के लिए सोच रखा था। पृथ्वी पर बहुत अशुद्धता है और जो भी अशुद्ध हैं, वे नष्ट होंगे, केवल शुद्ध और सच्चरित्र जीवित रहेंगे। यही कारण है कि हम पृथ्वी पर आते हैं, सूक्ष्म दुनिया से परे आत्मा की दुनिया में आपके पास भ्रष्टाचार नहीं हो सकता है, आप उच्चतर तलों पर बुराई नहीं कर सकते हैं, इसलिए लोग कठिन तरीके सीखने के लिए पृथ्वी पर आते हैं और बार-बार दोहराते हैं, कि पृथ्वी पर आने वाली एक महान सत्ता एक अवगुण या एक कष्ट को लेकर आएंगी, यह जानते हुए कि वह एक विशेष कार्य के लिए आयी हैं, उस कष्ट और अवगुण को कर्म के रूप में नहीं रखा जाएगा (हम बाद में उसकी चर्चा करेंगे) बल्कि एक उपकरण के रूप में माना जाता है, एक सहारे के रूप में, जो भौतिक शरीर के साथ विकार के रूप में दूर हो जाता है।

एक और तथ्य है जिसे हम बनाने जा रहे हैं, और वह यह है; इस जीवन में महान सुधारक कभी-कभी वे होते हैं जो पिछले जन्म में उस क्षेत्र में महान अपराधी थे जिस क्षेत्र में अब वह "सुधार" करते हैं। हिटलर निस्संदेह एक महान सुधारक के रूप में वापस आएगा। स्पैनिश जिज्ञासा से कई लोग महान सुधारकों के रूप में वापस आ गए हैं। यह एक सोचने लायक विचार है। याद रखें -मध्यम मार्ग जीने का तरीका है। इतने बुरे मत बनो कि आपको इसके लिए बाद में भुगतना पड़े और यदि आप इतने शुद्ध, इतने पवित्र होंगे कि हर कोई आपके नीचे है, तो आप इस पृथ्वी पर नहीं रह सकते। सौभाग्य से, हालांकि, कोई भी शुद्ध नहीं है!

अध्याय

बीस

जल्द ही हम टेलीपैथी, क्लैरवॉयेंस (अतीन्द्रिय दृष्टि) और साइकोमेट्री (मनोमिति) को हल करने की उम्मीद करते हैं, लेकिन सबसे पहले आपको हमें एक विषयांतर की अनुमति देना आवश्यक है, अर्थात हमें दूसरे विषय से निपटने के लिए अनुमति दें। हम इस बात से काफी जागरूक हैं कि आप अब तक सोच रहे हैं कि हमें इस विषय से भटकना बंद करना हैं, लेकिन यह हम जानबूझकर करते हैं, हम जानते हैं कि हमारे मन में क्या है, और अक्सर आप यह हमारे लिए भुगतान करते हैं, कि एक विषय पर आपका ध्यान आकर्षित करें और फिर दूसरी किसी विषय पर जाते हैं जो एक नींव के मार्ग में बहुत आवश्यक है।

अब हम यह स्पष्ट कर देंगे कि जो लोग क्लैरवॉयंट बनना चाहते हैं, जो टेलीपैथिक (दूरसंवेदी)होना चाहते हैं और साइकोमेट्रिक क्षमताओं को धीरे-धीरे आगे बढ़ना चाहते हैं। आप विकास को एक निश्चित सीमा से आगे नहीं बढ़ा सकते। यदि आप प्रकृति की दुनिया पर विचार करेंगे तो आप पाएंगे कि विदेशी ऑर्किड वास्तव में शीशे घर के पौधे हैं और यदि उनका ज़बरदस्ती विकास कराया गया, तो वे वास्तव में बहुत दुर्बल खिलते हैं। वही सब चीज़ों पर भी लागू होता है जिनके भी विकास को कृत्रिम रूप से उत्तेजित किया जाता है, या जिसके विकास को मजबूर किया जाता है। " शीशे घर के पौधे" मजबूत नहीं होते हैं, वे विश्वसनीय नहीं हैं, वे सभी प्रकार की उल्लेखनीय बीमारियों के शिकार हैं। हम चाहते हैं कि आपके पास टेलीपैथी की एक बहुत ही स्वस्थ मात्रा हो, हम चाहते हैं कि आप क्लैयरवॉयंस द्वारा अतीत को देख सकें और हम चाहते हैं कि आप ऐसी स्थिति में हों, उदाहरण के लिए आप समुद्र के किनारे से पत्थर उठा कर बता सकें कि उस पत्थर का बीते सालों में क्या हुआ है। आप जानते हैं कि यह संभव है, कि यदि वास्तव में एक अच्छे साइकोमेट्रिक क्षमताओं वाला (मनोमितीय) व्यक्ति समुद्र तट पर एक ऐसी चीज़लेकर जिसे किसी आदमी द्वारा छुआ नहीं

गया है, उस चीज़को छूकर स्पष्ट रूप से अनुमान लगा कर उस समय को बता सकता हैं, जब वह पत्थर का टुकड़ा एक पहाड़ में संभवतः सन्निहित था। यह अतिशयोक्ति नहीं है, यह बहुत साधारण है, बहुत आसान है - जब कोई जानता है कि इसे कैसे कर सकते हैं। आइए फिर एक अच्छी नींव रखें, क्योंकि कोई व्यक्ति सरकती हुई रेत पर घर नहीं बना सकता है और वह उम्मीद कर सकें कि ऐसा घर बहुत लंबे समय तक चल सकता है।

हमारी "नींव" के संबंध में, हम पहले बता दें कि आंतरिक आत्मसंयम और शांति हमारी नींव के दो आधार शिलाएं हैं, जब तक किसी व्यक्ति के पास आत्मसंयम नहीं होगा, तब तक उसको टेलीपैथी या क्लैरवॉयंस में अधिक सफलता नहीं मिल सकती। अगर व्यक्ति की प्रगति सबसे मौलिक प्राथमिक चरणों के पार हो रही है, तो आंतरिक आत्मसंयम बहुत स्पष्ट "आवश्यक होना" चाहिए।

वास्तव में मनुष्य परस्पर विरोधी भावनाओं का एक समूह है। व्यक्ति आसपास में देखता है और पाता है कि लोग सड़क के इधर उधर जल्दी भाग रहे हैं, कारें तेज दौड़ा रहे हैं, या बस पकड़ने के लिए जल्दबाजी में भाग रहे हैं। फिर सप्ताहांत के लिए दुकानों के बंद होने से पहले लोग सामान की आपूर्ति लेने के लिए दुकानों में अंतिम मिनट तक भाग रहे हैं। हम हमेशा एक कोलाहल की स्थिति में हैं, हम गुस्से में खौलते और उबलते हैं, और हमारा मस्तिष्क क्रोध और निराशा की चिंगारियां भेजते रहता है। अक्सर हम अपने आप को उग्र होते हुए पाएंगे, हम पाएंगे कि हम तनाव में हैं, जो कि हमारे भीतर सनकी दबाव है। ऐसे समय में हमें लगता है कि हम फट सकते हैं। हाँ, आप लगभग ऐसा करते हैं। लेकिन गूढ शोधों के क्षेत्र में व्यक्ति को यह बिल्कुल भी मदद नहीं करेगा यदि व्यक्ति के पास ऐसी अनियंत्रित मस्तिष्क तरंगें हैं तो वह आने वाले संकेतों को पूरी तरह से ढक देती हैं - संकेत हर समय हर जगह से हर किसी व्यक्ति में से आ रहे हैं, और अगर हम अपने दिमाग को खोलेंगे तो ही हम उन संकेतों को उठा पाएंगे और उन्हें समझेंगे।

क्या आपने कभी आंधी के दौरान रेडियो सुनने की कोशिश की है? क्या आपने कभी कुछ टेलीविज़न कार्यक्रम देखने की तब कोशिश की है, जब कुछ बेवकूफ आपकी खिड़की के ठीक बाहर कार पार्क कर रहे थे और आपको स्क्रीन के

माध्यम से उनकी कार इग्नीशन करने पर ज़िग-ज़ैग चमक के रूप में मिल रही थी? शायद आपने बिजली के तूफान के समय उत्पन्न वायुमण्डलीय विक्षोभ में दूर के रेडियो स्टेशन पर चिल्लाने और चिड़चिड़ाने जैसी ध्वनि को सुनने का प्रयास किया हो। यह आसान नहीं है। हममें से कुछ लोग शॉर्ट-वेव सुनने में रुचि रखते हैं और पूरी दुनिया को सुनते हैं, विभिन्न देशों से समाचार सुनते हैं, अन्य महाद्वीपों से संगीत सुनते हैं। यदि आपने शॉर्ट-वेव कार्य में बहुत कुछ किया है और दूर-दूर के स्थानों की बात सुनी है, तो आपको पता चलेगा कि वायुमण्डलीय विक्षोभ चाहे मानव निर्मित हो या प्राकृतिक दोनों तरह के व्यवधानों के कारण बातचीत पहचानना कितना कठिन होता है। कार इग्निशन शोर, रेफ्रिजरेटर में थर्मोस्टैट के खटखट का चालू और बंद होना, या शायद तब जब हम ध्यान से सुनना चाहते हैं तभी कोई दरवाजे पर घंटी बजा रहा हो। जैसे ही हम रेडियो से संदेश लेने के लिए एकाग्र होने की कोशिश करते हैं, हम ग़ुस्से में गर्म हो जाते हैं। इसी तरह जब तक हम अपने स्वयं के मन के " विक्षोभ " को साफ नहीं कर पाते, तब तक हमें टेलीपैथी के साथ कठिनाई होगी, क्योंकि एक मानव मस्तिष्क शोर के साथ सबसे पुरानी कार की बैटरी से भी बदतर बन जाता है। आप सोच सकते हैं कि यह अतिशयोक्ति है, लेकिन जैसे-जैसे आपकी शक्तियां इस दिशा में बढ़ती हैं, आप पाएंगे कि हमने इस मामले को कम करके ही बताया है।

आइए हम इस विषय को थोड़ा और आगे विकसित करें क्योंकि हम जो कुछ भी कर रहे हैं, उसके पहले उसे हमें काफ़ी सुनिश्चित कर लेना चाहिए, हम अपने रास्ते में आने वाली बाधाओं के बारे में बिल्कुल सुनिश्चित हों, क्योंकि जब तक हम उन बाधाओं को नहीं जान लेते उन्हें हम दूर नहीं कर सकते। आइए हम इसे एक अलग कोण से सोचते हैं, उदाहरण के लिए एक महाद्वीप से दूसरे महाद्वीप में टेलीफोन करने के लिए यह काफी आसान मामला होगा बशर्ते कि समुद्र के नीचे एक उपयुक्त केबल बिछाई जाए। टेलीफोन लाइन, आइए हम कहते हैं, इंग्लैंड से न्यूयॉर्क, या इंग्लैंड से एडिलेड तक,इस विषय में एक मामला है। पानी के नीचे इन टेलीफोन लाइनों का उपयोग करने पर व्यक्ति को तब बातचीत के अस्पष्टखंड मिलते है। ये कभी-कभी मंद होती भी होगी, लेकिन कुल मिलाकर हम काफी अच्छी तरह से समझ सकते हैं कि क्या कहा जा रहा है। दुर्भाग्य से

दुनिया का ज्यादातर हिस्सा टेलीफोन केबलों से नहीं जुड़ा है। कुछ क्षेत्रों में जैसे कि मॉन्ट्रियल और ब्यूनस आयर्स के बीच, टेलीफोन केबल नहीं हैं, लेकिन "रेडियो लिंक" (रेडियो संपर्क)नामक घृणित चीज़ेंहैं। इन भयानक यंत्रों को कभी भी "टेलीफोन" नाम से प्रतिष्ठित नहीं किया जाना चाहिए, क्योंकि उनका उपयोग करना हमारे धैर्य के साथ साहसिक कार्य करने जैसा प्रतीत होता है। अक्सर बातचीत पहचान से परे अस्पष्टहोती है, बातचीत को टुकड़ों में काट दिया जाता है, उच्च आवृत्तियों को काट दिया जाता है और कम आवृत्तियों को काट दिया जाता है, और इसलिए ही समझने लायक मानव स्वर की आवाज को प्राप्त करने के बजाय कि हमें नीरस एक-सुरी आवाज मिलती है। व्यक्ति प्रयास और अथक प्रयास करता है, ताकी वो समझ सकें जो कहा जा रहा है, लेकिन हर समय एक और गंभीर नुकसान होता है; "सर्किट को खुला रखने के लिए" हर समय (भले ही किसी के पास कहने के लिए कुछ भी न हो) बात करते रहना पड़ता है। इसके साथ ही यह भी जोड़ा गया है कि वह वायुमण्डलीय विक्षोभ है, जिसका हम पहले भी उल्लेख कर चुके हैं, लेकिन पृथ्वी के चारों ओर विभिन्न आयनित परतोंसे विभिन्न अपवर्तन और परावर्तन होते रहते हैं। हम इसका उल्लेख यह दिखाने के लिए कर रहे हैं कि पृथ्वी पर सर्वश्रेष्ठ उपकरणों के साथ, रेडियो टेलीफोन द्वारा बातचीत सफल या विफल होने की समस्या होती है, और हमारे अनुभव में यह सफल से अधिक बार विफल होती है। हम व्यक्तिगत रूप से टेलीपैथी को टेलीफोन की तुलना में कहीं अधिक आसान मानते हैं।

आपको आश्चर्य हो सकता है कि हम रेडियो और इलेक्ट्रॉनिक्स और विद्युत के बारे में क्यों लिखते रहते हैं। इसका उत्तर है क्योंकि मस्तिष्क और शरीर बिजली उत्पन्न करते हैं। मस्तिष्क और सभी मांसपेशियां स्पंदित इलेक्ट्रॉन को बाहर भेजती हैं, जो वास्तव में मानव शरीर का रेडियो कार्यक्रम है। मानव शरीर के व्यवहार के करीब और क्लैरवॉयेंस, टेलीपैथी, साइकोमेट्री और इसके बाकी करीब की अधिकांश घटनाएं रेडियो और इलेक्ट्रॉनिक्स के विज्ञान के संदर्भ में इतनी आसानी से समझी जा सकती हैं। हम आपके लिए यह आसान बनाने की कोशिश कर रहे हैं, इसलिए हम आपको इलेक्ट्रॉनिक्स और रेडियो के बारे में इस सभी विषयों पर बहुत सावधानी से विचार करने के लिए कहने जा रहे हैं, यदि आप

इलेक्ट्रॉनिक्स का अध्ययन करते हैं तो यह आपके लिए बहुत मायने रखता है। जितना अधिक आप रेडियो और इलेक्ट्रॉनिक्स का अध्ययन करेंगे, उतनी ही आसानी से आप अपने विकास में प्रगति करेंगे।

नाजुक उपकरणों को झटके से बचाने की ज़रूरतहै। आप एक महंगे टेलीविजन रिसीवर की आशा करेंगे, तो इसके आसपास में धमाके की आवाज नहीं करेंगे, आप महंगी घड़ी की आशा करेंगे, तो इसे दीवार पर आघात नहीं देंगे। हमारे पास सबसे महंगा रिसीवर है - हमारा मस्तिष्क - और अगर हम उस "रिसीवर" का सबसे अच्छेपरिणाम के लिए उपयोग करने जा रहे हैं तो हमें इसे आघात से बचाना चाहिए। अगर हम अपने आप को उत्तेजित या निराश होने देने जा रहे हैं, तो हम अपने भीतर एक प्रकार की लहर उत्पन्न करने जा रहे हैं, जो बाहर की तरंगों को ग्रहण करने सेरोक देगी। टेलीपैथी में हमें जितना संभव हो उतना शांत रहना होगा अन्यथा किसी भी प्रयास को करने में अपना समय बर्बाद करने जा रहे हैं,हम दूसरों के कुछ विचारों को प्राप्त कर लेंगे। पहली बार हमें टेलीपैथी में ज्यादा परिणाम नहीं मिलेंगे। तो - आइए हम आत्मसंयमकरने पर ध्यान केंद्रित करें।

जब भी हम सोचते हैं, हम बिजली पैदा करते हैं। यदि हम शांति से और बिना किसी मजबूत भावना के सोचते हैं, तो हमारे मस्तिष्क की बिजली काफी समतल आवृत्ति का पालन करेगी जो उच्च चोटियों के बिना और निम्न घाटियों के बिना होगी। यदि हमारे पास एक उच्च शिखर है, तो इसका मतलब है कि कुछ हमारे विचारों की गति में बाधा डाल रहा है। हमें यह सुनिश्चित करना चाहिए कि कोई अत्यधिक वोल्टेज उत्पन्न न हो और ऐसा कुछ भी नहीं हो जो हमारी विचार प्रक्रियाओं के भीतर " चेतावनी और निराशा" की अनुमति दे सकें।

हमें हर समय एक शांत तरीके से अपने भीतरी आत्मसंयम को विकसित करना चाहिए। इसमें कोई शक नहीं है कि यह गुस्सा दिलाता हैं, जब कोई व्यक्ति कपड़े धोकर सुखाने के लिए लटकाने जा रहा हैं और तभी टेलीफोन बजता हो जबकि उसके हाथ सिर्फ धुले हुए गीले कपड़ों से भरे है। इसमें कोई संदेह नहीं है कि व्यक्ति स्थानीय स्टोर पर मोल भाव करने में चूक होने पर भयावह रूप से परेशान हो जाता हो, लेकिन ये सभी बातें बहुत सांसारिक हैं, जब हम इस दुनिया को

छोड़ते हैं तो वे हमारी बिल्कुल भी मदद नहीं करते हैं। जब हम पृथ्वी पर अपने प्रवास को समाप्त करते हैं, तो यह बहुत मायने नहीं रखेगा, भले हीहमने किसी तरह भी चाहे बड़ेसुपर-बाजारों के साथ या कोने के स्टोर में छोटे आदमी के साथ सौदा किया हो। हम फिर से दोहराएंगे(यदि आपने इसे पहले नहीं पढ़ा है) कि हम अगले जीवन के लिए हमारे साथ एक पैसा भी नहीं ले जा सकते हैं, लेकिन हमने जो भी सीखा है, उससे जो ज्ञान इकट्ठा किए हैं,उसे लेकर जा सकते हैं और जाते भी हैं। पृथ्वी पर हम जो कुछ भी सीखते हैं,उसका सारभूत निष्कर्ष हमें वैसा बनाते है जो हम अगले जीवन में बनने जा रहे है। इसलिए आइए हम ज्ञान पर ध्यान दें, जिन चीज़ोंको हम लेकर जा सकते हैं। वर्तमान में दुनिया पैसे के लिए पागल हो गई है, सम्पति के लिए पागल हो गई है। कनाडा और संयुक्त राज्य अमेरिका जैसे देश समृद्धि के एक झूठे आदर्शों के तहत जीवन जी रहे हैं, हर कोई कर्ज में डूबा हुआ दिख रहा है, हर कोई वित्त कंपनियों से उधार ले रहा है (पुराने जमाने के साहूकार के उपनाम, अब क्रोमियम प्लेट के साथ अधिक सुन्दर किए गये है)। लोग नई कारों को चाहते हैं, हर साल में पिछले साल की तुलना में ज्यादा चमकीले कार चाहते हैं। लोग इधर उधर भाग रहे हैं, उनके पास जीवन की गंभीर चीज़ोंके लिए कोई समय नहीं है, वे उन चीज़ोंका पीछा कर रहे हैं जो मायने नहीं रखती हैं। केवल वही चीज़ेंजो मायने रखती हैं जो हम यहाँ सीखते हैं,हम पृथ्वी पर रहने के दौरान हासिल किए गए सभी ज्ञान को अपने साथ लेकर जाते हैं, अगर हमारे पास पैसा और संपत्ति है, तो हम अपने पीछे छोड़ जाते हैं, जिसे कोई और लुटा देगा। इस कारण यह हमारे लिए आवश्यक हैं कि हमें उन चीज़ोंपर ध्यान केंद्रित करना चाहिए जो वास्तव में हमारा होगा- अर्थात " ज्ञान "।

शांति प्राप्त करने का सबसे आसान तरीका नियमित पैटर्न में सांस लेना है। दुर्भाग्य से ज्यादातर लोग एक तरीके से सांस लेते हैं जिसे " खींचना- फूँक मारना,खींचना- फूँक मारना" कहा जा सकता है, वास्तव में वे आक्सीजन के कमी से मस्तिष्क के भूखे होने से हाँफते हुए दौड़ते हैं । लोगों को लगता है कि हवा की पूर्ति सीमित (राशन) है, उन्हें इसे गटकना और फूंकना होता है। उन्हें लगता है कि

वे जिस हवा को लेते हैं, वह गर्म है, या कुछ और है, इसलिए जितनी जल्दी हो वे इससे छुटकारा पाने के लिए उत्सुक होते हैं, ताकि जल्दी से अगला भर लें। हमें धीरे-धीरे और गहरी सांस लेना सीखना चाहिए। हमें यह सुनिश्चित करना चाहिए कि हमारे फेफड़ों से सारी बासी हवा निकल जाए। यदि हम केवल अपने फेफड़ों के शीर्ष के साथ सांस लेते हैं, तो वह हवा जो सबसे नीचे है वह बासी और बासी हो जाती है। हमारी वायु आपूर्ति जितनी बेहतर होगी, हमारी मस्तिष्क की शक्ति उतनी ही बेहतर होगी, क्योंकि हम आक्सीजन के बिना नहीं रह सकते हैं और मस्तिष्क पहला अंग होता हैं, जिसे आक्सीजन की भूख लगती है। यदि हमारा मस्तिष्क आक्सीजन की न्यूनतम मात्रा से वंचित है, तो हम थका हुआ महसूस करते हैं -उनींदा महसूस करते हैं, हम अपनी गति में धीमे हो जाते हैं, और हमें सोचने में मुश्किल होती है। कभी-कभी हम यह भी पाते हैं कि हमें बहुत सिरदर्द है, तो हम ताज़ी हवा में चले जाते हैं जो सिरदर्द को ठीक कर देता है, और यह भी साबित करता है कि व्यक्ति को आक्सीजन की बहुत आवश्यकता है।

एक नियमित रूप से साँस लेने का पैटर्न घबराहट की भावनाओं को भी शान्त कर देता है। यदि आप पूरी तरह से चिड़चिड़ा महसूस कर रहे हैं - " चिड़चिड़े और उदास" - और वास्तव में किसी के साथ हिंसा करना चाहते हैं, तो इसके बदले में एक गहरी सांस लें, सबसे गहरी सांस लें और आप कुछ सेकंड के लिए रोक कर रखें। फिर इसे कुछ सेकंड के बाद धीरे-धीरे बाहर छोड़दें। ऐसा कुछ समय तक करें, और फिर आप पाएंगे कि आपने जितना संभव होना सोचा था, आप उससे कहीं ज्यादा जल्दी शांत हो गए।

जितनी जल्दी हो सके सांस को अंदर न लें, और फिर उतनी ही जल्दी से बाहर ना निकालें। श्वास को धीरे-धीरे, स्थिरतापूर्वक रूप से खींचें, और सोचें - यह एक सच है, कि आप साँस खींचकर जीवन और जीवन शक्ति को ले रहे हैं। आइए हम एक उदाहरण दें, अपनी छाती को सिकोड़े और जितना संभव हो उतनी हवा बाहर निकालने की कोशिश करें, अपने फेफड़ोंपर इतना दबाव डालें कि यदि चाहें, तो आपकी जीभ हवा की कमी से बाहर लटक जायें। फिर, कुछ दस सेकंड बाद, अपने फेफड़ों को पूरी तरह से भरें, अपनी छाती को बाहर की ओर फेंक

दें, जितना हो सके उतनी हवा को भीतर ले जाएं, और फिर थोड़ी अधिक मात्रा में ठसाठस भर लें । जब आप संभवतः जितनी अधिकतम हवा ले सकने की स्थिति में पहुंच जायें, तो इसे पांच सेकंड तक रोकें, और पांच सेकंड के बाद धीरे-धीरे हवा को बाहर निकाल दें,इतना धीरे कि आपको अपने भीतर की पूरी वायु को निकालने में सात सेकंड लगें। पूरी तरह से साँस छोड़ते हुए, अपनी मांसपेशियों को अंदर की तरफ निचोड़कर जितना हो सके उतनी हवा बाहर निकालने के लिए ताक़त लगायें। यह सब फिर से शुरू करें। यह एक अच्छी सलाह हो सकती है यदि आप इसे आधा दर्जन बार करते हैं तो आप पाएंगे कि आपकी कुंठाएं और आपका बुरा, उदास मूड चला गया है, और आप भीतर बेहतर महसूस भी करेंगे, आप पाएंगे कि तुम अंदरूनी आत्मसंयम पाने की शुरुआत करने लगे हो।

यदि आप इंटरव्यू के लिए जा रहे हैं जो वास्तव में महत्वपूर्ण है, तो इससे पहले कि आप वास्तव में इंटरव्यू कक्ष में जाएं, कुछ गहरी साँस लें। आप पाएंगे कि आपकी धड़कन अधिक तेज नहीं दौड़ पा रही, यह स्थिर हो जाएगी, आप पाएंगे कि आप अधिक आत्मविश्वासी हो गये हैं, चिंता करने की कम बात है और यदि आप ऐसा करते हैं तो आपका साक्षात्कार कर्ता आपके आत्मविश्वास के प्रत्यक्ष दिखने से प्रभावित होगा। इसे कोशिश करें।

रोजमर्रा की जिंदगी में निराशा और चिड़चिड़ाहट की एक चौंका देने वाली संख्या होती है, और ये चीज़ें वास्तव में बहुत हानिकारक हैं। "सभ्यता" इसके बिल्कुल विपरीत है। व्यक्ति जितना अधिक सभ्यता के बेड़ियोंके साथ बंध जाता है, उसे शांति प्राप्त करना उतना ही मुश्किल होता जाता है। एक बड़े शहर के बीच में रहने वाले आदमी या औरत अक्सरग्रामीण क्षेत्रोंके बीच में रहने वाले आदमी या औरत की तुलना में अधिक चिड़चिड़े, अधिक नर्वस होते है। इसलिए यह अधिक से अधिक आवश्यक हो जाता है कि व्यक्ति अपनी भावनाओं पर नियंत्रण पा सकें। जो लोग निराश और चिड़चिड़े होते हैं, वे पाते हैं कि उनका गैस्ट्रिक रस अधिक गाढ़ा हो गया है। निश्चित रूप से, ये रस एसिड होते हैं, और जब वे अधिक से अधिक गाढ़ेहो जाते हैं, तब वे हमारे भीतर "उबल" पड़ते हैं, और अंततः इतने अधिक जमाव की मात्रा में पहुंच जाते हैं कि हमारे पेट या अन्य

अंगों की आंतरिक सुरक्षात्मक परत तेज एसिड के हमलों को सहन नहीं कर पाती हैं। शायद हमारे आंतरिक परत का कुछ हिस्सा बाकी की तुलना में पतला है। शायद हमारे अंदर कुछ छोटी-छोटी विकृतियाँहैं, जैसे भोजन के कुछ कठोर टुकड़े जिन्हें हमने निगल लिया है, के कारण पेट में थोड़ी जलन हो सकती है। फिर एसिड के पास एक जगह होती है जिस पर वह काम कर सकता है। यह उस पतले स्थान, या जलन वाले स्थान पर काम और काम करता जाता है, और एक समय के बाद यह हमारी भीतरी सुरक्षात्मक परत को भेद देता है। परिणाम एक गैस्ट्रिक अल्सर है जो हमें काफी निराशा और दर्द की ओर ले जाता है। जैसा कि आपने शायद सुना है, गैस्ट्रिक अल्सर चिड़चिड़ाहट और घबराहट की बीमारी के रूप में जाना जाता है। हमें इन सभी गुस्से के बारे में सोचना चाहिए, आप सोच रहे होंगे कि गैस के बिल का भुगतान करने के लिए पैसे कहाँ से लाएंगे या जब आप किसी और चीज़ में व्यस्त हों तब बिजली के मीटर वाला आदमी आपके दरवाजे के आसपास क्यों उपद्रव मचा रहा हैं। आपको आश्चर्य हो सकता है कि इतने मूर्ख लोग आपको मेल के माध्यम सेमूर्खतापूर्ण सर्कुलर (परिपत्र)क्यों भेजते हैं? आपको उन्हें क्यों फेंक देना चाहिए? क्यों न प्रेषक को पहले ही उन्हें नष्ट कर देने चाहिए थे और इससे आपको मुसीबत से बचा लेते ? ठीक हैं, यह आराम से करो - स्वयं सोचें, अपने आप से यह सवाल पूछें: - "क्या यह सब पचास या सौ साल के बाद में मायने रखेगा?" जब भी आप सोचते हैं कि आप निराश होते जा रहे हैं, या जब भी आप साधारण रोजमर्रा के रहन-सहन के दबाव से लगभग उबरने को होते हैं, या जब भी आप सोचते हैं कि आप अपनी परेशानियों और अपनी कठिनाइयों में डूबे जा रहे हैं, इसके बारे में फिर से सोचें, और सोचें - "क्या इनमें से कोई भी विषय, इनमें से कोई भी चिंता, पचास या सौ साल के बाद में महत्वपूर्ण होगी?"

निश्चित ही तथाकथित सभ्यता का यह युग एक बहुत ही कष्टकर युगहै। सब कुछ मिलकर हममें अप्राकृतिक मस्तिष्क तरंगों का निर्माण कराते है, और मिलकर हमारे मस्तिष्क की कोशिकाओं के भीतर अजीब वोल्टेज उत्पन्न करते है। चूंकि आम तौर पर व्यक्ति सोचता है कि मस्तिष्क तरंगों का एक काफी लयबद्ध पैटर्न होता है जिसे डॉक्टर विशेष उपकरणों के द्वारा रेखांकित कर सकते हैं। भले ही

मस्तिष्क की तरंगें एक निश्चित पैटर्न का अनुसरण करती हैं,फिर कभी हम कुछ मानसिक पीड़ा होने को कहते है, जिसकी वजह से जब किसी व्यक्ति को मानसिक बीमारी हो, तो संभवतः पहला काम यह करना चाहिए,कि मस्तिष्क तरंगों को रेखांकित करके यह देखना चाहिए कि वे सामान्य से कैसे हट गये हैं। पूर्वी लोग यह सच जानते है कि अगर कोई व्यक्ति असामान्य मस्तिष्क तरंगों को शान्त कर लेता है, तब मानसिक संतुलन वापस लौटता है। सुदूर पूर्व में चिकित्सा संबंधी पुजारियों द्वारा उपयोग किए जाने वाले विभिन्न तरीके हैं, जिससे अस्वस्थव्यक्ति - वह व्यक्ति जिसको मानसिक पीड़ा है - उसकी मस्तिष्क तरंगों को पहले जैसा सामान्य करने में मदद की जा सकती है।

जीवन के परिवर्तन के दौरान, विशेष रूप से महिलाएं, मस्तिष्क के भीतर एक अलग तरंगोंकी उत्पत्ति से विवश होती हैं। यह सहज रूप से होता है, क्योंकि जीवन के परिवर्तन के समय विभिन्न स्राव बंद हो जाते हैं या अन्य प्रणालियों की ओरमुड़ जाते हैं, और आमतौर पर महिला इतनी विवादास्पद " बे सिर पैर की कहानियाँ " को सुनती रहती है कि वह वास्तव में सोचने लगती हैं कि वह बुरे समय की तरफ जा रही है और चूंकि वह दृढ़ता से मानती है कि उसे कठिनाइयों का सामना करना पड़ सकता है, तो ऐसा ही होता है। जीवन के बदलाव पर किसी भी कठिनाइयों की आवश्यकता नहीं है बशर्ते कि कोई व्यक्ति पहले से पूरा तैयार हो। अधिक दुर्भाग्यपूर्ण मामले उन महिलाओं के हैं जिन्होंने हिस्टेरेक्टॉमी नामक ऑपरेशन करवाया है। जिसमें गर्भाशय को निकाल दिया जाता हैं। हिस्टेरेक्टॉमी एक ऑपरेशन है जिसके माध्यम से रजोनिवृत्ति को शल्य उपायों द्वारा जबरन लाया जाता है। निःसंदेह यह ऑपरेशन एक द्वितीयक कारण होता है, आमतौर पर कुछ विशिष्ट उद्देश्य जैसे बीमारियों के इलाज के लिए यह किया जाता है, लेकिन अंतिम परिणाम समान होता है; एक महिला का एक ऑपरेशन है - हिस्टेरेक्टॉमी - और जीने के पूर्व तरीके का अचानक अंत होता हैं और आवश्यक हार्मोन का अचानक परिवर्तन आदि, मस्तिष्क में एक गंभीर विद्युत तूफान का कारण बनता है, जो थोड़ेसमय के लिए, महिला को असंतुलित भी बना सकता है। वास्तव में उपयुक्त उपचार और सहानुभूतिपूर्ण समझ ऐसे दुर्भाग्यपूर्ण पीड़ित को ठीक कर सकती है। हम इसका उल्लेख केवल यह बताने

के लिए करते हैं कि शरीर एक विद्युत जनरेटर है, और उस जनरेटर का निरंतर उत्पादन बनाए रखना बहुत आवश्यक है, क्योंकि यदि हमारे पास निरंतर उत्पादन होता है, तो हमें आत्मसंयमऔर शांति रखना संभव हो सकता है, लेकिन यदि उत्पादन गड़बड़ा गया है या चिंता या कुछ विशेष आपरेशन के कारण बदल गया है, तो फिर शांति अस्थायी रूप से खो जाती है। लेकिन यह निश्चित रूप से पुनः प्राप्त की जा सकती है!

आइए हम अपने "पचास या सौ साल समय के बाद" में लौट आते हैं। यदि आप किसी व्यक्ति का भला करते हैं, तो वह कुछ ऐसा है जो पचास से सौ वर्षों के बाद में मायने रखेगा, क्योंकि यदि आप अच्छा करते हैं कुछ लोगों के देखने के नज़रिये को आशान्वित करते है, ठीक जैसे कि यदि आप किसी व्यक्ति को नुकसान पहुँचाते हैं तो आप उनके देखने के नज़रिये को हतोत्साहित करते हैं। जितना आप दूसरों की अधिक भलाई कर सकते हैं, उतना ही स्वयं आपको प्राप्त हो सकता हैं। यह तंत्र मंत्र का एक नियम है, कि आप तब तक उसे प्राप्त नहीं कर सकते जब तक आप पहले बाँटने को तैयार नहीं होते। यदि आप देते हैं, यह चाहे सेवा या धन या प्रेम है, तो आप अपनी बारी में सेवा या पैसा या प्रेम प्राप्त करेंगे, मायने नहीं रखता कि व्यक्ति क्या देता हैं, मायने नहीं रखता कि व्यक्ति क्या पाता हैं, हर चीज़की क़ीमत समय आने पर अदा की जाएंगी। यदि आप करुणा प्राप्त करते हैं, तो आपको करुणा देनी होगी, लेकिन यह इस पाठ में नहीं निपटाया जाना चाहिए क्योंकि जब हम कर्म के साथ संबंधित होंगे तो हम इसे और अधिक विस्तार से संदर्भित करेंगे।

अपने आप को निश्चल रखना निश्चित करें, अपने आप को शांत करना सुनिश्चित करें, स्वयं अपने आप समझें कि इन सभी क्षुद्र प्रतिबंधों, इन सभी मूर्खतापूर्णरुकावटों को जब हम सोचने की कोशिश करते हैं या कुछ करने की कोशिश करते हैं, इन सभी का कुछ वर्षों पश्चातकोई महत्व नहीं रहेगा, वे मामूली बातें, क्षुद्र परेशानियाँ हैं, और उन्हें उनके सही रुप मुसीबत की तरह फेंक दिया जाना चाहिए और इससे ज्यादा ये कुछ नहीं हैं। अगर आप उन्हें स्वीकार करेंगे, तो आपके लिए आंतरिक आत्मसंयम,सुकून और शांति है। आपको बस इतना करना है कि सांस इस भाँति लेना चाहिए ताकि आपके मस्तिष्क को अधिकतम

ऑक्सीजन मिल सके और यह सोचें कि इन सभी मूर्खतापूर्ण छोटी परेशानियों का आधी सदी के बाद में कुछ महत्व नहीं होगा। तब आप देखेंगे कि वे कितने महत्वहीन हैं।

क्या आप देखते हैं कि हमें क्या प्राप्त हो रहा है? हम आपको यह दिखाने की कोशिश कर रहे हैं कि ज़्यादातर बड़ी चिंताएं सरलता से घटित नहीं होती हैं। हमारे पास कुछ हैं, जो डराने वाला है, हम डरते हैं कि कुछ अप्रिय घटित होने वाला है, हम स्वयं डर के पागलपन में काम करते हैं, और हम ऐसी स्थिति में घूमते रहते हैं कि हम मुश्किल से ही जानते हों भले ही हम अपने सिर या पैरों पर हैं। लेकिन जल्द ही हम पाते हैं कि हमारे डर अनुचित थे, ऐसा कुछ भी नहीं हुआ। सारा डर तुच्छ बात के लिए था। हम सभी के भीतर एड्रेनालाईन का एक यथार्थ मिश्रण होता है, जो हमें आग बबूला करके लड़ाई के लिए प्रेरित करता है और जब डर एड्रेनालाईन से गुज़रकर इसे नष्ट कर देता है तब हमें काफी कमजोरी महसूस होती है और यहाँ तक हम प्रतिक्रिया से काँपने लगते हैं। दुनिया के कई प्रसिद्ध पुरुषों ने कहा है कि उनकी प्रमुख चिंताएं कभी घटित नहीं हुईं, लेकिन वे तब उनके बारे में चिंतित थे और फिर उन्होंने पाया कि वे समय बर्बाद कर रहे थे। यदि आप परेशान हैं, तो आप शांत नहीं होते। यदि आप उत्तेजित होते हैं, तो आपके पास आंतरिक आत्मसंयमनहीं हो सकता है और आप टेलीपैथिक संदेश प्राप्त करने में सक्षम होने के बजाय विकिरित कर रहे होते हैं - प्रसारण कर रहे होते हैं, पूरी तरह से एक कोलाहल और हताशा होती है, जो न केवल आपके टेलीपैथिक संदेशों को ग्रहण करने से पूरी तरह से ढक देता है, बल्कि आपके आसपास काफी दूर तक संदेशों के स्वागत करने को भी ढक देता है। इसलिए अपने और दूसरों के हितों के लिए, संतुलन का अभ्यास करें, शांत रहें; फिर से याद रखें कि ये सभी छोटी चिड़चिड़ाहट मामूली चिड़चिड़ाहट हैं और इससे ज्यादा कुछ भी नहीं हैं। उन्हें आपको परखने के लिए भेजा जाता है, और वे निश्चित रूप से ऐसा ही करती हैं।

सही दृष्टिकोण में अपनी कठिनाइयों को देखते हुए, आत्मसंयम का अभ्यास करें। यह बात परेशान कर सकती है कि आप आज रात सिनेमा में नहीं जा सकते, विशेष रूप से तब जबकि इस सिनेमा के प्रदर्शन की अंतिम रात हो, लेकिन यह

सब दुनिया को हिला देना जितना महत्व नहीं रखता है। यह महत्व रखता है कि आप सीखते हैं, आप कैसे प्रगति करते हैं, क्योंकि जितना अधिक आप अभी सीखते हैं उतना ही अधिक आप अपने साथ अगले जीवन में ले जाते हैं, और जितना अधिक आप अगले जीवन में ले जाते हैं, उतनी ही कम बार आपको हमारी इस दुखपूर्ण पुरानी दुनिया में वापस आना होगा।

हमारा सुझाव है कि आप लेट जाएं, खुद को आराम करने दें। थोड़ा लेट जाएं और थोड़ा सा शरीर को फेरबदल करें, ताकि मांसपेशियाँ और आप का कोई भी हिस्सा तनाव में न रहे। हल्के से अपने हाथों को आपस में मिलाएं और गहरी और नियमित रूप से सांस लें। जैसा कि आप साँस लेते जाते हैं, लय में यह सोचते हुए साँस लें "शांति-शांति-शांति"। यदि आप अभ्यास करेंगे कि आप पाएंगे कि वास्तव में सुकून और शांति की दिव्य भावना आप पर चुपके से छा जाएंगी। एक बार फिर किसी भी घुस आये मनमुटाव के विचारों को बाहर निकाल दें, अपने विचारों को शांति पर, ख़ामोशी पर और आराम पर केंद्रित करें। यदि आप शांति के बारे में सोचते हैं तो आपके पास शांति होगी। यदि आप विश्राम करने के बारे में सोचते हैं, तो आपको विश्राम मिलेगा। हम आपको इस पाठ के समापन के माध्यम से कहेंगे कि यदि लोग हर चौबीस घंटों में से दस मिनट इस बात के लिए समर्पित करेंगे, तो डॉक्टर दिवालिया हो जाएंगे क्योंकि उन्हें हल करने के लिए लगभग इतनी सारी बीमारियाँनहीं होगी।

अध्याय

इक्कीस

अब हम इस अध्याय में उन विषयों पर आते हैं, जो हम सभी के हित में हैं, टैलीपैथी यानि दूरसंवेदन। आप सोच रहे होंगे कि हम मानव मस्तिष्क की तरंगों और रेडियो तरंगों में इतनी समानता पर इतना ज़ोर क्यों लगाते हैं।

इस अध्याय में आपको इस विषय पर अधिक ज्ञान प्राप्त हो सकता है। यहाँ चित्र नौ है। जैसा कि आप देखेंगे, हम इसे " शांत मस्तिष्क " कहते हैं। इसे "शांत" कहा जाता है क्योंकि हमें पहले उस स्थिति में होना चाहिए जब हम टेलीपैथी या क्लैरवॉयेंस या साइकोमेट्री को कर पाएँ, यही कारण है कि क्यूँ हमने पिछले अध्याय में वो विषय हल किए थे (क्या आपने कहा कि उन विषयों से अब तो चिढ़ हो रही) यदि हम प्रगति करने जा रहे हैं तो हमें अपने भीतर सहज होना चाहिए।

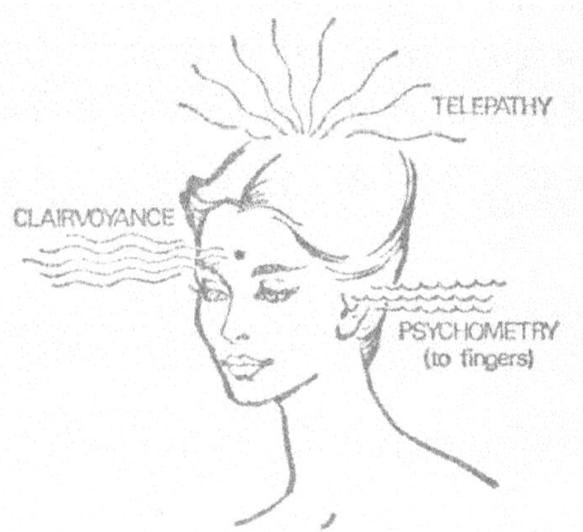

Fig. 9: THE TRANQUIL HEAD

चित्र 9

इसे इस तरह देखो; क्या आप एक बॉइलर कारखाने के आसपास के क्षेत्र में एक अच्छा सिम्फनी संगीत समारोह मिलने की उम्मीद करेंगे? क्या आप शास्त्रीय

संगीत का आनंद लेने में सक्षम होंगे - या संगीत का कोई भी रूप जो आप पसंद करते हो - भले ही लोग अपनी ऊँची आवाज़ में चिल्लाकर आपके चारों ओर ऊपर-नीचे कूद रहे थे? नहीं, आप या तो रेडियो बंद कर देंगे और अपने आप में चिल्लाते हुए दौड़ेंगे, या आप हर किसी को चुप रहने के लिए कहेंगे!

"शांत मस्तिष्क " के चित्र से आप देखेंगे कि मस्तिष्क के विभिन्न रिसेप्टर (ग्राही) क्षेत्र हैं। वे क्षेत्र जो प्रभामंडल (हेलो) के लगभग अनुकूल होते है वह टेलीपैथिक तरंगों को चयन करते है। हम बाद में अन्य तरंगों से निपटेंगे, पहले हम टेलीपैथी को हल कर रहे हैं। जब हम शांत होते हैं तो हम सभी प्रकार के छाप ले सकते हैं। ये छाप दूसरे लोगों की मात्र रेडियो तरंगें हैं जो हमारे अपने ग्रहणशील मस्तिष्क द्वारा अंदर आ रही हैं और अवशोषित हो रही हैं। आप इस बात से सहमत होंगे कि अधिकांश लोगों के पास " अंतर्ज्ञान" है। अधिकांश लोगों को किसी न किसी समय पर बड़े अजीब विचार आते हैं कि कुछ होने वाला है या कि उन्हें कुछ विशिष्ट कार्रवाई करनी चाहिए। जो लोग बेहतर नहीं जानते हैं वे इसे "एक अंतर्ज्ञान" कहते हैं। वास्तव में यह केवल अचेतावस्था या अवचेतन, टेलीपैथी होती है अर्थात "अंतर्ज्ञान " वाला व्यक्ति किसी अन्य व्यक्ति द्वारा सचेतन या अनजाने में भेजे गए टेलीपैथिक संदेश को ले रहा है।

अंत: प्रज्ञा (इंट्यूशन)समान प्रकार की चीज़ है, यह ठीक कहा गया है, कि महिलाओं में पुरुषों की तुलना में अधिक अंत: प्रज्ञा होती है। अगर महिलाएं इतनी बातें नहीं करें तो महिलाएं औसत पुरुष की तुलना में बड़ी टैलीपैथ हो सकती हैं। महिला मस्तिष्क को पुरुष की तुलना में छोटा बताया गया है, लेकिन यक़ीनन यह अपमान करने का विषय नहीं है। मस्तिष्क के आकार के द्वारा बुद्धि के आकार को प्रभावित करने के बारे में बहुत फ़ालतू बातें लिखी जा चुकी हैं। उस आधार पर, हमें एक हाथी को मानव मानकों की तुलना में ज्यादा प्रतिभाशाली मानना चाहिए। महिला मस्तिष्क आने वाले संदेशों के साथ तालमेल को "समझ" सकती है और फिर से, रेडियो शब्दों में, महिला मस्तिष्क एक रेडियो सेट है जिसे पुरुष मस्तिष्क की तुलना में अधिक आसानी से एक स्टेशन में सम स्वरित (ट्यून) किया जा सकता है। यह सरलता की बात है यदि आप इस व्याख्या को पसंद करते हैं । क्या आपको बहुत पुराने रेडियो सेट की याद है जो

आपके पिता या आपके दादाजी के पास थे? जिसके सब जगह पर बटन और डायल थे और स्थानीय स्टेशन को पकड़ना इंजीनियरिंग का एकबहादुरी का काम था। व्यक्ति को फिलामेंट नियंत्रण का पता लगाना पड़ता यह निश्चित करने के लिए कि ट्यूब सही वोल्टेज पर थे। व्यक्ति को धीमी गति के बटनों की एक जोड़ी के साथ पकड़ना पड़ता था, अक्सर व्यक्ति को कुंडल को भी हिलाना पड़ता था, और फिर ध्वनि का नियंत्रण करना होता था। आपके दादाजी आप सभी को प्रथम रेडियो के बारे में बताएंगे। परन्तु आजकल - ठीक है, अब व्यक्ति पॉकेट रेडियो पकड़ लेता है, उसे चालू कर लेता है, शायद एक अंगुली से बटन को हिलाता है और जिसमें शायद दुनिया भर के आधे से ज्यादा कार्यक्रम होते हैं। महिला मस्तिष्क भी ऐसा ही है, पुरुष मस्तिष्क की तुलना में उसे सम स्वरित (ट्यून)करना आसान है।

हम आपको एक समान जुड़वा बच्चों की भी याद दिलाएंगे। यह एक प्रमाणित तथ्य है कि समान जुड़वा बच्चे लगभग हमेशा एक-दूसरे के संपर्क में रहते हैं, चाहे वे शारीरिक रूप से दूर ही क्यों न हों। आपके पास उत्तरी अमेरिका में एक जुड़वा और दक्षिण अमेरिका में दूसरा जुड़वा हो सकते हैं, और आपको उनके साथ होने वाली घटनाओं की रिपोर्ट एक ही समय में मिल जाएगी, आपको ऐसी रिपोर्टें मिलेंगी जिनमें से प्रत्येक को पता है कि दूसरा क्या कर रहा है। ऐसा इसलिए है क्योंकि ये दोनों एक एकल कोशिका, एक एकल अंडे से आए थे और इसलिए उनके मस्तिष्क एक जोड़ी के रूप में रेडियो रिसीवर या ट्रांसमीटरों से ध्यानपूर्वक मेल खाता है। वे अपने मालिकों यानी जुड़वा बच्चों की ओर से किए हुए बिना किसी प्रयास के " सामंजस्यता में" हैं।

अब आप जानना चाहेंगे कि आप टेलीपैथी कैसे कर सकते हैं, क्योंकि आप इसे अभ्यास के साथ और विश्वास के साथ कर सकते हैं, लेकिन कितना भी अभ्यास करें, चाहे कितना भी विश्वास क्यों न हो, आप तब तक ऐसा नहीं कर पाएंगे, जब तक कि आप हमारे पुराने मित्र आंतरिक आत्मसंयम के साथ नहीं करेंगे। अभ्यास करने का सबसे अच्छा तरीका है: -

स्वयं अपने को एक दिन या दो दिन यह कहें कि फलाँ दिन फलाँसमय में आप अपने मस्तिष्क को ग्रहणशील बनाने जा रहे हैं ताकि आप पहले सामान्य विचार

और फिर निश्चित टेलीपैथिक संदेशों को ले सकें। स्वयं दोहराते रहें, अपने आप से दृढ़तापूर्वक कहते रहें, कि आप इसमें सफल होने जा रहे हैं।

अच्छा हो कि पूर्व निर्धारित दिन पर शाम को एक निजी कमरे में सोने जायें। सुनिश्चित करें कि रोशनी कम हो और यह भी कि तापमान आपके लिए काफ़ी आरामदायक हो। फिर उस स्थिति में विश्राम करें जिसे आपने सबसे आरामदायक पाया हो। अपने हाथ में उस व्यक्ति की तस्वीर रखें, जिससे आप सबसे अधिक जुड़े हुए हैं। कोई भी प्रकाश आपके पीछे होना चाहिए ताकि यह तस्वीर पर प्रकाश डाले या रोशन करे। कुछ मिनटों के लिए गहराई से साँस लें और फिर सभी बाहरी विचारों से अपने मन को साफ़ करें, उस व्यक्ति के बारे में सोचें, जिसकी तस्वीर आपके हाथों में है, तस्वीर को देखें, उस व्यक्ति को अपने सामने खड़े होने की कल्पना करें। यह व्यक्ति आपसे क्या कहेगा? आप क्या जवाब देंगे? अपने विचारों को शब्दों में बाँधे। यदि आप चाहें, तो कह सकते हैं कि "मुझसे बात करो - मुझसे बात करो।" फिर एक उत्तर की प्रतीक्षा करें। यदि आप शांत चित्त हैं, यदि आपको विश्वास है, तो आप अपने मस्तिष्क के अंदर कुछ उत्तेजना महसूस करेंगे। पहले आप इसे कल्पना के रुप में समझने को तैयार होंगे, लेकिन यह कल्पना नहीं बल्कि वास्तविकता होगी। यदि आप इसे बेकार की कल्पना समझकर हटा देते हैं तो आप टेलीपैथी को भी हटा देंगे।

टैलीपैथिक क्षमता प्राप्त करने का सबसे आसान तरीका उस व्यक्ति के साथ काम करना है जिसे आप अच्छी तरह से जानते हैं, और आप जिसके साथ दोस्ती के सबसे अंतरंग संबंध में हैं। आप दोनों को इस बात पर चर्चा करनी चाहिए कि आप क्या करने जा रहे हैं, आप दोनों को इस बात पर सहमत होना चाहिए कि इस तरह की तारीख पर फलाँ समय पर आप एक-दूसरे के साथ टेलीपैथिक रूप से संपर्क करेंगे। आप दोनों को अपने सोने वाले कमरों में होना चाहिए, इससे कोई फर्क नहीं पड़ता कि आप दोनों की दूरी कितनी है, यह एक महाद्वीप की भी दूरी हो सकती है, दूरी कोई वस्तु नहीं है। लेकिन आपको यह सुनिश्चित करना चाहिए कि आप किसी भी समय के अंतर के लिए अनुमति देते हैं, उदाहरण के लिए -

ब्यूनस आयर्स न्यूयॉर्क में समय से दो घंटे आगे हो सकता है। आपको इसके लिए अनुमति देनी होगी अन्यथा आपका प्रयोग विफल हो जाएगा। आपको यह भी सहमत होना होगा कि संदेश कौन प्रेषित करने जा रहा है और कौन प्राप्त करने वाला है। आप इसे आसानी से कर सकते हैं यदि आप अपनी घड़ियों को समकालिक करते हैं, और ग्रीनविच मध्य मान समय से जाते हैं जो भ्रम की किसी भी संभावना को कम करेगा। कोई भी ग्रीनविच मध्य मान समय को लगभग कहीं भी प्राप्त कर सकता है और यदि आप पहले प्रेषित करने का निर्णय लेते हैं और फिर दस मिनट के बाद, न तो अधिक और न ही कम, लेकिन समय का एक निर्धारित निश्चित अंतराल के बाद, आपका दोस्त संदेश वापस संचारित करेगा। ज़रूरी नहीं है, कि पहली बार, दूसरी या तीसरी बार आप सफल ही होंगे, लेकिन अभ्यास निपुण बनाता है। याद रखें कि एक बच्चा पहले प्रयास में नहीं चल सकता है, बच्चे को अभ्यास करना होता हैं और नीचे गिरना और धीरे-धीरे चलना पड़ता हैं। टेलीपैथी के पहले प्रयास में आप आवश्यक रूप से सफल नहीं होंगे, लेकिन फिर से कहें अभ्यास परिपूर्ण बनाता है।

जब आप एक दोस्त को एक टेलीपैथिक संदेश भेज सकते हैं, या उससे प्राप्त कर सकते हैं, तो आप दूसरों के विचारों को भी प्राप्त करने में सक्षम हो जाएंगे, लेकिन आप केवल उन्हीं के विचारों को प्राप्त कर सकते हैं, जिनके प्रति आप कोई बुरा इरादा न रखें। हम यहाँ अपने प्रसिद्ध विषय को एक बार फिर बदलने की तरफ जा रहे हैं।

आप किसी अन्य व्यक्ति को नुकसान पहुंचाने के लिए टेलीपैथी या क्लैरवॉयेंस या साइकोमेट्री का उपयोग कभी भी नहीं कर सकते हैं, न ही कोई अन्य व्यक्ति इन तरीकों से आपको नुकसान पहुंचा सकता है। यह अक्सर कहा गया है कि अगर कोई दुष्ट व्यक्ति टेलीपैथिक या क्लैरवॉयंट था, तो वे ऐसे लोगों को ब्लैकमेल करने में चतुर होगा जिन्होंने कुछ मामूली गलती की थी, लेकिन यह मामला बलपूर्वक का नहीं है, यह असंभव है। आप एक ही स्थान पर एक ही समय में प्रकाश और अंधेरा नहीं कर सकते हैं, और आप बुराई के लिए टेलीपैथी का उपयोग नहीं कर सकते हैं, जो कि मेटाफिजिक्स विज्ञान का बिल्कुल कठोर नियम है। तो - घबराओ मत, लोग आपको नुकसान पहुंचाने के लिए आपके विचारों

को नहीं पढ़ते हैं। इसमें कोई संदेह नहीं है कि कई लोग ऐसा करना चाहते हैं, लेकिन वे ऐसा नहीं कर सकते। हम इस बात का उल्लेख इस वजह से करते हैं, कि लोग डरते हैं कि टैलीपैथी द्वारा एक व्यक्ति इतने सारे लोगों की सभी सबसे गुप्त भय और फ़ोबिया पता कर सकता है। यह सच है कि शुद्ध दिमाग वाले लोग आपके विचारों को पकड़ सकते हैं, आपकी औरा से देख सकते हैं कि आपके कमजोर बिंदु क्या हैं, लेकिन शुद्ध व्यक्ति एक पल के लिए भी ऐसा काम नहीं करेगा और अशुद्ध व्यक्ति में स्थायी रूप से इस क्षमता की कमी होती है।

हम सुझाव देते हैं कि आप एक मित्र के साथ टेलीपैथी का अभ्यास करेंया यदि आपको सहयोग करने के लिए एक मित्र नहीं मिल पा रहा हैं, तो आराम करें जैसा कि हमने कहा है और विचारों को आपके पास आने दें। आप पहले पाएंगे कि आपका मस्तिष्क परस्पर विरोधी विचारों का एक समूह है, यह उसके समान है जैसे आप लोगों की भीड़ में जाते हैं। बातचीत एक बकबक है, बस एक भयानक शोर है, हर कोई अपनी ऊँची आवाज़ पर एक ही समय में बात कर रहा है। लेकिन अगर आप कोशिश करते हैं तो आप एक आवाज निकाल सकते हैं। ऐसा आप टेलीपैथी में भी कर सकते हैं। अभ्यास करें, आपको अभ्यास करना चाहिए और विश्वास करना चाहिए, बशर्ते आप इसके बारे में शांत रहें और सबसे मुख्य बात किसी अन्य व्यक्ति को चोट पहुंचाने का कोई इरादा नहीं हो, तो आप टेलीपैथी कर पाएंगे।

हमारे चित्र नौ से आप देखेंगे कि तीसरी आंख के स्थान से क्लैरवॉयंट द्दष्टि से किरणें आती हैं और जैसा कि आप देखेंगे कि वे टेलीपैथी से पूरी तरह से अलग आवृत्ति की हैं। यह कुछ मायनों में एक ही प्रकार की चीज़ है जो अलग-अलग परिणाम देती है। कोई कह सकता है कि जब आप टेलीपैथिक संदेश प्राप्त करते हैं, तो आप रेडियो सुनते हैं, जब आपको क्लैरवॉयंट संदेश मिलते हैं, तो आप टेलीविजन चित्र देखते हैं और अक्सर "शानदार रंगीन चलचित्र" में!

यदि आप स्पष्ट रूप से देखना चाहते हैं तो आपको एक क्रिस्टल या कुछ और पत्थर की आवश्यकता होगी जो चमकता हो। यदि आपके पास एक बड़े हीरे जड़ी हुई अंगूठी है तो एक क्रिस्टल जितनी ही अच्छी है और निश्चित रूप से यह अंगूठी हाथों में पकड़ने पर कम थकाता है। यहाँफिर से आपको आराम पूर्वक

विश्राम करना होगा और आपको यह सुनिश्चित करना होगा कि प्रकाश व्यवस्था वास्तव में बहुत कम तीव्रता की हो। हालांकि, मान लें कि आपने क्रिस्टल खरीद लिया है।

आप शाम को अपने कमरे में विश्राम कर रहे हैं। आपके पर्दे किसी भी प्रत्यक्ष किरणों को काटने के लिए खींच कर लगा दिए गए हैं। कमरे में इतना अंधेरा है कि आप शायद ही क्रिस्टल की रूपरेखा देख सकें। यह इतना अंधेरा है कि आप निश्चित रूप से क्रिस्टल में प्रकाश के किसी भी सूक्ष्म किरण को नहीं देख सकते हैं। इसके बजाय पूरी चीज़ धुंधली है, लगभग "नहीं" देख सकने योग्य, आप जानते हैं कि आप इसे पकड़ रहे हैं, आप जानते हैं कि आप "कुछ" देख सकते हैं। कुछ देखने के जबरन प्रयास किए बिना बस क्रिस्टल को देखते रहें, जैसे आप बहुत दूर में देख रहे हैं। यह क्रिस्टल आपसे केवल कुछ इंच की दूरी पर होगा, लेकिन इसके बदले में आपको मीलों तक देखना होगा। फिर आप देखेंगे कि क्रिस्टल धीरे-धीरे बादल बनाना शुरू कर देगा, आप सफेद बादलों का रूप देखेंगे, और क्रिस्टल स्पष्ट रूप से स्पष्ट काँच का होने के बजाय, दूध से भरा दिखाई देगा। अब सकंटपूर्ण समय है, झटका मत दो, अपने आप को भयभीत मत होने दो, जैसा कि बहुत से लोग करते हैं, क्योंकि अगला चरण -

एक मंच का खुलासा करने जैसे पर्दे की तरह क्रिस्टल की सफेदी हट जाती है। आपका क्रिस्टल गायब हो जाता है - और आप इसके बदले दुनिया को देखते हैं। आप एक भगवान के रूप में नीचे को देख रहे हैं जैसे ओलिंप दुनिया को देख सकता है, (ग्रीकपौराणिक कथाओं में ओलिंप पहाड़ को ईश्वर का निवास बताया गया है) शायद आप बादलों के नीचे एक महाद्वीप को देखते हैं, आपको गिरने की अनुभूति होती है, यहाँ तक कि आपको अनायास ही थोड़ा आगे की ओर झटका लग सकता है। इसे नियंत्रित करने का प्रयास करें क्योंकि यदि आप झटका खाते हैं तो आप क्रिस्टल में " चित्रों को खो देंगे" और फिर से प्रयोग किसी अन्य रात को शुरू करना होगा। लेकिन मान लें कि आपको झटका नहीं लगा, तो आपको आभास होगा कि आप तेजी से आगे बढ़ रहे हैं और दुनिया बड़ी और बड़ी होती जा रही है, आप अपने नीचे महाद्वीपों को गुज़रते देख पाएंगे और फिर आप किसी विशेष स्थान पर रुक जाएंगे। आपको एक ऐतिहासिक दृश्य

दिखाई दे सकता है, आप एक युद्ध के बीच में उतरने और एक टैंक को आप पर धावा करते देख सकते हैं। इसमें कोई भयभीत होने की बात नहीं है क्योंकि टैंक आपको चोट नहीं पहुंचा सकता है, यह आपके माध्यम से सही हो जाएगा और आपको इस चीज़ के बारे में पता नहीं चलेगा। आप पा सकते हैं कि आप किसी अन्य व्यक्ति की आंखों के माध्यम से स्पष्ट रूप से देख रहे हैं, आप उस व्यक्ति का चेहरा नहीं देख सकते हैं लेकिन आप वह सब देख सकते हैं जो वह देखेगा। फिर से, भयभीत मत हो अपने आप को झटका लेने की अनुमति न दें, आप स्पष्ट रूप से, बिल्कुल साफ तौर पर देखेंगे और यद्यपि आप वास्तव में आवाज नहीं सुनते हैं, पर आपको सब कुछ पता चल जाएगा जो कहा जा रहा है। तो यह है कि हम क्लैरवायंस में देखते हैं। यह प्रदान की गई एक बहुत आसान चीज़ है - फिर से दोहरायें- कि आपको विश्वास हो।

कुछ लोग वास्तव में एक चित्र नहीं देखते हैं, कुछ लोगों को यथार्थ में देखे बिना सभी छापें (इंप्रेशन)मिल जाती हैं। यह अक्सर ऐसे व्यक्ति के साथ होता है जो व्यवसाय में लगा हुआ है। वास्तव में हमारे पास एक बहुत क्लैरवॉयंट व्यक्ति हो सकता है, लेकिन अगर वह व्यक्ति व्यवसाय या वाणिज्य में लगा हुआ है, तो अक्सर एक संदेहपूर्ण नज़रिया होता है, जो वास्तव में उसे चित्र को देखना मुश्किल बनाता है, व्यक्ति अवचेतन रूप से सोचता है कि ऐसा नहीं हो सकता है और क्लैरवॉयंस की तरह इस बात से पूरी तरह से इनकार नहीं किया जाएगा कि व्यक्ति के "मस्तिष्क में कहीं पर " छाप हैं, फिर भी ये छाप जो चित्र के जितने ही वास्तविक हैं।

अभ्यास के साथ आप क्लैयरवायंट से देख सकते हैं। अभ्यास के साथ आप दुनिया के इतिहास के किसी भी दौर पर जा सकते हैं और देख सकते हैं कि वास्तव में वह इतिहास क्या था। आप ख़ुश और चकित हों जाएंगे, जब आप लगातार यह जानेंगे कि इतिहास वैसा नहीं था, जैसा लिखा गया है, क्योंकि वह उस समय की राजनीति को दर्शाता है। हम देख सकते हैं कि हिटलर जर्मनी और सोवियत रूस के मामले में क्या हुआ था। अब हम साइकोमेट्री से निपटते हैं। साइकोमेट्री को "उंगलियों के माध्यम से देखना" कहा जा सकता है। हर किसी को कुछ रूप में इसका अनुभव मिला है, उदाहरण के लिए, सिक्कों का एक ढेर

लें और किसी अन्य व्यक्ति को कुछ मिनटों के लिए सिक्कों में से केवल एक सिक्के को पकड़ाए। फिर यदि वह सिक्का दूसरों के साथ वापस रख दिया जाए तो आप सिक्के को उठा पाएंगे क्योंकि यह बाकी की तुलना में गर्म होगा। यह निश्चित रूप से, केवल प्रारंभिक एक छोटी सी चीज़ है जिसका नेपथ्य में कोई स्थान नहीं है। साइकोमेट्री से हमारा तात्पर्य किसी चीज़ को लेने और उसकी उत्पत्ति को जानने की क्षमता से है, कि उसका क्या हुआ है, यह किसके पास था और उस व्यक्ति की मनोस्थिति को जानने से है। आप अक्सर साइकोमेट्री का एक प्रकार प्राप्त कर सकते हैं जब आपको महसूस होता है कि वह चीज़ आनंदमय परिवेश या अप्रिय परिवेश में रही है।

आप साइकोमेट्री को अभ्यास करके दयालु मित्र को सहायता करने के लिए प्राप्त कर सकते हैं। आपको इसके बारे में कैसे तैयार होना चाहिए, इस प्रकार हैं।

मान लो कि आपका मित्र आपके प्रति सहानुभूति रखता है और आपकी प्रगति देखना चाहता है, हम आपको सुझाव देते हैं कि आप उसे अपने हाथ धोने के लिए कहें और फिर एक पत्थर या कंकड़ उठाने को कहें। यह पत्थर या कंकड़ भी साबुन और पानी से धोया जाना चाहिए और अच्छी तरह से धोना चाहिए। फिर आपके दोस्त के हाथों और उस पत्थर को सावधानी से सूखने देना चाहिए और फिर आपके दोस्त को अपने बाएं हाथ में पत्थर को पकड़े हुए, उसे लगभग एक मिनट के लिए दृढ़ता से सोचना चाहिए, उसे एक ही बात सोचना चाहिए - यह काला या सफेद रंग का हो सकता है या शांत स्वभाव या चिड़चिड़ास्वभाव - इससे कोई फर्क नहीं पड़ता कि वह क्या सोचता है जिस वक़्त वह एक विषय के बारे में एक मिनट के लिए दृढ़ता से सोचता है। ऐसा करने के बाद उसे पत्थर को एक साफ कपड़े के रूमाल या एक कागज के रूमाल में लपेट देना चाहिए और उसे आपको सौंप देना चाहिए। आपको इसे फिर से खोलना नहीं चाहिए, लेकिन तब तक प्रतीक्षा करना चाहिए जब तक आप अपने " अवलोकन कक्ष" में अकेले न हों जाएं। हम फिर से विषय से दूर जाने वाले हैं!

हमने कहा "बाएं हाथ से" और पहले हम इसका कारण बताएंगे। गुप्त विद्या के तहत दाहिने हाथ को व्यावहारिक हाथ माना जाता है, अर्थात दुनिया की चीजों के लिए समर्पित हाथ हैं। बायां हाथ आध्यात्मिक हाथ है, जो आध्यात्मिक चीजों

के लिए समर्पित है। बशर्ते कि आप सामान्य रूप से दाएं हाथ से कार्य करने वाले व्यक्ति हैं, तो आप साइकोमेट्री के लिए अपने *"गोपनीय" बाएं हाथ का उपयोग करके अधिक सटीक परिणाम प्राप्त करेंगे। यदि आप उन लोगों में से एक हैं जो सामान्यतः बाएं हाथ से काम करते हैं, तो आप अपने दाहिने हाथ का उपयोग आध्यात्मिक अर्थ में करेंगे। यह देखा गया हैं कि आप अक्सर बाएं हाथ से परिणाम प्राप्त कर सकते हैं, जबकि आप दाहिने हाथ से परिणाम प्राप्त नहीं कर सकते।

जब आप अपने अवलोकन कमरे में होते हैं, तो आपको अपने हाथों को बहुत सावधानी से धोना होगा, और फिर उन्हें सुखाने से पहले उन्हें साफ़ करना होगा क्योंकि यदि आप ऐसा नहीं करते हैं तो आपके हाथों की अन्य छापें पड़ जाएंगी और आप इस प्रयोग के लिए केवल एक छाप चाहते हैं। लेट जाओ, अपने आप को आरामदायक बनाओ और इस मामले में यह कोई फर्क नहीं पड़ता कि कितना ज़्यादा या कितना कम प्रकाश है, आपके पास पूरा प्रकाश हो या आप पूर्ण अंधेरे में हो सकते हैं। फिर पत्थर को खोलें या जो कुछ भी आपके पास हैं, और इसे अपने बाएं हाथ से उठाएं, देखें कि यह आपकी बाईं हथेली के केंद्र में घूमता है। इसके बारे में मत सोचो, इसके बारे में मत सोचो, बस अपने दिमाग को खाली करने की कोशिश करो, कुछ भी नहीं सोचो। आप अगला अनुभव बाएं हाथ में एक बहुत मामूली झुनझुनी को महसूस करेंगे और फिर आपको एक छाप मिलेगी, शायद उसकी जो आपका दोस्त आपको पहुँचाने की कोशिश कर रहा था। आप शायद इस छाप को भी उठा सकते हैं कि वह सच में सोच रहा था कि आप एक पागल करतब पर काम कर रहे हैं। यदि आप इसका अभ्यास करते हैं, बशर्ते आप शांत हो जाएं तो आप पाएंगे कि आप सबसे दिलचस्प छाप उठा सकते हैं। जब आपका मित्र आपकी सहायता करते थक जाए, तो आप स्वयं करें, आप कहीं बाहर जायें, जहाँ तक आप जान सकते हों एक ऐसा कंकड़ पकड़े जिसे आदमी द्वारा अभी तक छुआ नहीं गया है। यह आसान है यदि आप समुद्र के किनारे हैं, या आप पृथ्वी से एक पत्थर खोद कर निकाल सकते हैं। निश्चित ही

---

* Esoteric - गुप्त विद्या, Esoteric hand - गोपनीय हाथ

अभ्यास करके आपके पास उल्लेखनीय परिणाम होंगे, उदाहरण के लिए आप एक कंकड़ उठा सकते हैं और उस समय के बारे में जान सकते हैं जब यह एक पहाड़ का हिस्सा था, यह कैसे एक नदी से बह कर समुद्र में आ गया था। साइकोमेट्री द्वारा जो जानकारी ली जा सकती है वह वास्तव में आश्चर्यजनक होती है, लेकिन फिर से कहें इसके लिए बहुत अभ्यास की आवश्यकता होती है और आपको अपने दिमाग को शांत रखना चाहिए।

एक पत्र को चुनना संभव है जो अभी भी एक लिफाफे में बंद है और अंदर सामग्री की सामान्य विचारधारा से जानकारी प्राप्त की जा सकती है। एक विदेशी भाषा में लिखे गए पत्र को चुनना भी संभव है, और बाएं हाथ की उंगली के पोरों को सतह पर हल्के से चलाकर आप पत्र के अर्थ को उठा लेंगे, भले ही आप एक भी शब्द को नहीं समझते हों। यह अभ्यास के साथ काफी अचूक होता है, लेकिन कभी भी यह साबित करने के लिए ऐसा न करें पर आप अन्य लोगों को लाभ पहुँचने के लिए ऐसा कर सकते हैं।

आप आश्चर्यचकित हो सकते हैं कि लोग यह साबित क्यों नहीं करें कि वे टेलीपैथिक हैं, वे क्लैरवॉयंट हैं, आदि, इसका उत्तर यह है कि जब आप टेलीपैथिक होते हैं तो आपके पास अनुकूल परिस्थितियाँ होनी चाहिए, परंतु आप टेलीपैथी नहीं कर सकते हैं जब आपके पास कोई आपको गलत साबित करने की कोशिश कर रहा हो क्योंकि इस समय आप अन्य लोगों द्वारा निकाली गई तरंगों को उठा रहे हैं, और अगर आपके निकट कोई व्यक्ति है जो आपको गलत साबित करने की कोशिश कर रहा है और यह कहने की कोशिश कर रहा है कि आप नकली हैं, तो आप पाएंगे कि शायद उसके नापसंद और संदेह और अविश्वास के विकिरण इतने मजबूत हैं कि वे आपके कमजोर तरंगों को दूर से ही पूरा ढक देते हैं। हम सलाह देते हैं कि यदि कोई आपसे प्रमाण देने के लिए कहे तो आप उन्हें बताएं कि इसमें आपकी रुचि नहीं है, आप जानते हैं और जो आप जानते हैं वह आपको अन्य लोगों को साबित करने की आवश्यकता नहीं है।

हम उन क्लैरवॉयंद्ध के बारे में भी कुछ कहना चाहेंगे जो ग़ैरक़ानूनी होते हैं और वहाँसे पैसा कमाते हैं। यह एक तथ्य है कि कई महिलाओं के पास कभी-कभी बहुत सी क्लैरवॉयंट क्षमताएं होती हैं, जो कि स्थिर नहीं है, इसे इच्छा से चालू

नहीं किया जा सकता है। अक्सर ऐसा होता है कि एक महिला जो क्लैयरवायंस में सबसे प्रतिभाशाली होती है, वह छोटी झलक द्वारा अपने दोस्तों को सच्ची भविष्यवाणियों के साथ अचंभित कर देगी। वे लोग महिला को सुझाव देंगे कि उसे इसको व्यावसायिक तौर पर अवश्य करना चाहिए। गरीब भ्रमित महिला ऐसा करेगी, वह अपनी सेवाओं के लिए अलग-अलग रकम वसूल करेगी। वह एक ग्राहक को यह नहीं बोल सकती कि आज उसे यह महसूस नहीं होता कि उसकी क्लैरवॉयंट क्षमता ठीक काम कर रही है और इसलिए अपने भावशून्यसमय में, वह कल्पना करती है। वह आमतौर पर एक अच्छी मनोवैज्ञानिक है और जैसा कि वह चीजों की कल्पना करने के आदत में पड़ जाती है, वह पाएगी कि उसकी क्लैरवॉयंट की क्षमता फिर से आ गई।

आपको "क्रिस्टल पढ़ना" या "कॉर्ड पढ़ने" के लिए कभी भी पैसे नहीं लेने चाहिए। यदि आप ऐसा करते हैं, तो आप क्लैरवॉयली देखने की क्षमता खो देंगे। आपको कभी भी यह साबित करने की कोशिश नहीं करनी चाहिए कि आप ऐसा कर सकते हैं या नहीं, क्योंकि अगर आप ऐसा करते हैं तो आप उन लोगों की मस्तिष्क तरंगों द्वारा काफी हद तक नष्ट हों जाएंगे जो आप पर अविश्वास करते हैं।

अक्सर कई बार यह बेहतर होता है कि आप कितना जानते हैं, इसे स्वीकार न करें। जितना सामान्य होंगे, उतना ही स्वाभाविक दिखाई देंगे, उतना ही अधिक आप ग्रहण कर सकेंगे। हम कहते हैं कि कभी भी प्रमाण न दें, क्योंकि यदि आप प्रमाण देने का प्रयास करते हैं, तो आप वास्तव में दूसरों के शंका-तरंगों में डूबे रहेंगे, जो आपको बहुत नुकसान पहुंचा सकते हैं।

हम आपको अभ्यास करने और अभ्यास करने के लिए कहते हैं, और आंतरिक आत्मसंयमको विकसित करें, जिसके बिना आप इनमें से कुछ भी नहीं कर सकते। आंतरिक आत्मसंयम और विश्वास के साथ आप कुछ भी कर सकते हैं।

अध्याय

बाईस

इससे पहले कि हम अपने अध्याय को उचित रूप से आगे बढ़ाएं, हमें आपका ध्यान बहुत ही महत्वपूर्ण विषय की ओर आकर्षित करना चाहिए, जो अभी हमारे ध्यान में आया है। यह विशेष रुचि का है क्योंकि इस पाठ्यक्रम के दौरान हम शरीर की विद्युत धाराओं के बारे में बहुत बात कर रहे हैं और कह रहे हैं कि कैसे विद्युत धारा नर्व (तंत्रिकाओं) के साथ यात्रा करके मांसपेशियों को सक्रिय करती है। अब "इलेक्ट्रॉनिक्स इलस्ट्रेटेड" में जनवरी 1963, पेज 62 पर, "रूस के कमाल के इलेक्ट्रॉनिक हाथ" शीर्षक के साथ यह आकर्षक लेख छपा था। प्रोफेसर एरन ई. कोब्रिंस्की यूएसएसआर एकेडमी ऑफ साइंसेज में इंजीनियरिंग के डॉक्टर हैं और ऐसा लगता है कि वह अपने सहायकों के साथ मानव के कृत्रिम अंगों के विषय में अनुसंधान कर रहे हैं। वर्तमान में कृत्रिम हाथ पहनने वालों के लिए इसका उपयोग बहुत थका देने वाली प्रक्रिया होती है, अब हालांकि रूस में एक कृत्रिम हाथ विकसित किया गया है जो विद्युत रूप से संचालित है।

अंगच्छेदन के समय कुछ उन विशेष तंत्रिकाओं के अंत में दो विशेष इलेक्ट्रोड लगाए जाते हैं, जो तंत्रिकाएं सामान्य रूप से हाथ की मांसपेशियों को गति प्रदान करती हैं और जब ठूँठ ठीक हो जाता है, ताकी एक कृत्रिम हाथ फिट किया जा सके, मस्तिष्क से आने वाली धाराएं नसों के नीचे और जो सामान्य रूप से गति करती है, में पारित होकर कृत्रिम हाथ की उंगलियों और अंगूठे तक जाती है, जहाँ शरीर की बहुत ही छोटी विद्युत धाराओं को बहुत बढ़ाया जाता है ताकि प्रसारण संचालित हो सके और कृत्रिम हाथ की अंगुलियाँ और अंगूठा ठीक वैसा काम कर सकें जिस तरह प्राकृतिक अंगुली और अंगूठा कार्य करते हैं। यह कहा जाता है कि इन कृत्रिम हाथों के द्वारा पत्र लिखना संभव है। "इलेक्ट्रॉनिक्स इलस्ट्रेटेड" में एक चित्रण में एक व्यक्ति को कृत्रिम हाथ से उंगलियों और अंगूठे के बीच एक पेंसिल पकड़कर दिखाया गया है, और जो वास्तव में लिख रहा है।

आप विद्युत धाराओं, मस्तिष्क तरंगों आदि के बारे में हमारे उपदेश से थोड़ा थक गए होंगे और इसीलिए हमने इस विशेष घटना का उल्लेख किया है जो वास्तव में सबसे अधिक ज्ञानवर्धक है। हम एक भविष्य की कल्पना कर सकते हैं जब सभी कृत्रिम उपकरणों को "जैव-रासायनिक धाराओं" द्वारा नियंत्रित किया जाएगा।

अब इसकी चर्चा की जा चुकी है, हम भावनाओं के बारे में बात करना चाहते हैं, क्योंकि जैसा हम सोचते हैं वैसे ही हम हैं। यदि हम बहुत अधिक दुःख के बारे में सोचते हैं, तो हम एक प्रक्रिया शुरू करते हैं जिसके परिणामस्वरूप हमारे शरीर की कुछ कोशिकाएँ संक्षारित हो जाती हैं। बहुत अधिक दुःख, बहुत अधिक क्लेश, यकृत की बीमारियोंया पित्ताशय की बीमारियों को ला सकता है। इस पर विचार करें, एक पुरुष और एक महिला लंबे समय तक शादीशुदा जीवन जीते हैं, वे एक दूसरे से बहुत प्रेम करते हैं। पति की अचानक मृत्यु हो जाती है और जो महिला अब विधवा हो गई है, वह अपने पति के जाने के शोक पर क़ाबू पा रही है। वह उदासी से निस्सहाय हो गई है, वह पीली पड़ गई है और यहाँतक कि कमजोर भी हो सकती है। यथार्थ में उसे अक्सर कुछ गंभीर शारीरिक बीमारी हो जाएंगी। इससे भी बुरी बात यह है कि उसे मानसिक विकार भी हो सकता है। इसका कारण यह है कि मस्तिष्क इस तरह के नुकसान की तीव्र उत्तेजना के तहत बिजली की एक उच्च धारा उत्पन्न करता है जो बहुतायत से शरीर में आता है और सभी अंगों और सभी ग्रंथियों को भेद देता है और काफी "ऊपरी दबाव" का निर्माण करता है। यह शरीर के सामान्य गतिविधियों में बाधा डालता हैं। पीड़ित शरीर सुन्न हो सकता है, वह मुश्किल से सोच विचार कर पाता है, मुश्किल से ही चल पाता है। बारंबार अश्रु ग्रंथियों पर अतिरिक्त उत्तेजना आँसू के बहने का कारण बनेंगे क्योंकि ये ग्रंथियां एक सुरक्षा वाल्व के रूप में कार्य करती हैं। इसी तरह की चीज़ हम गलत वोल्टेज के साथ प्राप्त करते हैं, जब हम कहते हैं, 6 वोल्ट की टॉर्च में 3.5 वोल्ट का बल्ब लगा देते हैं। कुछ क्षणों के लिए गतिविधि बहुत उज्ज्वल होती है और फिर बल्ब बुझ जाता है। मानव शरीर भी "बुझ" सकता है, लेकिन इसके परिणाम बेहोशी, या कोमा, या यहाँतक कि पागलपन भी हो सकता है।

निस्संदेह हम सभी ने एक ऐसा जानवर देखा है जो बहुत भयभीत है। संभवतः उस जानवर का पीछा किसी बड़े भयंकर जानवर ने किया है। भयभीत होने पर भगौड़ा जानवर कुछ नहीं खाएगा और अगर कोई व्यक्ति उस भयभीत जानवर को खाने के लिए मजबूर करने में सफल हो जाता हैं, तो वह खाना जानवर में पच नहीं पाएगा। एक पशु के भयभीत होने पर पेट के सभी स्राव रुक जाते हैं, जो स्राव भोजन को सामान्यतः पचाते हैं। दरअसल स्राव सूख जाते हैं। इसलिए ऐसे समय में भोजन का कुछ भी सेवन पूरी तरह से और संपूर्णता से जानवर की प्रकृति के खिलाफ है।

बहुत अधिक उत्साहित व्यक्ति, या एक व्यक्ति जो बहुत उदास है, को न तो राजी किया जाना चाहिए और न ही खाने के लिए मजबूर किया जाना चाहिए, हालांकि इसमें कोई संदेह नहीं है कि इस समय भोजन करने की विनती दयालु प्रतीत होगी, पर यह पीड़ित के हित में नहीं होगी। दुःख या कोई गहरी भावना, शरीर की रासायनिक प्रक्रियाओं में एक पूर्ण परिवर्तन लाती है। अनिश्चितता या दुःख पूरी तरह से एक व्यक्ति के दृष्टिकोण के रुप को बदल सकती है, उस व्यक्ति को असहनीय बना सकती है, उस व्यक्ति को "साथ में मिलकर रहना असंभव" बना सकती है। जब हम कहते हैं "एक व्यक्ति के दृष्टिकोण का बदलना" हमारा मतलब यह है कि वास्तव में व्यक्ति के रासायनिक स्राव वास्तविकता को बदल देते हैं या सामान्य विचारधारा की वास्तविकता जो वह देखता है। हम सभी जानते हैं कि जो लोग प्यार में हैं वे दुनिया को "आशावादी दृष्टिकोण" के माध्यम से देखते हैं, जबकि जो उदास और थके हुए हैं वे दुनिया को निश्चित रूप से विषाद के माध्यम से देखते हैं।

यदि हम प्रगति करना चाहते हैं तो हमें स्वभाव के समभाव को विकसित करना चाहिए; हमें भावनाओं का ऐसा संतुलन प्राप्त करना चाहिए कि हम न तो बेतहाशा उत्साहित हों और न ही अत्यन्त उदास हों। हमें यह सुनिश्चित करना चाहिए कि जिन मस्तिष्क तरंगों के बारे में हमने बात की है, उनमें न ऊंची चोटियाँ हों और न गहरी घाटियाँ हों। मानव शरीर को एक निश्चित तरीके से कार्य करने के लिए डिज़ाइन किया गया है। तथाकथित सभ्यता की जो चीज़ें बीच-बीच में रुककर विवश करती हैं, निश्चित रूप से नुकसान पहुँचाती हैं। इसका प्रमाण उन

प्रोफेशनल पुरुषों की संख्या में देखा जा सकता है जिन्हें गैस्ट्रिक अल्सर या दिल का दौरा पड़ता है या जो तुनक मिज़ाज होते हैं। फिर यह विद्युत के उच्च उतार-चढ़ाव का परिणाम होता है जो उस ऊपरी दबाव को पैदा करते हैं जिसका हमने पहले उल्लेख किया था। ऊपरी दबाव विभिन्न अंगों को प्रभावित करता है और निश्चित रूप से उनके सामान्य कामकाज में हस्तक्षेप करता है। उदाहरण के लिए अल्सर वाला व्यक्ति - भोजन में वह नहीं लेता है, जिससे गैस्ट्रिक एसिड तीक्ष्ण हो जाते हैं, अंत में वे सचमुच उसके माध्यम से छिद्र बना सकते हैं। इसके अनुरूप ही, जो लोग प्रगति करना चाहते हैं और टेलीपैथी, क्लैरवॉयेंस, साइकोमेट्री और ऐसी चीज़ें प्राप्त करना चाहते हैं, उन्हें वास्तव में यह सुनिश्चित कर लेना चाहिए कि वे स्वभाव के संतुलन को विकसित करें। इसे विकसित किया जा सकता है।

अक्सर एक व्यक्ति मूडी, उदास और अनिश्चित हो जाएगा। वास्तव में व्यक्ति के साथ रहना मुश्किल होगा। ऐसी कोई भी घटना, जिस पर कोई दूसरे व्यक्ति का ध्यान नहीं जाता या वह ध्यान नहीं देता, इस नर्वस और मूडी व्यक्ति को हँसी में उड़ा देगा और उसे काफी असहनीय रूप से परेशान कर देगा और यहाँतक कि हिस्टीरिया का दौरा या झूठी आत्महत्या के लिए प्रवृत्त भी कर सकता है। ऐसी चीज़ें होती हैं।

क्या आप जानते हैं कि हिस्टीरिया क्या है? यह एक ऐसी चीज़ है जो सक्रिय रूप से व्यक्ति के यौन विकास से जुड़ी है। हिस्टीरिया महिलाओं के सबसे महत्वपूर्ण अंगों में से एक के कार्यों के साथ जुड़ा हुआ है और अक्सर एक महिला जिसकीहिस्टेरेक्टॉमी हो चुकी है, को कभी-कभी बहुत बुरी तरह से प्रभावित करता है क्योंकि शरीर की पूरी कार्य पद्धति बदल जाती है। कई साल पहले लोगों में यह धारणा थी कि केवल महिलाओं को हिस्टीरिया हो सकता है, लेकिन आजकल वे बेहतर तरीके से जान रहे हैं क्योंकि हर पुरुष में महिला का एक छोटा अंश होता है और हर महिला में पुरुष का छोटा अंश होता है और दोनों असाधारण रूप से समान हैं। अब यह ज्ञात है कि प्रत्येक लिंग में दूसरे लिंग के सभी अंग किसी न किसी डिग्री में होते हैं। हिस्टीरिया अब एक महिला की बीमारी के साथ-साथ एक आदमी की भी हो गयी हैं; हिस्टीरिया उन चीज़ों का एक बड़ा अवरोधक

है, जो तंत्र मंत्र विद्या के साथ की जाती हैं । यदि कोई व्यक्ति मनोदशाओं से दब जाता है और मस्तिष्क से बिजली के उत्पादन में व्यापक उतार-चढ़ाव हो जाता है, तो वह व्यक्ति स्वयं को सूक्ष्म यात्रा से, टेलीपैथी से, क्लैरवॉयनेस से और अन्य आध्यात्मिक घटनाओं से खुद को रोक लेगा। हमें शांत स्वभाव का होना चाहिए, तंत्र मंत्र विज्ञानों के साथ काम करने से पहले हमें संतुलित रहना होगा। काफ़ी उल्लेखनीय है, कि बहुत से लोग क्लैयरवायंट या टेलीपैथ को विक्षिप्त या कल्पनाशील या उसी प्रवृति वालों के जैसे देखते हैं। वे टेलीपैथ और क्लैरवॉयंट को असंतुलित प्राणी के रूप में देखते हैं। सच्चाई से आगे कुछ भी नहीं हो सकता है। केवल नकली क्लैरवॉयंट, केवल बेईमान टेलीपैथ विक्षिप्त या असंतुलित हो सकता है, क्योंकि जो हर तरह से नकली और धोखेबाज हैं, उनके मानसिक स्वास्थ्य की स्थिति इस विषय से संबंध नहीं जोड़ पाती है। हम सबसे निश्चित रूप से कहते हैं कि व्यक्ति केवल टेलीपैथिक हो सकता है, केवल क्लैरवॉयंट हो सकता है, जब मन सामान्य रूप से काम कर रहा होता है और मस्तिष्क की तरंगें काफी हद तक एक समान और स्थिर रहती हैं। मस्तिष्क से तरंगों को "सुचारु" होना चाहिए, अर्थात्, अचानक अधिकतम या न्यूनता नहीं होना चाहिए जो ग्रहण करने में परेशान करे। हम जो टेलीपैथिक हैं हमें संदेश प्राप्त करना है, इसलिए हमें निश्चल रहना होगा, हमें ग्रहणशील होना होगा, जिसका अर्थ है कि हमें अपने दिमाग को खुला रखना होगा। यदि हमारा दिमाग हर समय गुस्से में है - अगर हम अपने दुखों के बारे में इतना व्यस्त हैं कि हम दूसरों के विचारों को ग्रहण करने योग्य नहीं हैं, तो हमें न तो टेलीपैथिक तरीके से और न ही क्लैरवॉयंटली संदेश प्राप्त होंगे। फिर, विक्षिप्त व्यक्ति सचमुच में क्लैयरवाइंट नहीं हो सकता है। मनोरोगी टेलीपैथ नहीं होते है।

अपने दिमाग को परेशानियों से मुक्त रखें। जब आप चिड़चिड़ा महसूस करते हैं, या जब आपको लगता है कि दुनिया भर की चिंता आपके कंपकंपाते, झुके कंधों पर अम्बार लगा रही है, एक गहरी सांस लें, फिर एक और, फिर से एक और गहरी साँस लें। सोचें - क्या ये सभी मामले आपको सौ साल के बाद चिंतित करेंगे? या वे सौ साल के बाद किसी और की चिंता करेंगे? अगर वे आपको सौ

साल के बाद परेशान नहीं करेंगे, तो अभी आपको उनकी चिंता क्यों करनी चाहिए?

शांत रखने का यह काम हमारे शारीरिक और मानसिक दोनों स्वास्थ्य के लिए अत्यंत महत्वपूर्ण है, इसलिए हम सलाह देते हैं कि जब आप चिड़चिड़े होने लगें तो आप रुक जायें और अपने आप से पूछें कि आप अधीर क्यों महसूस कर रहे हैं? आप इतने उदास, इतने दुखी क्यों हैं? आप अपने आसपास के अन्य लोगों के जीवन को क्यों परेशान कर रहे हैं? याद रखें, कि उदास, अधीर, चिड़चिड़ा, दुखी, और बुरी भावनाओं के सभी पहलुओं में आप खुद को चोट पहुँचा रहे हैं, आप दूसरे व्यक्ति को चोट नहीं पहुँचा रहे हैं। वह दूसरा व्यक्ति झल्लाहट से थोड़ा थक सकता है, लेकिन आप अपने आप को जहर दे रहे हैं, ठीक जैसे कि आप आर्सेनिक या चूहे का जहर या पोटेशियम साइनाइड लेते हैं। आपके आस-पास के कुछ लोगों को शायद आपकी तुलना में कहीं बड़ी समस्याएं हैं, फिर भी वे तनाव का प्रभाव नहीं दिखा रहे हैं। यदि आप तनाव के प्रभावों को दिखा रहे हैं तो इसका मतलब है कि आपके पास सही दृष्टिकोण नहीं है, इसका मतलब है कि संभवतः - अनिवार्य रूप से तो नहीं - पर आप दूसरे व्यक्ति के समान मानसिक और आध्यात्मिक स्थिति के नहीं हो सकते हैं।

हम सीखने के लिए पृथ्वी पर हैं और किसी भी सामान्य मानव को एक समय में एक बार में सीखने के लिए बहुत अधिक नहीं दिया जाता है। हम महसूस कर सकते हैं कि हमें सताया जा रहा है, पीड़ित किया जा रहा है, हम महसूस कर सकते हैं कि हम एक निर्दयी नुकसानदायक भाग्य के व्यक्ति हैं, वास्तव में इस समय भले ही हम इस बात का चिंतन कर रहे हैं पर हम देख सकते हैं कि हम इस बात को अत्यधिक बल नहीं दे रहे हैं, हम केवल यह सोचते हैं कि हम पीड़ित हैं।

हम फिर से बच्चों के पास लौट आएं, एक बच्चे को होमवर्क दिया जा सकता है। वह सोच सकता है कि एक भयानक मात्रा में उसके पास होमवर्क है, खासकर जब वह खेल खेलने या मछली पकड़ने के लिए बाहर जाना चाहता हो या विपरीत लिंग के साथी का पीछा करना चाहता हो। वह खेल खेलने और मछली पकड़ने के बारे में इतना व्यस्त है कि वह अपने काम के प्रति अपने सामान्य मन के दसवें

हिस्से को भी समर्पित नहीं करता है, और इसलिए बच्चे को यह काम कठिन प्रतीत होता है। क्योंकि वह अपने काम को पूरा करने के लिए कोई वास्तविक प्रयास नहीं कर रहा है, वह पाता है कि वह किसी भी विचारशील व्यक्ति की तुलना में अधिक समय लेता है। फिर वह काम से थक जाता है, वह काम के प्रति अपनी चेतना के बीसवें हिस्से को भी समर्पित नहीं कर पाता है और वह अधिक से अधिक निराश होता जाता है। आखिरकार वह अपने माता-पिता से शिकायत करता है कि उसके पास बहुत अधिक होमवर्क है, और ये सभी तनाव उसे बीमार बना रहे हैं। माता-पिता शिक्षक से शिकायत करते हैं कि बच्चे को बहुत काम करना पड़ता है। कोई भी बच्चे के व्यवहार में सुधार लाने के बारे में नहीं सोचता है, आखिरकार ये वही बच्चा है जिसे प्रशिक्षित किया जाना चाहिए। जैसे बच्चे के साथ है, वैसे ही आप पर भी लागू होगा। आप प्रगति करना चाहते हैं? फिर आपको कुछ नियमों का पालन करना होगा, आपको शांत रहना होगा, आपको मध्यम मार्ग अपनाना होगा। यदि आप बहुत अधिक परिश्रम करते हैं तो आप उस कठिन परिश्रम के बारे में सोचने में व्यस्त रहते हैं, जो आप उस कार्य में लगा रहे हैं जिसके कारण आपको प्राप्त होने वाले आशाजनक परिणाम के बारे में सोचने का समय नहीं मिलता है। तो - मध्यम मार्ग आपको यह बताने का एक बहुत ही सरल साधन है कि आपको इतनी मेहनत नहीं करनी चाहिए, ऐसा ना हो कि आप "पेड़ देखते रह जाएं भविष्य के जंगल ना देख पाएँ"। परंतु आपको इतना आलस भी नहीं करना है, कि आप बिल्कुल कुछ भी ना करें, दो चरम सीमाओं के बीच आप ऐसी किसी जगह पहुँच जाएं और जहाँ आप पाएंगे कि आपकी प्रगति उल्लेखनीय है। वास्तव में बहुत से लोग इसे पूरा करने की उम्मीद में एक चीज़ के गुलाम हो जाते हैं, वे इतनी मेहनत करते हैं कि उनकी सारी ऊर्जा, उनकी सारी मस्तिष्क शक्ति "कोशिश" करने के लिए समर्पित हो जाती है और "लाभ पाने" के लिए कुछ भी नहीं छोड़ा जाता है। यदि आप बहुत कठिन प्रयास करते हैं, तो यह न्यूनतम गियर में कार रेसिंग की तरह है, सभी गड़बड़ और फूट और शायद ही कोई प्रगति कर पाता हो।

मन की शक्ति।

दुर्भाग्य से किसी भी व्यक्ति के लिए वह हर चीज़ पाना संभव है,जो वह पाना चाहता हैं। प्रकृति के कुछ नियम हैं, या, यदि आप तंत्र मंत्र को पसंद करते हैं, तो किसी के लिए भी सफलता या पैसा लाना संभव बनाता है अगर वे सरल नियमों का पालन करेंगे। हमने इस पाठ्यक्रम में यह दिखाने की कोशिश की है कि गुह्यविद्या यानी तंत्र मंत्र (ओकल्टीज़्म), जिसका वास्तव में अर्थ है “वह जो अज्ञात है,”पूरी तरह से समझदारी पूर्ण कानूनों और नियमों का पालन करता है और यह भी कि ऐसी चीज़ों के बारे में कुछ भी रहस्यमय नहीं है। उस उद्देश्य के लिए हम आपको बताने जा रहे हैं कि कैसे उन चीज़ों को प्राप्त करें जो आप पाना चाहते हैं।

हम कहते हैं, हालांकि, जब हम कहते हैं कि "आप क्या चाहते हैं”तो हम जोर देते हैं और फिर से जोर देते हैं कि किसी को आध्यात्मिक मूल्यों के लिए प्रयास करना चाहिए, किसी को अगले जीवन में अपना मूल्य बढ़ाने के लिए दृढ़ संकल्प के साथ काम करना चाहिए। आइए हम उस पर जल्दी राज़ी हो जाते हैं कि एक लाख या दो लाख बार प्रयास करना बहुत उपयोगी होगा, लेकिन अगले जीवन की कीमत पर अगर हम "एक या दो लाख”बार कोशिश करते हैं, तो यह स्वयं को धोखा देना और फुसलाने जैसा है। पृथ्वी पर हमारा प्रवास अस्थायी है और फिर से हम कहते हैं कि इस पृथ्वी पर हमारा हर प्रयास सीखने और खुद को बेहतर बनाने के लिए समर्पित होना चाहिए ताकि हम अगले जीवन में जाने के ज्यादा योग्य हों। आइए, फिर, हम आध्यात्मिकता के लिए प्रयास करें, हम यह प्रयास करें कि हम दूसरों पर दया कर सकें, और यह सच्ची विनम्रता हो जो झूठी शराफत के साथ भ्रमित न हो, लेकिन ऐसी विनम्रता जो हमें ऊपर की ओर उन्नति पर ले जाती हो।

सब कुछ गति की स्थिति में है, सभी जीवन गतिविधि है, यहाँतक कि मृत्यु भी गतिविधि है क्योंकि कोशिकाएं टूट रही हैं और अन्य यौगिकों में बदल रही हैं। हमें हर समय याद रखना चाहिए कि कोई व्यक्ति मध्यम मार्ग पर स्थिर खड़ा नहीं रह सकता है, वो या तो वह आगे जा सकता है या पीछे। हमारे प्रयास आगे बढ़ने के लिए होने चाहिए, यानी हमें आध्यात्मिकता में, दया में, दूसरों को

समझने में आगे बढ़ना चाहिए, न कि पीछे की ओर जहाँ पर हम धन को झपटने वालों में से एक बनें, यानी उन जैसे जो आत्मा की समृद्धि प्राप्त करने के बजाय सांसारिक संपत्ति से चिपके रहते हैं। लेकिन - आइए हम आपको दिखाते हैं कि आप अपनी इच्छा के अनुसार सब कुछ कैसे प्राप्त कर सकते हैं।

मन हमें वह सब दे सकता है जो हम माँगते हैं यदि हम उसे अनुमति दें। अवचेतन के भीतर अपरिमित शक्तियाँ निहित हैं। दुर्भाग्य से अधिकांश लोगों को अवचेतन से संपर्क करने का तरीका नहीं सिखाया जाता है। हम एक के दसवें हिस्से, चेतना पर कार्य करते हैं और अपना काम अधिकतम क्षमताओं के दसवें हिस्से के साथ करते हैं। अपनी ओर से अवचेतन को संरेखित करके हम वह चमत्कार प्राप्त कर सकते हैं जैसे कि पुराने पैगंबर ने किया था।

लक्ष्यहीन और निश्चय किए बिना प्रार्थना करना व्यर्थ है। एक खाली दिमाग के साथ प्रार्थना करना बेकार है क्योंकि अगर कोई ऐसा करता है तो उसकी बातें खोखले रुप से गूंजेंगी। अपने मस्तिष्क का उपयोग करें, अपने दिमाग का उपयोग करें, अवचेतन की महान संभावनाओं का उपयोग करें। कुछ निश्चित अलंघनीय कदम हैं जिनका हमेशा पालन करना चाहिए। पहले ठीक से तय करें कि आप क्या चाहते हैं, बिल्कुल निश्चित रहें, आपको पता होना चाहिए कि आप क्या चाहते हैं, आपको यह कहना चाहिए कि आप क्या चाहते हैं, और आपको इसकी कल्पना करनी चाहिए "आप वास्तव में क्या चाहते हैं?"ऐसा ना कहें कि आप बहुत सारे पैसे चाहते हैं, यह ना कहें कि आप एक नई कार चाहते हैं या एक पत्नी या पति चाहते हैं। आपको निश्चित रूप से यह बताना चाहिए कि आप क्या चाहते हैं। आपको इसकी कल्पना अवश्य करें - इसे अपने दिमाग में अंकित करें - और उस तस्वीर को अपने सामने दृढ़ता से पकड़ें। यदि आप पैसा चाहते हैं, तो निश्चित रूप से बताएं कि आपको कितना चाहिए। यह एक निश्चित योग होना चाहिए। "लगभग आधा मिलियन"नहीं चलेगा, यह निश्चित होना चाहिए। यदि आप बुद्धिमान हैं, तो, आप पैसे के बारे में, सांसारिक चीज़ों के बारे में इतना परेशान नहीं होंगे, आप गांधी, बुद्ध, मसीह, सेंट पीटर, सेंट किसी के जैसे बनना चाहेंगे। आप उन गुणों को प्राप्त करने का प्रयास करेंगे जो इस जीवन को छोड़ने के बाद आपके काम आएंगे।

जब आपने तय कर लिया है कि आप क्या चाहते हैं तो आप दूसरी स्थिति पर आएं। हम आपको पहले ही बता चुके हैं कि आपको प्राप्त करने के लिए बाँटनाआवश्यक है। आप क्या देने जा रहे हैं? यदि आप एक निश्चित धनराशि मांग रहे हैं (और वह राशि बिल्कुल निर्दिष्ट होनी चाहिए) तो क्या आप दशमांश देने को तैयार हैं, जो निश्चित रूप से, उस प्राप्त होने वाले धन का दसवां भाग है ? क्या आप अन्य लोगों को मदद देने के लिए तैयार हैं, जो आपके जैसे सौभाग्यशाली नहीं हैं? यह कहना व्यर्थ है कि "हाँ, जब मुझे यह पैसा मिल जाएगा तो मैं इसका दसवां हिस्सा दूंगा।"आपको इससे पहले ही मदद करना शुरू कर देना चाहिए, आपको ज़रूरतमंद लोगों की सहायता देना शुरू करना चाहिए। यदि आप ऐसा करते हैं कि आप "बाँटो ताकी प्राप्त कर सको "की भावना को जी रहे हैं। फिर से, आपको निश्चित होना चाहिए, आपको बिल्कुल सटीक होना चाहिए। तीसरा विषय है - आप यह पैसा या यह कार, या पति या पत्नी कब चाहते हैं? यह कहना पर्याप्त नहीं है कि आप इसे अनिश्चित भविष्य में कभी भी चाहते हैं और बेशक यह कहना निरर्थक है कि आप इसे तुरंत चाहते हैं क्योंकि ऐसे भौतिक कानून हैं जिन्हें तोड़ा नहीं जा सकता। भगवान को आपके इंतजार करते हाथों में सोने की ईंट गिराना संभव नहीं है और किसी भी मामले में अगर ईंट गिरा दी जाती हैं तो शायद पैरों की कुछ उँगलियां कुचल सकती हैं। आपकी समय सीमा भौतिक रूप से संभव होनी चाहिए। उदाहरण के लिए, आप कह सकते हैं कि आपके पास अमुक धनराशि और अमुक महीने में इस अमुक साल में होंगी, लेकिन आप यह नहीं कह सकते कि अगले पांच मिनट के भीतर आपके पास ऐसा भाग्य होगा क्योंकि यह प्रकृति के नियमों के विपरीत होगा और यह आपकी विचार शक्ति को शून्य कर देगा।

अपनी महत्वाकांक्षा को पूरा करने के लिए आप क्या करने जा रहे हैं? उदाहरण के लिए कल्पना करें - कि आप एक नई कार चाहते हैं। ठीक है, सबसे पहली बात, क्या आप ड्राइव कर सकते हैं? नई कार की इच्छा करना तब तक कम महत्व का होगा जब तक आप नहीं जानते कि गाड़ी कैसे चलाना है, इसलिए यदि आप नई कार लेना चाहते हैं, तो पहले ड्राइविंग करना सीखें। फिर आप जिस प्रकार की कार चाहते हैं और उस तरह की कार और सभी चीज़ों को तय

कर लें। यदि आप एक पति या पत्नी की तलाश कर रहे हैं, तो सुनिश्चित करें कि आप अपनी भूमिका में एक योग्य भागीदार बनने के लिए उपयुक्त हैं, सुनिश्चित करें कि आप शादी के सफल होने के लिए देने और लेने के कानून को समझते हैं और सफल शादी बनाने के लिए अपना सहयोग देने को तैयार हैं क्योंकि शादी सिर्फ सब कुछ लेने और कुछ नहीं देने का मामला नहीं है। जब आप एक साथी लेते हैं तो दूसरे व्यक्ति को स्वयं को एक साथी के रुप में देना होता है। जब आप शादी करते हैं तो आप एक व्यक्ति नहीं रह जाते हैं, और आप दो व्यक्तियों के समस्याओं और चिंताओं और सुखों को ले लेते हैं; इससे पहले कि आप संतोषजनक ढंग से और खुशी से विवाहित होने की उम्मीद कर सके, आपको यह सुनिश्चित करना होगा कि आप स्वयं एक संतोषजनक साथी बनने के लिए शारीरिक, मानसिक और आध्यात्मिक रूप से सक्षम हों।

हमारे पांचवें विषय के रूप में हम यह कहने जा रहे हैं कि लिखित शब्द बोले गए शब्द से अधिक मजबूत होते हैं, जबकि दोनों एक साथ एक अपराजेय संबंध बनाते हैं। जो आप चाहते हैं, उसे लिखें और जितना संभव हो उतना स्पष्ट रूप से लिखें। आप जानते हैं कि आप क्या चाहते हैं, इसलिए इसे लिखें। क्या आप आध्यात्मिक होना चाहते हैं? अध्यात्म की दुनिया में आपका आदर्श कौन है? उस व्यक्ति की क्षमताओं, प्रतिभाओं और चरित्र के मजबूत बिंदुओं की गणना करें। यह सब लिखें। यदि आप धन चाहते हैं कि आप जितना नियत धन चाहते हैं, उसे लिख लें, आप इसे कब चाहते हैं, वह भी लिख लें और लिखित रूप में स्पष्ट करें कि आप अन्य लोगों की मदद करने जा रहे हैं, यह स्पष्ट करें कि आप "दशमांश"करने जा रहे हैं। जितना संभव हो उतने सीधे और स्पष्ट रूप से जब आप लिख चुके हों तब अंत में लिखें "मैं बाटूँगा, जो मुझे प्राप्त होगा।"आपको यह भी बताना होगा कि आप वांछित परिणाम के लिए कैसे काम करने जा रहे हैं, फिर से एक बात ध्यान में रखें आपको शून्य के बदले कुछ भी मिल नहीं सकता है, हर चीज़ के लिए किसी न किसी रूप में भुगतान करना पड़ता है, "मुफ्त में कुछ मिलता है"जैसी कोई चीज़ नहीं होती है। यदि आपको अप्रत्याशित रूप से सौ डॉलर प्राप्त होते हैं तो आपको सौ डॉलर का मूल्य की सेवा देनी होगी।

यदि आप अन्य लोगों से अपनी मदद करने की उम्मीद करते हैं, तो आपको पहले उनकी मदद करनी होगी।

यह मानते हुए कि आपने यह सब लिखा है, दिन में तीन बार अपने कथन को जोर से पढ़ें। अगर आप इसे अपने कमरे के शांत और गोपनीयता में जोर से पढ़ सकते हैं तो शक्ति प्राप्त होती है। अपने बेडरूम को छोड़ने से पहले इसे सुबह पढ़ें, दोपहर के भोजन के समय पढ़ें और रात में सोने से पहले इसे एक बार फिर से पढ़ें ताकि दिन में तीन बार, कम से कम, आप अपने एफरमेशन (दृढ़ वचन, प्रतिज्ञान) को पढ़ें जो एक तरह से मंत्र जैसा बन गया हो। जैसा कि आप इसको पढ़ते हैं महसूस करें कि पैसा या कार, या जो कुछ भी आप चाहते हैं, वह आपके पास आ रहा है, इसके बारे में सकारात्मक रहें, कल्पना करें कि आपके पास वांछित चीज़ है, कल्पना करें कि यह वास्तव में आपके पास में है। आप इस बारे में जितनी दृढ़ता से सोच सकते हैं और जितनी ही दृढ़ता से कल्पना कर सकते हैं, उतनी ही सकारात्मक प्रतिक्रिया होगी। यह सोचने का प्रयास व्यर्थ है "ठीक है, मैं केवल यह आशा करता हूं कि यह काम करता है - मुझे केवल आशा है कि मैं इसे प्राप्त करूंगा, लेकिन मुझे अपने पर संदेह हैं।"यह आपके मंत्र को तुरंत अमान्य कर देगा, आपको हर समय काफी सकारात्मक और बिल्कुल रचनात्मक होना होगा और आपको किसी भी प्रकार के संदेह को आने की अनुमति नहीं देनी होगी। यदि आप इन चरणों को अपनाएंगे तो आप अपने अवचेतन में विचार को चलाएंगे और अवचेतन आपकी तुलना में नौ गुना अधिक चतुर है। यदि आप अपने अवचेतन को दिलचस्पी दे सकते हैं, तो आपको मदद मिलेगी, जितनाविश्वास कर सकें उतनी अधिक मदद मिलेगी। यह बारम्बार एक तथ्य साबित होता है कि जब कोई व्यक्ति पैसा कमाता है तो दूसरे पैसे अधिक आसानी से आ जाते हैं। उदाहरण के लिए एक लखपति आपको बताएगा कि एक लाख कमाने के बाद, वह बहुत आसानी से दो, तीन या चार लाख और थोड़े अतिरिक्त काम के साथ कमा पाता है। जितना अधिक धन होता है, उतना ही धन उस व्यक्ति से आकर्षित होता है, यह चुंबकत्व के नियम पर काम करता है।

फिर से आपको सावधान करते हैं कि पैसे से अधिक मूल्यवान और भी चीज़ें हैं। एक बार फिर से हम यह कहें कि कोई भी अगली दुनिया में एक भी पैसा नहीं

ले जा पाया है, और जितना अधिक पैसा आपके पास है वह दूसरे लोगों के लिए छोड़ जाएंगे, जितना अधिक आप पैसे के लिए प्रयास करते हैं उतना अधिक आप अपने आप को दूषित करते हैं और स्वयं को आध्यात्मिक मूल्यों की आकांक्षा करना और प्राप्त करना मुश्किल बनाते हैं। जितनी भलाई आप दूसरों के लिए करते हैं, उतनी ही भलाई आप अपने साथ लेकर जाते हैं। पृथ्वी पर जीवन कठिन है, और इन सभी, सबसे कठिन चीज़ों में से एक मूल्यों का मिथ्याकरण है। वर्तमान समय में लोग सोचते हैं कि पैसा सबसे महत्वपूर्ण है। जब तक हमारे पास पर्याप्त है कि हम खा सकें, खुद के लिए कपड़े ले सकें और घर हो यही पर्याप्त होगा। लेकिन हमारे पास कभी भी बहुत अधिक आध्यात्मिकता नहीं हो सकती है, हमारे पास विचार की बहुत अधिक शुद्धता कभी नहीं हो सकती है, हम कभी भी दूसरों की बहुत ज़्यादा मदद नहीं कर सकते हैं, दूसरों की मदद करने में हम खुद की मदद करते हैं।

हमारा सुझाव है कि आप इस पाठ को पढ़ें और पुनः पढ़ें। शायद यह अभी तक का सबसे महत्वपूर्ण सबक है। यदि आप निर्देश का पालन करते हैं तो आप पाएंगे कि आपके पास लगभग सब कुछ हो सकता है, आप क्या चाहते हैं? चुनाव आपका होना चाहिए, क्योंकि आपके पास वह सब कुछ हो जिसकी आपको इच्छा है। एक सुझाव - धन, इस पृथ्वी पर सफलता? और फिर सभी पर ग्रहण लगना और फिर से एक शुरुआत करना। या आप दूसरों के लिए आध्यात्मिकता, पवित्रता और सेवा का चयन करेंगे? इसका अर्थ हो सकता है कि पृथ्वी पर गरीबी या गरीबी के निकट, जो आखिरकार, शून्य में तैरती धूल का एक धब्बा मात्र है। लेकिन इस छोटे, छोटे जीवन के बाद बड़ी दुनिया आती है जहाँ पवित्रता और आध्यात्मिकता “राष्ट्रीय मुद्रा “है और जहाँ पृथ्वी की दुनिया की मुद्रा धन का कोई मूल्य नहीं है। चुनना तो आपको है।

अध्याय
तेईस

यह सबसे अधिक अफसोसजनक है कि कुछ शब्दों ने इस तरह के घृणित अर्थ प्राप्त कर लिये हैं। कई शब्द हैं जो सभी भाषाओं में अच्छे शब्द, वर्णनात्मक शब्द हैं, परन्तु पूरी सदियों के दुरुपयोग के द्वारा शायद उनके अर्थ में एक पूर्ण बदलाव आ गया है।

हम एक उदाहरण के रूप में शब्द *"मालकिन"का उल्लेख कर सकते हैं। कुछ साल पहले - हमारे दादा दादी की स्मृति के भीतर "मालकिन"एक सम्माननीय शब्द था जो वास्तव में एक ऐसी महिला को दर्शाता है जिसे घर की मालकिन के रूप में सम्मानित किया जाता था और वह घर के पुरुष के लिए एक उपयुक्त साथी होती थी। दुरुपयोग से अब इसने एक नया अर्थ प्राप्त कर लिया है जो कि मूल रूप से अलग है।

हम न तो पुरानी मालकिनों के बारे में, न ही पुराने स्वामियों के बारे में बात करने जा रहे हैं, लेकिन यह उदाहरण का एक उचित रूप है क्योंकि हम इस अध्याय में एक और शब्द के बारे में बात करेंगे जिसका अर्थ वर्षों में विकृत हो गया है।

कल्पना एक ऐसा शब्द है जो अब बहुत अपमानित है। वर्षों पहले कल्पनाशील आदमी संवेदनशील विचारों का आदमी था, जो लिख सकता था, या जो संगीत बनाता था या कविता लिख सकता था। वास्तव में, सज्जन होने के लिए कल्पनाशील होना अनिवार्य था। आजकल यह प्रतीत होता है कि "कल्पना"हिस्टीरिया से पीड़ित गरीब निराश महिला को या मानसिक ख़राबी के कगार पर खड़े व्यक्ति को दर्शाती है। लोग उन अनुभवों की उपेक्षा करते हैं - जिनका वे बेहतर अध्ययन कर सकते हैं। - विस्मयादिबोधक के साथ, "ओह, यह सब आपकी कल्पना है! इतना मूर्ख मत बनो!"

---

* मालकिन – mistress

फिर से कहें, कल्पना एक ऐसा शब्द है जो आजकल कुख्यात है, लेकिन नियंत्रित कल्पना एक कुंजी है जो कई ऐसे अनुभवों को खोल सकती है जो वर्तमान में रहस्य के घूंघट में बंद हैं और ज्यादातर उन लोगों को घेरे हुए है जब वे तंत्र संबंधी मामलों से जुड़े होते हैं। बारम्बार फिर से याद करना अच्छा है कि कल्पना और इच्छा शक्ति के बीच किसी भी लड़ाई में हमेशा कल्पना की जीत होती है। लोग अपनी इच्छा शक्ति पर, अपने अदम्य साहस पर गर्व करते हैं और इस तथ्य पर भी गर्व करते हैं कि कुछ भी चीज़ उन्हें डराती नहीं है। वे ऊबे हुए श्रोताओं को विश्वास दिलाते हैं कि उनकी इच्छा शक्ति से वे कुछ भी कर सकते हैं। इस मामले की पूरी सच्चाई यह है कि अपनी इच्छा शक्ति के साथ वे कुछ भी साबित नहीं कर सकते जब तक कि कल्पना शक्ति इसे पूरा होने की अनुमति देने के लिए सहमत न हो जाएं। ये दिखावटी इच्छा शक्ति वाले लोग वास्तव में वे लोग हैं जो किसी भी तरह काम निकालने में कामयाब रहते हैं ताकि कल्पना शक्ति विश्वास कर लें कि "इच्छा शक्ति"की एक अच्छी मात्रा इस विशेष घटना में उपयोगी होगी। हम दोहराते हैं और कोई भी निपुण अधिकारी हमारे साथ सहमत होगा, कि कल्पना और इच्छा शक्ति के मामले में बिना अपवाद के कल्पना शक्ति ही जीतती है। इससे बड़ी कोई शक्ति नहीं है।

क्या आपको अभी भी संदेह है कि आप खुद की इच्छा से उन चीज़ों को कर सकते हैं जब आपकी कल्पना शक्ति आपको करने नहीं देना चाहती है? इस पर विचार करें; आइए हम एक काल्पनिक समस्या का समाधान करें क्योंकि यह चीज़ों को साबित करने का आधुनिक तरीका दिखाई देता है।

हमारे सामने यातायात से खाली सड़क है। आसपास कोई ट्रैफिक नहीं है, कोई जिज्ञासु यात्री नहीं है, इसलिए पूरी खाली सड़क हमारे पास है। हम एक पथ को दो फुट चौड़ाया यदि आप चाहें, तो तीन फीट चौड़ा पेंट कर एक तरफ से दूसरी तरफ चलने के लिए बनाते हैं। ट्रैफिक के व्यवधान से बचने के विचार, या चिंताजनक टकटकी लगाने वाले दर्शकों से अविचलित हुए बिना, आपको फुटपाथ से नीचे उतरने में अपने दो या तीन फीट चौड़े रास्ते पर चलने में थोड़ी भी कठिनाई नहीं होगी और ना ही झिझक होगी और संयत ढंग से सड़क के पार दूसरे फुटपाथ पर चले जाएंगे। इससे आपकी सांस की दर भी नहीं बढ़ेगी, इससे

आपका दिल भी तेज़ी से नहीं धड़कने वाला है, यह उन सरलतम चीज़ों में से एक होगा जिन्हें आपको कभी भी करने को कहा जा सकता हैं। क्या आप हमारे साथ अब तक सहमत हैं?

आप चित्रित मार्ग के साथ बिना डर के चल सकते हैं क्योंकि आप जानते हैं कि आपके नीचे की जमीन टूटने वाली नहीं है, आप जानते हैं कि भूकंप या आपके ऊपर गिरने वाली इमारत के अपवाद को छोड़कर, आप काफी सुरक्षित हैं और अगर कुछ विलक्षण दुर्भाग्य से आपको यात्रा करनी पड़ी और जमीन पर गिरना पड़ गया तो भी कोई बड़ा नुकसान नहीं होगा क्योंकि आप अपनी खुद की ऊंचाई से अधिक नहीं गिर सकते हैं।

अब हम चित्रों को कुछ हद तक बदल देते हैं। हम कहते हैं कि हम अभी भी गली में हैं और हम एक इमारत में चले जाते हैं जो लगभग बीस मंज़िल ऊँची है। हम लिफ़्टमें चढ़ेंगे और ऊपर की ओर सुंदर सपाट छत तक जाएंगे। हम छत पर खड़े होते हैं और हम सड़क की तरफ देखते हैं, हम ग़ौर से देखते हैं कि एक और इमारत हमारे सामने हैं जो बीस मंज़िल ऊंची हैं। यदि हम दीवार के ऊपर और नीचे सड़क मार्ग पर देखते हैं तो हम केवल उस चित्रित रेखा को देख सकते हैं जिसे हमने बनाया था। अब हम एक बोर्ड को दो या तीन फीट चौड़ा करने जा रहे हैं, दूसरे शब्दों में, एक बोर्ड उतना ही चौड़ा है जितना कि हमारी ज़मीन पर चित्रित रेखा थी। हम इसे सड़क के उस पार दूसरी ओर की बीस मंज़िल में तानेंगे और हम इसे इतनी मज़बूती से कस देंगे कि यह हिल न सके; हम इसे इतनी सुरक्षित रूप से कस देंगे कि यह झुक ना जायें या उछल ना जायें, हम यह देखने के लिए सबसे सावधानी से जांच करेंगे कि ऐसा इसमें कुछ भी तो नहीं हो जो आपको लड़खड़ाहट दे सकता है या आपके कदमों को अनिश्चित बना सकता है।

आपके पास बोर्ड द्वारा बने रास्ते की चौड़ाई उतनी ही है जितनी आपकी जमीनी स्तर पर थी। क्या आप उस बोर्ड के पार चल सकते हैं जो सड़क के ऊपर सुरक्षित रूप से बीस मंज़िल इमारत से सड़क के दूसरी ओर - दूसरी इमारत की छत तक पहुँच जाती है? यदि आपकी कल्पना इसे संभव कहती है, तो आप सचमुच में बिना किसी बड़ी परेशानी के चल सकते हैं। लेकिन अगर आपकी कल्पना इतनी

मेहरबान नहीं है, तो उसके बारे में सोचने पर आपकी धड़कन तेज दौड़ेगी, आप "घबराहट"महसूस करेंगे और आप इससे भी ज्यादा बदतर महसूस कर सकते हैं। पर क्यों? आप पहले तो ज़मीनी सड़क के पार चले थे, तो आप इस सुंदर मजबूत बोर्ड पर क्यों नहीं चल सकते हैं? जवाब ज़ाहिर है, कि आपकी कल्पना काम करना शुरू कर देती है, आपकी कल्पना आपको बताती है कि यहाँखतरा है, कि अगर आप फिसल जाते हैं, अगर आप लड़खड़ाते हैं, तो आप बोर्ड के किनारे से गिर जाएंगे, आप बीस मंज़िल से गिरकर मृत्यु को प्राप्त हो जाएंगे। इससे कोई फर्क नहीं पड़ता कि कोई आपको कितना आश्वस्त करने की कोशिश करता है, जब तक कि आपकी कल्पना शक्ति आश्वस्त नहीं हो जाती है, इच्छा शक्ति की कोई भी मात्रा आपकी मदद नहीं कर सकती है। यदि आप बलपूर्वक अपनी इच्छा शक्ति को मजबूर करते हैं, तो आपको नर्वस ब्रेकडाउन हो सकता है, आप कांपने लगेंगे, आप पीले पड़ जाएंगे और आपकी साँसें घरघराहट से हाँफने लगेंगी।

हमारे पास कुछ ऐसे तंत्र हैं जो हमें खतरे से बचाते हैं, कुछ स्वचालित सुरक्षा उपायों को मानव तंत्र में बनाया गया है ताकि सामान्य रूप से मानव मूर्खतापूर्ण खतरे में न चले जाएं। कल्पनाएं एक व्यक्ति के लिए बोर्ड यानी तख़्त पर चलना लगभग असंभव बना देती हैं और कितना भी बोलकर बताने से किसी व्यक्ति को यह विश्वास नहीं होगा कि यह वास्तव में पूरी तरह से सुरक्षित है, आपको स्वयं यह कल्पना करने की आवश्यकता होगी कि आप इसे कर सकते हैं। जब तक आप वास्तव में "कल्पना"नहीं कर सकते, अर्थात स्वयं को बोर्ड तक आगे ले जाना, उस पर चढ़ना, और दृढ़ता से और आत्मविश्वास से उस पार तक चलना, तब तक आप ऐसा नहीं कर सकते।

यदि कोई स्वयं की इच्छा के अनुरूप काम करता है जबकि कल्पना शक्ति उसे करने को "नहीं"कहती है, तो वास्तव में एक नर्वस ब्रेकडाउन का खतरा होता है, क्योंकि हम एक बार फिर से दोहराने जा रहे हैं कि कल्पना और इच्छा शक्ति के बीच किसी भी लड़ाई में, कल्पना शक्ति हमेशा जीत जाती है। जब सभी ख़तरे की सूचना के संकेत हमारे भीतर बज रहे हों तब स्वयं को कुछ करने के लिए

मजबूर करना हमारे साहस को नुकसान पहुँचा सकता हैं, साथ ही स्वास्थ्य को भी नुकसान पहुंच सकता है।

कुछ लोग आधी रात को एक अकेली सड़क पर कब्रिस्तान से गुज़रने से डरते हैं। अगर ऐसा अवसर आता है जब उन्हें रात को एक कब्रिस्तान से गुज़रना पड़ता है तो उनके मस्तिष्क में सिहरन दौड़ जाती है, उनके बाल बिल्कुल खड़े हो जाते हैं, उनकी हथेलियों से पसीना आने लगता है और हर अनुभूति बढ़ जाती है, हर धारणा अतिरंजित हो जाती है और वे वास्तव में तनाव की स्थिति में सुरक्षा के लिए विलक्षण छलांग लगाने को तैयार हो सकते हैं ताकी एक भूत की संभावना से बचने का स्पष्ट अवसर मिल सके।

जो लोग अपने काम को पसंद नहीं करते हैं और जिन्हें अपने काम को करने के लिए खुद को मजबूर करना पड़ता है, वे अक्सर पलायन प्रक्रिया का उपयोग करते हैं। बल्कि इनमें से कुछ "पलायन प्रक्रिया"अजीब परिणामों के कारण बनते हैं, वे दुःख के भेष में सुख हो सकते हैं क्योंकि अगर चेतावनी पर ध्यान नहीं दिया जाता है तो मानसिक विकार हो सकता हैं। हम एक वास्तविक घटना से संबंधित होने जा रहे हैं, जिसे हम अच्छी तरह से जानते है, हम घटना को जानते हैं, हम आदमी को जानते हैं, और हम परिणाम जानते हैं। यह रहाः -

हमारे परिचित के इस आदमी ने प्रतिष्ठा के लिए बहुत कुछ किया था। वह उन ऊँची मेज़ों में से एक मेज़ पर खड़ा था और एक बही-खाते में आंकड़े दर्ज कर रहा था। उसका काम ऐसा था कि उसे खड़े होकर करना पड़ता था, काम आसानी से बैठकर नहीं किया जा सकता था। आदमी अपने काम में निपुण था, वह इन आंकड़ों में अच्छा था, लेकिन उसके पास एक फ़ोबिया (भय)था, वह सचमुच निराशा में डर गया था कि किसी दिन, किसी तरह वह एक गलती कर लेगा और शायद उसके मालिक पैसे की राशि का गबन करने का आरोप उस पर लगा देंगे। वास्तव में वह व्यक्ति कष्ट पूर्वक ईमानदार था, वह उन दुर्लभ व्यक्तियों में से एक था, जो ईमानदारी से परिश्रम करते हैं, उन व्यक्तियों में से एक जो किसी होटल से माचिस का पैकेट भी नहीं लेते हैं या बस की सीट पर मिला एक अखबार भी नहीं रखते हैं। लेकिन, तब भी उसे डर था कि उसके मालिकों को उसकी

ईमानदारी का पता नहीं था और सच में इसी कारण अपने काम के बारे में बहुत उसको बहुत बुरा लगता था I

कई वर्षों तक वह इस काम के बारे में और ज़्यादा दुखी होता गया, अधिक से अधिक बेचैन रहने लगा। उसने अपनी पत्नी के साथ काम को बदलने की चर्चा की, लेकिन पत्नी को उसके साथ कोई सहानुभूति नहीं थी, और इसलिए वह उसी नौकरी पर लगा रहा। लेकिन कल्पना शक्ति को काम भी मिल गया, पहले आदमी को गैस्ट्रिक अल्सर हुआ। ध्यान और आहार के साथ उसके अल्सर को ठीक कर दिया गया और वह मेज़ पर खड़े होने वाले काम पर लौट आया। उसके साथ एक दिन ऐसा घटित हुआ कि मानो उसके पास खड़े होने की क्षमता नहीं थी, तब उसके पास उस नौकरी को रखने की योग्यता भी नहीं रही।

कुछ हफ्तों बाद उसके पैर में एक अल्सर दिखाई दिया। कुछ दिनों के लिए वह लँगड़ाकर काम पर गया और बड़े दर्द को सहन किया, लेकिन अल्सर बदतर होता गया, और उसे कुछ समय के लिए बिस्तर पर रहना पड़ा। बिस्तर पर होने के कारण अपने कार्यालय से दूर हो गया, तब उसका स्वास्थ्य लाभ काफी तेज हो गया और फिर वह काम पर वापस चला गया। हर समय उसका अवचेतन मन उसे परेशान कर रहा था। यह तर्कसंगत है, व्यक्ति कुछ इस तरह से कल्पना करता है, "ठीक है, एक पैर की बीमारी होने से मुझे उस भयानक नौकरी से छुटकारा मिल गया था, उन्होंने मुझे बहुत जल्दी ठीक कर दिया अब मुझे पैर की इससे भी बदतर बीमारी हो जाए।"

संभवतः स्वस्थ हो चुके उस आदमी की वापसी के कुछ महीनों बाद, उसे एक और अल्सर हो गया जो इस बार टखने पर हुआ। यह इतना बुरा अल्सर था कि वह अपने टखने को हिला नहीं सकता था। आखिरकार उसे अस्पताल ले जाया गया और जैसे अल्सर बुरे से बदतर होता गया और तब उसके ऑपरेशन की आवश्यकता पड़ी। इसके बाद उसे ठीक कर दिया गया, और वह अपनी नौकरी पर वापस चला गया।

अब उसे नौकरी से नफरत बढ़ने लगी थी। जल्द ही एक और अल्सर दिखाई दिया, इस बार टखने और घुटने के बीच, इस समय यह इतना गंभीर था कि इसे ठीक करने के सभी कोशिशों से संघर्ष करने के बावजूद उसके पैर को घुटने तक

काटना पड़ा। इस बार उसे बड़ी खुशी हुई कि मालिकों ने उसे यह कहते हुए काम पर वापस नहीं लिया, कि वे अपने साथ एक अपंग को काम पर नहीं रखेंगे, वह अपंग जो हमेशा बीमार पड़ रहा था।

अस्पताल के डॉक्टरों को इस मामले के बारे में काफी कुछ पता था और इसलिए उन्होंने आदमी से कुछ अन्य काम करने की व्यवस्था करवाई, जिसके लिए उसने अस्पताल में रहते हुए काफी अभिरुचि दिखाई थी। यह काम हस्तकला निर्देश का एक रूप था। उस आदमी को काम पसंद आया और इसमें उसे बहुत सफलता मिली। अब इस बात का कोई डर नहीं था कि वह किसी भूल के लिए जेल जाएगा, जिससे उस पर गबन का आरोप लगाया जा सके, इसलिए उसकी तबीयत में सुधार हुआ, और जहाँ तक वर्तमान समय में जाना जाता है, वह इस काम को अंजाम दे रहा है और उस पर सफ़ल हो रहा है।

यह अतिशय का एक विशेष मामला है, सच है, लेकिन हर दिन हम उच्च दबाव से पीड़ित व्यवसायियों को देखते हैं जो अपनी नौकरी से डरते हैं, अपने मालिक से डरते हैं या "नाक कटने"से डरते हैं, वे उच्च आंतरिक दबाव में काम करते हैं और वास्तव में फिर गैस्ट्रिक अल्सर से बचने का रास्ता ढूँढते हैं, गैस्ट्रिक अल्सर, अधिकारियों की बीमारी के रूप में जाना जाता है।

कल्पना शक्ति एक साम्राज्य को गिरा सकती है, याद रखें कि कल्पनाशक्ति एक साम्राज्य का भी निर्माण कर सकती है,। यदि आप अपनी कल्पना शक्ति को विकसित करेंगे और इसे नियंत्रित करेंगे, तो आप जो चाहें प्राप्त कर सकते हैं। अपनी कल्पना शक्ति को आदेश देना संभव नहीं है, इसे यह बताना भी संभव नहीं है कि वह क्या करे क्योंकि मित्र कल्पना शक्ति कुछ ऐसी है जैसे मित्र खच्चर होता हैं, आप एक खच्चर का नेतृत्व कर सकते हैं, लेकिन आप उसे मजबूर नहीं कर सकते हैं, और इसलिए आप अपनी कल्पनाओं का नेतृत्व कर सकते हैं लेकिन आप इसे मजबूर नहीं कर सकते। इसके लिए अभ्यास की ज़रूरत है, लेकिन यह किया जा सकता है।

खैर, आप अपनी कल्पनाओं को नियंत्रित करने के बारे में कैसे तैयारी करने जा रहे हैं? यह केवल विश्वास की और अभ्यास की बात है। कुछ ऐसी स्थिति के बारे में सोचें जो आपमें डर या अरुचि को उत्तेजित करती है, और फिर विश्वास से इसे

दूर करें, अपनी कल्पना शक्ति को विश्वास दिलाकर आप कोई भी काम कर सकते हैं यह मायने नहीं रखता कि इस काम को कोई दूसरा व्यक्ति कर सकता है या नहीं कर सकता है। अपने आप को यक़ीन दिलाइएकि आप कुछ विशेष प्रकार के व्यक्ति हैं, यदि आप चाहें, तो इससे कोई फर्क नहीं पड़ता कि आप किस तरीके को अपनाते हैं, जब तक कि आपकी कल्पना शक्ति आपके पक्ष में काम करने न लग जाए। हमें सड़क पार करने के हमारे मूल उदाहरण पर वापस जाना है, आइए हम तय करें कि हम आसानी से स्थिर रखे सड़क के आर-पार दो फुट के बोर्ड के द्वारा सड़क पार कर सकते हैं। फिर, विश्वास से, यह सोचकर कि हम दूसरों के जैसे नहीं हैं, हम अपनी कल्पना शक्ति को राज़ी कर सकते हैं कि हम बोर्ड को पार कर सकते हैं भले ही यह जमीन से ऊपर बीस मंज़िल इमारत में हों।

इस बारे में सोचें: - अपने आप को बताएं कि यहाँ तक की लगभग बुद्धिहीन बंदर भी बिना डर के उस बोर्ड को पार कर सकता हैं। कौन बेहतर है, आप या एक बुद्धिहीन बंदर? अगर कोईबुद्धिहीन बंदर या कोई ऐसा व्यक्ति जो लगभग बेवकूफ है, उस बोर्ड को पार कर सकता है, तो निश्चित रूप से आप बेहतर इंसान भी ऐसा कर सकते हैं। यह केवल विश्वास रखकर अभ्यास करने का प्रश्न है। अतीत में ब्लोंडिन जैसे प्रसिद्ध व्यक्ति तनी रस्सी पर चलने वाले नट रहे हैं, जिन्होंने नियाग्रा फॉल्स के ऊपर कई बार रस्सी पार की। ब्लोंडिन सिर्फ एक साधारण आदमी था जिसे अपनी क्षमताओं पर विश्वास था, उसे विश्वास था कि वह रस्सी पर चढ़कर उस पार जा सकता है जिसे अन्य पुरुष नहीं कर सकते। वह जानता था कि डरने की एकमात्र बात भयभीत हो जाना हैं, वह जानता था कि अगर उसे पार जाने का भरोसा है, तो वह पार जा सकता है चाहे उस समय वह एक पहिया ठेले से आगे बढ़े या अगर उसकी आंखों पर पट्टी बांध दी जाए।

हम सभी को एक ही तरह का अनुभव मिलता है। हम एक लंबी सीढ़ी पर चढ़ते हैं, और जब तक हम ऊपर की ओर देखते हैं हम कोई भय का अनुभव नहीं करते हैं। लेकिन जैसे ही हम नीचे देखते हैं तब विचार हमारे पास आता है कि अगर हम सीढ़ी से गिर गए और दुर्घटनाग्रस्त हो गए, तो हम एक बहुत ज्यादा गड़बड़ कर देंगे। हमारी कल्पना शक्ति फिर स्वयं की गिरती हुई तस्वीरें दिखाती

है, और कई फुट नीचे गिरने के कलंक का दृश्य दिखाती हैं, हमारी कल्पना ऐसी छवि बना देती हैं, कि हम उस सीढ़ी को इतनी मजबूती से चिपका लेते है कि हम खुद को आज़ादनहीं कर सकते। मीनार की मरम्मत करने वाले को उसी प्रकार का अनुभव होता है।

यदि आप अपनी क्षमताओं पर विश्वास रखकर अपनी कल्पना को नियंत्रित करते हैं, तो आप कुछ भी कर सकते हैं। आप अपनी ताक़त से कल्पना शक्ति पर काबू पाने में सफल नहीं हो सकते हैं, आपकी इच्छा शक्ति पर परिश्रम करने से आपकी कल्पना शक्ति पर जीत नहीं होगी, बल्कि यह आपके भीतर एक न्यूरोसिस (विक्षिप्तता) का निर्माण करेगा। याद रखें, एक बार फिर, कि आप हर समय अपनी कल्पनाओं का नेतृत्व करें, अपनी कल्पनाओंको नियंत्रित करें। यदि आप अपनी कल्पना को मजबूर की कोशिश करते हैं तो आप असफल हो जाएंगे। यदि आप अपनी कल्पना शक्ति का नेतृत्व करेंगे तो आप उन सभी चीज़ों को करने में सक्षम होंगे जो आपने सोचा था कि आपके लिए असंभव हैं। हालांकि, सबसे पहले यह विश्वास करें कि "असंभव"जैसी कोई चीज़ नहीं है।

अध्याय

चौबीस

लोगों ने कर्म के नियम के बारे में सुना होगा। दुर्भाग्यवश इनमें से कई आध्यात्मिक विषयों को संस्कृत या ब्राह्मण नाम दिया गया है। उसी तरह से चिकित्सा शब्द, शरीर रचना संबंधी शब्द और वास्तव में, कई वैज्ञानिक शब्द के लैटिन नाम हैं, लैटिन नाम किसी एक प्रकार के फूल, या एक कंद, या एक विशेष मांसपेशी या धमनी की क्रियाकलापोंका संकेत कर सकते हैं। इसके आरंभ होने का उद्देश्य बहुत पहले के दिनों में हुआ था। कई सालोंपहले डॉक्टरों ने अपने ज्ञान को अपने पास सीमित रखने की कोशिश की थी, और उन दिनों के डॉक्टर केवल वही लोग थे जिनके पास कोई सार्थक शिक्षा थी। लैटिन का अध्ययन एक "अनिवार्य"था, और इसलिए डॉक्टरों के लिए यह आवश्यक हो गया कि वे लैटिन का उपयोग उन लोगों से तकनीकी शब्द छिपाने के साधन के रूप में करें, जो शिक्षित नहीं थे, यानी जो कि डॉक्टर नहीं थे। यह आदत वर्तमान समय तक बनी रही।

बेशक, इसके कुछ विशेष फायदे हैं, सभी तकनीकी शब्दएक भाषा में होने के कारण कोई फर्क नहीं पड़ता था कि वैज्ञानिक की मूल भाषा क्या है, वह हमेशा विदेशी वैज्ञानिक के साथ लैटिन भाषा में चीज़ों पर चर्चा करके काफी अच्छी तरह से संचालन कर सकता है। जहाज पर या विमान पर सवार रेडियो ऑपरेटरों द्वारा मोर्स कोड का उपयोग इसी सिद्धांत से करते है जिसे“क्यू”कोड के रूप में जाना जाता है। अक्सर आप पाएंगे किरेडियो शौकीन, जो दुनिया भर में अन्य शौकीनों के साथ संपर्क में रहते है, को भी कोड का उपयोग करना पड़ता है, ताकि वे समझदारी से संवाद कर सकें, भले ही वे आम तौर पर एक-दूसरे की भाषा को समझ नहीं पाते हैं।

संस्कृत एक ऐसी भाषा है जिसे दुनिया भर के विकसित तांत्रिक जानते है। ताकि अगर कोई "कर्म”के बारे में बताता है, तो व्यक्ति को एक विशेष तस्वीर मिलती है जिसे हम "कार्य और कारण का नियम”कह सकते हैं। आप देखते हैं, कर्म

बिल्कुल रहस्यमय नहीं है, कुछ भी डरावना नहीं है। इस पाठ्यक्रम में हम मेटाफिज़िक्स को उस आधार पर रखना चाहते हैं जिसे हम तर्कसंगत मानते हैं, हम अमूर्त शब्दों का उपयोग नहीं करना चाहते क्योंकि हमारे कुछ भी सोचने का तरीका मेटाफिज़िक्स में इतना कठिन नहीं है ताकि उन शब्दों के उपयोग को प्रामाणिक करना पड़ें जो अक्सर किसी सही अर्थ को छिपाते हैं।

आइए हम "कर्म के नियम”को उसके मेटाफिज़िक्स अर्थ से बाहर ले जाएं, आइए हम मेटाफिज़िक्स (तत्वमीमांसा)के बारे में भूल जाएं और भूमि के नियम पर विचार करें। यहाँ हमारा क्या मतलब हैं:-

अमुक छोटे जॉनी को अभी एक मोटर साइकिल दी गई है। वह पाता है कि इस शक्तिशाली मशीन पर बैठना बड़ा रोमांचकारी होगा पर इंजन को तेज दौड़ाने पर वह एक अजीबोग़रीब शोर पाता है, मात्र मशीन पर बैठना काफ़ी अच्छा नहीं है। अमुक छोटा जॉनी क्लच दबा देता है और संभवतः संयत ढंग से पहली बार में दूर भागता है, लेकिन फिर चलाने की खुशी उसे अभिभूत कर देती है और वह चेतावनी के संकेत से बेपरवाह होकर और तेजी से आगे बढ़ता है। अचानक उसके पीछे एक हॉर्न का शोरगुल आता है और एक पुलिस कार उसके साथ-साथ पीछा करती है और उसे रोकने का इशारा करती है। अमुक छोटा जॉनी उदास होकर धीमी गति से आगे बढ़ता है और सड़क से हट जाता है, और भी अधिक उदास ढंग से वह काफी डर के साथ पुलिसकर्मी का इंतजार करता है जो उसे एक निर्मित क्षेत्र में अनुमति गति सीमा से अधिक ऊपर चलाने के लिए जुर्माना लगाने जा रहा है!

इस सरल छोटे से उदाहरण में हमने देखा कि कुछ निश्चित कानून हैं, इस मामले में कानून यह था कि कोई भी एक निश्चित गति से अधिक तेज गति में यात्रा नहीं कर सकता है। अमुक जॉनी ने इसे नज़रअंदाज़ कर दिया और एक पुलिसकर्मी के रूप में यह प्रतिफल आया और उसे जुर्माना लगा दिया गया ताकि जॉनी को अर्थदंड देना पड़े और कानून तोड़ने पर सजा के तौर पर कोर्ट जाना पड़े।

एक और उदाहरण? ठीक है। बिल जेम्स थोड़ा आलसी व्यक्ति है, उसे काम करना बिल्कुल भी पसंद नहीं है, लेकिन उसकी एक बहुत खर्चीली प्रेमिका है। वह केवल अपनी प्रेमिका की रुचि को तब तक बनाये रख सकता है जब तक कि

वह उसे उसकी मनचाही चीज़ें मुहैया करा सके। प्रेमिका को अपनी मनचाही चीज़ें प्राप्त करने तक यह कुछ मायने नहीं रखता (वह सोचती है) कि बिल जेम्स को वो चीज़ेंकैसे मिलती हैं, जो वह चाहती है। इसलिए -

एक शाम बिल जेम्स काफ़ी धन प्राप्त करने की उम्मीद में किसी दुकान लूटने के लिए बाहर निकलता है ताकि वह अपनी प्रेमिका को वो सब खरीद कर दे सके जो वह चाहती है। एक मिंक फर कोट? एक प्लैटिनम हीरा जड़ित घड़ी? खैर, वह चाहे जो भी हो, बिल जेम्स, अपनी पूरी जानकारी और स्वीकृति के साथ, इस चोरी को करने के लिए तैयार है। बहुत चुपचाप वह इमारत तक दबे पाँव पहुँच जाता है और प्रवेश के कुछ तरकीब पाने में इधर-उधर तलाशी करता है। जल्द ही वह तय करता है कि जो चीज़ उसे आमंत्रित कर रही है, वह है खिड़की, उसमें प्रवेश का रास्ता मिलेगा। यह उसके लिए एक सुविधाजनक ऊंचाई पर है, इसलिए बहुत कौशल के साथ वह खिड़की के शीशे के माध्यम से एक छोटे चाक़ू को सरकाता है और वापस खींचकर ज़बरदस्ती खोल लेता है। आसानी से वह चौखटा उठाता है, और फिर एक पल के लिए रुक जाता है। क्या उसने कोई शोर मचाया है? क्या कोई आसपास हैं? अंत में संतुष्ट होकर वह खुशी से राहत पाता है और खुली खिड़की के माध्यम से रेंगता है। कोई आवाज नहीं है, कोई चरमराहट भी नहीं है। जुराब पहने पैरों को वह चुपचाप स्टोर में आहिस्ता चलकर उन चीज़ों को ले जाना चाहता है, जो वह चाहता है,डिब्बों से गहने, एक जेब भरकर घड़ियाँ और मैनेजर के कार्यालय से नगदी बॉक्स से वह एक नोटों का ढेर लेता है। अपनी लूट से संतुष्ट होकर, वह खिड़की तक वापस चलता है और बाहर देखता है। वहाँ कोई नहीं है, वह अपने जूते को पुनः पहनता है और एक दरवाजे की तरफ जाता है, यह सोचकर कि खिड़की के माध्यम से रेंगने के बजाय एक दरवाजे से बाहर निकलना ज्यादा आसान होगा और संभवतः रेंगने से कुछ चोरी किए गए चीज़ों को नुकसान पहुंच सकता हैं। चुपचाप वह चटखनी को वापस ढीला कर खोलता है और बाहर निकल जाता है। रात के अंधेरे में वह कुछ कदम चलता है, तभी अचानक एक कठोर आवाज कहती हैं, “रुक जाओ! मैंने आपको घेर लिया है!”बिल जेम्स डर से जम जाता है, वह जानता है कि पुलिस सशस्त्र हैं, वह जानता है कि पुलिस गोली चलाने में संकोच नहीं करेगी। एक प्रकाश

अंधेरे को भेद देता है और उसके चेहरे पर पूरा चमकता है। उदासी से वह अपने हाथों को अपने सिर के ऊपर उठाता है, आकृतियाँ भौतिक रुप लेती हैं और वह पाता है कि वह पुलिस से घिरा हुआ है। जल्दी से वे लोग हथियारों के लिए उसकी तलाशी लेते हैं और उसे उन सभी मूल्यवान वस्तुओं से भारमुक्त करते हैं जो उसने स्टोर से चुराई थीं। वह एक प्रतीक्षारत पुलिस की गाड़ी से रवाना हो रहा है और जल्द ही एक जेल के कमरे में रखा जाएगा।

कुछ घंटों बाद बिल जेम्स की प्रेमिका को एक पुलिसकर्मी और एक पुलिस मैट्रन नींद से जगाते हैं। जब उसे बताया जाता है कि उसे गिरफ्तार किया जा रहा हैं, तो वह उन्मत्त नहीं बल्कि बहुत ज़्यादा क्रोधित होती हैं। गिरफ़्तारी? हाँ, बिल जेम्स की प्रेमिका इस कार्य में एक सहायक हैं और उसने उसे ऐसा करने के लिए बिल को उकसाया था, जो जानता था कि यह गलत काम था, इसलिए वह भी बिल जेम्स जितनी ही दोषी है।

जीवन के नियम ऐसे ही हैं। अब हम इसे एक पल के लिए भौतिक दुनिया से दूर ले जाते हैं और आपको बताते हैं कि कर्म एक मानसिक या शारीरिक कार्य है जो अच्छे या बुरे का निर्माण करते हैं। एक पुरानी कहावत है, "जैसे आप बोते हैं वैसा ही आप काटते हैं।"इसका मतलब बस इतना ही है। यदि आप बुरे कर्मों को बोने जा रहे हैं, तो आप अगले जीवन में, या उसके अगले, या उसके बाद के जीवन में एक बुरा भविष्य प्राप्त करेंगे। अगर इस जीवन में आप भलाई बोते हैं, अगर आप ज़रूरतमंदों को भलाई और दया और करुणा दिखाते हैं, तो जब आपकी खुद की बारी दुर्भाग्य की आती है, तो कहीं पर कोई - आपको दया और आदर और करुणा दिखाएगा।

इस बारे में कोई गलती न करें; अगर कोई व्यक्ति अभी तकलीफ झेल रहा है तो ऐसा ज़रूरी नहीं कि वह व्यक्ति बुरा ही हो, यह हो सकता है कि व्यक्ति कष्ट के समय में, पीड़ा में कैसी प्रतिक्रिया करता है, यह कुछ अशुद्धियों से पीड़ित कर उसे निकालने की शुद्ध करने की प्रक्रिया हो सकती है, या उसे स्वयं मानव जाति से कुछ अपने लाभ की इच्छा हो। हर कोई, वह राजकुमार हो या भिखारी, हम जिसे जीवन का पहिया कहते हैं, के साथ यात्रा करता हैं यह अंतहीन अस्तित्व का चक्र है। एक आदमी एक जीवन में एक राजा हो सकता है, लेकिन अगले

जन्म में वह एक भिखारी हो सकता है जो एक शहर से दूसरे शहर में पद यात्रा कर रहा हो, शायद काम पाने की कोशिश कर रहा हो और असफल रहता हो, या शायद एक आंधी से पहले उड़ने वाले पत्ते की तरह सिर्फ बह रहा हो।

कुछ लोग ऐसे हैं जो कर्म के नियमों से मुक्त होते हैं, इसलिए आपके लिए यह कहना बेकार है, "ओह, उस व्यक्ति का कितना भयानक जीवन है, वह पिछले जन्म में एक भयानक पापी रहा होगा!"उच्चतर सत्ताएँ (जिसे हम "अवतार"कहते हैं) पृथ्वी पर नीचे आती हैं ताकि उनके कुछ कार्य पूरे हो सकें। मिसाल के तौर पर, हिंदूओं का मानना है कि भगवान विष्णु कई बार पृथ्वी पर अवतरित हुए हैं ताकि मानव जाति में एक बार फिर धर्म के सत्य को लाया जा सके जिसे मानव जाति भूल जाने को उन्मुख हो रही थी। यह अवतार, या उन्नत जीव शायद जीने के लिए अक्सर गरीबी के उदाहरण के रूप में आएगा, परन्तु यह दिखाने के लिए कि करुणा के उपाय से क्या किया जा सकता है, दुख से मुक्ति के मार्ग में क्या अनुकूल होता है। अवतार के लिए इस "दुख से मुक्ति"की सच्चाई से आगे कुछ भी नहीं हो सकता है, वह उत्कृष्ट भौतिक (शरीर) होने के नाते, अधिक तीव्रता से कष्ट उठाता है।

अवतार इसलिए पैदा नहीं हुआ है क्योंकि उसे जन्म लेना है, वह इसलिए पैदा नहीं हुआ है कि वह अपना कर्म निभा सके। इसके बजाय वह एक अवतीर्ण आत्मा के रूप में पृथ्वी पर आता है, उसका जन्म स्वतंत्र चुनाव का परिणाम है, या कुछ विशेष परिस्थितियों में वह जन्म भी नहीं लेता है, वह दूसरे के शरीर पर कब्जा कर सकता है। हम धार्मिक विश्वास के मामले में किसी को "ठेस या चोट"नहीं पहुँचाना चाहते हैं, लेकिन अगर कोई ईसाई बाइबिल को बारीकी से पढ़ेगा, तो वह समझ जाएगा कि आदमी यीशु, जोसेफ और मैरी से पैदा हुए थे, लेकिन समय की परिपूर्णता में और जब यीशु युवा हो गए तब वह एक बार जंगल में भटक गए और मसीह (क्राइस्ट)की आत्मा - यानी ईश्वर की आत्मा उतरी और यीशु के शरीर में समा गई। दूसरे शब्दों में कहें तो यह ऐसा मामला था कि एक दूसरी आत्मा यीशु के पास आयी और उसके शरीर में रहने को तत्पर हुई जो जोसेफ़ और मैरी का पुत्र था।

हालांकि, हम इसका उल्लेख करते हैं, क्योंकि हम यह सोचना पसंद नहीं करते हैं कि कुछ लोगों को दुर्भाग्य और गरीबी के लिए दोषी ठहराया जा रहा है जबकि वास्तव में वे दूसरों की मदद करने के लिए आते हैं, जो यह दिखाने आते हैं कि दुर्भाग्य और गरीबी से क्या पूरा किया जा सकता है।

हमारे प्रत्येक कार्य का परिणाम कुछ क्रिया होती हैं। वास्तव में विचार एक बहुत बड़ी ताकत है। जैसा आप सोचते हैं, वैसे ही आप हैं। इस प्रकार, यदि आप शुद्ध चीज़ों के बारे में सोचते हैं, तो आप शुद्ध हो जाते हैं, यदि आप वासना के बारे में सोचते हैं तो आप वासना से भरे और दूषित हो जाते हैं, और तब आपको पृथ्वी पर बारम्बार वापस आना पड़ता है जब तक कि पवित्रता और अच्छी सोच हमला करके आपके भीतरकी "वासना"नष्टनहीं कर देती।

कोई भी व्यक्ति कभी भी नष्ट नहीं होता है, कोई भी व्यक्ति कभी इतना बुरा नहीं होता है कि वो हमेशा के लिए सजा से दण्डित हो। "अनन्त दंड"एक उपाय था जो प्राचीन पुजारियों द्वारा शुरू किया गया था जो अपने कुछ अनियंत्रित झुंड पर अनुशासन बनाए रखना चाहते थे। क्राइस्ट (ईसा मसीह)ने कभी अनन्त दुख, अनन्त नर्कवास नहीं सिखाया। क्राइस्ट ने सिखाया कि यदि कोई व्यक्ति पश्चाताप करता है और कोशिश करता है, तो उस व्यक्ति को उसकी अपनी मूर्खता से "बचाया"जाएगा और उसे फिर से एक मौका दिया जाएगा।

इसके बाद, कर्म, वह प्रक्रिया है जिसके तहत हम ऋण लेते हैं और हम उन ऋणों का भुगतान करते हैं। यदि आप एक स्टोर में जाते हैं और आप कुछ सामान ऑर्डर करते हैं, तो आप कुछ निश्चित ऋणों का भुगतान राष्ट्रीय मुद्रा में करते हैं। जब तक आप उन सामानों के लिए भुगतान नहीं करते हैं तब तक आप कर्ज़दार होते हैं और यदि आप उन चीज़ों के लिए भुगतान नहीं कर सकते हैं, तो कुछ देशों में आपको गिरफ्तार किया जा सकता है और दिवालिया घोषित किया जा सकता है। पृथ्वी पर प्रत्येक सामान्य पुरुष, महिला और बच्चे को हर चीज़ का भुगतान करना पड़ता है, केवल अवतार कर्म के नियमों से मुक्त होता है। इसलिए जो लोग अवतार नहीं हैं, उन्होंने बेहतर जीवन जीने की कोशिश की ताकि वे इस पृथ्वी पर अपना पड़ाव कम कर सकें, क्योंकि अन्य ग्रहों और अस्तित्व के अन्य तलों पर जीवन बहुत बेहतर है।

हमें उन लोगों को माफ करना चाहिए जो हमारे खिलाफ अतिचार करते हैं और हमें उन लोगों से माफी मांगनी चाहिए जिनके खिलाफ हम अतिचार करते हैं। हमें हमेशा याद रखना चाहिए कि अच्छे कर्म के लिए सबसे विश्वसनीय तरीका दूसरों के लिए वही करना है जो दूसरों से हम अपने लिए चाहते हैं।

कर्म एक ऐसा मामला है हममें से कुछ इससे बच सकते हैं। हम एक ऋण लेते हैं, हमें इसे चुकाना पड़ता है, हम दूसरों के लिए भला करते हैं, उन्हें हमें वापस करना चाहिए और हमारा भला करना चाहिए। हमें भलाई मिले, इसलिए यह बेहतर हैं, कि हम सभी प्राणियों के लिए भलाई, करुणा और दया दिखाएं, चाहे उनकी प्रजाति कोई भी हो, यह याद रखना कि ईश्वर की दृष्टि में सभी पुरुष समान हैं और महान ईश्वर की दृष्टि में सभी प्राणी समान हैं कि चाहे वे बिल्लियां हों या घोड़े - आप उन्हें क्या पुकारेंगे ?

यह कहा जाता है कि भगवान, रहस्यमय तरीके से अपने चमत्कार प्रदर्शित करता है। यह हमारे लिए नहीं है कि हम ईश्वर के तरीकों पर सवाल उठाएं, बल्कि हमें उस पर परिश्रम करना है, जो समस्याएं हमारे लिए नियत की गई हैं, केवल अपनी समस्याओं को सुलझाने और उन्हें संतोषजनक निष्कर्ष पर पहुंचाने से हम कर्म चुका सकते हैं। कुछ लोगों के बीमार रिश्तेदार होते हैं जिनके साथ उन्हें रहना चाहिए, कुछ लोगों के पास ऐसे बीमार रिश्तेदार रहते है और वे सोचते हैं, "ओह, कितना थकाऊ! वह मर क्यों नहीं सकता है और अपने दुख से मुक्त हो जायें?"जवाब है, निश्चित रूप से, कि दोनों एक योजनाबद्ध जीवन काल में काम कर रहे हैं, अस्तित्व के एक योजनाबद्ध रूप में काम कर रहे हैं। जो व्यक्ति बीमार व्यक्ति की देखरेख कर रहा है, उसने शायद इसी उद्देश्य के लिए ही पृथ्वी पर आने की योजना बनाई हो।

हमें हर समय उन लोगों के लिए बहुत देखभाल, बड़ी सहानुभूति, बहुत समझदारी दिखानी चाहिए जो बीमार हैं या दुखी हैं या पीड़ित हैं, यह हो सकता है कि हमारा कार्य इस तरह की देखभाल और ऐसी समझ दिखाना ही हो। एक बीमार थकाने वाले व्यक्ति का अधीर हाव-भाव के साथ उपेक्षा करना बहुत आसान है, लेकिन जो लोग बीमार हैं वे अक्सर बहुत ज्यादा संवेदनशील होते हैं, वे अपनी विकलांगता महसूस करते हैं, वे बहुत गहराई से महसूस करते हैं कि वे

जिस राह में हैं, वे नहीं चाहते थे। हम आपको फिर से याद दिलाएंगे कि जैसे कि पृथ्वी पर वर्तमान में चीज़ें हैं वास्तव में हर व्यक्ति रहस्यमय (ऑकल्ट) है, हर व्यक्ति जो प्रमुख तंत्र संबंधी कला कर सकता है, उसकी कुछ शारीरिक विकलांगता होती है। इस प्रकार तिरस्कार में, बीमार व्यक्ति की मदद करने के पुकार (निवेदन) की कड़क उपेक्षा से आप उस व्यक्ति की उपेक्षा कर रहे हैं जो इतना ज्यादा प्रतिभाशाली हैं जितना आप सोच नहीं सकते हैं।

हमें फुटबॉल या उन श्रमसाध्य खेलों में कोई दिलचस्पी नहीं है, लेकिन हम आपसे यह सवाल पूछना चाहते हैं। क्या आपने कभी एक मजबूत, तेज बीहड़ खिलाड़ी के बारे में सुना है, जो क्लैरवॉयंट था या यहाँतक कि शब्दों से वह जादू भी कर सकता था? कुछ शारीरिक विकलांगता की प्रक्रिया अक्सर एक बुरे मानव शरीर की शुद्धिकरण करने की प्रक्रिया होती है ताकि यह औसत मानव की तुलना में उच्च आवृत्ति के वाइब्रेशन प्राप्त कर सके। तो - जो बीमार हैं, उन पर विचार करें, क्या आप करेंगे? एक बीमार व्यक्ति के साथ अधीर न हों, बीमार व्यक्ति के पास कई समस्याएं हैं जिनसे आप अनजान हैं। इसका एक स्वार्थी पक्ष भी है। बीमार व्यक्ति आपकी तुलना में कहीं अधिक विकसित हो सकता है आप जो स्वस्थ हैं और उस बीमार व्यक्ति की मदद करने से आप वास्तव में खुद की बहुत मदद करते हैं।

अध्याय

पच्चीस

क्या आप कभी अचानक, सदमा देने वाला, चौंका देने वाली घटना द्वारा एक प्रियजन से वंचित हुए हैं? क्या आपने कभी महसूस किया है कि सूरज बादलों के पीछे चला गया है, फिर कभी आपके लिए नहीं चमकेगा। जो वास्तव में प्रिय है, उनका चले जाना आपके लिए दुखद, बहुत शोकजनक है और उसके लिए भी दुखद है, जो समय के पूर्व चला गया है, यदि आप दुखी होकर उसके लिए अनावश्यक बाधा बनाते हैं।

जैसे कि इस अध्याय में हम उन विषयों के बारे में बात करने जा रहे हैं, जिन्हें आमतौर पर दुख और उदास माना जाता है। लेकिन अगर हम चीज़ों का वैसा सम्मान करते हैं, जैसा करना चाहिए, तो हमें यह समझना चाहिए कि मृत्यु वास्तव में शोक का समय और दुःख का समय नहीं है।

आइए हम पहले देखें कि क्या होता है जब हम जानते हैं कि कोई प्रिय व्यक्ति उस अवस्था में चला गया है जिसे पृथ्वी के लोग "मृत्यु"कहते हैं। हम अपने सामान्य तरीके से संभवतः बिना किसी भी चिंता से या किसी भी परेशानी से शांत जीवन जी रहे हैं। फिर, अचानक आकस्मिक घटना, हमें सूचित की जाती है कि यह प्रिय व्यक्ति अब हमारे साथ नहीं है। तुरंत ही हम अपनी धड़कन को तेज दौड़ते महसूस करते हैं, हम महसूस करते हैं कि हमारी आँखों की अश्रु नलिकाएँ तनाव को दूर करने के लिए आँसुओं को बहाने के लिए तैयार हो गयी हैं। हम पाते हैं कि अब हमें चमकीले गुलाबी सुन्दर रंग नहीं दिख रहे, इसके बजाय सब कुछ उदास लग रहा है, सब कुछ दुखी लग रहा है, मानो जैसे अचानक एक तेज गर्मी के दिन को पूर्ण रुप से एक सर्दी के मध्य भारी बादल छा जाने से बदल दिया गया हो।

एक बार फिर हम अपने पुराने दोस्तों इलेक्ट्रॉनों के पास आते हैं, जब हम अचानक दुख के साथ पीड़ित होते हैं, तब शोक के साथ हमारे मस्तिष्क में उत्पन्न वोल्टेज

बदलता है, यह प्रवाह की दिशा भी बदल सकता है, इसलिए अगर हम दुनिया को पहले "आशावादी दृष्टिकोण”से देख रहे थे, तो फिर दुखद समाचार की प्राप्ति के बाद हम दुनिया को सब कुछ उदास, सब कुछ निराशाजनक माध्यम से देखते हैं। यह केवल सांसारिक तल में एक प्राकृतिक शारीरिक कार्य है, लेकिन हम सूक्ष्म तल में भी डरावनी बाधा के कारण उदास हैं, जो हमारा भौतिक वाहन अर्थात शरीर हमें देता है जब हम दिखाई देने वाले उस नए व्यक्ति का अभिवादन करने के लिए वहाँ जाने की कोशिश करते हैं, जहाँ पर आखिरकार, महान जीवन, खुशहाल जीवन है।

निःसंदेह किसी दूर देश में किसी प्रिय मित्र का जाना दुःख की बात है, लेकिन पृथ्वी पर हम इस विचार के साथ खुद को सांत्वना देते हैं कि हम निरंतर एक पत्र लिख सकते हैं, एक संदेश भेज सकते हैं या एक टेलीफोन का उपयोग कर सकते हैं। दूसरी ओर तथाकथित "मौत”संचार के लिए कोई जगह नहीं छोड़ती है। क्या आपको लगता है कि "मृत व्यक्ति”पहुंच से परे हैं? आप उदारता से और खुशी से गलत समझते हैं। हम आपसे कहते हैं कि दुनिया के प्रतिष्ठित वैज्ञानिक केंद्रों में विभिन्न वैज्ञानिक हैं जो वास्तव में एक ऐसे उपकरण पर काम कर रहे हैं जो उन लोगों के साथ संवाद करने में सक्षम होंगे, जिनका हम “देहमुक्त आत्माओं”के रूप में उल्लेख करते हैं। यह एक कल्पना नहीं है, यह एक शानदार विचार नहीं है, यह ऐसी खबरों का एक विषय हैं जिसके बारे में काफी वर्षों से अफ़वाह फैल रही हैं और नवीनतम वैज्ञानिक रिपोर्टों के अनुसार अंतिम उम्मीद है कि इस तरह के विकास जल्द ही सार्वजनिक ज्ञान, सार्वजनिक संपत्ति बन सकते हैं। लेकिन इससे पहले कि हम उन लोगों से संपर्क कर सकें जो हमारी तत्काल पहुंच से पार, चल बसे हैं, हम उनकी मदद करने के लिए बहुत कुछ कर सकते हैं।

जब किसी व्यक्ति की मृत्यु हो जाती हैं, तो उसके शारीरिक कार्यों अर्थात, भौतिक शरीर का वास्तविक कार्य धीमा हो जाता है और अंततः रुक जाता है। हमने इस पाठ्यक्रम के प्रारंभिक चरणों में देखा है कि एक मानव मस्तिष्क ऑक्सीजन से वंचित होने पर केवल कुछ मिनटों तक ही जीवित रह सकता है। अर्थात शरीर के भागों में से सबसे पहले मानव मस्तिष्क "मरता”है। ज़ाहिर है जब मस्तिष्क

मृत होता है, तो मृत्यु बिलकुल अनिवार्य हो जाती है। हमारे पास इसे कहने का एक विशेष कारण है जो एक लंबी घटना के रूप में दिखाई देता है।

मस्तिष्क की मृत्यु के बाद, अन्य अंग मस्तिष्क के मार्गदर्शन और आज्ञाओं से वंचित हो जाते हैं और निष्क्रियता में धीमे पड़ जाते हैं। यानी वे मोटर कार की तरह हो जाते हैं, जो चालक द्वारा छोड़ दिये गये हैं। चालक ने इग्निशन बंद कर दिया और वाहन को छोड़ दिया हैं। इंजन अपनी गति शक्ति से कुछ झटके दे सकता है और फिर धीरे-धीरे कार ठंडी हो जाएगी। जैसे-जैसे यह ठंडी होगी, धातुओं के संकुचन से बहुत कम खटखट, घुरघुर और चरमराहट की आवाज़ें मिलेंगी। मानव शरीर के साथ भी ऐसा ही है - जैसा कि उस अवस्था में जिसे हम विघटन कहते हैं, एक अंग दूसरे अंग का अनुसरण करते हैं, और मांसपेशियों के विभिन्न चरमराना और कराहना और झटके होते हैं। कुछ तीन दिनों की अवधि में सूक्ष्म शरीर पूरी तरह से और स्थायी रूप से भौतिक शरीर से अपनी पकड़ को समाप्त कर देता है। सिल्वर कॉर्ड जिसे हम सूक्ष्म शरीर और भौतिक शरीर का आधार कहते हैं, धीरे-धीरे बहुत हद तक उसी तरह से सूख जाता है जैसे बच्चे का गर्भनाल काटने पर सूख जाता हैं, उस समय जब बच्चा मां से अलग किया जाता है। सूक्ष्म शरीर के नष्ट होने तक वह तीन दिनों के लिए भौतिक शरीर के साथ लगभग निकट संपर्क में रहता है।

एक व्यक्ति जो मर गया है उसे कुछ इस तरह का अनुभव होता है; व्यक्ति बिस्तर पर संभवतः दुखी रिश्तेदारों या दोस्तों से घिरा हुआ है। गले में काँपती हुई साँस और मृत्यु की अंतिम घबराहट आती है और फिर अंतिम तेज सांस दांतों से निकल जाती है। दिल एक पल के लिए तेज दौड़ता है, धीमा होता है, धड़कता है और स्थायी रूप से रुक जाता है।

शरीर में विभिन्न कंपन होते हैं, शरीर धीरे-धीरे ठंडा हो जाता है, लेकिन मृत्यु के तत्काल समय एक क्लैरवॉयंट भौतिक वाहन से एक छायादार रूप निकलता हुआ देख सकता है और यह रुप एक सिल्वर धुंध की तरह होता है, वह मृत शरीर के ठीक ऊपर सीधा तैरता रहता है । तीन दिनों की अवधि में सिल्वर कॉर्ड जो दो अंधकारमय को जोड़ता है, अंत में यह काला हो जाता है जहाँ से कॉर्ड शरीर में प्रवेश करता है। तब क्लैरवॉयंट व्यक्ति को कॉर्ड के उस हिस्से से उड़ती हुई काली

धूल का आभास होता है जो अभी भी शरीर से जुड़ी है। अंत में कॉर्ड ढीली पड़ जाती है और सूक्ष्म रूप स्वतंत्र हो जाता हैं ताकि वह ठीक से ऊपर चली जाये और सूक्ष्म से ऊपर के जीवन से अपना परिचय प्राप्त कर सके। हालांकि सबसे पहले, यह नीचे इस मृत शरीर को देखता है, जिसमें वह निवास करता था। अक्सर सूक्ष्म शरीर अर्थी के साथ कब्रिस्तान तक जाता हैं और यथार्थ में अंतिम संस्कार के अनुष्ठान का गवाह बनता हैं। कोई दर्द नहीं है, कोई संकट नहीं है, इससे कोई परेशानी नहीं होती है क्योंकि, उस व्यक्ति के मामले में सूक्ष्म शरीर ऐसे ज्ञान से बेतैयार होता हैं जैसे इस पाठयक्रम के भीतर निहित ज्ञान हैं, इसलिए सूक्ष्म शरीर अर्ध-सदमे की स्थिति में होता है। यह ताबूत में शरीर के पीछे पीछे उसी तरह जाता है जैसे पतंग डोरी के दूसरे सिरे पर एक छोटे लड़के का अनुसरण करती है, या बहुत कुछ उसी तरह से करता है जैसे कि गुब्बारा अपनी खींचने वाली कार का पीछा करता है जो गुब्बारे को भागने से रोकती है। हालांकि, जल्द ही, यह सिल्वर कॉर्ड - सिल्वर अब नहीं रहता है - उसके भाग, और फिर सूक्ष्म शरीर ऊपर, और ज्यादा ऊपर जाने के लिए और अपनी दूसरी मृत्यु की तैयारी के लिए स्वतंत्र होता है। यह दूसरी मौत हैं और पूरी तरह से बिल्कुल दर्द रहित हैं।

दूसरी मृत्यु से पहले एक व्यक्ति को हॉल ऑफ मेमोरीज़ (यादों का हॉल)में जाना पड़ता है और वह सब जो उसके जीवन में हुआ हैं उसे देखें। आपके सिवा और कोई आकलन नहीं करता है, और कोई बड़ा न्यायकर्ता नहीं होता है, स्वयं से अधिक कठोर न्यायकर्ता नहीं होता है। जब आप अपने आप को उन तमाम क्षुद्र अहंकारों से, पृथ्वी पर आपकी सभी प्रिय झूठी मान्यताओं से निर्वस्त्र देखते हैं, तो आप पाते हैं, कि चाहे जितना भी धन आपने पीछे छोड़ दिया था, उन सभी प्रतिष्ठा के बावजूद जो आपके पास थी, जितने भी साज सामान आपके पास थे, उन सभी के बावजूद, आखिरकार आप इतने महान नहीं हैं। अक्सर बहुत, बहुत बार सबसे विनम्र, सबसे निम्न और पैसे में सबसे गरीब, सबसे संतोषजनक और उच्चतम न्यायप्राप्त करते हैं।

अपने आप को यादों के हॉल में देखने के बाद, फिर आप "अन्य दुनिया"के उस हिस्से पर जाते हैं, जो आपको अपने लिए सबसे उपयुक्त लगता है। आप नर्क में

नही जाते, हमारा विश्वास करें जब हम कहते हैं कि नर्क पृथ्वी पर है - यहाँ हमारा अभिप्राय प्रशिक्षण स्कूल से हैं!

आपको शायद पता होगा कि पूर्व देशों में लोग, महान रहस्यवादी, महान शिक्षक, कभी भी अपना असली नाम नहीं बताते हैं क्योंकि नामों में बहुत शक्ति होती है, और यदि सभी और विभिन्न व्यक्तिबुलाने के लिए उनके नाम को सही कंपन में पुकारते हैं, तो उन्हें पृथ्वी पर अवलोकन के लिए जबरदस्ती पूरी तरह से वापस खींच लिये जाते हैं। पूर्व के कुछ हिस्सों में, और पश्चिम के कुछ हिस्सों में भी, भगवान को "वह, जिसका नाम नहीं बोला जा सकता है"के रूप में जाना जाता है। ऐसा इसलिए है क्योंकि यदि हर कोई भगवान को पुकारता रहा, तो इस दुनिया के मार्गदर्शकों के पास सबसे ख़ौफ़नाक समय होगा।

कई शिक्षक एक ऐसा नाम अपनाते हैं, जो उनका अपना नाम नहीं होता है, जो उनके वास्तविक नाम के उच्चारण से अलग होता है, याद रखना कोई भी नाम, कंपन, स्वर संयोग और सम स्वर से मिलकर बनता है, और अगर किसी को उसके स्वयं के कंपन के सम स्वरित संयोजन से बुलाया जाता है, वह व्यक्ति किसी भी उस काम से बहुत विचलित हो सकता है जो उस समय वह कर रहा हो।

यह "गुज़र चुके"अर्थात मृतकों को पुकारना अनावश्यक दुख की बात है, उनके लिए दर्द का कारण बनते हैं, उन्हें पृथ्वी पर नीचे गिरने का एहसास का कारण बनते है। वे एक ऐसे आदमी के समान महसूस करते हैं जो पानी में डाल दिया गया हो और खुद को गीले कपड़े और भारी जूते से नीचे गिरता हुआ महसूस करता हो।

आइए हम कंपन के इस मामले पर फिर से विचार करें, क्योंकि कंपन इस पृथ्वी पर जीवन का सार है, और वास्तव में किसी भी और सभी दुनिया में भी जीवन का सार हैं। हम सभी कंपन की शक्ति का एक बहुत ही सरल उदाहरण जानते हैं; बड़े पुल को पार करते समय सैनिक अपनी क़दम से क़दम मिलाकर मार्च करना छोड़ देते हैं, और पुल पर कदमों के अस्तव्यस्त क्रम रखने के साथ मार्च करके अव्यवस्थित ढंग में वे सब चलते हैं। पुल सबसे भारी मशीनी ट्रैफिक को सहने में सक्षम हो सकता है, यह कवचधारी टैंकों के पूरे पंक्तिबद्ध सिलसिला को

वहन करने में सक्षम हो सकता है, या यह रेलवे इंजनों का एक संपूर्ण भार वहन कर सकता है, और पुल में इसकी निर्धारित भार की मात्रा से भी अधिक होने पर विचलन नहीं होता हैं। पर किसी दिन पुरुषों का एक सैन्य दल उस पुल को क़दम ताल मिलाते हुए पार करताहैं, तो यह गति को स्थापित करेगा जिसके कारण पुल हिल जाता और धमाका होता है, और अंततः पतन होता है।

कंपन के मामले में एक और दृष्टांत जो हम दे सकते हैं वह है वायलिन वादक; अगर वह अपना वायलिन लेकर कुछ सेकंड के लिए एक ही स्वर बजाकर, वाइन गिलास में कंपन पैदा कर सकता है, इसके परिणामस्वरूप गिलास आश्चर्यजनक रूप से जोर से धमाका करके टूट जायेगा।

कंपन पर हमारे उदाहरण के एक छोर पर सैनिक है, और दूसरा छोर ? आइए हम ओम पर विचार करें। यदि कोई व्यक्ति "ओम मणि पद्ममे हूंम"शब्दों को एक विशेष तरीके से कहता है और कुछ मिनटों के लिए इसे लगातार बोलता रहता है, तो व्यक्ति काफी शानदार शक्ति का कंपन बना सकता है। इसलिए - याद रखें कि नाम शक्तिशाली चीज़ें हैं, और जो गुजर चुके हैं, उन्हें अनावश्यक नहीं बुलाना चाहिए, न ही उन्हें दुःख या शोक में बुलाया जाना चाहिए, क्योंकि हमारे दुःखउन्हें दंडित ठहराने और उन्हें पीड़ित करने हेतु क्यों दिये जाएं ? क्या वे पहले से ही पर्याप्त दुखी नहीं हुए है ?

हम आश्चर्यचकित हो सकते हैं कि हम इस पृथ्वी पर क्यों आते हैं और मृत्यु को झेलते हैं, लेकिन उत्तर यह है कि मृत्युव्यक्ति को परिष्कृत करती है, दुख व्यक्ति को परिष्कृत करता है, बशर्ते कि यह बहुत अधिक पीड़ा न हो, और फिर से हम आपको याद दिलाएं कि लगभग हर मामले में (कुछ विशेष अपवाद हैं) किसी भी पुरुष या महिला को उस समय को परिष्कृत करने के लिए उसकी विशेष आवश्यकता से अधिक दुख या दुःख सहन करने का न्यौता नहीं दिया जा सकता है। आप इस बात की कद्र करेंगे जब आप एक ऐसी महिला के बारे में सोचेंगे जो दुःख से बेहोश हो सकती है। दुःख से बेहोशी केवल एक सुरक्षा वाल्व है, ताकि वह दुःख के साथ अत्यधिक बोझ से न दब जाएं, इसलिए ऐसा कुछ भी न हो जो उसे व्यथित कर सकें।

अक्सर वह व्यक्ति जो एक बड़े दुःख का सामना कर चुका होता है, दुःख के कारण स्तब्ध या सुन्न हो जाता है। यहाँ फिर से, स्तब्धता उस व्यक्ति के लिए एक अनुकंपा है जो पीछे छूट गया है और जीवन में आगे बढ़ रहा है। स्तब्धता का कारण शोकाकुल को मृतक के नुकसान के बारे में सचेत होना हो सकता है और ताकी वह संशोधन प्रक्रिया से गुजर सकें लेकिन नुकसान के बारे में सचेत होने के कारण वह असहनीय ढंग से उत्पीड़ित नहीं होता है।

जो व्यक्ति गुजर गया है, वह शोकाकुल व्यक्ति की स्तब्धता से सुरक्षित है, क्योंकि यदि स्तब्धता शायद उपस्थित नहीं होती, तो शोकाकुल व्यक्ति मन की शक्ति से पूर्ण अधीन होकर दर्दनाक आवाज और विलाप के साथ महान तनाव का कारण बनता, जो उस व्यक्ति की बड़ी बाधा बन जाएगी जिसकी अभी मृत्यु हुई हैं।

समय की परिपूर्णता में यह हो सकता है कि हम सभी उन लोगों के साथ संवाद करने में सक्षम होंगे जो गुजर चुके हैं ठीक वैसे ही जैसे कि अब हम दुनिया के दूर के शहर में रहने वाले लोगों से संपर्क करने के लिए एक टेलीफोन का उपयोग कर सकते हैं।

इस पाठ्यक्रम का अध्ययन ईमानदारी से, अपने आप में विश्वास करके और इस जीवन और अगले जीवन की महान शक्तियों में बारे में विश्वास करके, आप भी उन लोगों से संपर्क करने के योग्य बनने चाहिए जो गुजर चुके हैं। टेलीपैथी के द्वारा ऐसा करना संभव है, क्लैरवॉयंस द्वारा और तथाकथित "स्वचालित लेखन”द्वारा भी ऐसा करना संभव है । इस दूसरे कार्य यानी स्वचालित लेखन में, हालांकि, व्यक्ति को अपनी विकृत कल्पना को स्पष्ट रखना चाहिए, उसे अपनी कल्पना को नियंत्रित करना चाहिए। संदेश जो वह बाहर लिखता है, वह हमारी चेतना और अवचेतना से नहीं निकलता है, बल्कि सीधे प्रत्यक्ष रुप से उसी के अवचेतन से आता है जो मृत हो गया है और जो हमें देख सकता है, हालांकि हम में से अधिकांश लोग इस समय उन्हें देख नहीं सकते हैं।

जी न हारें, सद्भावना रखें, विश्वास के साथ आप चमत्कार कर सकते हैं। क्या यह नहीं लिखा है कि विश्वास पहाड़ों को हिला सकता है? यह निश्चित रूप से कर सकते हैं।

अध्याय

छब्बीस

हम अब निर्धारित करने जा रहे हैं जिसे हम "सही जीवन के नियम"कहते हैं। ये पूरी तरह से बुनियादी नियम हैं, नियम जो निश्चित रूप से "अनिवार्य "हैं। उसके लिए आपको स्वयं के नियमों को जोड़ना चाहिए। पहले हम उन्हें नीचे सूची में लिखेंगे और फिर हम छानबीन करके उनकी और अधिक सावधानी से जाँच करेंगे ताकि हम शायद उनके कारणों के समर्थन में कुछ जानकारी पा सकें। यहाँ वे हैं: -

1. जैसा आप अपने लिए व्यवहार चाहते हो वैसा ही आप दूसरों से व्यवहार करें।
2. दूसरों का आकलन (जज) न करें।
3. अपने सभी कार्यों में समय के पाबंद रहें जो भी आप करते हैं।
4. धर्म के बारे में बहस न करें और न ही दूसरों के विश्वास का उपहास करें।
5. अपने स्वयं के धर्म का पालन करें और उन लोगों के लिए पूरी उदारता दिखाएं जो अलग धर्म के हैं।
6. जादू में दिलचस्पी लेने से बचें।
7. नशीले पेय और ड्रग्स लेने से बचें।

क्या हम इन नियमों पर कुछ अधिक विस्तार से विचार करेंगे?

हमने कहा "जैसा आप अपने लिए व्यवहार चाहते हैं वैसा ही दूसरों से व्यवहार करें।"ठीक है, यह काफी अच्छा है क्योंकि यदि आप अपने सामान्य मन की शक्ति के अधीन हैं तो आप अपने आप को पीठ में छुरा नहीं मारेंगे, न ही आप अपने आप को धोखा देंगे और न ही खुद को अति आवेशित करेंगे। यदि आप एक सामान्य व्यक्ति हैं, तो आप यथासंभव स्वयं पर ध्यान देना पसंद करते हैं। यदि आप अपने पड़ोसी का ध्यान स्वयं की तरह करेंगे, तो आप "द गोल्डन रूल"के अनुसार जीवन जीयेंगे। दूसरे शब्दों में, आप वैसा ही व्यवहार करेंगे जैसा आप अपने लिए चाहते हैं। यह नियम मदद करता है, यह काम करता है। यह

नियम सामान्य लोगों के साथ दूसरों के धृष्टतापूर्वक व्यवहार करने पर परिवर्तन का सुझाव देता है। यदि कोई व्यक्ति आपके विचार और मकसद की पवित्रता को स्वीकार नहीं कर सकता है, तो दो बार मौन रहने का सामना करने के बाद, या, अधिकतम, तीन बार, आपको उस व्यक्ति की उपस्थिति को छोड़ देने की सलाह दी जाएगी। इस जीवन से पार दुनिया में हम उन लोगों से नहीं मिल सकते हैं जो हमारे विरोधी हैं, जिनके साथ हम सामंजस्य नहीं रखते हैं। दुर्भाग्यवश हमें पृथ्वी पर रहते हुए कुछ ख़राब लोगों से मिलना पड़ता है, हमें चुनने के कारण से ऐसा करने की जरूरत नहीं है, बल्कि ये केवल आवश्यकता होती हैं। तो - जैसा कि आप वैसा व्यवहार करेंगे जैसा आप स्वयं के लिए चाहते हैं तो आपका चरित्र आपको अच्छे स्थान पर खड़ा करेगा और सभी पुरुषों और सभी महिलाओं के लिए एक प्रतिष्ठित रोशनी के उदाहरण के रूप में होगा। आपको एक ऐसे व्यक्ति के रूप में जाना जाएगा जो अच्छा काम करता है, एक ऐसे व्यक्ति के रूप में, जो नियम का पालन करता है, ताकि यदि आप धोखा खाते हैं, तो धोखेबाज़ को कभी कोई सहानुभूति नहीं मिलेगी। इसके संबंध में, यह याद रखना अच्छा है कि सबसे बड़ा धोखेबाज़ भी इस जीवन से एक पैसा नहीं ले जा सकता है।

हम यह भी कहते हैं कि "दूसरों का आकलन मत कीजिए।”आप किसी दिन उस व्यक्ति के समान स्थिति में हो सकते हैं जिसका आपने आकलन किया है या निंदा की है। आप अपने स्वयं के समस्याओं से संबंधित परिस्थितियों को जानते हैं, लेकिन कोई और नहीं जान सकता है, यहाँतक कि वह व्यक्ति भी नहीं जो आपके सबसे करीब और सबसे प्रिय है, जिसके साथ आप आत्मा के विचारों को साझा कर सकते है। कोई भी, कम से कम इस पृथ्वी पर, किसी अन्य व्यक्ति के साथ पूरी तरह से सामंजस्य नहीं रख सकता। संभवतः आप शादीशुदा हैं, संभवतः आप अपने साथी के साथ बहुत खुश हैं, लेकिन फिर भी, सबसे सफल विवाह में, कभी-कभी एक साथी कुछ ऐसा करेगा जो पूरी तरह से दूसरे के लिए रहस्यमय होता है। अक्सर किसी के उद्देश्यों को समझना भी संभव नहीं होता है।

“आप लोगों में से निर्दोष व्यक्ति ही पहला पत्थर मारे।”“शीशे के घरों में रहने वाले लोगों को पत्थर नहीं फेंकना चाहिए।”ये बहुत अच्छी शिक्षाएं हैं क्योंकि

कोई भी पूरी तरह से निर्दोष नहीं है। यदि कोई पूरी तरह से शुद्ध, पूरी तरह से निर्दोष है, तो वह हमारे इस बुरे पुराने पृथ्वी पर नहीं रह सकता है, इसलिए यह कहा जाता है कि केवल निर्दोष व्यक्ति को ही पत्थर फेंकना चाहिए, ताकि पत्थर फेंकने के लिए कोई भी ना हो।

सीधे शब्दों में, हम सभी यहाँ पृथ्वी पर बहुत बड़ी अव्यवस्था हैं। लोग यहाँचीज़ें सीखने आते हैं, अगर उनके पास सीखने के लिए कुछ नहीं होता तो वे यहाँनहीं आते, वे पूरी तरह से बेहतर जगह पर जाते। हम सभी गलतियाँ करते हैं, हम में से कई लोग उन चीज़ों के लिए दोषी बनते हैं जो हमने नहीं किए हैं, हम में से कई को उस भलाई के लिए यश नहीं मिलता है जो हमने किया है। फर्क पड़ता है क्या? बाद में, जब हम इस पृथ्वी को छोड़ते हैं, जब हम अपने प्रशिक्षण स्कूल को छोड़ देते हैं, तो हम पाएंगे कि वास्तव में माप दण्ड बहुत भिन्न हैं, माप दण्ड पाउंड, स्टर्लिंग में नहीं होंगे, न ही डॉलर में, न ही पैसों या रुपए में ? फिर हमें हमारे सही क़ीमत से मूल्यांकित किया जाएगा। इसलिए - दूसरों का आकलन न करें।

हमारा तीसरा नियम - "आप सभी कार्य में समय के पाबंद रहें"आपके लिए आश्चर्यचकित करने वाला हो सकता है, लेकिन यह एक तार्किक नियम है। लोग चीज़ों को करने की व्यवस्था करते हैं, लोगों के पास अपनी योजनाएं होती हैं और हर चीज़ के लिए एक समय और जगह होती है। गैर पाबंद होने पर हम दूसरे व्यक्ति की योजनाओं और विचारों को परेशान कर सकते हैं, गैर पाबंद होने के कारण हम उस व्यक्ति में कुछ नाराज़गी पैदा कर सकते हैं, जिसने इतने लंबे समय तक इंतजार किया है, और अगर हम व्यक्ति में आक्रोश और हताशा पैदा करते हैं तो वह एक अलग तरह का कोर्स कर सकता है, जो उसने मूल रूप से योजनाबद्ध किया था। इसका मतलब है कि गैर पाबंद होने के कारण हमने किसी व्यक्ति को मूल रूप से तय की गई कोर्स के बदले दूसरी कार्यवाही की योजना के लिए उकसाते हैं और यह हमारी जिम्मेदारी है।

समय की पाबंदी काफी हद तक एक आदत हो सकती है ठीक वैसे ही जैसे ग़ैर पाबंदी आदत होती हैं, लेकिन समय की पाबंदी बहुत साफ-सुथरी है, यह शरीर को अनुशासित करती है, साथ ही स्वभाव को और आत्मा को भी अनुशासित

करती है। समय की पाबंदी स्वयं के लिए सम्मान दिखाती है क्योंकि इसका मतलब है कि कोई व्यक्ति अपनी बात को पूरा करने में सक्षम है और यह दूसरों के प्रति भी सम्मान दिखाता है, क्योंकि इस मामले में हम समय के पाबंद हैं क्योंकि हम दूसरों का सम्मान करते हैं। समय की पाबंदी, एक गुण है जो अच्छी तरह से विकसित करने लायक है। यह एक ऐसा गुण है जो हमारी खुद की मानसिक और आध्यात्मिक स्थिति को बढ़ाता है।

अब धर्म के बारे में; किसी दूसरे व्यक्ति के धर्म का मजाक उड़ाना वास्तव में गलत है। आप "इस"पर विश्वास करते हैं, एक और व्यक्ति "उस"पर विश्वास करता है। इससे क्या कोई फर्क पड़ता हैं, कि आप भगवान को क्या कहते हैं? ईश्वर ईश्वर है, चाहे जैसे भी वह पुकारा जाये। क्या आप एक सिक्के के दो पहलुओं के बारे में बहस कर सकते हैं? दुर्भाग्य से पूरे मानव जाति के इतिहास में धर्म के बारे में बहुत बुरी विचारधाराहै - धर्म के संबंध में जिसके कारण केवल अच्छे विचार होना चाहिए।

हम नियम संख्या 5 में धर्म के बारे में नियम को एक निश्चित सीमा तक दोहराते हैं, क्योंकि हम कहते हैं कि व्यक्ति को अपने धर्म का पालन करते रहना चाहिए। इसे बदलना शायद ही बुद्धिमानी है। जब तक पृथ्वी पर हैं, हम मझधार में हैं, हम जीवन के मझधार में हैं और मझधार में दल बदल करना बुद्धिमानी नहीं है। हम में से अधिकांश लोग एक निश्चित योजना को ध्यान में रखते हुए इस पृथ्वी पर आयें हैं। हम में से अधिकांश के लिए एक निश्चित धर्म या धर्म के एक निश्चित रूप या शाखा में विश्वास करना आवश्यक होता हैं, और जब तक कि सभी दृढ़ कारणों में से सबसे मजबूत कारण नहीं हो, किसी के धर्म को बदलना नासमझी है।

व्यक्ति धर्म को आत्मसात करता है जैसे एक बच्चा भाषा को आत्मसात करता है। जिस तरह वृद्ध होने पर भाषा सीखना हमेशा कठिन होता है, उसी तरह किसी दूसरे धर्म की बारीकियों को आत्मसात करना कठिन होता है।

किसी दूसरे व्यक्ति को एक अलग धर्म में बदलने के लिए प्रभावित करने की कोशिश करना भी गलत है। आपके लिए जो उपयुक्त हो सकता है वह दूसरे व्यक्ति के लिए उपयुक्त न हो। नियम 2 को याद रखें, और दूसरों का आकलन

न करें। आप यह नहीं आंक सकते हैं कि दूसरे के लिए कौन सा धर्म उपयुक्त हैं,जब तक आप उसकी त्वचा के अंदर नहीं पहुंच जाते, उसके दिमाग के अंदर और उसकी आत्मा के अंदर भी नहीं चले जाते। ऐसा करने की क्षमता में कमी के कारण, वास्तव में किसी अन्य की धार्मिक मान्यताओं के साथ हस्तक्षेप करने, उन्हें कमजोर करने, या की खिल्ली उड़ाना, यह एक नासमझ चीज़ माना जाता है। वैसा हमें करना चाहिए जैसा हम अपने लिए चाहते हैं, हमें पूर्ण उदारता देनी चाहिए, हमें किसी दूसरे व्यक्ति को विश्वास करने और पूजा करने को पूर्ण स्वतंत्रता देनी चाहिए, जैसा वह उचित समझता है। हमें स्वयं हस्तक्षेप नापसंद होना चाहिए, इसलिए हमें यह समझ लेना चाहिए कि दूसरा व्यक्ति भी इससे नाराज हो सकता है।

नियम संख्या 6 है - "जादू में दिलचस्पी से बचना।"ऐसा इसलिए है क्योंकि "जादू"के कई रूप हानिकारक हैं। तंत्र विद्या में कई चीज़ें ऐसी हैं जो बिना किसी मार्गदर्शन के अध्ययन करने पर किसी को भी नुकसान पहुंचा सकती हैं।

एक खगोल विज्ञानी कभी भी बिना उपयुक्त सावधानी बरतें सूर्य को सीधे उच्च शक्ति वाले दूरबीन के माध्यम से एकटक नहीं देखेगा पर वस्तुतः, लेंस के सामने कुछ उपयुक्त सूर्य फिल्टर होने पर ही सूर्य को देखेगा। यहाँतक कि मामूली खगोलविद को पता होगा कि उच्च शक्ति वाले टेलीस्कोप के माध्यम से सूर्य की ओर टकटकी लगाने से अंधापन आ जाएगा। उसी तरह उपयुक्त प्रशिक्षण के बिना उचित मार्गदर्शन के बिना, तंत्र विद्या में डूबना नर्वस ब्रेकडाउन का कारण बन सकता है, यह पूरी तरह से अप्रिय लक्षणों की भीड़ को जन्म दे सकता है।

निश्चित रूप से हम पूर्वी योगिक अभ्यास लेने और उन कुछ मुद्राओं द्वारा निर्बल पश्चिमी लोगों के शरीर को यातना देने की कोशिश के विरोध में हैं। इन अभ्यासों को पूर्वी शरीर के लिए डिज़ाइन किया गया है जो इन मुद्राओं को बहुत शुरुआती दिनों से सिखाया गया है, और यह स्वयं को चोटिल मांसपेशियों के एक विकृत गड़बड़ी लाकर व्यक्ति को बहुत नुकसान पहुंचा सकता है क्योंकि वह व्यायाम का एक योगिक भाग है। आइए हम सभी प्रकार से तंत्र मंत्र विद्या का अध्ययन करें, लेकिन हम इसे समझदारी और मार्गदर्शन के साथ अध्ययन करेंगे।

हम व्यक्ति को "मृत के साथ बातचीत"या इस प्रकार के उल्लेखनीय अभ्यास करने की सलाह नहीं देते हैं। यह निश्चित रूप से किया जा सकता है और हर दिन किया जाता है, लेकिन यह एक ऐसा मामला है जो दोनों पक्षों के लिए पूरी तरह से दर्दनाक और हानिकारक हो सकता है जब तक कि यह एक प्रशिक्षित व्यक्ति के निपुण निरीक्षण के तहत नहीं किया जाता है।

कुछ लोग दैनिक समाचार पत्र को पढ़ते हैं कि उस दिन के लिए उनके भाग्य में क्या लिखा है। कई लोग, दुर्भाग्य से, इन भविष्यवाणी को पूरी तरह से गंभीरता से लेते हैं और उन पर अपने जीवन का ढांचा बनाते हैं। कुंडली एक बेकार और खतरनाक चीज़ है जब तक कि एक निपुण ज्योतिषी द्वारा सटीक जन्म संबंधी आँकड़े के अनुसार तैयार ना किया जाए और इस तरह के ज्योतिषी की सेवाओं की क़ीमत बहुत अधिक होती हैं, वास्तव में यह आवश्यक उच्च ज्ञान के कारण और लंबे समय तक की गई गणना में लगने के कारण होती है। यह सब सूर्य राशि या चंद्र राशि, या किसी के बालों के रंग को देखना, या किसी के पैर की अंगुली ऊपर उठती है या नहीं, से पर्याप्त नहीं होता है कोई सटीक गणना केवल तभी कर सकता है जब किसी के पास प्रशिक्षण और आँकड़े हो इसलिए, जब तक आप किसी ऐसे ज्योतिषी के बारे में नहीं जानते हैं, जिसके पास वह प्रशिक्षण, धैर्य और समय उपलब्ध है, तब तक आपके पैसे वसूल नहीं होते है, जो आपको समय और ज्ञान के लिए भुगतान करना पड़ता है, तो हम आपको ज्योतिष में दिलचस्पी लेने की सलाह नहीं देते हैं। यह आपको नुकसान पहुंचा सकता है। इसके बजाय केवल शुद्ध और निर्दोष चीज़ों का अध्ययन करें जैसे, हम विनम्रता के साथ कहने का साहस करते हैं, कि यह कोर्स जो है, आखिरकार प्राकृतिक कानूनों की व्याख्या है, ऐसा कानून जो सांस लेने और चलने से भी संबंधित हैं।

हमारा अंतिम नियम था "नशीली पेय, या ड्रग्स लेने से बचना।"ठीक है, हमें इस कोर्स के दौरान पर्याप्त रूप से कहकर समझाना चाहिए था कि आपके भौतिक शरीर से सूक्ष्म शरीर को जबरदस्ती बाहर आने जाने में ख़तरे हैं, लेकिन यह अद्भुत भी हैं ।

नशीले पेय आत्मा को नुकसान पहुंचाते हैं, वे सिल्वर कॉर्ड के माध्यम से भेजे गए छापों को विकृत करते हैं, वे मस्तिष्क के तंत्र को बिगाड़ देते हैं, लेकिन हमें

याद रखना चाहिए, कि पृथ्वी पर शरीर से काम निकालने के लिए और दुनिया से पार के ज्ञान की प्राप्ति को ग्रहण करने वाला और प्रसारण स्टेशन मस्तिष्क ही है।
ड्रग्स और भी बदतर हैं, क्योंकि ड्रग्स और भी अधिक आदत बनाते हैं। यदि कोई ड्रग्स लेने जा रहा है, तो वह इस जीवन की सभी महत्वाकांक्षाओं को छोड़ने के प्रभाव में है, और नशीले पेय और नशीली दवाओं के झूठे फुसलाने से हार मान लेता हैं व्यक्ति पृथ्वी पर जन्म दर जन्म, यह मार्ग प्रशस्त कर सकता है, जब तक व्यक्ति ने पूरी तरह से उस कर्म को समाप्त नहीं कर लेता है जिसनेमूर्खतापूर्ण, आदत को हमारे लिए बनाया है।

सभी जीवन सुव्यवस्थित होना चाहिए, सभी जीवन में अनुशासन होना चाहिए। एक धार्मिक विश्वास, यदि व्यक्ति अपने विश्वास का पालन करता है, तो यह आध्यात्मिक अनुशासन का एक उपयोगी रूप है। कोई भी व्यक्ति आजकल दुनिया के सभी शहरों में किशोर गिरोह देख सकता है। द्वितीय विश्व युद्ध के माध्यम से घरेलू संबंधों को कमजोर किया गया था; शायद पिता युद्ध में चले गए और माँ ने एक कारखाने में काम किया, जिसके परिणामस्वरूप युवा,संवेदनशील बच्चों ने सड़कों पर बिना किसी वयस्क निरीक्षण के खेला और इन युवा, संवेदनशील बच्चे एक साथ मिलकर गिरोह में बंध गए, उन्होंने अनुशासन का अपना रूप यानी गैंगस्टर के अनुशासन को बनाया। हमारा मानना है कि जब तक माता-पिता के प्यार का अनुशासन और धर्म का अनुशासन अपने उत्तरदायित्वों को संभाल नहीं लेते है, तब तक किशोर अपराध जारी रहेगा और बढ़ेगा। यदि हम सभी के पास मानसिक अनुशासन है तो हम उन लोगों के लिए कुछ प्रकार के उदाहरण स्थापित करने में सक्षम हो सकते हैं, जिन लोगों के पास नहीं है याद रखना, अनुशासन आवश्यक है। यह अनुशासन ही है जो कि एक असंगठित भीड़ से एक उच्च प्रशिक्षित सेना में फ़र्क़ बताता है।

अध्याय

सत्ताईस

हम अपने पुराने मित्र, अवचेतन को सबसे आगे लाने जा रहे हैं, क्योंकि चेतन मन और अवचेतन मन के बीच का संबंध एक व्याख्या प्रस्तुत करते हैं कि सम्मोहन क्यों काम करता है।

हम वास्तव में एक में दो लोग हैं। इन दोनों लोग में से एक छोटा व्यक्ति यानी चेतन मन है, यह दूसरे के आकार का नौवां भाग हैं, वह सक्रिय छोटा व्यक्ति जो हस्तक्षेप करना पसंद करता है, बॉस बनना पसंद करता है, नियंत्रण करना पसंद करता है। दूसरा व्यक्ति, अवचेतन, एक मिलनसार और चेतन मन की तुलना में विशाल, तर्क शक्ति के बिना होता है, चेतन मन के पास विवेक बुद्धि (कारण)और तर्क है, लेकिन कोई स्मृति नहीं है, अवचेतन मन विवेक बुद्धि (कारण)का उपयोग नहीं कर सकता है और उसके पास कोई तर्क भी नहीं है, लेकिन यह स्मृतियों का घर है। वह सब कुछ जो कभी व्यक्ति के साथ हुआ है, यहाँतक कि जन्म से पहले हुई घटनाएँ भी, अवचेतन के भीतर स्मृति में रखी जाती हैं और दूसरों द्वारा परामर्श के लिए उपयुक्त प्रकार के सम्मोहन के तहत स्मृति को निकाला जा सकता है।

इस उदाहरण के उद्देश्य से कोई भी कह सकता है - कि शरीर एक बहुत बड़े पुस्तकालय का प्रतिनिधित्व करता है। आगे के ऑफिस में, या आगे की मेज पर, हमारे पास एक लाइब्रेरियन है। उसका मुख्य गुण यह है कि जब वह विभिन्न विषयों के बारे में ज़्यादा नहीं जान पाती है, तो उसे तुरंत उन पुस्तकों का पता चल जाएगा जिनमें वांछित जानकारी है। वह परामर्श करने वाले कॉर्ड को फाइलिंग करके और फिर वांछित ज्ञान के साथ पुस्तक का निर्माण करने में निपुण है। लोग ऐसे ही हैं। चेतन मन में तर्क करने की क्षमता होती है (अक्सर गलत तर्क, भी!) और यह तर्क के एक रूप का उपयोग करने में सक्षम है, लेकिन इसमें कोई स्मृति नहीं है। इसकी खूबी यह है कि जब इसे प्रशिक्षित किया जाता है तो

यह अवचेतन को उत्तेजित कर सकता है, ताकि अवचेतन के स्मृति कोशिकाओं में संग्रहीत जानकारी प्रदान की जा सके। अवचेतन मन और चेतन मन के बीच में एक ऐसी चीज़ है, जिसे हम स्क्रीन कह सकते हैं, जो चेतन मन से सभी सूचनाओं को प्रभावी रूप से नाकाबंदी कर देता है। इसका अर्थ यह है कि चेतन मन किसी भी समय अवचेतन के आसपास की जांच पड़ताल नहीं कर सकता है। यह, बेशक बिल्कुल आवश्यक है क्योंकि एक अंततः दूसरे को दूषित कर देगा। हमने कहा था कि अवचेतन में स्मृति होती हैं लेकिन कोई विचार शक्ति नहीं होती हैं। यह स्पष्ट है, कि यदि स्मृति को विवेक बुद्धि के साथ जोड़ा जाये, तो हो सकता है, कि सूचना के कुछ पहलू विकृत हो जाएं क्योंकि विवेक बुद्धि की शक्ति के साथ अवचेतन, प्रभाव में कह सकता है, "ओह, यह हास्यास्पद है! यह संभवतः नहीं हो सकता है! मुझे तथ्यों को गलत समझना आवश्यकहैं, मुझे अपने मेमोरी बैंकों को बदलना चाहिए।"तो यह है कि अवचेतन बिना विवेक बुद्धि के है और चेतन स्मृति के बिना है।

हमें याद रखने के दो नियम हैं: -

1. अवचेतन मन में विवेक बुद्धि (कारण) नहीं होती है, इसलिए यह केवल सुझाव पर कार्य कर सकता है जैसा कि इसे दिया गया है। यह केवल स्मृति में किसी भी कथन को सत्य या असत्य बनाए रख सकता है जो उसे दिया गया है, यह मूल्यांकन करने में सक्षम नहीं है कि वह जानकारी सही है या गलत।

2. चेतन मन एक समय में केवल एक ही विचार पर ध्यान केंद्रित कर सकता है। आप आसानी से सराहना करेंगे कि हर समय हम छापें प्राप्त कर रहे हैं, राय बना रहे हैं, चीज़ों को देख रहे हैं, चीज़ों को सुन रहे हैं, चीज़ों को छू रहे हैं और अगर अवचेतन मन असुरक्षित रहें, तो सब कुछ इसमें अंदर डालना होगा और हम अपनी स्मृतियों को काफी जानकारियों के साथ अव्यवस्थित कर देंगे, वे अक्सर गलत जानकारी ही होंगी। अवचेतन और चेतन मन के बीच एक स्क्रीन होती है जो उन मामलों की नाकाबंदी कर सकती है, जो मामले अवचेतन में दाखिल होकर संग्रहित होने के पूर्व चेतन मन द्वारा विचार करने के लिए होते हैं। चेतन मन, एक समय में एक विचार पर सोचने के लिए सीमित है, उस विचार

का चयन करता है जो सबसे महत्वपूर्ण प्रतीत होता है, विचार की जांच करता है, विवेक बुद्धि या तर्क में इसे स्वीकार या अस्वीकार करता है।

आप शिकायत कर सकते हैं कि यह संभवतः ऐसा नहीं हो सकता है क्योंकि आप व्यक्तिगत रूप से एक ही बार में दो या तीन चीज़ों के बारे में सोच सकते हैं। लेकिन मामला वह नहीं है; वास्तव में विचार बहुत शीघ्रगामी है और यह एक प्रमाणित तथ्य है कि विचार में बदलाव बिजली की चमक से भी तेज होता है, इसलिए हालांकि आप सचेत रूप से सोच सकते हैं कि आपके पास एक साथ दो या तीन विचार हैं, पर वैज्ञानिकों द्वारा सावधानीपूर्वक जांच से साबित होता है कि एक समय में केवल एक विचार ही जगह घेर सकता है।

जैसा कि हमने पहले ही कहा है, हमें यह स्पष्ट करना चाहिए कि, अवचेतन मन का मेमोरी बैंक (स्मृति बैंक)उन सभी चीज़ों का ज्ञान रखता हैं जो उस विशेष शरीर के साथ कभी घटित हुई हैं। यह चेतन सीमा रेखा या स्क्रीन सूचनाओं के प्रवेश को नहीं रोकता है, सब कुछ अवचेतन स्मृति में डालता है, लेकिन सूचनाओंको तार्किक विवेक बुद्धि मस्तिष्क द्वारा जांच करने के लिए ऐसे समय तक वापस रोकता है जब तक कि इसका मूल्यांकन नहीं किया गया हो।

आइए, हम देखें कि सम्मोहन कैसे काम करता है।

अवचेतन मन में भेदभाव की कोई शक्ति नहीं है, विवेक की कोई शक्ति नहीं है, तर्क की शक्ति नहीं है, इसलिए यदि हम स्क्रीन जो सामान्य रूप से चेतन और अवचेतन के बीच मौजूद है, के माध्यम से एक सुझाव को मजबूर करते हैं तो हम अवचेतन को जैसा चाहते हैं वैसा व्यवहार करने को राज़ी कर सकते हैं। यदि हम एक विचार पर सचेतन ध्यान केंद्रित करते हैं, तो हम परामर्श ग्राहिता बढ़ाते हैं। यदि हम किसी व्यक्ति को यह विचार देते हैं कि उन्हें सम्मोहित किया जाएगा और वे विश्वास करते हैं कि अगर उन्हें सम्मोहित किया जाएगा तो वे ज़रूर होंगे, क्योंकि वह स्क्रीन तब कमजोर हो जाती है। बहुत से लोग शेखी मारते हैं कि उन्हें सम्मोहित नहीं किया जा सकता है, लेकिन वे इसके बारे में सिर्फ शेखी मारते हैं, कुछ हद तक बहुत अधिक बातूनी होते हैं। सम्मोहन के लिए अपनी संवेदनशीलता को नकारने में वे केवल अपनी संवेदनशीलता को तेज कर रहे हैं, क्योंकि फिर से कल्पना और इच्छा के बीच किसी भी लड़ाई में, कल्पना हमेशा

जीत जाती है। लोग स्वयं इच्छा कर सकते है, कि सम्मोहित नहीं होंगे। उस दशा में कल्पना क्रोध में ऊपर चढ़ती है और कहती है, "तुम अवश्य ही सम्मोहित हो जाओगे!"और वह व्यक्ति जो लगभग "डूबने"के पहले ही वह जान लेता है कि कुछ हुआ है।

निश्चित रूप से आप जानते हैं कि कोई कैसे सम्मोहित हो जाता है। हालांकि, यह हमें नुकसान नहीं पहुंचाएगा, यदि हम फिर से इसमें जाते हैं। पहली बात यह है कि किसी व्यक्ति का ध्यान आकर्षित करने की कुछ विधि होनी चाहिए ताकि चेतन मन, जो एक समय में एक विचार को पकड़ सकता है, को वश में किया जा सकेऔर फिर सुझाव अवचेतन में जा सकते हैं।

आमतौर पर सम्मोहन करने वाले के पास चमकदार बटन या कांच का टुकड़ा, या कोई अन्य तिकड़म होती है, और वह अपने अधीन व्यक्ति (क्लाइंट)को सचेतन रूप से उस चमकती हुई वस्तु पर ध्यान केंद्रित करने के लिए कहता है और वह व्यक्ति उस वस्तु पर दृढ़तापूर्वक ध्यान केंद्रित करता है। हम दोहराते हैं, इसका पूरा उद्देश्य, चेतन मन को इतना व्यस्त करना है कि वह अनुभव नहीं कर सकें कि इसके पीछे कुछ कामकाज हो रहे हैं!

सम्मोहनकर्ता आंख-स्तर के ठीक ऊपर एक वस्तु को पकड़ेगा क्योंकि उस स्तर तक देखने में व्यक्ति की आंखों को तनाव की अप्राकृतिक स्थिति में डाल दिया जाता है। यह आंखों और पलकों की मांसपेशियों को भी तनाव देता है और पलक की मांसपेशियां निश्चित रूप से मानव शरीर की सबसे कमजोर मांसपेशियां हैं, और यह किसी अन्य मांसपेशी की तुलना में अधिक तेजी से थकती हैं।

कुछ सेकंड देखने के बाद आंखें और थक जाती हैं, उनमें पानी भरना शुरू होता हैं। यह एक साधारण मामला है, फिर सम्मोहनकर्ता यह बताता हैं, कि आँखें थक गई हैं और वह अधीन व्यक्ति सोना चाहता है। बेशक वह अपनी आँखें बंद करना चाहता है क्योंकि सम्मोहनकर्ता ने उस व्यक्ति की मांसपेशियों को अच्छी तरह से थका दिया है! एक ही आवाज में अत्यधिक दोहराने से कि आँखें थक जाती हैं,अधीन व्यक्ति को ऊबा देती हैं और इसके पहरेदार -यानी इसकी सजगता को आघात करती है। स्पष्ट रुप से तो वह पूरे मामले से संपूर्ण रुप से ऊब चुका

होता है, और उसे लगता है कि वह ख़ुशी से कुछ अलग करने के लिए सो जायेगा!

जब यह कुछ समय के लिए किया जाता है तो व्यक्ति की परामर्श ग्राहिता बढ़ जाती है, अर्थात वह सम्मोहित हो जाने के अभ्यास से प्रभावित हो रहा है। इसलिए, जब एक व्यक्ति - सम्मोहनकर्ता - कहता है कि अधीन व्यक्ति की आंखें थक रही हैं, तो व्यक्ति थोड़ी सी भी हिचकिचाहट के बिना स्वीकार कर लेता है कि क्योंकि पिछले अनुभवों ने साबित कर दिया है कि आंखें उन परिस्थितियों में थक गई थीं। इस प्रकार, अधीन व्यक्ति सम्मोहनकर्ता के कथनों में अधिक से अधिक विश्वास रखता है।

अवचेतन मन काफी अविवेकी है, यह भेदभाव करने में सक्षम नहीं है, इसलिए अगर जब सम्मोहनकर्ता ऐसा कहता हैं चेतन मन ऐसा सुझाव स्वीकार कर लेता है कि आंखें थक गई हैं, और अवचेतन भी सहमत होगा कि कोई दर्द नहीं होगा जब सम्मोहनकर्ता यह भी कहता है। उस मामले में, एक सम्मोहनकर्ता जो अपना काम जानता है, वह मदद कर सकता है कि एक महिला को पूरी तरह से दर्द रहित प्रसव पीड़ा हो, या वह सहयोग दे सकता है कि किसी रोगी का बिना किसी दर्द या किसी असुविधा के भी दांतों को निकाला जा सके। यह वास्तव में एक साधारण मामला है, और इसमें केवल मामूली अभ्यास की आवश्यकता है।

पूरी बात यह है कि फिर सम्मोहन में जाने वाले व्यक्ति ने सम्मोहनकर्ता के कथन को स्वीकार कर लिया है। दूसरे शब्दों में, इस अधीन व्यक्ति को बताया गया था कि उसकी आँखें थक गई हैं। उसके अपने अनुभव ने साबित कर दिया कि उसकी आँखें थक गई थीं। सम्मोहनकर्ता द्वारा उसे बताया गया था कि यदि वह अपनी आँखें बंद कर लेता है, तो उसे बहुत आसानी महसूस होगी, और जब उसने अपनी आँखें बंद कीं तो उसे आसानी महसूस हुई।

एक सम्मोहनकर्ता को हमेशा यह सुनिश्चित करना होता है कि उसके बयानों को सम्मोहित किए जाने वाले व्यक्ति द्वारा विश्वास किया जा रहा है। किसी व्यक्ति को यह बताना व्यर्थ होता है कि वह खड़ा हैं जब प्रत्यक्ष रुप से वह लेटा हो। अधिकांश सम्मोहनकर्ता किसी निश्चित चीज़ को उसके सिद्ध होने के बाद ही अधीन व्यक्ति को बताते हैं। उदाहरण के लिए: -

सम्मोहनकर्ता अधीन व्यक्ति को अपनी पूरी लंबाई पर हाथ फैलाने को कह सकता है। वह कुछ समय के लिए एक नीरस आवाज में इसे दोहराएगा, और फिर जब वह देखता है कि अधीन व्यक्ति की बांह थक गई है तो वह कहेगा, "आपकी बांह थक गई है, आपकी बांह भारी हो रही है, आपकी बांह थक गई है।"उस टिप्पणी पर अधीन व्यक्ति आसानी से सहमत हो सकता हैं क्योंकि यह स्व-अनुभव है कि वह थक रहा है, लेकिन हल्की बेहोशी की अवस्था में वह सम्मोहनकर्ता से कहने की स्थिति में नहीं है, "ठीक है, तुम बेवकूफ हो! निश्चित रूप से यह थका देता है क्योंकि मैं इसे इस तरह से रख रहा हूं!"इसके बजाय वह सिर्फ यह मानता है कि सम्मोहनकर्ता के पास कुछ निश्चित शक्ति होती है, कुछ निश्चित क्षमता होती है जो उसे आदेश दिए गए कार्यों को पूरा करने में सक्षम बनाती है।

भविष्य में यह होगा कि डॉक्टर और सर्जन सम्मोहन के तरीकों का अधिक से अधिक सहारा लेंगे, क्योंकि सम्मोहन के बाद कोई गलत परिणाम (साइड इफ़ेक्ट)नहीं होता है, कुछ भी दर्दनाक नहीं होता है, कुछ भी परेशानी नहीं होती है। सम्मोहन स्वाभाविक है और लगभग हर व्यक्ति सम्मोहन के आदेशों के लिए ग्रहणशील है। जितना अधिक व्यक्ति यह दावा करता है कि वह सम्मोहित नहीं किया जा सकता है, उतना ही उस व्यक्ति को सम्मोहित करना आसान होता है।

हालांकि, हम अन्य लोगों को सम्मोहित करने से चिंतित नहीं हैं, क्योंकि जब तक कि उच्च प्रशिक्षित हाथों में ना हो यह एक बहुत खतरनाक और ख़राब बात हो सकती है। हम आपको स्वयं को सम्मोहित करने में मदद करने के लिए चिंतित हैं, क्योंकि यदि आप खुद को सम्मोहित करते हैं तो आप बुरी आदतों से दूर हो सकते हैं, आप स्वयं की कमजोरियों को दूर कर सकते हैं, आप ठंड के मौसम में अपना तापमान बढ़ा सकते हैं, और इस तरह की बहुत सी उपयोगी चीज़ें कर सकते हैं।

हम आपको दूसरों को सम्मोहित करने का तरीका नहीं सिखाने जा रहे हैं क्योंकि हम इसे तब तक खतरनाक मानते हैं जब तक कि किसी के पास सालों का अनुभव न हो। सम्मोहन के बारे में कुछ विशेष कारक हैं, जिनका हम उल्लेख

करने जा रहे हैं, हालांकि, और अगले अध्याय में हम स्वयं को आत्म सम्मोहन या ऑटो-हिप्नोटिज्म के विषय में चर्चा करेंगे।।

पश्चिम में कहा जाता है कि किसी भी व्यक्ति को तुरंत सम्मोहित नहीं किया जा सकता है। यह गलत है। कुछ विशेष पूर्वी विधियों में प्रशिक्षित किए गए व्यक्ति द्वारा किसी भी व्यक्ति को तुरंत सम्मोहित किया जा सकता है। सौभाग्य से कुछ पश्चिमी लोग इतने प्रशिक्षित हैं।

यह भी कहा जाता है कि किसी भी व्यक्ति को सम्मोहित करके उसे अपने स्वयं के नीति संहिता के विपरीत काम करने के लिए मजबूर किया जा सकता है। यहाँ फिर से, यह गलत है, यह बिल्कुल झूठ है।

कोई भी एक धार्मिक, भले जीवित व्यक्ति के पास नहीं जा सकता, उसे सम्मोहित करके कह सकता है कि "अब तुम बाहर जाओ और एक बैंक लूटो!”वह अधीन व्यक्ति ऐसा नहीं करेगा, वह सिर्फ इसके बजाय उठेगा। लेकिन एक कुशल सम्मोहनकर्ता अपने आदेशों और अपने शब्दों से इतना अवगत करा सकता है कि सम्मोहित व्यक्ति मान लेता है कि वह एक नाटक में या एक खेल में भाग ले रहा है।

उदाहरण के लिए, सम्मोहनकर्ता के लिए किसी दूसरे व्यक्ति के प्रति बहुत गलत काम करना संभव है। उसे बस इतना करना होता है कि उपयुक्त रूप से चुने गए शब्दों और सुझावों से, इस अधीन महिला या पुरुष को यक़ीन दिलाता हैं, कि वह शायद किसी प्रियजन के साथ, एक भरोसेमंद के साथ है, या फिर से कहें, खेलता है। हम इसके किसी विशेष पहलू के साथ और अधिक व्यवहार करने का प्रस्ताव नहीं देते क्योंकि सम्मोहन वास्तव में बेईमान हाथों में, और अप्रशिक्षित हाथों में एक चौंकाने वाली खतरनाक चीज़ है। हमारा सुझाव है कि आपको सम्मोहन से लाभ कुछ भी नहीं प्राप्त होगा जब तक कि यह एक सम्मानित, उच्च अनुभवी, उच्च प्रशिक्षित चिकित्सा विशेषज्ञ की देखरेख में इलाज न हो।

आत्म सम्मोहन या सेल्फ हिप्नोटिज्म उपयोग करने में, यदि आप हमारे निर्देशों का पालन करते हैं तो आप खुद को नुकसान नहीं पहुंचा सकते और आप किसी और को नुकसान नहीं पहुंचा सकते। इसके विपरीत, आप अपने लिए बहुत भला कर सकते हैं और शायद अन्य लोगों के लिए भी।

अध्याय

अठाइस

वास्तव में, पिछले अध्याय में, और इस पाठ्यक्रम के दौरान, हमने देखा है कि कैसे हम वास्तव में दो व्यक्ति एक में हैं, एक अवचेतन मन और दूसरा चेतन मन हैं। यह संभव हैं, कि एक व्यक्ति दूसरे के लिए उसके स्थान पर काम करता हैं जबकि वे पूरी तरह से लगभग पृथक और अलग-अलग दो संस्थाओं के रूप में रहते हो। अवचेतन संस्था सभी ज्ञान का आधार है, कोई व्यक्ति इसे अभिलेखों का संरक्षक या प्रमुख लाइब्रेरियन कह सकता है। अवचेतन संस्था की तुलना उस व्यक्ति से की जा सकती है जो कभी बाहर नहीं जाता है, कभी भी संग्रहित ज्ञान के अलावा कुछ नहीं करता है और दूसरों को आदेश देने के द्वारा काम संचालित करता है।

दूसरी ओर, चेतन मन की तुलना किसी ऐसे व्यक्ति से की जा सकती है जिसकी स्मरण शक्ति ना हो या बहुत कम हो, और बहुत कम प्रशिक्षण लिया हो। यह व्यक्ति अर्थात चेतन मन सक्रिय है, तुनक मिजाज है, एक चीज़ से दूसरी चीज़ में जाता है, और अवचेतन का उपयोग केवल सूचना प्राप्त करने के साधन के रूप में करता है। दुर्भाग्य से, या अन्यथा, अवचेतनसामान्य रूप से सभी प्रकार के ज्ञान के लिए सुलभ नहीं है। उदाहरण के लिए, ज़्यादातर लोग, अपने जन्म समय को याद नहीं रख सकते, जबकि यह सब अवचेतन में संग्रहित है। उपयुक्त साधनों द्वारा सम्मोहित व्यक्ति को जन्म से पहले के समय पर वापस ले जाना संभव है, और हालांकि यह एक सबसे दिलचस्प अनुभव है पर यह एक ऐसा विषय नहीं है जिसे हम यहाँविस्तार से सुलझाने का इरादा रखते हैं।

हम आपको रुचि के जैसे विषय बताएंगे, कि किसी व्यक्ति को कई मुलाक़ातोंके सिलसिले के बाद सम्मोहित करना और उस व्यक्ति को जीवन के लगातार पिछले वर्षों के माध्यम से वापस ले जाना संभव है ताकि हम उसके जन्म समय, और

जन्म से पार के समय पर जाएं। हम व्यक्ति को उस समय भी ले जा सकते हैं जब वह फिर से पृथ्वी पर आने की योजना बना रहा था !

लेकिन इस अध्याय में हमारा उद्देश्य यह है कि हम स्वयं को कैसे सम्मोहित कर सकते हैं। यह सामान्य ज्ञान है कि सभी को पता है कि एक व्यक्ति को दूसरे के द्वारा सम्मोहित किया जा सकता है, लेकिन इस मामले में हम खुद को सम्मोहित करना चाहते हैं, परन्तु कई लोगों में सम्मोहन से स्वयं को अलग रखने का कारण एक विशिष्ट घृणा है जो वास्तव में किसी अन्य व्यक्ति की दया पर निर्भर होना पड़ता है, क्योंकि, यद्यपि नियमानुसार एक शुद्ध, उच्च विचार वाला व्यक्ति सम्मोहित होने वाले व्यक्ति को नुकसान नहीं पहुंचा सकता है, हम दावा कर सकते हैं कि अपवाद स्वरूप परिस्थितियों को छोड़कर सम्मोहन में कुछ रूपांतरण हो जाता है।

एक व्यक्ति जिसे किसी अन्य व्यक्ति द्वारा सम्मोहित किया गया है, वह हमेशा उस व्यक्ति के सम्मोहक आदेशों के प्रति अधिक संवेदनशील होता है। व्यक्तिगत रूप से इसी कारण से हम सम्मोहन की सलाह नहीं देते हैं। हमें लगता है कि इससे पहले कि यह चिकित्सा के उपयोग के लिए उचित हो सके, अतिरिक्त सुरक्षा उपाय होने चाहिए, उदाहरण के लिए - किसी भी केवल एक चिकित्सक को किसी व्यक्ति को सम्मोहित करने की अनुमति नहीं होनी चाहिए, हमेशा दो चिकित्सक मौजूद होने चाहिए। हम एक ऐसा कानून भी देखना चाहेंगे, जिसमें एक व्यक्ति जो दूसरे को सम्मोहित करता है, उसे स्वयं सम्मोहन से गुज़रना चाहिए और उसके भीतर बाध्यता समाविष्ट करना चाहिए, ताकि वह कुछ भी ऐसा न कर सके जिससे वह उस व्यक्ति को नुकसान पहुंचाए जिसे वह सम्मोहित करने जा रहा है और हम चाहते हैं कि चिकित्सक हर तीन साल में सम्मोहन से गुज़रे, ताकि मरीज की सुरक्षा नए सिरे से हो, अन्यथा सही मायने में मरीज चिकित्सक की दया पर होगा। यद्यपि हम इस बात से सहमत होंगे कि अधिकांश बहुत सारे चिकित्सक पूरी तरह से सम्मानजनक और पूरी तरह से नैतिक हैं, फिर भी आकस्मिक एक कलंकी चिकित्सक आता है, जो वास्तव में इस काम में बहुत मनहूस होता है।

अब हम स्वयं को सम्मोहित करने वाले काम पर चलें। यदि आप इस अध्याय का सही ढंग से अध्ययन करते हैं, तो आपके पास वास्तव में एक कुंजी होगी जो आपको आपके भीतर मौजूद अकल्पित शक्तियों और क्षमताओं को खोलने में सक्षम करेगी। यदि आप इसका सही तरीके से अध्ययन नहीं करते हैं, तो यह केवल शब्दों की अर्थहीन बकबक होगी और आप अपना समय बर्बाद करेंगे।

हमारा सुझाव है कि आप अपने शयनकक्ष में जाएं और प्रकाश को बाहर करने के लिए पर्दे खींच दें, लेकिन आपकी आंखों के ऊपर बहुत छोटे प्रकाश जैसे नाइट लैम्प को रखें। उस एक को छोड़कर सभी रोशनी बुझा दें, उस रोशनी को इतना व्यवस्थित किया जाना चाहिए कि आपकी आंखें सीधे देखने से ऊपर की ओर थोड़ी ऊँची हों।

उस छोटे निऑन -चमक लैम्प को छोड़कर सभी रोशनी को बाहर करें, और फिर अपने बिस्तर पर जितना संभव हो उतना आराम से फैलकर लेट जाएं। कुछ क्षणों के लिए जितना आप कर सकते हैं उतनी समानता से सांस लेने के अलावा कुछ भी न करें और बस अपने विचारों को भटकने दें। फिर, एक-दो मिनट के बेकार विचारों के भटकने के बाद, स्वयं को एक साथ अलग कर दें और बहुत दृढ़ता से तय करें कि आप आराम करने जा रहे हैं। अपने आप को बताएं कि आप अपने शरीर की हर मांसपेशी को आराम देने जा रहे हैं। अपने पैर की उंगलियों के बारे में विचार करें, अपने पैर की उंगलियों को सोचें, पहले दाहिने पैर की अंगुली पर ध्यान केंद्रित करना अधिक सुविधाजनक है। कल्पना करें कि आपका पूरा शरीर एक बड़ा शहर है, कल्पना करें कि आपके शरीर की हर कोशिका में छोटे लोग रहते हैं। यह ऐसे छोटे लोग हैं जो आपकी मांसपेशियों और आपके स्नायु का काम करते हैं और जो कोशिकाओं की ज़रूरतों में शामिल होते हैं, जो आपको जीवन से रोमांचित कराते हैं। लेकिन अब आप आराम करना चाहते हैं, आप नहीं चाहते हैं कि ये सभी छोटे लोग अनाड़ी की तरह आपको यहाँ या वहाँ एक चिकोटी के साथ विचलित करें।

अपने दाहिने पैर की उंगलियों पर पहले ध्यान केंद्रित करें, दाहिने पैर की उंगलियों में छोटे लोगों को मार्च करना शुरू करने को कहें, उन्हें अपने पैर की उंगलियों से

अपने पैर तक, अपने पैर के मध्य भाग तक, अपने टखने के साथ मार्च करने दें। उन्हें अपने पैर की पिंडली तक घुटने के साथ ऊपर ले जाने दें।

इनके पीछे दाहिने पैर के पंजे, बिल्कुल निर्जीव, पूरी तरह से शिथिल हो जाएंगे क्योंकि वहाँ कोई नहीं है और अनुभूति पैदा करने के लिए कुछ भी नहीं है, ये सभी छोटे लोग भाग रहे हैं, आपके पैर के ऊपर की ओर भाग रहे हैं। आपकी दाहिनी पिंडली अब काफी आराम कर रही है, इसमें कोई अनुभूति नहीं है; आपका दाहिना पैर, वास्तव में, काफी भारी, बेजान, सुन्न, बिना महसूस किए और बहुत आराम से है। छोटे लोगों को आपकी दाहिनी आंख के ऊपर तक चलायें और सुनिश्चित करें हैं कि ड्यूटी पर मौजूद पुलिसकर्मी (काल्पनिक)रास्ते भर बाधाएं डालता रहे ताकि कोई भी छोटे लोग पीछे फिसलकर न गिरें। आपका दाहिना पैर, फिर, पैर की उंगलियों से जांघ तक पूरी तरह से, संपूर्णआराम से है। एक पल रुकें, सुनिश्चित करें कि यदि ऐसा हो चुका है, तो अब बाएं पैर पर जाएं। अगर आप चाहें, तो कल्पना करें कि एक कारखाने का भोंपू बज गया है और सभी छोटे लोग काम से जल्दी भाग रहे हैं, अपनी मशीनों को छोड़कर और अपने घर पर आराम करने जा रहे हैं। कल्पना कीजिए कि उनके लिए एक अच्छा पका हुआ खाना तैयार है। अपने बाएं पैर की उंगलियों से उन्हें जल्दी भगायें, उन्हें मध्य भाग तक, टखने के ऊपर, पिंडली के साथ घुटने तक जल्दी चलाएं। उनके पीछे बाएं पैर की उंगलियों और पैर और निचली टाँग पूरी तरह से आराम से, पूरी तरह से भारी होंगे, जैसे अब यह आपसे और संबंधित अंग नहीं हैं।

इन लोगों को आगे बढ़ाएं, उन्हें अपने घुटने से ऊपर उठाएं, उन्हें जांघ के ऊपर लाएं। अब, पहले की तरह बाएं पैर में दाहिने पैर के मामले में अपने काल्पनिक पुलिसकर्मियों से बाधा डलवाएं ताकि कोई फिसलकर पीछे न गिरे।

क्या आपका बायाँ पैर पूरी तरह से तनावमुक्त है? सुनिश्चित करें। यदि यह पूरी तरह से आराम से नहीं है, तो छोटे लोगों को फिर से बाहर जाने का आदेश दें जिससे आप दोनों पैर के साथ एक खाली कारख़ाने की भांति छोड़ दिये गए हों जिसके सभी मज़दूर घर चले गए हो यहाँ तक की रख रखाव वाला आदमी भी ना रहे जो आपको बाधा डाले या शोर मचाये। आपके पैर शिथिल हैं। अब अपने दाहिने हाथ और भुजा, और अपने बाएं हाथ और भुजा के साथ भी ऐसा ही

करें। सभी मजदूरों को दूर भेज दो, उन्हें विदा करो - उन्हें आगे बढ़ाओ, उन्हें ऐसे घुमाओ जैसे भेड़ो का झुंड जल्दबाज़ी में आगे बढ़ता है जब वास्तव में भेड़ों की रखवाली करने वाला एक अच्छा कुत्ता उनके पीछे हो जाता है। आपका उद्देश्य इन छोटे लोगों को आपकी उंगलियों से दूर, आपके हाथ की हथेली से दूर, आपकी कलाई से दूर, आपकी बांह के ऊपर, कोहनी के पिछले भाग पर ले जाना है - उन्हें चलाना, उन्हें खाली कर देना हैं, आप आराम करना चाहते हैं क्योंकि यदि आप आराम करते हैं और सभी विकर्षणों से मुक्त रहते हैं, सभी आंतरिक कोलाहल और किट किट और खटखट से मुक्त रहें, आप अपनी अवचेतना को खोल सकते हैं और फिर आप शक्तियों और ज्ञान के अधिकारी हो सकते हैं, जो सामान्य रूप से आदमी को नहीं दी जाती हैं । आपको अपनी भूमिका को निभाना होगा, आपको उन छोटे लोगों को अपने अंगों से बाहर निकालना होगा, उन्हें चलाते रहना होगा, उन्हें अपने शरीर से दूर करना होगा। आपकी बाँहों और अपने पैरों को पूरी तरह से संपूर्ण आराम कर लेने के लिए इस तरह छोड़ देना हैं जैसे एक खाली आवास संपत्ति हो जब सभी लोग स्थानीय टेस्ट मैच के लिए रवाना हो गये हो, तो अपने शरीर के साथ भी ऐसा ही करें। आपके नितंब, आपकी पीठ, आपका पेट, आपकी छाती - सब कुछ खाली हो गये हैं। ये छोटे लोग, ये आपके लिए एक उपद्रव हैं। स्वीकार करें,वे आपके भीतर जीवन को बनाए रखने के लिए आवश्यक हैं, लेकिन इस अवसर पर आप चाहते हैं कि वे आपसे छुट्टी ले लें। ठीक है, उन्हें हटा दें, उन्हें सिल्वर कॉर्ड के साथ मार्च कराये, उन्हें अपने शरीर से दूर करें, अपने आप को उनके चिड़चिड़े प्रभाव से मुक्त करें, फिर आप पूरी तरह से और संपूर्ण तनाव मुक्त हो जाएंगे, आप जानेंगे कि महान शांति आपके भीतर हैं जिसका संभव होना आपने कभी सोचा ना होगा।

अपने सिल्वर कॉर्ड पर सभी छोटे लोगों की भीड़ को और आपके खाली शरीर को- छोटे लोगों से खाली कर लें - सुनिश्चित करें कि आपके पास सिल्वर कॉर्ड के अंत में संरक्षक हो ताकि इन छोटे लोगों में से कोई भी पीछे न गिर जाएं और गड़बड़ी पैदा कर सके।

एक गहरी साँस लें, सुनिश्चित करें कि यह एक धीमी, गहरी, संतोषजनक साँस है। इसे कुछ सेकंड के लिए भीतर ही रखें, और फिर धीरे-धीरे कुछ सेकंड बाद इसे छोड़ दें। इसमें कोई तनाव नहीं होना चाहिए, यह आसान होना चाहिए, यह आरामदायक होना चाहिए, और प्राकृतिक होना चाहिए।

फिर से करें। एक गहरी सांस लें, एक गहरी, धीमी, संतोषजनक सांस लें। इसे कुछ सेकंड के लिए दबाए रखें और आप अपने दिल को अपने कानों के अंदर "धक,धक,धक "करते हुए सुने। फिर इसे छोड़ें - उस सांस को धीरे-धीरे- धीरे छोड़ें। अपने आप को बताएं कि आपका शरीर पूरी तरह से आराम कर रहा है, कि आप सुखपूर्वक शिथिल और आराम महसूस कर रहे हैं। अपने आप को बताएं कि आपके भीतर की हर मांसपेशी शिथिल हो रही है, आपकी गर्दन की मांसपेशियां सुस्त हो गई हैं, आपके भीतर कोई तनाव नहीं है, आपके भीतर केवल सहजता, सुकून और विश्रांति है।

आपका सिर भारी हो रहा है। आपके चेहरे की मांसपेशियां अब आपको परेशान नहीं कर रही हैं, कोई तनाव नहीं है, आप तनाव मुक्त और आरामदायक हैं।

आलस्य में अपने पैर की उंगलियों, अपने घुटनों और अपने नितंबो पर विचार करें। अपने आप को बताएं कि कितना सुकून महसूस हो रहा है,यह महसूस करना कि कोई तनाव नहीं है, यह महसूस करने के लिए कि आपके भीतर कुछ खिंचाव या मरोड़ नहीं है। अधिक ऊपर जाएं, महसूस करें कि आपके शरीर के भीतर कहीं भी तनाव नहीं है, आपकी बाँहों के भीतर कोई तनाव नहीं, छाती के भीतर और न ही आपके सिर के भीतर कोई तनाव है। आप शांति से सुकून से पूरी तरह से आराम कर रहे हैं, औरहर भाग, हर मांसपेशी और हर तंत्रिका, आपके शरीर के भीतर का हर ऊतक पूरी तरह से और संपूर्ण आराम कर रहे हैं।

आपको यह सुनिश्चित होना चाहिए कि आत्म-सम्मोहन के मामले में आगे कुछ भी करने से पहले आप पूरी तरह से और संपूर्ण तनाव मुक्त हों, क्योंकि यह केवल पहली या दूसरी बार होता है, जिसमें आपको किसी भी तरह की परेशानी का आभास हो सकता हैं। आपके द्वारा इसे एक या दो बार करने के बाद यह इतना स्वाभाविक, इतना आसान प्रतीत होगा, कि आप आश्चर्य करेंगे कि आपने इसे पहले कभी क्यों नहीं किया। पहली या दूसरी बार, इस बात का विशेष रूप से

ध्यान रखें कि धीरे-धीरे ऐसा करें, जल्दी करने की कोई आवश्यकता नहीं है, आपने इसके बिना अपना सारा जीवन अब तक जिया है कुछ और घंटे ज्यादा मायने नहीं रखेगा। इसे आराम से करें, तनाव न करें, बहुत कठिन प्रयास न करें, यदि आप बहुत कठिन प्रयास करते हैं तो आप संदेह और संकोच और मांसपेशियों की थकान को आसान बना देंगे।

यदि आप पाते हैं कि आपके शरीर का कोई विशेष भाग शिथिल नहीं है, तो उस पर विशेष ध्यान दें। कल्पना कीजिए कि आपके पास शरीर के उस हिस्से में कुछ विशेष रूप से ईमानदार मज़दूर हैं और वे दिन के अंत में जाने से पहले अपने हिस्से के कुछ विशिष्ट काम खत्म करना चाहते हैं। अच्छा है- उन्हें विदा करो, कोई भी काम इससे ज़्यादा महत्वपूर्ण नहीं है, जिस पर अभी आप लगे हुए हैं। यह ज़रूरी है कि आप अपनी भलाई के लिए और अपने मजदूरों की भलाई के लिए आराम करें।

अब, अगर आपको पूरा यकीन हो गया है कि आप अपने शरीर के सभी हिस्सों में शिथिल हो गये हैं, तो अपनी आँखें ऊपर उठाएँ, ताकि आप देख सकें कि आपके सिर के ठीक ऊपर कहीं दूर निऑन नाइट लैम्प (रात्रि दीपक) थोड़ा टिमटिमा रहा है। अपनी आंखों को ऊपर उठाएं ताकि आंखों पर और पलकों पर हल्का सा खिंचाव पड़े जब आप रोशनी को ग़ौर से देखते हैं। अब उस नाइट लैम्प (रात्रि दीपक)की रोशनी, जो अच्छी हैं, सुखद छोटी लाल चमक को देखते रहिए, यह आपको निद्रालु कर सकता है। अपने आप को बताएं कि जब आप दस तक गिनती पूरी कर लेंगे आपकी पलकेंबंद हो जानाचाहिए, तो गिनें - "एक - दो - तीन - मेरी आँखें थक रही हैं - चार - हाँ, मैं नींद से भर रहा हूँ - पाँच - मैं शायद ही अपनी आँखें खुला रख पा रहा हूँ -"और इसी तरह जब तक आप नौ गिन नहीं लेते; "नौ - मेरी आँखें कसकर बंद हो रही हैं - दस - मेरी आँखें अब और खुली नहीं रह सकती, वे बंद हैं।"

इसका मतलब यह है कि आप एक निश्चित अनुबन्धित प्रतिक्रिया (कंडीशनिंग) स्थापित करना चाहते हैं ताकि भविष्य में आत्म सम्मोहन सत्रों में आपको कोई कठिनाई न हो, आपको आराम में जाने की प्रक्रिया में समय बर्बाद नहीं करना पड़े, आपको बस इतना करना पड़ेगा कि गिनती गिनना पूरी करते ही आप

सम्मोहक अवस्था में सोने के लिए चले जाएंगे, और यही वह उद्देश्य है जिसे आपको अभी प्राप्त करना हैं।

अब कुछ लोगों को कुछ संदेह हो सकता है, और उनकी आँखें पहली बार दस तक की गिनती में बंद नहीं होंगी। इस बारे में चिंता करने की कोई आवश्यकता नहीं है क्योंकि, यदि आपकी आँखें स्वेच्छा से बंद नहीं होंगी, तो उन्हें जानबूझकर बंद करें जैसे कि आप वास्तव में सम्मोहक अवस्था में हैं। यदि आप ऐसा जानबूझकर करते हैं तो आप उस अनुबन्धित प्रतिक्रिया के लिए एक नींव रखेंगे, और यह एक ऐसी चीज़ है जो काफी आवश्यक है।

फिर से - आप इस तरह से कुछ कहना चाहते हैं, वास्तविक शब्द कोई मायने नहीं रखते हैं, यह सिर्फ आपको कुछ सुझाव देने के लिए है जिसके साथ आप अपना सूत्र बना सकते हैं: -

“जब मैं दस तक गिनती पूरी करूंगा तो मेरी पलकें बहुत, बहुत भारी हो जाएंगी और मेरी आँखें थक जाएगी। मुझे अपनी आँखें बंद करनी होंगी, और दस की गिनती तक पहुँचने के बाद कुछ भी इसे खुली नहीं रख पाएंगी। जिस क्षण मैं अपनी आँखें बंद कर लेता हूँ, मैं पूर्ण आत्म-सम्मोहन की स्थिति में आ जाऊँगा। मैं पूरी तरह से सचेत हो जाऊंगा और जो कुछ भी होता है, उसे मैं सुनूंगा और जानूँगा और मैं अपने अवचेतन मन को आदेश देने में सक्षम होऊंगा जो मैं चाहता हूं।”

जैसा हमने आपको बताया था फिर आप गिनते हैं, "एक - दो - पहले मेरी पलकें भारी हो रही हैं, मेरी आँखें थक गई हैं - तीन - मुझे अपनी आँखें खुली रखने में कठिनाई हो रही है - नौ - मैं अपनी आँखें खुली नहीं रख सकता - दस - मेरी आँखें बंद हैं और मैं एक आत्म सम्मोहित अवस्था में हूं। "

हमें लगता है कि हमें इस अध्याय को यहीं समाप्त कर देना चाहिए क्योंकि यह इतना महत्वपूर्ण अध्याय है। हम इसे यहाँ समाप्त करना चाहते हैं ताकि आपके पास पर्याप्त समय हो जिसमें आप अभ्यास कर सकें। यदि हम इस अध्याय में अधिक लिखते हैं तो आप एक बार में बहुत अधिक पढ़ने के लिए इच्छुक हो सकते हैं और एक बार में बहुत कम समझते हैं। तो - क्या आप बार-बार इसका अध्ययन करेंगे? हम आपको बार-बार आश्वासन देते हैं कि यदि आप अध्ययन

करेंगे, यदि आप इसे आत्मसात करेंगे और इसका अभ्यास करेंगे, तो आपके पास वास्तव में अद्भुत परिणाम होंगे।

अध्याय

उनतीस

अपने अंतिम अध्याय में हम खुद को तन्मयावस्था (ट्रान्स)में लाने की विधि की चर्चा करते हैं। अब हमें कई बार अभ्यास करना होगा। यदि हम वास्तव में अभ्यास करते हैं, तो हम खुद के लिए इसे बहुत आसान बना सकते हैं, ताकि कठिन श्रम करें बिना हम तन्मयावस्था (ट्रान्स) को आसानी से प्राप्त कर सकें, क्योंकि इसका पूरा उद्देश्य एक कठिन श्रम को बचाना है।

आइए हम इसके कारण को भी देखें; आप अपने आप को सम्मोहित करना चाहते हैं ताकि आप कुछ दोषों को समाप्त कर सकें, ताकि आप कुछ गुणों, कुछ क्षमताओं को मजबूत कर सकें। अब वे दोष क्या हैं? वे क्षमताएँ क्या हैं? आपको प्रत्यक्ष रूप से दोषों और गुणों को साफ़ देखने में सक्षम होना चाहिए। वास्तव में जैसा कि आप बनना चाहते हैं, आपको अपनी जादू से प्रकट होने वाली छवि को बनाने में सक्षम होना चाहिए। क्या आप कमजोर - इच्छा शक्ति वाले हैं? फिर स्वयं को ठीक उसी तरह से कल्पना करें जैसा कि आप बनना चाहते हैं कि आप एक मजबूत इच्छा शक्ति और प्रभावशाली व्यक्तित्व के साथ, अपने तर्कों से निपटने में सक्षम, पुरुष और महिलाओं को प्रभावित करते हैं, जिस तरह से आप करना चाहते हैं।

इस "नए आप”के बारे में सोचते रहें। अपने सामने लगातार इस "आप”की तस्वीर को एक अभिनेता - एक स्टार के रूप में रखें, उसी तरह से जैसे - वास्तव में अभिनेता उस भूमिका को जीता है, जिसको वह निभाने जा रहा है। आपको अपनी कल्पना की पूरी शक्तियों का उपयोग करना चाहिए; जैसा आप बनना चाहते हैं उसे स्वयं आप जितनी अधिक दृढ़ता से कल्पना करते हैं तो उतनी जल्दी आप अपने उद्देश्य को प्राप्त कर सकते हैं।

अभ्यास करते रहें, अपने आप को एक *तन्मयावस्था (ट्रान्स)में रखें, लेकिन हमेशा सुनिश्चित करें कि आप शांत, अंधेरे कमरे में अभ्यास कर रहे हैं।[15]
इसमें किसी भी प्रकार का कोई खतरा नहीं है। हम जोर देते हैं कि आपको "यह सुनिश्चित करना चाहिए कि आप बाधित नहीं हैं"क्योंकि किसी भी तरह की रुकावट, या उदाहरण के लिए ठंडी हवा का कोई भी झोंका, आपको जगाने का कारण बनेगा, जिससे आप जल्दी में उस ट्रान्स से बाहर निकल सकते हैं। कोई खतरा नहीं है, हम दोहराते हैं, निश्चित रूप से स्वयं को सम्मोहित करना और ट्रान्स से बाहर आने में विफल होना संभव नहीं है। आपको आश्वस्त करने के लिए कि हम एक सामान्य मामला लेते हैं।
एक रोगी को बहुत अभ्यास करना पड़ा । वह अपने अंधेरे कमरे में जाता है, अपनी आँखों के भौं के स्तर से थोड़ा ऊपर निऑन लाइट को चालू करता है, और अपने बिस्तर या अपने सोफे पर आराम से खुद को शांत बनाता है। कुछ क्षणों के लिए वह शरीर को शिथिल करने और तनाव और थकान से मुक्त होने के लिए काम करता है।
जल्द ही उसे अपने ऊपर एक अद्भुत सनसनी महसूस होती है जैसे कि शरीर का सारा भार, शरीर की सारी चिन्ताएँ कम हो रही हैं, और वह एक नए जीवन में प्रवेश करने वाला हो। वह अधिक से अधिक आराम करता है, इत्मीनान से अपने दिमाग से यह देखता है कि क्या कोई मांसपेशी तनाव में है, यह भी देखता हैं कि क्या कोई चिकोटी, कोई दर्द, कहीं भी कोई तनाव है। जब संतुष्ट होता है कि वह पूरी तरह से आरामदायक है, वह निऑन लाइट पर लगातार थोड़ा घूरता है, उसकी आँखें सीधे आगे की तरफ नहीं देखतीं, लेकिन उसकी भौंहों की तरफ कुछ ऊपर निऑन लाइट की तरफ उठी होती हैं।
जल्द ही उसकी पलकें भारी लगने लगती हैं, वे थोड़ा फड़फड़ाती हैं और फिर बंद हो जाती हैं, लेकिन केवल एक या दो सेकंड के लिए ही बंद होती हैं। वे फिर से हिलकर खुलती हैं, उनमें कुछ नमी होती है, उसकी आँखों में पानी आ जाता है। पलकें हिलती और काँपती हैं, फिर से बंद हो जाती हैं। अबकि बार

---

[15] ट्रान्स- Trance - तन्मयावस्था, भाव समाधि

जब वो खुलती हैं, तो इस समय कठिनाई के साथ आंखें थक जाती हैं, पलकें भारी हो जाती हैं और व्यक्ति लगभग गहरी ट्रान्स में होता है। एक या दूसरे पल के भीतर पलकें बंद हो जाती हैं, और इस बार वे कसकर बंद रहती हैं। शरीर और भी अधिक आराम करता है, श्वास उथली हो जाती है, रोगी - अधीन व्यक्ति, आप उसे क्या बुलाना चाहेंगे - ट्रान्स अवस्था में है।

अब हम उसे एक पल के लिए छोड़ दें। उस ट्रान्स में वह जो कर रहा है, वह हमारी चिंता का विषय नहीं है क्योंकि हम खुद ट्रान्स में जा सकते हैं और हमारे अपने अनुभव हो सकते हैं। आइए हम उसे ट्रान्स अवस्था में छोड़ दें जब तक कि वह काम पूरा नहीं हो जाता जिसके लिए वह ट्रान्स में गया है।

वह एक प्रयोग कर रहा था, ऐसा लगता है, यह देखने के लिए कि वह कितनी गहराई से खुद को सम्मोहित कर सकता है, यह देखने के लिए कि वह कितनी दृढ़ता से सो सकता है। उसने जानबूझकर प्रकृति के शर्तों में से एक को अलग करने की कोशिश की है, क्योंकि उसने खुद को बताया कि वह जागने वाला नहीं है।

मिनट - दस मिनट, बीस मिनट ? -बीत जाता हैं। श्वास बदल जाती है और व्यक्ति अब ट्रान्स में नहीं है, लेकिन गहरी नींद ले रहा है। आधे या एक घंटे के बाद वह पूरी तरह से रात की नींद की तुलना में आश्चर्यजनक रूप से तरोताज़ा, अधिक नया महसूस करता है।

आप ट्रान्स से बाहर निकलने में विफल नहीं हो सकते, प्रकृति इसकी अनुमति नहीं देगी। अवचेतन एक मंद विशालकाय की तरह है - एक विशाल मंद बुद्धि वाला - एक समय के लिए आप उसे अपनी पसंद की किसी भी चीज़ के लिए राजी कर सकते हैं, लेकिन एक समय के बाद वह मंद विशालकाय अवचेतन देख लेता है कि “उसके साथ मज़ाक हो रहा हैं”(टाँग खिंचाई) तो वह सम्मोहित अवस्था से बाहर निकल आता है।

हम फिर से दोहराते हैं कि आप स्वयं को किसी भी तरह से नींद में नहीं जाने दें जिससे आपको नुकसान हो सकता है या असुविधा भी हो सकती है। आप पूरी तरह से सुरक्षित हैं, क्योंकि आपने खुद को सम्मोहित किया है और किसी अन्य व्यक्ति के सुझावों की दया पर नहीं है।

हमने पहले कहा था कि ठंडी हवा का एक झोंका एक व्यक्ति को जगा देगा; ऐसा ही है। कोई फर्क नहीं पड़ता कि ट्रान्स कितना गहरा है, अगर तापमान में बदलाव होता है, या ऐसा कुछ भी जो संभवतः किसी भी तरह से शरीर को नुकसान पहुंचा सकता है, तब ट्रान्स टूट जाता है। तो यह है कि यदि आप एक ट्रान्स में हैं और घर में कोई व्यक्ति एक दरवाजा या एक खिड़की खोलता है ताकि हवा का एक झोंका आपके पास आए, शायद दरवाजे के नीचे या ताले के छेद के माध्यम से, तब भी आप सुरक्षित, दर्द रहित जाग जाएंगेऔर फिर इसे शुरू करने में परेशानी होगी। यही कारण है कि आपको झोंके और गड़बड़ी से बचना चाहिए। हर समय आपको उन गुणों पर जोर देना होगा जो आप प्राप्त करना चाहते हैं। आपको इस बात पर जोर देना होगा कि आप उन चीज़ों से छुटकारा पाना चाहते हैं जिनको आप पसंद नहीं करते हैं, और कुछ दिनों के लिए जैसे आप सुगमता से पदयात्रा करते हैं, वैसे ही आपको उन क्षमताओं की सक्रिय रूप से कल्पना करनी होगी जो आप चाहते हैं। आप दिन भर बारम्बार अपने आप को बताएंगे कि इस अमुक समय और- विशेषतः उस रात - आप अपने आप को सम्मोहित करने जा रहे हैं, और हर बार जब आप एक ट्रान्स में जाते हैं तो वांछित गुण आप में और अधिक दृढ़ता से दिखाई देंगे। जैसे ही ट्रान्स में आप जाते हैं, अपने मन में दोहराते रहें जो आप चाहते हैं।

बस एक सरल, शायद थोड़ा मूर्खतापूर्ण उदाहरण; आइए हम कहते हैं कि एक आदमी झुक कर खड़ा होता है, शायद इसलिए कि वह सीधा खड़ा होने के लिए बहुत आलसी है। उसे बार-बार कहने दो "मैं सीधा खड़ा रहूँगा - मैं सीधा खड़ा रहूँगा - मैं सीधा खड़ा रहूँगा।"मुख्य बात यह है कि फिर से, आपको दोहराते समय बीच में बिना अंतराल के बारम्बार इसे जल्दी से दोहराना होगा, क्योंकि यदि आप एक अंतराल की अनुमति देते हैं तो मित्र अवचेतन आ सकता है और कह सकता है, "ओह, तुम कभी सच नहीं कहते, तुम कुछ भी चीज़ से झुक जाते हो!"अगर आप इसे बिना अंतराल दिए दोहराते हैं तो मित्र अवचेतन को कोई मौका नहीं मिलता, वह शब्दों के भार से अभिभूत हो जाता है और जल्द ही विश्वास कर लेता है कि आप सीधे खड़े हैं। यदि वह ऐसा मानता है, तो

आपकी मांसपेशियां कड़ी हो जाएंगी और आप जैसे चाहें वैसे सीधे खड़े हो जाएंगे।

क्या आप बहुत ज्यादा धूम्रपान करते हैं? बहुत ज्यादा शराब पीते हैं ? यह स्वास्थ्य के लिए बुरा है अगर यह अधिक किया जाता है, यह आप जानते हैं! खुद को ठीक करने के लिए सम्मोहन का उपयोग क्यों न करें? अपनी बटुआ को खाली होने से बचाने के लिए, आखिरकार, बचकानी आदतें क्या हैं? आपको केवल अपने अवचेतन को यह विश्वास दिलाना है कि आप धूम्रपान को नापसंद करते हैं और बिना कष्ट के धूम्रपान को बंद कर देंगे, धूम्रपान की चिंता किए बिना।

लोग धूम्रपान नहीं छोड़ सकते, यह एक आदत है जिसे तोड़ना बेहद कठिन है। कोई संदेह नहीं है कि आपने बार-बार यह सुना होगा धूम्रपान करने वाला अपना पाइप या सिगरेट नहीं छोड़ सकता है, हर कोई आपको यही बताता है, अख़बार में विज्ञापन आपको ध्यान दिलाते हैं कि धूम्रपान रोकने, या अमुक चीज़ से छुटकारा पाने के लिए कई तथाकथित उपाय हैं। क्या आपके साथ ऐसा नहीं होता है, यह सब अपने आप में सम्मोहन का एक रूप है? आप धूम्रपान छोड़ नहीं सकते क्योंकि आपको दूसरे लोगों द्वारा जो कुछ भी कहा गया हैं और छुटकारा दिलाने हेतु विज्ञापनों द्वारा जो प्रभाव डाला गया हैं, उस पर आप विश्वास करते हैं कि धूम्रपान छोड़ना लगभग असंभव है।

अपने स्वयं के उपयोग के लिए सम्मोहन पर लग जायें; आप आम झुंड से अलग हैं, आपके पास एक मजबूत चरित्र है, आप प्रभावशाली हैं, आप अपने आप को धूम्रपान, या पीने, या जो भी आप ठीक करने की इच्छा रखते हैं, उसे ठीक कर सकते हैं। सम्मोहन के जैसे- अनिच्छित सम्मोहन - आपको विश्वास दिलाता हैं, कि आप धूम्रपान की आदत नहीं छोड़ सकते, इसलिए, जब आप इस बारे में जानते हैं, कि सचेतन सम्मोहन यह कर सकता है ताकि आप कभी भी और कोई सिगरेट न छूएँ।

हालाँकि, चेतावनी का एक शब्द, या इसे दोस्ताना सलाह भी कहा जा सकता है। क्या आप वाकई धूम्रपान छोड़ना चाहते हैं? क्या आप वाकई शराब पीना छोड़ना चाहते हैं या नियोजित भेंट (एपांइटमेन्ट)के लिए हमेशा देरी से पहुंचना पसंद करते है? जब तक आप निश्चित नहीं होते, तब तक आप कुछ भी नहीं कर

सकते, आपको निश्चित होना चाहिए कि आप धूम्रपान छोड़ना चाहते हैं, कि आप यह या वह करना चाहते हैं। यह एक बहुत कमजोर आदमी के लिए पर्याप्त नहीं है जो कहते हैं, "ओह, काश मैं धूम्रपान छोड़ पाता, मुझे स्वयं कहने दें कि मैं छोड़ पाऊँगा ।"

जब तक बार-बार यह आपके अवचेतन में उतर नहीं जाता है - आप केवल वही कर सकते हैं जो आप सच में करना चाहते हैं, इसीलिए भले ही आप स्वयं धूम्रपान छोड़ने का कमोबेश साहस नहीं करेंगे, तो आप धूम्रपान नहीं छोड़ पाएंगे, हो सकता हैं कि आप अधिक धूम्रपान भी करने लगे!

खुद को बारीकी से परखें। आप वास्तव में क्या करना चाहते हैं? कोई भी आसपास नहीं है, कोई भी आपके कंधे पर से नहीं झांक रहा है, कोई भी आपके दिमाग में नहीं देखता है। क्या आप वास्तव में धूम्रपान छोड़ना चाहते हैं? या क्या आप धूम्रपान के साथ रहना पसंद करते हैं, और क्या आप कह सकते हैं कि आप केवल इतनी बेकार बातोंको छोड़ना चाहते हैं?

एक बार जब आप पूरी तरह से आश्वस्त हो जाते हैं कि आप जो चीज़ चाहते हैं, तो आपके पास वह हो सकता है। हिप्नोटिज्म, या किसी भी चीज़ को दोष न दें, लेकिनअगर आप जो चाहते हैं, उसे पाने में आप असफल होते हैं, तो स्वयं को दोषी ठहरायेंक्योंकि अगर आप असफल होते हैं, तो इसका मतलब यह और सिर्फ यह हैं; विफलता का अर्थ है कि आप ऐसा करने के लिए अपने संकल्प में वास्तव में मजबूत नहीं थे या ऐसा नहीं करते हैं!

आत्म-सम्मोहन द्वारा आप उन चीज़ों को खुद ठीक कर सकते हैं जिन्हें कुछ लोग "बुरी आदतों"के रूप में उल्लेखकरते हैं। दुर्भाग्य से हम कभी भी यह पता नहीं लगा पाए हैं कि ये "बुरी आदतें"क्या थीं, इसलिए हम उस विशेष विषय पर अधिक प्रकाश नहीं डाल सकते हैं! हम बुरी आदतों पर विचार करेंगे, जिसमें अपनी पत्नी को सताना या अपने पति पर इस्तरी फेंकना या कुत्ते को लात मारना, बिना किसी कारण के गाली- गलौज करना या नशे में होना शामिल है, और इन सभी चीज़ों को ठीक किया जा सकता है, बशर्ते कि कोई व्यक्ति निश्चित रूप से करना चाहता हो।

अपने आप को कुछ समय आराम करने दें। अपनी खुद की नर्वस (तंत्रिका) ऊर्जा का निर्माण करने के लिए आंतरिक तनाव से मुक्ति का लाभ उठाएं। आप अपने स्वास्थ्य को बेहतर बनाने के लिए बहुत कुछ कर सकते हैं यदि आप केवल इस अध्याय को पढ़ेंगे, और इसे एक बार फिर से पढ़ेंगे, और इसके पूर्व अध्याय को और साथ ही अभ्यास, करेंगे। यहाँतक कि सबसे बड़े संगीतकारों ने दिन भर कई-कई घंटों सुर और स्वर का अभ्यास किया हैं। यही कारण है कि वे महान संगीतकार हैं। आप एक महान आत्म-सम्मोहक हो सकते हैं यदि आप वैसा ही करते हैं, जैसा हम कहते हैं। तो - अभ्यास करते रहें।

अध्याय

तीस

बहुत से लोगों का विचार है - एक सबसे गलत विचार - कि परिश्रम में कुछ गड़बड़ है। कई सभ्यताओं को "सफेदपोश कर्मचारी"और वे लोग जो "अपने हाथों को गंदा करते हैं "में विभाजित किया गया है यह वर्ग दंभ का एक रूप है जिसे मिटा दिया जाना चाहिए क्योंकि यह भाई को भाई और जाति को जाति के ख़िलाफ़में बदल देता है।

काम, चाहे वह दिमागी काम हो या हाथ से किया गया काम हो, उन लोगों को ऊंचा बनाता है जो इसे पूरे सच्चाई के साथ करते हैं और बिना गलती किए अपमान अनुभव महसूस करते हैं। कुछ देशों में इसे अपमान माना जाता है अगर घर की प्रमुख महिला किसी भी तरह का काम करने के लिए अपना हाथ उठाती है; यह सोचा जाता है कि उसे आसपास बैठना चाहिए और सुंदर दिखना चाहिए, और शायद अभी और कुछ आदेश दें ताकी वह दिखा सकें कि वह घर की प्रमुख महिला है!

पुराने चीन में लंबे समय तक उच्च वर्ग में प्रचलित था - तथाकथित - अपने उंगली के नाखूनों को हास्यास्पद रूप से लंबा, इतना लंबा, वास्तव में बढ़ाते थे, कि अक्सर नाखूनों को आकस्मिक टूटने से बचाने के लिए उनके पास विशेष आवरण होते थे। लंबे नाखूनों का उद्देश्य यह दिखाना था कि मालिक इतना अमीर हैं कि उसे खुद के लिए कुछ भी करने की बिल्कुल ज़रूरत नहीं थी; लंबे नाखून काम करने में असमर्थता के सही सबूत थे क्योंकि लंबे नाखूनों को रखने वालेघर की महिला या पुरुष-अपनी शारीरिक जरूरतों के काम नहीं कर सकते थे, और उनके सब कुछ काम करने हेतु नौकरों को रखना पड़ता था!

तिब्बत में कम्युनिस्ट आक्रमण से पहले कुछ अमीर (जिन्हें बेहतर पता होना चाहिए था) ने इतनी लंबी आस्तीन पहनी थी कि वे पूरी तरह से हाथों को ढँक लेते थे और उंगलियों के नीचे शायद छह या बारह इंच तक लटक जाते थे। यह

दिखाना था कि ये लोग इतने महत्वपूर्ण थे और इतने अमीर, कि उन्हें काम नहीं करना था। लंबी आस्तीन निरंतर याद दिलाती थी कि वे काम नहीं कर सकते थे। यह, निश्चित रूप से, काम के वास्तविक उद्देश्य का अपमान था। काम अनुशासन का एक रूप था, प्रशिक्षण का एक रूप था। अनुशासन पूरी तरह से आवश्यक है, यह अनुशासन है जो सैनिकों के कड़क रेजिमेंट और एक अव्यवस्थित भीड़ के बीच फ़र्क़ बताता है, यह घर में अनुशासन है जो युवाओं - किशोरों - को सभ्य नागरिक बनने को संभव बनाता है जब वे किशोर नहीं रहेंगे; अनुशासन की कमी चमड़े के जैकेट पहने मूर्ख युवा के गिरोह को बनाती है जो केवल विनाश करने को इच्छुक होते हैं।

हमने उन स्थानों में से एक के रूप में तिब्बत का उल्लेख किया जहाँ काम के बारे में गलत विचार थे, लेकिन यह केवल साधारण लोगों के बीच है। भिक्षुओं के मठ में यह एक नियम था कि हर कोई, चाहे कितना भी ऊंचा हो, उसे निश्चित कहे गए समय तक घरेलू काम करना पड़ता था। यह (कम्युनिस्ट आक्रमण से पहले) एक उच्च मठाधीश को फर्श की सफाई करते देखना कोई असामान्य दृश्य नहीं था - वे फर्श पर निम्न भिक्षुओं द्वारा जमा की गई मलबे की सफाई करते थे। इसका उद्देश्य मठाधीशों को सिखाना था कि पृथ्वी पर चीज़ेंएक अस्थायी प्रकृति की चीज़ेंहैं, और वह आज का भिखारी कल का राजकुमार हो सकता है और आज का राजकुमार कल का भिखारी हो सकता है। कुछ बिंदु संभवतः इस तथ्य से खींचे जा सकते हैं कि सम्राट शासित यूरोप और अन्य जगहों में अब सम्राट और सम्राज्ञी या राजकुमार, शासन नहीं कर रहे हैं, लेकिन फिर कोई भी दोष लगा सकता हैं, कि इनमें से कई पूर्व सम्राटों और राष्ट्रपतियों ने जब सत्ता में थे, तो यक़ीनन बहुत धन संग्रह किया था ताकि उनके पास पर्याप्त धन रहे जब वे सत्ता में नहीं रहेंगे। हालाँकि, यह एक विषयांतर है, हमें उस काम के बारे में फिर से बताने दें, चाहे वह कैसा भी काम हो, चाहे वह घरेलूहो या मानसिक, उत्थानशील होता हैं और कभी भी अपमानजनक नहीं होता जब इसे शुद्ध मक़सदोंके साथ और "दूसरों के लिए सेवा"के विचार से किया जाता है। उन उच्च वर्ग वाली महिलाएँ जो बैठे रहती हैं और निरंकुश रूप से कम वेतन पाने वाले नौकरों को आदेश देती हैं जबकि वे खुद उंगली तक नहीं उठाती, ऐसों की

सराहना करने के बजाय हमें नौकरों की सराहना करनी चाहिए और उच्च वर्ग की महिलाओं की तरफ तिरस्कार से देखना चाहिए, क्योंकि नौकरों ने कुछ सम्मानजनक काम किया हैं;उच्च वर्ग महिलाओं ने नहीं किया हैं।

हाल ही में हमने एक चर्चा सुनी- कुछ हद तक उत्तेजित- मांस खाने के बारे में। हमारा अपना दृष्टिकोण यह है कि यदि कोई व्यक्ति मांस खाना चाहता है, तो उसे मांस खाने दें, यदि कोई व्यक्ति शाकाहारी बनना चाहता है और अखरोट के पीछे पेड़ों पर चढ़ना चाहता है, तो उसे शाकाहारी होने दें और अखरोट के पीछे पेड़ों पर चढ़ने दें। इससे कोई फर्क नहीं पड़ता कि कोई क्या खाता है या क्या नहीं खाता है जब तक वो उन लोगों पर अपनी अक्सर गलत राय देकर पीड़ा नहीं पहुँचाता हैं, जो इतने अधिक विनम्र हो सकते है कि हिंसक रूप से आपत्ति ना करें।

मनुष्य एक जानवर है, हम चाहे कितने भी बढ़िया कपड़े और सुंदर पाउडर और हेयर डाई इत्यादि के साथ इस सच का रुप क्यों न बदल लें, आदमी और औरत जानवर हैं, मांस खाने वाले जानवर भी हैं। वास्तव में, सभी रिपोर्टों के अनुसार, मानव जाति का मांस सूअर के मांस जैसा कुछ है। बल्कि बहुत से लोग सूअर की भाँति व्यवहार करते हैं, इसलिए संभवतः यह काफी उपयुक्त है। नरभक्षी, से जब मानव मांस के बारे में पूछा जाता है, तो वह कहता है कि काले आदमी का मांस मीठा और भुना हुआ सूअर के माँस की तरह होता है। श्वेत व्यक्ति का मांस स्पष्ट रूप से एक बासी और खट्टी वस्तु है, नरभक्षी संयुक्त विचार के जैसे चले गये हैं।

हम सुझाव देते हैं कि, यदि आप मांस खाना चाहते हैं, तो ऐसा करें। अगर आप सब्जियां या घास खाना चाहते हैं, तो ऐसा करें। लेकिन किसी भी समय दूसरों पर अपनी राय न थोपें। यह दुख की बात है कि जो लोग शाकाहारी या स्वास्थ्यवर्धक भोजन के आदी हैं, वे अक्सर अपने विचारों में अतिवादी होते हैं, जैसे भले ही अपने तर्क की उग्रता के द्वारा वे खुद को राज़ी कर लेंगे। यह हमें बहुत निश्चित रूप से लगता है कि इनमें से कई लोग जिन्हें हम व्यक्तिगत रूप से सनकी मानते हैं, संदेह युक्त हैं कि वे सही काम कर रहे हैं। वे कुछ भी कमी नहीं रखना चाहते हैं, लेकिन वे खुद शाकाहारी नहीं बनाना चाहते हैं अगर उन्हें

लगता है कि अन्य लोग मांस का आनंद ले रहे हैं। यह अक्सर धूम्रपान न करने वालों के साथ होता है; अक्सर धूम्रपान न करने वाले लोग किसी दूसरे व्यक्ति के धूम्रपान करने पर बहुत नाराज होते हैं उन्हें लगता है कि धूम्रपान ना करना अति धार्मिक है। वास्तव में यह सिर्फ पसंद की बात है। धूम्रपान संयम में की जाये, तो शायद कभी किसी को नुक़सान नहीं पहुँचाता हैं, लेकिन शराब पीना - लोगों को नुकसान पहुंचाता है क्योंकि यह उनके सूक्ष्म शरीर के साथ हस्तक्षेप करता है। हम इस संबंध में और यह फिर से कहते हैं कि, यदि कोई व्यक्ति शराब पीना और अपने सूक्ष्म शरीर को हानि पहुँचाना चाहता है, तो ठीक है, यह उसकी पसंद है। किसी अन्य व्यक्ति के मार्ग को बदलने के लिए किसी भी प्रभावशाली प्रोत्साहन का उपयोग करने की कोशिश करना निश्चित रूप से गलत है।

जबकि हम मांस खाने आदि के विषय पर हैं, जिसमें जानवर को मारना आवश्यकहोता है, आइए हम एक और तथ्य का उल्लेख करते हैं, जो आपकी रुचि का हो सकता है। कुछ लोग कहते हैं कि एक कीट को भी नहीं मारना चाहिए। वे कहते हैं कि किसी व्यक्ति को गाय या घोड़े को नहीं मारना चाहिए और न ही ऐसी कोई चीज़ मारनी चाहिए जिसमें जीवन हो। यह हमें आश्चर्यचकित करता है कि क्या हम घोर बुराई करते है जब हम एक मच्छर को मारते हैं, जो हमें मलेरिया से संक्रमित करने के लिए डराता है; यह हमें आश्चर्यचकित करता है कि क्या हम जीवित दुनिया के खिलाफ अपराध कर रहे हैं यदि हमारे पास किसी वायरस को मारने के लिए इंजेक्शन है। आखिरकार, एक सूक्ष्म जीव या एक वायरस एक जीवित संगठन है, तो क्या हमें अपनी धार्मिकता की भावना से बाहर निकलकर टी.बी. रोगाणु (तपेदिक), कैंसर के कीटाणुओं को मारने की कोशिश करना बंद कर देनी चाहिए ? क्या हम सामान्य सर्दी का इलाज पाने की कोशिश करने में महान पापी हैं? किसी भी बीमारी को ठीक करने की कोशिश में निश्चित रूप से हम जीवन ले रहे हैं। हमें इस सब के बारे में तर्कसंगतहोना चाहिए।

शाकाहारियों का कहना है कि हमें जीवन नहीं लेना चाहिए। अब, एक गोभी में जीवन है, इसलिए यदि हम जमीन से एक गोभी को तोड़ते हैं ताकि हम इसे खा सकें तो हम जीवन को नष्ट कर रहे हैं जो जीवन हम नहीं बना सकते हैं। यदि

हम एक आलू या अजवाइन की एक लकड़ी, या कुछ और लेते हैं, तो हम जीवन को नष्ट कर रहे हैं और जैसा कि शाकाहारी व्यक्ति जीवन को काफी नष्ट कर देता है उतना ही जितना मांसाहारी फिर क्यों न हम समझदार बनें और शरीर की जरूरत के अनुसार भोजन करें - मांस? यह अक्सर कहा जाता है कि अच्छा बौद्ध मांस नहीं खाता है, और हमें यह मानने में जल्दी करनी चाहिए कि बहुत से बौद्ध मांस नहीं खाते हैं और अक्सर इसका कारण यह है कि वे इसे ख़रीदने में समर्थ नहीं हो सकते हैं! बहुत, बहुत गरीब देशों में बौद्ध धर्म का विकास हुआ। उदाहरण के लिए तिब्बत में, मांस एक अनसुनी विलासिता थी जिसका आनंद केवल सबसे अमीर लोग उठा सकते थे। आम लोगों के पास सब्जियाँ और त्सम्पा प्रमुख भोजन था, सब्जियाँ भी, एक विलासिता थीं। भिक्षु, जो विलासिता का आदी नहीं था, वह त्सम्पा पर रहता था और कुछ नहीं, लेकिन इसमें रुचि को बढ़ाने के लिए धर्म के नेताओं ने फैसला किया कि मांस खाना गलत हैं। इस प्रकार, जो लोग किसी भी तरह से मांस प्राप्त नहीं कर सकते थे, उन्हें लगा कि वे मांसाहारी नहीं होने के कारण धार्मिक हैं!

हमें लगता है कि इन सभी चीजों के बारे में बहुत फालतू बातें लिखा जा चुकी हैं। मांस खाने वाले को मांस खाना अच्छा लगता है - उनको खाने दो। यदि शाकाहारी अजवाइन की एक लकड़ी को चबाना चाहता है, तो उसे अपने अजवाइन को खाने दें जब तक वह दूसरों पर अपने विचार नहीं थोपता। उसी तरह, यदि कोई व्यक्ति किसी कीड़े को मारना नहीं चाहता है, औरस्वस्थ होने की कोशिश करने के बजाय अपने कैंसरके वायरस या उसके टी.बी. रोगाणु (तपेदिक) साथ रहना पसंद करता हैं- तो यह उसकी पसंद है।

अक्सर हम बड़े संकटग्रस्त लोगों से पत्र प्राप्त करते हैं जो हमें बताते हैं कि इसअमुक व्यक्ति को मदद की और सलाह की सख्त ज़रूरत है, और वे जानना चाहते हैं, कि किसी व्यक्ति को कैसे सम्मोहित कर सकते हैं और जीवन के एक अलग तरीके से जीने को मजबूर कर सकते हैं। हम ऐसे मामलों में कभी मदद नहीं करते हैं, क्योंकि हम मानते हैं कि वास्तव में किसी दूसरे व्यक्ति के मार्ग को प्रभावित करने की कोशिश करना बहुत गलत है। उदाहरण के लिए, इस कोर्स में ज्ञान उपलब्ध है। हम अपनी राय देते हैं, हम बताते हैं कि हम क्या जानते हैं,

लेकिन हम आपको विश्वास करने के लिए मजबूर करने की कोशिश नहीं करते हैं। यदि आप इस पाठ्यक्रम को ले रहे हैं, तो संभवतः आप यह सुनने के लिए तैयार हैं कि हमें क्या कहना है; यदि आप हमें सुनना नहीं चाहते हैं तो पुस्तक को बंद करना एक आसान काम है।

यदि आपको एक राय देने के लिए कहा जाए, तो दे दें, लेकिन किसी व्यक्ति पर अपनी राय को लागू करने की कोशिश न करें और अपनी राय देकर, पूरे मामले को छोड़ दें क्योंकि आप नहीं जानते कि दूसरे व्यक्ति ने जिंदगी में अपनेरास्ते के लिए क्या प्रबंध किया है। यदि आप किसी व्यक्ति को कुछ ऐसा करने के लिए मजबूर करने जा रहे हैं जो वे नहीं करना चाहते हैं, तो आप उनके कर्म के साथ नियत किए जा सकते है। यह एक अप्रिय कर्म भी हो सकता है!

हम यहाँ जानवरों के बारे में कुछ कहना चाहते हैं; बहुत से लोग जानवरों को दो के बजाय केवल चार पैरों पर चलने वाले जीव के रूप में मानते हैं। लोग जानवरों को गूंगा जीव मानते हैं क्योंकि वे अंग्रेजी या फ्रेंच या जर्मन या स्पेनिश नहीं बोलते हैं, लेकिन फिर जानवर भी इंसानों को गूंगा प्राणी मानते हैं! यदि आप सच में टेलीपैथिक थे, तो आप पाएंगे कि जानवर बात करते हैं, और वे कई मनुष्यों की तुलना में कहीं अधिक बुद्धिमानी से बात करते हैं! कुछ वैज्ञानिकों ने जैसा कि "द साइंटिफिक अमेरिकन"के एक हालिया संस्करण में बताया है, कि मधुमक्खियों की एक भाषा है। मधुमक्खियाँ एक दूसरे को बहुत विस्तारपूर्वक निर्देश दे सकती हैं, और वे सम्मेलन भी आयोजित करती हैं।

कुछ वैज्ञानिकों में डॉल्फ़िनों के अजीब बातचीत में, या, जैसा कि वे सोचती हैं, उन डाल्फिन की अजीबोगरीब ध्वनियों में दिलचस्पी हुई। इन ध्वनियों को एक टेप रिकॉर्डर पर रिकॉर्ड किया गया था, और फिर अलग-अलग गति से पुनः पेश किया गया था। एक गति में उनकी बातचीत बहुत बहुत मानव की बातचीत जैसी थी।

पशु ऐसी सत्ताएँ है जो इस पृथ्वी पर एक विशेष आकार में, एक विशेष रूप में, इस क्रम में नीचे आए हैं कि वे अपने स्वयं के विकास के लिए सबसे उपयुक्त तरीके से अपना कार्य कर सकते हैं। हम दो स्याम देश की बिल्लियों के साथ सहयोगी होने की सौभाग्यशाली स्थिति में हैं, जो काफी असाधारण रुप से

टेलीपैथिक थीं, और इन के साथ - बहुत अनुभव के बाद - वैसे ही बातचीत करना संभव हो गया जैसे बुद्धिमान इंसानों के साथ हो सकता है। कभी-कभी उसके विचार को समझना बिल्कुल भी प्रशंसापूर्ण नहीं होता है कि कैसे एक सियामी बिल्ली एक इंसान को मानती है! यदि कोई जानवरों को अपने समान मानता है जो एक अलग भौतिक शरीर में हैं, तो कोई भी उनके बहुत करीब आ सकता है, कोई भी उनके साथ चर्चा कर सकता है वरना यह असंभव हो जाएगा। उदाहरण के लिए, एक कुत्ता, मनुष्य की दोस्ती को पसंद करता है। एक कुत्ते को अधीन रहना पसंद है क्योंकि तब उसे प्रशंसा और चापलूसी मिलती है। दूसरी ओर, एक स्यामी बिल्ली, अक्सर मनुष्यों के लिए काफी अपमानजनक होती है, क्योंकि वास्तव में सियामी बिल्ली की तुलना में एक मानव बहुत ही असमर्थ व्यक्ति है, एक स्यामी बिल्ली में उल्लेखनीय तंत्र संबंधी शक्तियां और उल्लेखनीय टेलिपैथिक शक्तियां हैं। तो - क्यों ना अपनी बिल्ली, या अपने कुत्ते, या अपने घोड़े के साथ अच्छे संबंध बना लें ? यदि आप चाहते हैं, यदि आप ईमानदारी से विश्वास करते हैं, तो आप उस जानवर के साथ टेलीपैथी द्वारा संवाद का अभ्यास कर सकते हैं।

इसलिए हम इस पाठ्यक्रम के अंत में आते हैं, लेकिन, हम आशा करते हैं, हमारी मित्रता का अंत नहीं हुआ है। यह कोर्स एक व्यावहारिक पाठ्यक्रम है, जिस पर हमें भरोसा है कि हमने आपको यह दिखाया है कि वास्तव में कितना सरल, बिल्कुल सरल, सभी तथाकथित “मेटाफिजिकल घटना”हैं। हमारे पास एक और कोर्स है जो अधिक परंपरागत शैली पर विषयों से संबंधित है, जिससे आपको संस्कृत नाम मिलते हैं, आदि। हम सुझाव देते हैं कि उस पाठ्यक्रम को समझना आपके बहुत लाभ के लिए होगा, क्योंकि अभी आपने यहाँ तक हमारे साथ इस विषय पर अध्ययन किया है, तो निश्चित रूप से आप आगे साथ जाना चाहेंगे । हम "अलविदा”नहीं कहेंगे, क्योंकि हम आशा करते हैं कि आप हमारे साथ कुछ समय बाद जुड़ेंगे। इसके बजाय हम स्पेनिश में "हस्ता ला विस्टा”कहते हैं, अर्थात "बाद में मिलते हैं।"

T. Lobsang Rampa

आनापानसति ध्यान

ध्यान में होना हमारा स्वभाव है। जो हमें सृष्टि से एक करता है। भगवान बुद्ध द्वारा प्रदत्त यह ध्यान बहुत सरल है। इसका अर्थ है सामान्य, सरल और सहज रुप से चलने वाली श्वास के प्रति जागरुक होना। आनापानसति ध्यान विधि - आँखें बंद करें (यदि चश्मा पहनते है तो चश्मा निकाल दें)। सुखासन में बैठ कर हाथ व पैरों को क्रास करके अपने सरल व सहज रुप से आती और जाती हुई श्वास को महसूस करते रहें। इससे आपके विचार स्वत: ही कम होते जाएँगे। विचारों के वापस आने पर अपना ध्यान फिर से साँसों पर केन्द्रित कीजिए। अभ्यास द्वारा आपके विचार कम होंगे और आप निर्विचार स्थिति में आ जाएंगे, जो ध्यान की स्थिति है।

* ये आनापानसति ध्यान सरल विधि है।

* ध्यान कोई भी किसी भी उम्र, किसी भी समय, किसी भी स्थान पर किया जा सकता है।

* नियमित अभ्यास ...ध्यान में अपनी उम्र के बराबर मिनट तक बैठना चाहिए।(यदि उम्र 20वर्ष है, तो 20 मिनट का ध्यान)

* ध्यान से संपूर्ण स्वास्थ्य और बुद्धि का विकास और मानसिक शांति मिलती है।

ध्यान की जानकारी के लिए यूट्यूब SPIRITUAL REALITY देखें।

www.pssmovement.org

www.pyramideverywhere.org

www.enlighementeverywhere.org